Para siempre

Introducción al español

Second Edition

MARTA G. MONTEMAYOR
San Antonio College

MARINO A. DE LEÓN
San Antonio College

HEINLE
CENGAGE Learning·

Australia · Brazil · Japan · Korea · Mexico · Singapore · Spain · United Kingdom · United States

HEINLE
CENGAGE Learning·

Para siempre: Introducción al español
Second Edition
Marta G. Montemayor and
Marino A. de León

VP, Editorial Director: PJ Boardman

Publisher: Beth Kramer

Senior Acquisitions Editor:
 Heather Bradley Cole

Senior Development Editor: Kim Beuttler

Editorial Assistant: Daniel Cruse

Associate Media Editor: Patrick Brand

Executive Brand Manager: Ben Rivera

Market Development Manager:
 Courtney Wolstoncroft

Senior Content Project Manager:
 Aileen Mason

Senior Art Director: Linda Jurras

Manufacturing Planner: Betsy Donaghey

Rights Acquisition Specialist:
 Jessica Elias

Production Service: Integra

Text Designer: Polo Barrera

Cover Designer: Bill Reuter

Cover Images: © India Picture/Corbis

Compositor: Integra

For product information and technology assistance, contact us at
Cengage Learning Customer & Sales Support, 1-800-354-9706
For permission to use material from this text or product,
submit all requests online at **www.cengage.com/permissions.**
Further permissions questions can be emailed to
permissionrequest@cengage.com.

Library of Congress Control Number: 2012949589

Student Edition:
ISBN-13: 978-1-133-95271-8
ISBN-10: 1-133-95271-2

Loose-leaf Edition:
ISBN-13: 978-1-285-19364-9
ISBN-10: 1-285-19364-4

Heinle
20 Channel Center Street
Boston, MA 02210
USA

Cengage Learning is a leading provider of customized learning solutions with office locations around the globe, including Singapore, the United Kingdom, Australia, Mexico, Brazil, and Japan. Locate your local office at **international.cengage.com/region.**

Cengage Learning products are represented in Canada by Nelson Education, Ltd.

For your course and learning solutions, visit **www.cengage.com.**

Purchase any of our products at your local college store or at our preferred online store **www.cengagebrain.com.**

Instructors: Please visit **login.cengage.com** and log in to access instructor-specific resources.

Printed in the United States of America
1 2 3 4 5 6 7 16 15 14 13 12

Para siempre is a text developed for learning Spanish as a foreign language with an emphasis on conversation. The methodology is based on oral production, and while the main objective of *Para siempre* is to develop your speaking skills, along with listening, reading, and writing, you will need important tools to accomplish this—namely vocabulary learning activities and clear and concise information on grammatical structures. This grammatical information is presented in English and is designed for study at home. It includes easy-to-understand charts and many clear and supportive examples to help you understand difficult grammar points and prepare you for in-class communication activities. You should come to class prepared to work with a variety of oral production activities. It is essential that you become familiar with the tools of Spanish, both vocabulary and grammar, before doing the communicative exercises in the classroom. Time in class should be spent working on the communicative activities rather than on simply hearing lectures on grammar.

Also, considering that language and culture are inseparable, culture is incorporated throughout in culture boxes, dialogues, readings, and other activities in the target language. You will find additional cultural information in English in the **Notas culturales** and **Notas lingüísticas** boxes throughout the chapters. These helpful cultural notes are related to the topics of the chapter and represent the various countries of the Spanish-speaking world.

Along with the student textbook, you are encouraged to use the various components that accompany the *Para siempre* program. In addition to the core text, the *Student Activities Manual (SAM)* offers a range of practice opportunities organized into four main sections: **Práctica escrita, Práctica auditiva, Pronunciación,** and **Autoprueba.** You will find additional writing practice of grammar and vocabulary in the **Práctica escrita** section, as well as oral comprehension activities for each chapter in the **Práctica auditiva** section. The **Pronunciación** section provides you with the online SAM audio for a complete introduction to the sounds of Spanish. The concluding **Autoprueba** section allows you to check your understanding of the chapter grammar, vocabulary, and culture topics. An answer key is included for this section at the end of the SAM.

Your class may also be using iLrn, which includes the online versions of your text and SAM, as well as the text audio and all of the program's website resources.

Chapter Organization

Each chapter is divided into three modules, each titled with a key phrase about the content of that section. These modules are based on communicative goals presented in contextualized situations and provide a variety of activities that are often connected within and across chapter sections by the use of the same characters. This continuity parallels real life, where we engage in communication according to the variety of situations we encounter. Besides all of the communicative activities, there are cultural notes that provide information related to the topic. There are also linguistic notes that clarify difficult topics or other points of interest.

THE STRUCTURE OF EACH MODULE

In each color-coded module, there are two distinct divisions: ¡**Prepárate!** and **En acción**.

¡Prepárate!

This color-coded section presents new vocabulary and grammar followed by corresponding practice.

Vocabulario

You begin to build your communication skills by learning the vocabulary that will be used in the section. To help accomplish this, there are two distinct activities called **Así se pronuncia** and **Juegos de palabras**.

Así se pronuncia/Juegos de palabras

Brief, contextualized dialogues titled **Así se pronuncia** are included immediately following the vocabulary lists. These short dialogues, two using informal speech and two using formal speech, are recorded and can be listened to and read before coming to class. They serve as a model of the pronunciation of the new vocabulary. The second type of vocabulary practice is called **Juegos de palabras**. These engaging exercises include word searches, crossword puzzles, and other word games.

Gramática

The other tool that prepares you to achieve communication is called **Gramática**. This information is presented in English and features easy-to-understand explanations and clear examples that contain the vocabulary theme of the section. The grammar should be studied outside of class so that class time can be devoted to communication activities.

En acción

This section provides communicative and contextualized practice of vocabulary and grammar presented in **¡Prepárate!**

Conversaciones y más

You continue building your communication skills by doing a series of **Conversaciones y más** exercises that utilize the vocabulary and grammar tools you've learned. Various exercises deal with understanding dialogues, practicing new vocabulary, speaking in different real-life situations, and reading Spanish documents—many of them authentic materials you would find in a Spanish-speaking country.

Ya puedes decirlo

This part of each module has the goal of achieving communication. You will be given opportunities to create your own dialogues and participate in oral presentations or role-plays to fit the specific communicative objectives of the section.

In addition to the sections described above, the chapter includes the following features:

Voces hispanas

Video interviews with native speakers of Spanish, who provide unique perspectives on the topics featured in each chapter, offer comprehension practice with real-world Spanish.

¡Vamos a leer!

Each chapter includes a reading section related to the topic, that features various types of readings, practices a reading strategy, and provides pre- and post-reading comprehension practice.

¡Vamos a escribir!

Following every reading, a short composition task will help to prepare you for the final communicative task of the chapter.

¡Para siempre!

The chapter-closing activities expand and conclude the theme that was presented in the entire chapter. You will have the opportunity to express yourself freely, but are guided in the preparation of the presentation by the use of realia or authentic documents.

¡Vamos a revisar!

After every even-numbered chapter, recorded dialogues serve as models for the expanded language you will have acquired. This section will give you a chance to review and practice what you have learned.

Student Components

STUDENT TEXTBOOK

Each of the 12 regular chapters in your textbook presents and allows you to practice vocabulary, grammar, and cultural information as well as reading, writing, listening, and speaking based on communicative goals within contextualized situations.

TEXT AUDIO

The *Text Audio Program* is available on the *Premium Website* and contains recordings of the **Así se pronuncia** dialogues, as well as the recordings to accompany the listening comprehension activities in each section.

STUDENT ACTIVITIES MANUAL (SAM)

The *Student Activities Manual* practices the material presented in your textbook. It is divided into **Práctica escrita, Práctica auditiva, Pronunciación**, and **Autoprueba** sections. The **Práctica escrita** helps you practice the vocabulary and grammatical structures in a series of writing exercises. Recorded material to accompany the **Práctica auditiva** and **Pronunciación** sections is available on the *Premium Website* as well as through the *iLrn* course.

SAM AUDIO PROGRAM

The *SAM Audio Program* is available on the *Premium Website*. It reinforces your pronunciation and listening skills. It contains the recorded material that corresponds to the **Práctica auditiva** and **Pronunciación** sections of the *Student Activities Manual*.

iLrn (eBOOK AND eSAM)

This online version of the text and SAM contains the adapted content of the printed SAM plus the recorded material from the *Text Audio* and *SAM Audio Programs* and a Video Library in an interactive environment that provides immediate feedback so you can monitor your progress.

PREMIUM WEBSITE

You will find complementary access to multiple resources, including the *Text Audio Program*. Passkey-protected premium content consists of learning resources such as tutorial quizzes, flashcards, and video grammar tutorials. In addition, the *Premium Website* provides online access to the *SAM Audio Program* and the *Video Program*.

VIDEO PROGRAM

A brand-new video program includes **Voces hispanas** video interviews with native Spanish speakers to provide perspectives on the topics featured in your book, and to help you acquire listening proficiency and accurate pronunciation. In addition, country-specific footage will help you gain familiarity with regions throughout the Hispanic world. All video clips are available on the *Premium Website* as well as in *iLrn*.

Acknowledgments

We would like to acknowledge the helpful suggestions and contributions of all who contributed to this edition. Their commentary has been invaluable to us in shaping and polishing the second edition of *Para siempre*.

We are especially grateful to our *Para siempre* Advisory Board, whose invaluable commentary has been essential to the revision.

Isabel Castro-Vazquez, *Towson University*
Dorian Dorado, *Louisiana State University*
Amy George-Hirons, *Tulane University*
Miriam Hernández-Rodríguez, *University Of California–Berkeley*
Dr. Carmen Jany, *California State University–Santa Barbara*
Alicia Muñoz Sánchez, *University of California–San Diego*
Luis Latoja, *Columbus State Community College*

We wish to express our thanks to the following people who contributed their expertise to this edition of *Para siempre.*

Luis Andrés Bilbao, *Universidad Intercontinental*
Guillermo Campos, *San Antonio College*
Jesús Canuto, *Universidad Nacional Autónoma de México*
Santiago Daydí-Tolson, *University of Texas at San Antonio*
Consuelo Madiedo, *University of Texas at San Antonio*
Ricardo Maldonado, *Instituto de Investigaciones Filológicas UNAM*
Nancy Membrez, *University of Texas at San Antonio*
Juan A. Montemayor M., *Facultad de Medicina UNAM*

We would like to thank the following reviewers for their suggestions.

Alfonso Abad Mancheño, *Guilford College*
Geoffrey Acker, *Jackson State University*
Maria Alegre, *Towson University*
Inés Arribas, *Bryn Mawr College*
Kara Ayik, *Merced Community College*
Marcela Baez, *Florida Atlantic University*
Federica Bando, *Elmhurst College*
Patricia Bazán Figueras, *Fairleigh Dickinson University*
Maria Blackmon, *Ozarks Technical Community College*
Bruce Boland, *Fairmont State University*
Ryan Boylan, *Gainesville State College*
Sandra Caballero, *Rappahannock Community College*
Eduardo Cabrera, *Millikin University*
Joan Cammarata, *Manhattan College*
Isabel Castro-Vazquez, *Towson University*

Alva Cellini, *St. Bonaventure University*
Carole Cloutier, *University of Massachusetts–Amherst*
Daria Cohen, *Rider University*
Vilma Concha-Chiaraviglio, *Meredith College*
Wanda Cordero-Ponce, *Susquehanna University*
Angela Cresswell, *Holy Family University*
Pilar Damron, *Northwest Vista College*
Elizabeth Deifell, *The University of Iowa*
John Deveny, *Oklahoma State University*
Susan Divine, *Westminster College*
Conxita Domenech, *University of Wyoming*
Dorian Dorado, *Louisiana State University*
Patrick Duffey, *Austin College*
Luz Marina Escobar, *Tarrant County Southeast Campus*
José Escorcia, *Baylor University*
Molly Falsetti-Yu, *Smith College*
JoAnne Flanders, *Coastal Carolina University*
Arlene Fuentes, *Southern Virginia University*
Gerardo Garcia, *Prairie View A&M University*
Judith Garcia Quismondo, *Seton Hill University*
Margarita Garcia-Notario, *State University of New York–Plattsburgh*
Amy Ginck, *Messiah College*
Patricia Godfrey, *North Shore Community College*
Linda González, *University of New Mexico*
Miriam Gorriaran, *Rhode Island College*
Ruth Graves, *Gwynedd-Mercy College*
Marie Guiribitey, *Florida International University*
Mary Hartson, *Oakland University*
Barry Jackson, *Rivier University*
Blanca Jenkins, *East Texas Baptist University*
Dr. Jesús David Jerez Gómez, *California State University–San Bernardino*
Michael Kistner, *University of Toledo*
Lylje Klein, *Seattle Pacific University*
Iana Konstantinova, *Southern Virginia University*
Caroline Kreide, *Merced Community College*
Paul Larson, *Baylor University*
Maria Jesús Leal, *Hamline University*
Debora Maldonado-Oliveira, *Meredith College*
Jude Thomas Manzo, *Saint Philip's College*
Sergio Martinez, *San Antonio College*
Dr. Francisco Martinez, *Northwestern Oklahoma State University*
Roberto Martinsen, *Brigham Young University*
Wendy Mendez-Hasselman, *Palm Beach State College*
Javier Morin, *Del Mar College*
Shonu Nangia, *Louisiana State University–Alexandria*
Jason Old, *Southeastern University*

Agustín Otero, *The College of New Jersey*
Cristina Pardo-Ballester, *Iowa State University*
Tammy Pérez, *San Antonio College*
Julia Perez-Gamboa, *University of Findlay*
Teresa Perez-Gamboa, *University of Georgia*
Thomas Porter, *Southern Virginia University*
Roberto Rey Agudo, *Massachusetts Institute of Technology*
Sandra Reynolds, *Raritan Valley Community College*
Judy Rodríguez, *California State University–Sacramento*
Regina Roebuck, *University of Louisville*
Carmen Ruiz-Sánchez, *Aquinas College*
Fatima Salemassi, *Madonna University*
Benita Sampedro, *Hofstra University*
Karen Sanders, *Pennsylvania State University*
Virginia Shen, *Chicago Satte University*
David Slate, *Berry College*
Diana Spinar, *Dakota Wesleyan University*
Beth Stapleton, *Mississippi College*
Clare Sullivan, *University of Louisville*
Henry Thurston-Griswold, *Juniata College*
Maria Torres, *Coastal Carolina University*
Julia Urla, *Oakland University*
Carina Vasquez, *University of Illinois at Urbana–Champaign*
Bernardo Viano, *Wagner College*
Wes Weaver, *State University of New York–Cortland*
Wendy Westmoreland, *Cleveland Community College*
Justin White, *Florida Atlantic University*
Lawrence Wilburn, *Averett University*
Matt Wyszynski, *University of Akron*
Cristina Zahajko, *North Seattle Community College*

We would also like to thank Ana Maria Fox Baker, Julio A. García Sotelo, Gustavo Zagal Montemayor, and Victoria E. Ramírez Montemayor for their support.

We also extend our sincere appreciation to the World Languages Group at Cengage Learning: P. J. Boardman, Vice President; Beth Kramer, Publisher; Heather Bradley Cole, our Senior Acquisitions Editor; Ben Rivera, Executive Brand Manager; and especially to Kim Beuttler, Senior Development Editor, whose guidance has shaped the pages of this book. Thanks also to Dan Cruse, Editorial Assistant, for his expert handling of our many development reviews; to Morgen Gallo, Senior Media Editor, for her hard work in bringing an iLrn to our program and ensuring that all the other technology components were published on time. Special thanks to Aileen Mason, Senior Content Project Manager, for her intense dedication to this project. We thank María Pérez for her native read, Lois Tardío for copyediting, Luz Garcés-Galante for proofreading, Janet Perlman for indexing, and Natalie Hansen for her attentive project management.

I thank my children, Luis Alfonso and Ana Elena, who have made my life worthwhile; Jesús Canuto for his support and help; and my colleague Marino de León, for his patience and dedication to this project and for his invaluable friendship.

—Marta G. Montemayor

I would like to dedicate this second edition of **Para siempre** to the loves of my life, my grandchildren.

San Antonio, Texas
The Notzon grandchildren

Bethesda, Maryland
The Johnson grandchildren

Vincent
Joseph
Gabriela
Viviane and Victoria

Lexie
Christina

Last, but not least, to my friend and colleague Marta G. Montemayor. We did it, Marta!

—Marino A. de León

Scope and Sequence

Scope and Sequence

Scope and Sequence

Scope and Sequence

Scope and Sequence

CAPÍTULO	COMMUNICATION OBJECTIVES	CULTURE TOPICS
11 **¡Qué sabroso!** 394	• Advising on eating habits • Giving opinions on diets • Giving cooking instructions • Expressing preferences about food and drinks • Ordering in a restaurant	• Liters and kilograms • Hispanic markets and supermarkets • The culinary art of Chile • Yerba mate • Argentinean barbecue • Botín Restaurant • Customs and typical food of the Hispanic world • Art: Angelina Quic Ixtamer • Literature: Rafael Pombo • Architecture: Spanish kitchens, then and now • Music and food: Symbols of identity
12 **Por amor al arte** 432	• Expressing opinions and preferences about art styles, literature, and movies • Describing art • Talking about handcrafts • Talking about architecture and dwellings • Making hypotheses	• Jesse Treviño • *Molas* and other folk art • Antoni Gaudí • Eliseo Subiela • Stuntman Wilebaldo Bucio • Salvadoran muralist Isaías Mata • Nobel Laureates in Hispanic literature • Art: Mexican muralists • Architecture: Baroque cathedrals in Latin America • Literature: Gabriel García Márquez • Music: Jorge Drexler

Para siempre

Introducción al español

Unidad en la diversidad

Communication objectives

- Recognizing cognates and loan words
- Recognizing commands
- Using expressions of courtesy
- Reviewing the Spanish phonological system

Culture topics

- Spanish-speaking countries
- The importance of courtesy
- Spanish missions in the United States

Palabras transparentes

A

Mandatos

Escribe

B

Expresiones de cortesía

Con permiso.

C

Illustrations © Cengage Learning 2014

A Palabras transparentes

🔊 Recognizing cognates Listen and read the following paragraphs
1-2 and try to recognize some of the words. Do any of the words resemble English words you already know?

Hay muchas actividades en la universidad. El departamento de arte presenta una exhibición excelente de fotografía en el Museo de Arte Contemporáneo. Hay un concierto de música clásica el sábado en la noche, y el grupo de teatro experimental presenta una obra dramática sobre la energía positiva y la naturaleza de las emociones. El grupo tiene muchos artistas con una creatividad increíble.

En el departamento de literatura y lingüística el profesor Huertas va a hablar sobre la importancia de la comunicación verbal. Es un tema muy interesante y es fundamental para entender la conducta humana. Tengo que decidir entre muchas opciones.

> **Nota lingüística**
> A cognate is a word related to one in another language. Cognates are also called transparent words because they have similar or identical forms and meaning in both languages. The pronunciation reflects the phonological system of each language.

1 Cognados Escribe en inglés y en español las palabras que reconoces en los párrafos.

español	inglés	español	inglés
_____	_____	_____	_____
_____	_____	_____	_____
_____	_____	_____	_____
_____	_____	_____	_____
_____	_____	_____	_____
_____	_____		

español	inglés
_____	_____
_____	_____
_____	_____
_____	_____
_____	_____
_____	_____
_____	_____

2 Grupos de cognados ¿Cómo se dicen estas palabras en inglés?

a. anual, casual, fatal, mental, normal, puntual

b. acción, emoción, estación, explicación, nación, pronunciación

c. botánico, cosmético, cósmico, genérico, patriótico

d. curiosidad, facilidad, fraternidad, hospitalidad, personalidad, sociedad

e. arrogante, dominante, elegante, emigrante, estimulante, importante

f. decente, eminente, imprudente, inteligente, presente, paciente

g. emblema, poema, diagrama, programa

3 Otros cognados Escribe otros pares de palabras que sigan estos patrones.

español   **inglés**

_____   _____

_____   _____

_____   _____

> **Nota lingüística** Many times when a nation is conquered, its conquerors will give rivers, cities, lakes, mountains, and other geographic locations the same names that they had in their own countries. For example, there is both **Cartagena, España**, and **Cartagena, Colombia**. Other times, the conquerors will use words from their language to name a place or a thing. For example, the word **sierra** means *mountain range*. Also, when a word does not exist in another language and the concept needs to be expressed, the word is borrowed from the original language (for example, the word **piñata**).

4 Préstamos There are many English words that have been borrowed over time from Spanish. Can you brainstorm why the following words came into use in the English language? Write a list of other words you know were borrowed from Spanish.

Ranching:
corral, burro, rancho, hacienda, adobe, reata, rodeo, ranchero

Cities and states:
San Antonio, San Diego, Amarillo, El Paso, Las Cruces, Nevada, Montana, California, Florida, Colorado, Arizona

Foods:
salsa, fajitas, burrito, taco, enchiladas, tortillas, mango, papaya, chocolate

Plants and trees:
cactus, encino, fresno, laurel, mesquite, retama, nogal, palo blanco, huisache, álamo

_____ _____ _____

_____ _____ _____

Nota cultural

The Spanish believed that one of their main purposes in what are now the states of Florida, Texas, New Mexico, Arizona, and California was to teach the Roman Catholic doctrine. With this in mind, they built missions beginning in the late sixteenth century and continuing through the mid-seventeenth century. One of the most well-known missions from this period is Mission San Antonio de Valero, now known as the Alamo. The word **álamo** means *poplar tree*. The mission may be named for a nearby grove of cottonwood trees, which are a type of poplar.

5 Adivina Escribe el número que corresponda a cada dibujo.

Hola, me llamo Juan.

¿Qué dice?

$2x + 3y = z$

1. estudia
2. lee
3. escribe en la pizarra
4. abre el libro
5. cierra el libro
6. mira
7. habla en español
8. levanta la mano
9. escucha
10. repite

Illustrations © Cengage Learning 2014

Nota lingüística The commands in activity 5 are informal singular commands which are used throughout the text. They are used when the teacher speaks to one student. If the teacher were speaking to more than one student—for example, to the entire class—a plural command would be used. The plural commands are formed by changing the **-a** to **-en** and the **-e** to **-an**. For example: estudi**a** / estudi**en**, le**e** / le**an**, escrib**e** / escrib**an**, etc.

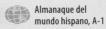

Nota cultural

Almanaque del mundo hispano, A-1

© Carolyn Mowry/Somos Images/Corbis

The Spanish-speaking countries

Spanish is the official language of 21 countries: Argentina, Bolivia, Chile, Colombia, Costa Rica, Cuba, the Dominican Republic, Ecuador, El Salvador, Equatorial Guinea, Guatemala, Honduras, Mexico, Nicaragua, Panama, Paraguay, Peru, Puerto Rico, Spain, Uruguay, and Venezuela. More than 450 million people worldwide speak Spanish, and Spanish is spoken by more than 37 million people in the United States. In area, Argentina is the largest Spanish-speaking country and Puerto Rico is the smallest. In population, Mexico is the leader, with over 111 million, and Equatorial Guinea has the lowest population, with around 500,000 inhabitants. Even though there are racial and cultural differences in the Spanish-speaking world, the thing that unites all of its inhabitants is the Spanish language.

6 Unidad en la diversidad Escribe el nombre y la capital de los países hispanohablantes.

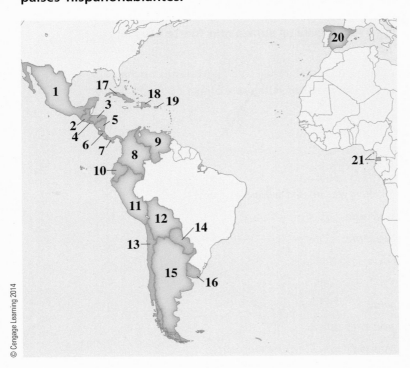

© Cengage Learning 2014

	País	Capital
1.		
2.		
3.		
4.		
5.		
6.		
7.		
8.		
9.		
10.		
11.		
12.		
13.		
14.		
15.		
16.		
17.		
18.		
19.		
20.		
21.		

Nota cultural

The importance of courtesy When studying a foreign language, not only is it important to learn how to speak, read, and write the language, but also to know the culture of the people who speak that language. One of the aspects of culture is courtesy. Courtesy may be expressed in Spanish by using the formal means of address, **usted** and **ustedes**, and by using titles. A subordinate would address his / her superior with **usted**. A student would greet his / her professor with: **"Buenos días, profesor Herrera. ¿Cómo está usted?"** (The use of **usted / ustedes** is explained in the first module of the **Gramática** section in Chapter 1.)

Here are some more examples of courtesy in Hispanic culture.

When asking for someone on the telephone in English, we might simply say: *Is Jim there?* or *May I speak to Jim, please?* In Spanish, we might hear a longer request such as: **"Buenos días, señorita. Si fuera tan amable, ¿me podría comunicar con el señor Pedro de la Garza, por favor?"** *Good morning, Miss. If you would be so kind, could you please connect me with Mr. Pedro de la Garza?*

When telling someone where you live, you might say: **Su casa está en la avenida San Pedro, 2330**. *Your home is at 2330 San Pedro Avenue.* Or **Tiene su casa en la avenida San Pedro, 2330**. *You have your home at 2330 San Pedro Avenue.* (This is my address, but you can consider it your home also.)

When greeting people at the door of your home, you could say: **Pasen. Están en su casa.** *Come in. You are in your home.* Or **Pasen. Mi casa es su casa.** *Come in. My home is your home.*

When saying good-bye, it is common to hear: **Adiós. Dale un abrazo muy fuerte a tu mamá / papá.** *Good-bye. Give a big hug to your mom / dad.*

When someone leaves your home late at night, a possible farewell could be: **Buenas noches. Ten cuidado. Llámame cuando llegues a casa. Quiero saber si llegaste bien.** *Good night. Be careful. Call me when you get home. I want to know if you got there OK.*

Common courtesy expressions

¿Cómo?	*What? (When you missed what was said.)*
De nada.	*You're welcome.*
No hay de qué.	*You're welcome.*
Está bien.	*That's OK.*
Lo siento.	*I'm sorry.*
Gracias.	*Thank you.*
Muchas gracias.	*Thank you very much.*
Muchísimas gracias.	*Thank you very much. (more emphatic)*
No se preocupe. *(formal)*	*Don't worry.*
No te preocupes. *(informal)*	*Don't worry.*
Por favor.	*Please.*
Perdón.	*Excuse me. (when bumping into someone)*
Con permiso.	*Excuse me. (when passing someone)*

7 **Sé amable (*Be nice*)** Relaciona la situación de la columna de la izquierda con la expresión de cortesía más adecuada.

1. You bump into someone. _____   **a.** Muchas gracias.

2. Someone does you a huge favor. _____   **b.** De nada.

3. When you say thanks, the response is… _____   **c.** Por favor.

4. You ask someone to do something for you. _____   **d.** Perdón.

5. You receive a gift. _____   **e.** ¿Cómo?

6. You need to pass in front of someone. _____   **f.** Con permiso.

7. You didn't hear what someone said. _____   **g.** Está bien.

8. A friend says he forgot to repay a loan. _____   **h.** No te preocupes.

9. A friend asks you to go to the movies. _____   **i.** Muchísimas gracias.

10. Your friend had an accident. _____   **j.** Lo siento.

8 **El alfabeto** Deletrea *(spell)* en voz alta *(aloud)* los siguientes préstamos: burro, San Diego, mesquite, tortilla, piñata, enchilada

Arquitectura

Arquitectura de las misiones españolas Fundamentalmente, el estilo de arquitectura de las misiones españolas es similar en Florida, Texas, Nuevo México, Arizona y California. La influencia española es evidente, pero se usan materiales indígenas como adobe, estuco o **piedra** *(stone)*. El exterior es simple y solemne, con una torre con **campanas** *(bells)*. En el interior hay más decoración, y en muchas misiones hay **vigas** *(beams)* grandes en los **techos** *(ceilings)*.

Mission San José, San Antonio, Texas.

© Dan Leeth, Alamy

✎ **Study tip** It is very important for you to study the phonological system of Spanish in the SAM before beginning Chapter 1.

¡Qué bonito nombre!

Communication objectives

- Expressing informal and formal greetings
- Using titles when addressing someone
- Expressing informal and formal introductions
- Learning how to ask for and give names
- Expressing informal and formal farewells

Culture topics

- Academic and other titles
- First names and surnames
- The calendar in the Spanish-speaking world
- Greetings
- Music and film: Agustín Lara and María Félix
- Art: Marina Anaya
- Literature: Jaime Sabines Gutiérrez

Buenos días

A

Me llamo…

B

Hasta luego

C

Illustrations © Cengage Learning 2014

¡Prepárate!

Study tip Study the **¡Prepárate!** section before coming to class. Review the vocabulary lists, read the grammar explanations, and do the practice exercises.

Vocabulario

 Study tip Access vocabulary flashcards at **www.cengagebrain.com**.

Saludos	Greetings
Hola.	*Hi.*
¿Qué tal?	*How are things?*
Buenos días.	*Good morning.*
Buenas tardes.	*Good afternoon.*
Buenas noches.	*Good evening / night.*
¿Cómo estás? (*informal*)	*How are you?*
Muy bien, gracias, ¿y tú? (*informal*)	*Very well, thanks, and you?*
¿Cómo está usted? (*formal*)	*How are you?*
Estoy bien, gracias, ¿y usted? (*formal*)	*I'm fine, thanks, and you?*
¿Cómo están ustedes? (*pl.*)	*How are you?*
(Estamos) Bien, gracias, ¿y ustedes? (*pl.*)	*(We're) Fine, thanks, and you?*
¿Cómo te va? (*informal*)	*How's it going?*
Más o menos, ¿y a ti? (*informal*)	*So-so, and you?*
¿Cómo le va? (*formal*)	*How's it going?*
Muy bien, gracias, ¿y a usted? (*formal*)	*Very well, thanks, and you?*
¿Cómo les va? (*pl.*)	*How's it going (with all of you)?*
Muy bien, gracias, ¿y a ustedes? (*pl.*)	*Very well, thanks, and how about you?*
Regular.	*So-so.*
¿Qué hay de nuevo?	*What's new? (What's up?)*
Nada nuevo.	*Nothing new.*

Common Spanish titles and their abbreviations		
Spanish	**Abbreviation**	**English**
arquitecto/a	Arq.	*architect*
doctor/a	Dr. / Dra.	*doctor (m, f)*
ingeniero/a	Ing.	*engineer*
general	Gral.	*general*
licenciado/a	Lic. / Lcdo. / Lcda.	*attorney*
profesor/a	Prof. / Profa.	*professor (m, f)*
señor / señora	Sr. / Sra.	*Mr. / Mrs.*
señorita	Srta.	*Miss*

🔊 **Así se pronuncia**   Escucha y lee las siguientes conversaciones.
1-3   Pon atención a la pronunciación del vocabulario nuevo.

1. María: Hola, Juan. ¿Cómo estás?

   Juan: Muy bien, gracias, ¿y tú?

   María: Muy bien también.

2. Ana: ¿Cómo te va, Pepe?

   Pepe: Más o menos.

3. Arq. Lara: Buenos días, ingeniero.

   Ing. Mora: Buenos días, arquitecto.

4. Dr. Ponce: ¿Cómo le va, Sr. López?

   Sr. López: Bien, gracias.

Juegos de palabras

A. Escribe un saludo en cada dibujo (drawing).

_____   _____   _____

B. Escribe la palabra completa.

1. Sr. _____

2. Profa. _____

3. Ing. _____

4. Gral. _____

5. Srta. _____

6. Prof. _____

7. Lic. _____

8. Dra. _____

Gramática

Forms of address *tú* and *Ud.*

▶ In English, the subject pronoun *you* can be used in informal or formal situations. It is used to address people that you know very well and also strangers. In greetings, for example, we might say to a friend, "Good morning, James. What's up?" or to friends "Good morning, everybody. How's it going?" In a formal situation, we would say, "Good morning, Mr. Smith. How are you?" or "Good morning, ladies and gentlemen. How is everybody today?"

▶ Spanish has four ways to express *you*: **tú** (informal singular) is used to address children, friends, classmates, and coworkers with whom we have an informal relationship; relatives; and those persons that we address by their first name. **Usted** (formal singular) is used to address people with whom we have to use titles such as **señor** (Mr.), **señora** (Mrs.), **señorita** (Miss), **doctor/a**, **profesor/a**, etc. **Usted** is also used with strangers, and in some parts of the Spanish-speaking world, with some older relatives. The informal plural pronouns **vosotros** and **vosotras** are used in most parts of Spain to address friends. **Ustedes** is used in Spain in a formal plural situation, and in Spanish America it is used to address more than one person, formal or informal. Its abbreviation is **Uds.**

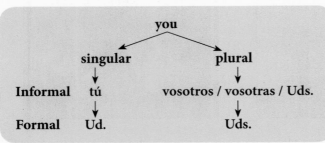

Ejemplos

—Hola, Jaime. ¿Cómo **estás**? (tú)

—Buenos días, Prof. Montoya. ¿Cómo **está**? (Ud.)

—¿Qué tal, amigos? ¿Cómo **estáis**? (vosotros)

—Buenas tardes, señores. ¿Cómo **están**? (Uds.)

—Buenas tardes, amigos. ¿Cómo **están**? (Uds.)

España

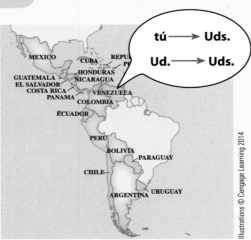

Latinoamérica

Illustrations © Cengage Learning 2014

Subject pronouns

Singular		Plural	
yo	*I*	**nosotros / nosotras**	*we*
tú	*you* (informal)	**vosotros / vosotras**	*you* (informal)
Ud.	*you* (formal)	**Uds.**	*you* (informal and formal)
él	*he*	**ellos**	*they* (m or m/f)
ella	*she*	**ellas**	*they* (f)

▶ Subject pronouns are frequently omitted in Spanish because verb endings indicate the subject. Context can also identify the subject.

Ejemplo

Carlos es mexicano. **Es** de Guadalajara. *Carlos is Mexican. He is from Guadalajara.*

It is clear that **Es** means *He is* (Carlos is).

▶ However, if there is a possibility of confusion as to the identity of the subject, subject pronouns are used to clarify.

Ejemplo

Es de San Antonio. **Es** de Laredo. *He is from San Antonio. She is from Laredo.*

To clarify, say: **Él** es de San Antonio y **ella** es de Laredo.

▶ Subject pronouns can also be used for emphasis.

Ejemplo

¿Quién es de San Antonio? *Who is from San Antonio?*

Yo soy de San Antonio. *I am from San Antonio.*

The subject pronouns **Yo** and *I* are stressed with the voice.

▶ Subject pronouns may be used alone.

Ejemplo

¿Quién es la profesora? *Ella.*

Who is the professor? *She is.*

▶ *It* as a subject pronoun does not exist in Spanish.

Ejemplo

It is very difficult.

Es muy difícil.

Nota lingüística In *colloquial* Spanish in Argentina, Paraguay, Uruguay, Venezuela (in the state of Zulia), parts of Costa Rica, Guatemala, Honduras, Nicaragua, and El Salvador, the form **vos** is frequently used instead of **tú**. As a result, using **vos** will require a change in the form of the verb. It does not replace **vosotros / vosotras** in any country. In *Para siempre*, the pronoun **tú** will be used, because it represents standard usage.

Ejercicio

Subject pronouns   Escribe el pronombre que corresponde a los sujetos siguientes.

1. Pedro y tú _____
2. (The speaker) _____
3. María _____
4. Juan y yo _____
5. (The listener, formal) _____

6. Ana y Teresa _____
7. Juan _____
8. Carlos, María y yo _____
9. Antonio, Manuel y Carla _____
10. (The listener, informal) _____

The verb *estar (to be)* with greetings

The verb **estar** *(to be)* is used to tell how someone feels and to indicate what condition the person is in. It is used to express conditions that can be considered changeable or temporary, so it is used with greetings.

estar			
yo **estoy**	*I am*	nosotros / nosotras **estamos**	*we are*
tú **estás**	*you are*	vosotros / vosotras **estáis**	*you are*
Ud. **está**	*you are*	Uds. **están**	*you are*
él **está**	*he is*	ellos **están**	*they are*
ella **está**	*she is*	ellas **están**	*they are*

Ejemplos

—Hola, ¿cómo **estás**?

—**Estoy** bien, gracias.

—Buenos días, profesor. ¿Cómo **está** Ud.?

—**Estoy** muy bien, gracias.

*"Hi. How **are you**?" (How are you feeling?)*

*"**I'm** well, thanks." (I'm feeling fine, thanks.)*

*"Good morning, professor. How **are you**?" (How are you feeling?)*

*"**I'm** very well, thank you." (I'm feeling very well, thank you.)*

Ejercicio

¿Cómo estás?   Completa los saludos con la forma correcta del verbo **estar**.

Singular

1. ¿Cómo _____ Ud.?
2. (Yo) _____ bien, gracias.
3. ¿Cómo _____ tú?
4. ¿Cómo _____ la Sra. Huertas?
5. (Ella) _____ regular.
6. ¿Cómo _____ el Dr. Soto?

Plural

7. ¿Cómo _____ Uds.?
8. (Nosotros) _____ bien.
9. ¿Cómo _____ ellas?
10. ¿Cómo _____ ellos?
11. Ellas _____ muy bien.
12. Juan y yo _____ bien.

Study tip   Go to the Student Activity Manual (SAM) for extra vocabulary and grammar exercises for this module.

En acción
Conversaciones y más

1-1 Buenos días Lee los diálogos y después escribe las diferencias entre informal y formal.

Informal (tú)

Formal (Ud.)

Diálogo 1

—Hola, Juan.

—Hola, Silvia.

—¿Cómo **estás**?

—(Estoy) Bien, gracias, ¿y tú?

—Regular.

Diálogo 2

—¿Cómo te va?

—Muy bien, gracias, ¿y a ti?

—Más o menos.

—¿Por qué?

—Tengo mucho trabajo.

Diálogo 3

—Buenos días, Lic. Pérez.

—Buenos días, Srta. González.

—¿Cómo **está** Ud.?

—Bien, gracias, ¿y Ud.?

—Bien también, gracias.

Diálogo 4

—¿Cómo le va, Sr. Fernández?

—Muy bien, gracias, ¿y a Ud.?

—Bien también, gracias.

Nota lingüística

Use **tú** for informal forms of address and **Ud.** for formal forms of address. Besides using **tú** and **Ud.**, there are other ways to indicate the formality of speech. For example, the greeting **Hola** indicates an informal situation. A speaker who addresses his audience with **Buenas tardes, damas y caballeros** (*Good afternoon, ladies and gentlemen*) would indicate that this is a formal situation.

¿Cuáles son las diferencias entre informal (tú) y formal (Ud.)?

Informal	Formal
¿Cómo estás?	_____
_____	_____
_____	_____
_____	_____

🔊 **1-2 ¿Tú o Ud.?** Escucha los diálogos. ¿Quiénes usan **tú**? ¿Quiénes usan **Ud.**?
1-4   **Escribe los nombres.**

Tú	**Ud.**
1. _____	5. _____
2. _____	6. _____
3. _____	7. _____
4. _____	8. _____

Nota cultural

People in Spanish-speaking countries give a lot of importance to their academic titles and generally use them in their work environment. For example, one would greet an engineer with **Buenos días, ingeniero/a**, an attorney with **Buenos días, licenciado/a**, and an architect with **Buenos días, arquitecto/a**. If you know that the person merits to be addressed with a title, you should use it. It would be incorrect to greet Professor Ana María Garza with **Buenos días, Sra. Garza**. Outside the work environment, when it is not known if the person has an academic title, it is polite to address them as **Sr., Sra.**, and **Srta.**

1-3 Señora vs. la señora Escribe **el** o **la** si es necesario, **X** si no es necesario.

1. —¿Cómo está Ud., _____ Sr. García?

   —Muy bien, gracias, ¿y Ud. _____ Profa. López?

2. —Buenas tardes, _____ Ing. González.

   —¿Cómo está _____ Sra. González?

   —Regular. No se siente bien *(she doesn't feel well)*.

3. —¿ _____ profesora de español es amable *(nice)*?

   —Sí, es muy amable.

4. —Buenas noches. Yo soy _____ Lic. Hernández.

   —Buenas noches, _____ licenciado.

5. —Buenos días a todos Uds. *(to all of you)*.

   —Buenos días, _____ profesor.

Nota lingüística

When speaking about a titled person, definite articles must be used.

Ejemplos

La profesora Galindo es muy popular.
El señor Peralta no está en su oficina.

When speaking directly to a titled person, definite articles are not used.

Ejemplos

Buenas tardes, **doctor** Fuentes.
Buenas noches, **señorita** Flores.

When a person introduces himself / herself using a title, definite articles must be used.

Ejemplos

Buenos días. Soy **el arquitecto** Mora.
Buenas tardes. Soy **la licenciada** Lara.

1-4 Saludos Completa los diálogos con un/a compañero/a. Usa las frases de las 💬.

> Nada nuevo. Todo igual, ¿y tú?

> ¿Qué tal?

> ¿Cómo le va?

> ¡Qué bien!

> Buenas noches, Arq. Hernández.

> ¿Cómo está Ud.?

> Buenas tardes, Srta. García.

> Muy bien también.

Informal (tú)

Diálogo 1

—_____

—Hola, ¿qué tal?

—¿Cómo te va? ¿Todo bien?

—Sí, muy bien, gracias. ¿Y a ti?

—_____

Diálogo 2

—¿Qué hay de nuevo?

—_____

—Estoy estudiando español.

—_____

Formal (Ud.)

Diálogo 3

—_____

—Buenas tardes, Arq. Hernández.

—_____

—Bien, gracias, ¿y a Ud.?

—Más o menos.

Diálogo 4

—Buenas noches, Ing. Flores.

—_____

—_____

—Bien, pero muy ocupado.

1-5 ¿Tú o Ud.? ¿Qué deben usar estas personas en sus diálogos: tú o Ud.?

1. Un niño de 15 años y otro de 12. _____
2. El Arq. Hernández y su secretaria. _____
3. El presidente de Costa Rica y un asistente. _____
4. Un cliente y el mesero de un restaurante muy elegante. _____
5. Tres colegas médicos. _____
6. Ana y sus amigas. _____
7. Un cajero (cashier) de un banco y un cliente. _____
8. Dos estudiantes universitarios. _____
9. Antonieta y su esposo (husband). _____
10. El chofer de un taxi y su pasajero. _____

Nota lingüística When two people are of the same status, profession, age, etc. and consider themselves equals, they address each other using **tú**. On the other hand, when people are not of the same status and there is no common bond, the distance is marked by using **Ud.**

Nota lingüística In some parts of Colombia, people commonly use **Ud.** with everyone—even friends.

1-6 ¿Cómo están Uds.? Con un/a compañero/a, termina los dos diálogos con estas frases.

¿A nosotros? Pues… más o menos.

Afortunadamente todos estamos bien.

¿Por qué? ¿Qué pasa?

Tenemos (*We have*) mucho trabajo.

Bien, muchas gracias, ¿y a Uds.?

¡Qué bueno!

Estamos bien, gracias, ¿y Uds.?

Diálogo 1

—¿Cómo están Uds.?

—_____

—_____

—_____

Diálogo 2

—¿Cómo les va?

—_____

—_____

—_____

—_____

Ya puedes decirlo

1-7 Hola Practica los saludos para estas situaciones con un/a compañero/a. Escribe los diálogos en tu cuaderno.

1. Dos estudiantes en la clase de español.

2. Un o una cliente y el / la gerente (*manager*) de la compañía.

¡Prepárate!

Study tip Study the **¡Prepárate!** section before coming to class. Review the vocabulary lists, read the grammar explanations, and do the practice exercises.

Vocabulario

Study tip Access vocabulary flashcards at **www. cengagebrain.com**.

Presentaciones	Introductions
¿Cómo te llamas? *(informal)*	*What's your name?*
¿Cómo se llama Ud.? *(formal)*	*What's your name?*
Me llamo…	*My name is…*
¿Cómo se llama ella?	*What's her name?*
Ella se llama…	*Her name is…*
¿Cuál es tu nombre? *(informal)*	*What's your name?*
¿Cuál es su nombre? *(formal)*	*What's your name?*
Mi nombre es…	*My name is…*
¿Eres tú…? *(informal)*	*Are you…?*
¿Es Ud.…? *(formal)*	*Are you…?*
Soy…	*I am…*
Te presento a… *(informal)*	*I would like for you to meet…*
Le presento a… *(formal)*	*I would like for you to meet…*
Les presento a… *(pl.)*	*I would like for you to meet…*
Mucho gusto. / Encantado/a.	*Pleased to meet you.*
El gusto es mío. / Es un placer.	*The pleasure is mine.*
Igualmente.	*It's nice to meet you too.*
Un placer conocerlo/la. *(formal)*	*It's a pleasure to meet you.*

🔊 **Así se pronuncia** Escucha y lee las siguientes conversaciones. Pon atención a la
1-5 pronunciación del vocabulario nuevo.

1. —¿Cómo te llamas?
   —Me llamo Pedro.

2. —Mario, te presento a Luisa.
   —Mucho gusto, Luisa.
   —Mucho gusto, Mario.

3. —¿Cómo se llama Ud.?
   —Me llamo Alicia.

4. —Dr. Lara, le presento a la Dra. Mena.
   —Encantado, doctora.
   —Igualmente, doctor.

Juegos de palabras

Relaciona cada frase de la primera columna con una equivalente de la segunda columna.

1. Mucho gusto. _____
2. Igualmente. _____
3. Te presento a… _____
4. ¿Cómo se llama Ud.? _____

a. El gusto es mío.
b. ¿Cuál es su nombre?
c. Encantado.
d. Le presento a…

Gramática

The verb *llamarse* (to be called, to be named)

▶ The verb **llamarse** literally means *to call oneself*.

When you ask **¿Cómo se llama Ud.?** you are literally asking *How do you call yourself?* When you answer **Me llamo Teresa**, you are literally saying *I call myself Teresa*. The verb **llamarse** is a reflexive verb (reflexive verbs will be studied in Chapter 8). Note that the reflexive pronouns **me**, **te**, **se**, **nos**, and **os** must be used with reflexive verbs. The subject pronouns (**yo, tú, Ud.**, etc.) may be used along with the reflexive pronouns.

llamarse			
yo	**me llamo**	nosotros / nosotras	**nos llamamos**
tú	**te llamas**	vosotros / vosotras	**os llamáis**
Ud. / él / ella	**se llama**	Uds. / ellos / ellas	**se llaman**

▶ The literal meaning of the reflexive pronouns:

me	*myself*	**nos**	*ourselves*
te	*yourself (informal)*	**os**	*yourselves (informal)*
se	*yourself (formal)*	**se**	*yourselves (informal and formal)*
se	*himself*	**se**	*themselves (m or m/f)*
se	*herself*	**se**	*themselves (f)*

Ejemplos

—Hola. ¿Cómo **te llamas**?	*Hi. What's your name?*
—**Me llamo** Miguel.	*My name is Miguel.*
—¿Cómo **se llama** el profesor?	*What is the professor's name?*
—**Se llama** Manuel Ochoa.	*His name is Manuel Ochoa.*

Present tense of the verb ser *(to be)*					
yo	**soy**	*I am*	nosotros/as	**somos**	*we are*
tú	**eres**	*you are*	vosotros/as	**sois**	*you are*
usted	**es**	*you are*	ustedes	**son**	*you are*
él / ella	**es**	*he / she is*	ellos / ellas	**son**	*they are*

Ser is used to identify.

Ejemplos

Tú **eres** mi mejor amigo.	*You are my best friend.*
Ella **es** profesora.	*She is a professor.*
¿**Es** Ud. Carlos Hernández?	*Are you Carlos Hernandez?*
No, yo **soy** Carlos Fernández.	*No, I am Carlos Fernandez?*

Study tip Go to the Student Activity Manual (SAM) for extra vocabulary and grammar exercises for this module.

En acción
Conversaciones y más

1-8 ¡Qué bonito nombre! Lee los diálogos y después escribe **F** si el diálogo es formal o **I** si es informal.

Diálogo 1

—**Yo me llamo** Pedro, ¿y tú?

—Mariana.

—Mucho gusto, Mariana.

—El gusto es mío, Pedro.

Diálogo 2

—¿Cómo **te llamas**?

—**Me llamo** Pedro, ¿y tú?

—**Me llamo** Guadalupe.

—Mucho gusto, Guadalupe.

—Igualmente, Pedro.

Diálogo 3

—**Me llamo** Sara Martínez, ¿y Ud.?

—Yo **me llamo** Ricardo Soto.

—Mucho gusto.

—Encantado.

Diálogo 4

—Disculpe, ¿cómo **se llama** Ud.?

—Alberto González, para servirle.

—Mucho gusto, Sr. González.

—El gusto es mío.

Diálogo 1 _____

Diálogo 2 _____

Diálogo 3 _____

Diálogo 4 _____

First names and last names In Spanish, "first name" is not translated as **primer nombre** but rather **nombre** or **nombre de pila**. **Pila** refers to the baptismal font (the basin on a pedestal where water is poured over the head of the person being baptized); therefore, **nombre de pila** refers to the name that is given when a person is baptized. Generally, Hispanic last names originally came from one of the following four sources: (a) Some surnames were based on the name of one's father; **Rodríguez** would be the son of **Rodrigo**, **Martínez** the son of **Martín**. (b) Other surnames were based on one's trade, occupation, or profession: **Vaquero** *(cowboy)*, **Carbonero** *(coal merchant)*, **Escudero** *(squire)*; and, as in Spanish, English last names can also be based on an occupation or profession: Fisher, Shoemaker, Carpenter, etc. (c) Still other surnames were based on the physical appearance of the person: **Rubio** *(blond; fair-haired)*, **Bermejo** *(reddish)*, **Delgado** *(thin).* (d) In addition, some surnames were based on where the person came from or lived: **Gallego** *(from the Spanish region of Galicia)*, **del Río** *(from the river)*, **del Castillo** *(from the castle).*

1-9 ¡Qué desorden! Pon los diálogos en orden con un/a compañero/a.

Diálogo 1

—Sí, soy yo. _____

—Igualmente, Arturo. _____

—Mucho gusto, Pedro. Soy Arturo López. _____

—¿Eres Pedro García? _____

Diálogo 2

—Un placer conocerla. _____

—Sí. ¿Con quién tengo el gusto? _____

—Encantada, ingeniero. _____

—¿Es Ud. el Ing. Fernando Fuentes? _____

—Me llamo Guadalupe Montemayor. _____

1-10 Faltan palabras Completa los diálogos con un/a compañero/a.

A. En una fiesta (informal)

Diálogo 1

—Hola, ¿_____ llamas?

—_____, ¿y tú?

—_____.

—Mucho _____.

—_____.

Diálogo 2

—¿Eres _____?

—_____.

—Yo soy _____.

—Mucho _____.

—_____.

B. En una reunión de negocios (formal)

Diálogo 1

—Buenas tardes, ¿_____?

—_____, ¿y Ud.?

—_____.

—_____ gusto.

—_____ es mío.

Diálogo 2

—¿Es Ud. _____?

—_____.

—Yo soy _____.

—Mucho _____.

—_____.

1-11 Mucho gusto Relaciona ambas *(both)* columnas de forma lógica.

A. Informal

1. ¿Cómo te llamas? _____ **a.** ¿Qué tal?

2. Encantado. _____ **b.** Regular, ¿y tú?

3. Hola. _____ **c.** Alfonso Ledesma.

4. ¿Cómo estás? _____ **d.** Igualmente.

5. ¿Qué hay de nuevo? _____ **e.** Nada nuevo. Todo sigue igual.

B. Formal

6. ¿Cómo se llama Ud.? _____ **a.** Se llama Miguel Camacho.

7. ¿Cómo le va? _____ **b.** Sí. Soy yo.

8. ¿Cómo se llama su profesor? _____ **c.** Me llamo José Medrano.

9. Le presento a Luisa Méndez. _____ **d.** Muy bien, gracias, ¿y a Ud.?

10. ¿Es Ud. Juan Mora? _____ **e.** Mucho gusto.

🔊 **1-12 En un campamento de verano** Escucha y completa el diálogo. Elenita
1-6 va a un campamento de verano *(summer camp)*. Es el primer día *(first day)*, y la
coordinadora habla con los niños.

—Hola. ¿Cómo (1) _____?

—(2) _____, gracias.

—¿Cómo te (3) _____?

—(4) _____ llamo Elena.

—Mucho (5) _____.

—Yo me llamo Verónica Moreno. Soy la (6) _Coordinadora_ de este grupo.

—*(niños)* (7) _____, (8) _____.

—(9) _____. Y tú, ¿(10) _____ te llamas?

—(11) _____ llamo Héctor. Mucho (12) _____.

—Hay (13) _____ niños que (14) _____ Héctor.

—Yo (15) _____ Héctor García.

—Y (16) _____ soy Héctor Pérez.

—Mucho gusto. Vamos a seguir. Y (17) _____, ¿cómo (18) _____?

—Yo (19) _____ Pedro.

—Y (20) _____ me llamo María.

—Niños, (21) _____ presento al Sr. Mora. Es el (22) _director_ del campamento.

—(23) _____. Hay actividades divertidas *(fun)* para todos.

1-13 El personal de la universidad
Mira los dibujos y contesta las preguntas.

1. ¿Cómo **se llama** la secretaria?

_____

2. ¿Cómo **se llama** la directora?

_____

3. ¿Cómo **se llaman** los profesores de la oficina 425?

_____

4. ¿Cómo **se llama** el profesor de la oficina 426?

_____

5. ¿Cómo **se llaman** dos compañeros de tu clase de español? _____

6. ¿Cómo se escriben sus apellidos *(last names)*? _____

Música y cine Almanaque de México, A-26

María es el nombre de **mujer** *(woman)* más popular y más combinable en español. María Félix (1914–2002), una actriz mexicana, participó en 47 **películas** *(movies)* y es famosa internacionalmente por su belleza incomparable. Uno de sus esposos **fue** *(was)* Agustín Lara (1897–1970), autor de aproximadamente 700 **canciones** *(songs)*. La lista de sus **intérpretes** *(performers)* es muy grande; incluye a Frank Sinatra y los Tres Tenores: Luciano Pavarotti, José Carreras y Plácido Domingo. Su obra tiene trascendencia mundial. Una de las canciones de Agustín Lara más populares es "María Bonita", dedicada a María Félix, el amor de su vida. ¿**Conoces** *(Do you know)* esa canción? ¿Conoces otra canción con el nombre María?

Voces hispanas

En este video, muchas personas del mundo hispano se presentan *(introduce themselves)*. Mira el video y contesta las preguntas con C (cierto) o F (falso).

1. Ela es de Puerto Rico.

2. Dayramir es de Honduras.

3. Ricardo es estudiante.

4. David es de los Estados Unidos.

5. Patricia es profesora de español.

Ya puedes decirlo

1-14 Mucho gusto En grupos de tres, practica las presentaciones para estas situaciones. Escribe los diálogos en tu cuaderno.

1. Preséntate *(Introduce yourself to)* con dos compañeros.

2. Presenta *(Introduce)* a dos compañeros de clase a otro compañero.

3. Presenta al / a la nuevo/a director/a con su secretario/a.

¡Prepárate!

Study tip Study the **¡Prepárate!** section before coming to class. Review the vocabulary lists, read the grammar explanations, and do the practice exercises.

Vocabulario

 Study tip Access vocabulary flashcards at **www.cengagebrain.com**.

Despedidas	Farewells
Adiós.	Good-bye.
Buenas noches.	Good night.
Chao.	Bye.
Hasta el lunes.	See you Monday. (Until Monday.)
Hasta luego.	See you later. (Until later.)
Hasta mañana.	See you tomorrow. (Until tomorrow.)
Hasta pronto. / Hasta la vista.	See you soon. / See you.
Nos vemos.	See you.
Nos vemos el sábado.	See you Saturday.
¡Que te vaya bien! *(informal)* ¡Que le vaya bien! *(formal)*	I hope that everything goes well for you.
Buena suerte.	Good luck.
Cuídate. *(informal)* Cuídese. *(formal)*	Take care.
Feliz viaje.	Have a good trip.

Los días de la semana	Days of the week
lunes	Monday
martes	Tuesday
miércoles	Wednesday
jueves	Thursday
viernes	Friday
sábado	Saturday
domingo	Sunday

Expresiones relacionadas	Related expressions
ayer	yesterday
de lunes a viernes	from Monday to Friday
entresemana	during the week
fin de semana *(m)*	weekend
hoy	today
mañana	tomorrow

Nota cultural

In Spanish, the five weekdays are derived from the names of five planets and are combined with the Latin word *dies (day)*. **Lunes** comes from the word *luna (moon)*, **martes** from *Martis (Mars)*, **miércoles** from the Latin *Mercurli* after the god Mercury, **jueves** is associated with the planet Jupiter, and **viernes** with the planet Venus. **Domingo** comes from the Latin *Dominicus (day of our Lord)*, and **sábado** has its origin in the Hebrew word *Sabbath*. In English, it is obvious that Sunday is associated with the sun and Saturday with Saturn. Because English is a Germanic language, the other days of the week were named after Germanic gods. Tuesday comes from the Germanic god of war Tiu, Wednesday is a modification of Woden's Day, Thursday is associated with the god Thor, and Friday has its origin in the Germanic word *Frigg*.

Así se pronuncia Escucha y lee las siguientes conversaciones. Pon atención
1-7 a la pronunciación del vocabulario nuevo.

1. —Hasta mañana, profesor.
—Hasta mañana, niños.

2. —Hasta pronto. Buen viaje.
—Gracias. Chao.

3. —Nos vemos, Miguel.
—Sí. Hasta luego.

4. —Nos vemos el lunes.
—Sí. Hasta el lunes.

Juegos de palabras

Escribe una despedida en cada dibujo.

Illustrations © Cengage Learning 2014

Los días de la semana Escribe las letras que faltan.

1. ___ ___ é ___ ___ o ___ ___ s

2. ___ o ___ ___ n ___ o

3. ___ u ___ ___ e ___

4. ___ ___ b ___ ___ o

5. ___ ___ e r ___ ___ ___

6. ___ u ___ ___ ___ ___

Literatura

Jaime Sabines Gutiérrez (1926–1999). Poeta contemporáneo mexicano. Autor de diez volúmenes de poesías. Hay traducciones de su **obra** (work) en más de doce lenguas. **Recibió** (He received) premios nacionales e internacionales. Es un poeta romántico, realista y atormentado. Los **últimos** (final) diez años de su vida **tuvo** (he had) muchos problemas de **salud** (health). Un ejemplo de sus poemas es el de los días de la semana.

En tu opinión, ¿qué significan estos versos? ¿Cuál es la idea principal?

PASA EL LUNES... (fragmento)

Pasa el lunes y pasa el martes
y pasa el miércoles y el jueves y el viernes
y el sábado y el domingo,
y **otra vez** (again) el lunes y el martes
y la **gotera** (leaking) de los días **sobre la cama donde
se quiere dormir** (on the bed where one wants to sleep),

la estúpida gota del tiempo **cayendo sobre el
corazón aturdido** (falling on this dazed heart),
la vida pasando como estas **palabras** (words):
lunes, martes, miércoles,
enero, febrero, diciembre, otro año, otra vida.

Jaime Sabines, "Pasa el lunes," from *Poemas sueltos (1951–1961)*. Ediciones Papeles Privados, 1981. Used with permission of the author's estate.

Gramática

Gender of nouns

▶ All nouns in Spanish are either masculine or feminine. People, things, animals, abstractions, and inanimate objects are categorized as being of masculine or feminine gender. In the case of people and most animals, the grammatical gender reflects the biological gender. Therefore, in Spanish it is not necessary to say *male cat* or *female cat*. **Gato** is a male cat, and **gata** is a female cat. Similarly, **amigo** is a male friend, and **amiga** is a female friend. There is no need to say that the friend is "male" or "female" as in English.

In the case of things—that is, non-living objects—gender is arbitrary. Gender is a purely grammatical concept, not physical reality. Therefore, when a noun such as **mesa** *(table)* is termed feminine, it simply means that the *noun* or the *word* **mesa** is of feminine gender.

▶ Nouns are considered nuclear words; for this reason, articles and adjectives must agree in number and gender with the nouns that they modify.

Definite articles

▶ In English, there is only one definite article: *the*. In Spanish, *the* can be translated four ways: **el** (masculine singular), **la** (feminine singular), **los** (masculine plural), and las (feminine plural).

Definite articles		
	Masculine	**Feminine**
Singular	el	la
Plural	los	las

The article *must agree* in gender and number with the noun it modifies. For example, if the noun is masculine singular, the definite article that must be used is **el**. If the noun is feminine singular, then the definite article to use is **la**. If the noun is masculine plural, the definite article that must be used is **los**; if it is feminine plural, then **las** must be used.

Ejemplos

el amigo	*(masc. sing.—one male friend)*
la amiga	*(fem. sing.—one female friend)*
los amigos	*(masc. pl.—more than one male friend or males and females)*
las amigas	*(fem. pl.—more than one female friend)*

▶ The definite article is also used to define gender for some nouns that do not end in **-o** or **-a**. For example, the noun **dentista** can be of either masculine or feminine gender. It is the article that indicates the gender of the noun.

Ejemplos

el dentista ⟶ *male dentist*

la dentista ⟶ *female dentist*

el estudiante ⟶ *male student*

la estudiante ⟶ *female student*

Ejercicio

Indicate whether the following sentences are true **(T)** or false **(F)**. Be prepared to defend your answer.

1. In Spanish only animals and humans have grammatical gender. _____

2. In Spanish the ending of a noun generally identifies its gender. _____

3. In Spanish articles and adjectives must agree only in gender. _____

4. In English there are several forms of the definite article. _____

5. In Spanish there is only one form of the word *the*. _____

6. In Spanish the definite article can be used to define gender. _____

Arte Almanaque de España, A-18

Marina Anaya (n. 1972) es una artista española, especialista en **grabado** *(engraving)*. **Estudió** *(She studied)* la licenciatura en España y el doctorado en Cuba. Desarrolla sus trabajos en estas tres disciplinas: esculturas, pinturas y **grabados**. Marina considera que **su** *(her)* obra está en constante evolución. Tiene un gran respeto por la naturaleza y el **medio ambiente** *(environment)*, por eso introduce productos no tóxicos en los procesos. Sus **personajes** *(characters)* son coloridos, y sus temas favoritos son el amor y los **viajes** *(trips)*. Una de sus obras es la colección de **grabados** *Abecedario* *(Alphabet)*. Cada **dibujo** *(drawing)* representa una letra del alfabeto, de la A hasta la Z. Cada letra tiene su palabra asociada. Por ejemplo: A, Avión; D, Despedida; F, Fiesta; N, Nostalgia; T, Tren.

D de despedida*

*También puede ser d de deseo o del verbo dar (It can also be d as in desire or from the verb dar, to give), que es un verbo con mucha personalidad. Las despedidas son siempre muy **tristes** *(sad)*. A veces son temporales, y **por lo tanto llevaderas** *(and for that reason bearable)*; otras son definitivas, y **por ende** *(therefore)* **dolorosas** *(painful)*.

 Study tip Go to the Student Activities Manual (SAM) for extra vocabulary and grammar exercises for this module.

En acción
Conversaciones y más

> **Nota lingüística** The plural of the days of the week that end in **s** is the same as the singular form. The plural of **el lunes** is **los lunes**, the plural of **el martes** is **los martes**, etc. **Sábado** and **domingo** are made plural by adding an **s**. The plural of **el sábado** is **los sábados**, and the plural of **el domingo** is **los domingos**. *On Monday* is **el lunes**. *On Mondays* is **los lunes**. *On Saturday* is **el sábado**. *On Saturdays* is **los sábados**. The days of the week are not capitalized in Spanish.

1-15 En la universidad Primero lee los diálogos, y después elige *(choose)* a quién se refieren las oraciones.

© Cengage Learning 2014

© Cengage Learning 2014

A. Dos estudiantes conversan

Pablo:	Hola, Vero. ¿Cómo te va?
Vero:	Muy bien, gracias. ¿Qué hay de nuevo?
Pablo:	No mucho. Todo igual.
Vero:	Pues yo ahora tomo clases de baile de salón *(ballroom dancing)*.
Pablo:	¿Cuántas veces *(How many times)* por semana?
Vero:	Dos. Una semana tomo clases el martes y el jueves y la semana siguiente *(next)* el lunes y el miércoles.
Pablo:	¿Por qué?
Vero:	Son diferentes ritmos. Los viernes hay exhibiciones. Te invito.
Pablo:	Sí, claro. Nos vemos el viernes.

B. En la oficina de la Profa. Lara

Pepe:	Buenos días, profesora. ¿Cómo está?
Profa.:	Muy bien, gracias, Pepe. Y tú, ¿cómo estás?
Pepe:	Muy ocupado. Tengo dos clases los martes y jueves y una los sábados.
Profa.:	No son muchas clases.
Pepe:	No, pero trabajo *(I work)* de lunes a viernes y a veces los domingos.
Profa.:	¡Qué horrible! Por eso estás muy ocupado. Bueno, ¡que te vaya bien!
Pepe:	Hasta luego.

Escribe en el calendario los meses que faltan.

enero

L	M	M	J	V	S	D
				1	2	3
4	5	6	7	8	9	10
11	12	13	14	15	16	17
18	19	20	21	22	23	24
25	26	27	28	29	30	31

L	M	M	J	V	S	D
1	2	3	4	5	6	7
8	9	10	11	12	13	14
15	16	17	18	19	20	21
22	23	24	25	26	27	28

marzo

L	M	M	J	V	S	D
1	2	3	4	5	6	7
8	9	10	11	12	13	14
15	16	17	18	19	20	21
22	23	24	25	26	27	28
29	30	31				

abril

L	M	M	J	V	S	D
			1	2	3	4
5	6	7	8	9	10	11
12	13	14	15	16	17	18
19	20	21	22	23	24	25
26	27	28	29	30		

mayo

L	M	M	J	V	S	D
					1	2
3	4	5	6	7	8	9
10	11	12	13	14	15	16
17	18	19	20	21	22	23
24/31	25	26	27	28	29	30

L	M	M	J	V	S	D
	1	2	3	4	5	6
7	8	9	10	11	12	13
14	15	16	17	18	19	20
21	22	23	24	25	26	27
28	29	30				

L	M	M	J	V	S	D
		1	2	3	4	
5	6	7	8	9	10	11
12	13	14	15	16	17	18
19	20	21	22	23	24	25
26	27	28	29	30	31	

agosto

L	M	M	J	V	S	D
						1
2	3	4	5	6	7	8
9	10	11	12	13	14	15
16	17	18	19	20	21	22
23/30	24/31	25	26	27	28	29

L	M	M	J	V	S	D
	1	2	3	4	5	
6	7	8	9	10	11	12
13	14	15	16	17	18	19
20	21	22	23	24	25	26
27	28	29	30			

octubre

L	M	M	J	V	S	D
				1	2	3
4	5	6	7	8	9	10
11	12	13	14	15	16	17
18	19	20	21	22	23	24
25	26	27	28	29	30	31

noviembre

L	M	M	J	V	S	D
1	2	3	4	5	6	7
8	9	10	11	12	13	14
15	16	17	18	19	20	21
22	23	24	25	26	27	28
29	30					

L	M	M	J	V	S	D
		1	2	3	4	5
6	7	8	9	10	11	12
13	14	15	16	17	18	19
20	21	22	23	24	25	26
27	28	29	30	31		

Escribe el día festivo o fiesta correspondiente a cada dibujo.

_____

_____

_____

_____

_____

_____

_____

_____

Gramática

Indefinite articles

▶ The articles *a*, *an*, and *some* are called indefinite articles because they do not refer to a specific or particular member of a group. For example, you might ask, "May I borrow *a* pencil?" You do not want a specific pencil; it can be any pencil out of many. In Spanish, the indefinite articles are **un** (masculine singular), **una** (feminine singular), **unos** (masculine plural), and **unas** (feminine plural). The articles must agree in gender and number with the nouns they modify.

Indefinite articles		
Gender	Singular	Plural
masculine	un	unos
feminine	una	unas

Ejemplos

Es **un año** muy importante.

Mis amigas van a *(are going to)* una **fiesta**.

Necesito un**os regalos** para la fiesta.

Necesito **unas velas** para la fiesta.

Masculine and feminine nouns

The following guidelines can help you determine whether a noun is masculine or feminine.

▶ Nouns that end in **-o** are usually masculine.

Ejemplos

el año, el invitado, el regalo

▶ Nouns that refer to men are also usually masculine.

Ejemplos

el hombre *(the man)*　　　　　el rey *(the king)*

Note: The gender of some animals is not determined by the noun's ending or the article preceding the noun. For example, **el delfín** *(dolphin)* can refer to a male or a female. **La ballena** *(whale)* can also be a male or a female.

▶ Nouns that end in **-a** are usually feminine.

Ejemplos

la fiesta, **la** semana, **la** vela

▶ Nouns that refer to women are also usually feminine.

Ejemplos

la mujer *(the woman)*   la madre *(the mother)*

▶ Nouns that end in **-dad**, **-tad**, **-tud**, **-umbre**, **-ción**, and **-sión** are feminine.

Ejemplos

la universidad *(the university)*   la lealtad *(the loyalty)*

la actitud *(the attitude)*   la costumbre *(the custom)*

la lección *(the lesson)*   la televisión *(the television)*

▶ Nouns that end in **-ista**, when they refer to people, have the same masculine and feminine forms. Gender is determined by the use of the masculine or feminine article.

Ejemplos

el dentista/**la** dentista   **el** artista/**la** artista

el ciclista/**la** ciclista   **el** especialista/**la** especialista

el turista/**la** turista

Plural of nouns

Nouns that end in a vowel are made plural by adding **-s**. Nouns that end in a consonant are made plural by adding **-es**. Nouns that end in **-z** are made plural by dropping the **-z** and replacing it with **-ces**.

Ejemplos

el regalo   los regalo**s**

el pastel   los pastel**es**

el lápiz   los lápi**ces**

Ejercicio

Completa el párrafo con el artículo indefinido.

Es el cumpleaños de Samuel. Hay *(There is)* _____ pastel con _____ velas, también

_____ piñata y _____ regalos. Es _____ fiesta muy bonita con muchos globos *(balloons)*

y hasta un payaso *(clown)* para organizar _____ juegos divertidos *(fun)*.

Present tense of the verb **tener** (to have)

tener	
yo **tengo** (I have)	nosotros / nosotras **tenemos** (we have)
tú **tienes** (you have)	vosotros / vosotras **tenéis** (you have)
Ud. / él / ella **tiene** (you have / he / she has)	Uds. / ellos / ellas **tienen** (you / they have)

▶ **Tener** is used to express age.

Ejemplo

Mi hermano **tiene** veintidós años.   *My brother is twenty-two years old.*

▶ Spanish does not use the verb *to be* with age, nor is the word *old* expressed.

▶ An easy way to understand why Spanish uses the verb **tener** *(to have)* instead of the verb *to be* to express age is to complete the sentence with the phrase **de vida** *(of life)* and then translate it literally.

Ejemplos

Mi hermano tiene veintidós años (**de vida**).   *My brother has twenty-two years (of life).*

Ejercicio

¿Cuántos años tienen? Escribe frases completas como en el ejemplo.

Ejemplo

Julio (55)   *Julio tiene cincuenta y cinco años.*

1. Anita (25) _____.

2. Samuel (33) _____.

3. Ricardo (45) _____.

4. Yo (19) _____.

5. Tere y Rosa (15) _____.

6. Tú (60) _____.

7. Mis abuelitos (*grandparents*) (82) _____.

8. Nosotros (7) _____.

📝 **Study tip** Go to the SAM for extra vocabulary and grammar exercises for this module.

En acción
Conversaciones y más

2-1 Las fiestas Lee los diálogos y después responde con **C** si la oración es cierta o **F** si es falsa.

Diálogo A

Después de la clase

Ana: Hola, Luis, ¿cómo estás?

Luis: Muy bien, ¿y tú?

Ana: También bien. Mañana es mi cumpleaños.

Luis: ¿Tu cumpleaños es el 28 de enero?

Ana: Sí, ¿por qué?

Luis: Porque es un día muy importante. Ese (*That*) día nació José Martí*.

Ana: Sí, ya lo sé (*I know*). Por eso yo soy poeta también.

Luis: Ajá… Mentirosa (*Fibber*)… ¿Cuántos años cumples?

Ana: ¡Veintiuno!

Luis: ¡Qué bien!… Veintiún años. Te invito a un club.

Ana: Mañana es jueves; mejor el sábado.

Luis: Déjame ver (*Let me see*). Es el 30 de enero, ¿no?

Ana: Sí, ¿por qué?

Luis: El 30 de enero es el aniversario de mis padres. Hay (*There is*) una fiesta.

Ana: ¿Qué tal el viernes?

Luis: Sí, el viernes nos vemos. Feliz cumpleaños.

Ana: ¡Gracias! Nos vemos el viernes.

*See **Nota cultural**, p. 48.

Diálogo B

En una oficina

Lic. Soto: Ana Lisa, por favor escriba un correo con la información de la fiesta de Navidad.

Ana Lisa: Sí, claro. ¿Cuándo es?

Lic. Soto: El último día de trabajo antes de las vacaciones.

Ana Lisa: Las vacaciones son del lunes, 17 de diciembre, al 3 de enero.

Lic. Soto: Entonces el viernes.

Ana Lisa: ¿A qué hora?

Lic. Soto: A las ocho de la noche.

Ana Lisa: En el restaurante Mario's, ¿verdad, licenciado?

Lic. Soto: Sí, y celebramos también el Año Nuevo.

Ana Lisa: ¡Ay, no! Mejor otra fiesta en enero.

Lic. Soto: A Ud. le gustan mucho las fiestas, ¿verdad?

Ana Lisa: Sí, licenciado, es muy buena idea celebrar todo.

Escribe C si la oración es cierta o F si es falsa.

1. El cumpleaños de Ana es el 18 de enero. _____

2. Ana y Luis van a un club el sábado. _____

3. Ana es poeta. _____

4. Ana puede tomar vino *(wine)* el viernes, 29 de enero. _____

5. El 30 de enero Luis tiene una fiesta familiar. _____

6. Ana Lisa y el Lic. Soto planean una fiesta en noviembre. _____

7. La fiesta de la oficina es el viernes, 14 de diciembre. _____

8. En la oficina, la fiesta es en la tarde. _____

9. El Lic. Soto quiere *(wants)* dos fiestas. _____

10. Ana Lisa y el Lic. Soto usan la forma de Ud. _____

Nota cultural — Almanaque de Cuba, A-12

La Canastilla Martiana January 28 is the birthday of José Martí, Cuba's most celebrated patriot and poet. To honor Martí on his birthday, Cuban tradition calls for a child born on this day to receive a layette (clothing, bedding, and gifts) known as a **Canastilla Martiana**. When Cuban immigrants brought this tradition to the United States, it became known as a "Layette Drive."

Born in Cuba in 1853, Martí died in battle in 1895 fighting for his country's independence from Spain. He is also known as the father of Cuban independence. He wrote the very famous poem that begins **Yo soy un hombre sincero / de donde crece la palma, / y antes de morirme quiero / echar mis versos del alma**, which comes from Versos sencillos *(Simple Verses)*. Later, the words were used in the song "**Guantanamera**," made famous by the composer Joselito Fernández. Also very well known is his poem "**Cultivo una rosa blanca**."

© Bettmann/Corbis

2-2 Conecta los números

Conecta los siguientes números con una línea: *veinte, veintinueve, setenta y ocho, sesenta y uno, cuarenta y nueve, setenta y uno, diez, cuarenta, cincuenta y dos, treinta y cuatro, veinticuatro, setenta y seis, cincuenta, sesenta, setenta y cinco, treinta y dos, sesenta y dos, cincuenta y cuatro, cuarenta y uno, uno, ochenta y dos, treinta y seis, veinte.*

73	21	65	20	84	97	23
89	83	29	38	36	43	74
92	78	61	99	01	82	31
58	49	90	17	30	41	59
71	10	40	95	32	62	54
47	26	52	80	75	81	93
66	23	34	48	60	07	83
22	05	24	76	50	00	76

© Cengage Learning 2014

1. ¿Qué día festivo relacionas con la figura hecha *(made)* con números?

   _____

2. ¿Cuándo se celebra?

   _____

3. ¿Cuáles son otros objetos o símbolos de la Navidad?

   _____

Nota cultural Almanaque de México, A-26

The poinsettia The plant that is always associated with Christmas, the poinsettia, originated in Mexico. In Spanish it is called **flor de Nochebuena**, which means *Christmas Eve flower*. It is named after Joel Roberts Poinsett, the first United States ambassador to Mexico in the 1820s. Poinsett was very interested in botany, and during one of his stays in Mexico, he found a green plant with large red flowers growing wild. He took cuttings from the plant and brought them back to the United States. He will always be remembered for introducing the poinsettia into the United States.

© VVO/Shutterstock

A Hoy es mi cumpleaños

🔊 **2-3 Fechas importantes** Escucha la información siguiente, y escribe en el
1-9 calendario cuándo se celebran los eventos o días festivos mencionados.

mayo						
lunes	martes	miércoles	jueves	viernes	sábado	domingo
	1	2	3	4	5	6
7	8	9	10	11	12	13
14	15	16	17	18	19	20
21	22	23	24	25	26	27
28	29	30	31			

© Cengage Learning 2014

Nota cultural

Mother's Day Mother's Day is celebrated on different dates in Spanish-speaking countries. In some, such as Cuba and Colombia, it is celebrated on the same day as in the United States: the second Sunday in May. In Mexico, it is always celebrated on May 10. In Argentina, it is celebrated on the third Sunday in October, and in Costa Rica, on August 15.

🗨 **2-4 ¿Qué celebramos?** Hazle preguntas a un/a compañero/a y responde con la información adecuada.

Ejemplos

Opción A

Estudiante 1: ¿En qué mes celebramos el Día de San Valentín?

Estudiante 2: En febrero.

Opción B

Estudiante 1: ¿La Pascua es en marzo?

Estudiante 2: No, este año (this year) es en abril. / Sí, es en marzo.

Opción C

Estudiante 1: ¿Cuándo es tu cumpleaños?

Estudiante 2: (any date)

Estudiante 1: ¿En qué día cae (falls) este año?

Estudiante 2: (the corresponding day of the week)

2-5 Fiesta de cumpleaños Completa los diálogos con la información de la invitación.

1. ¿ _____ ?

   De Ana Elena.

2. ¿Qué día es la fiesta?

   _____

3. ¿Cuántos años cumple?

   _____

4. ¿Dónde es la fiesta?

   _____

5. ¿A qué hora empieza la fiesta?

   _____

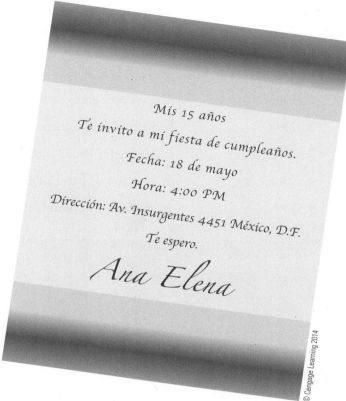

Mís 15 años
Te invito a mi fiesta de cumpleaños.
Fecha: 18 de mayo
Hora: 4:00 PM
Dirección: Av. Insurgentes 4451 México, D.F.
Te espero.

Ana Elena

© Cengage Learning 2014

Nota cultural

Birthday celebrations Birthday celebrations in the Spanish-speaking world differ in many aspects from birthdays in other cultures. Besides the traditional celebration marking the date of birth, there is another celebration called **el Día del Santo**, which occurs on the day of the Catholic saint that a person is named after. For example, St. Joseph's feast day is March 19. On that day, everyone named Joseph (José) has a celebration similar to that of his birthday.

Another celebration is the **quinceañera**, a tradition that is held to commemorate a young woman's fifteenth birthday. This celebration is more formal than the Sweet Sixteen parties in the United States. Traditional Mexican **quinceañeras** have 14 **damas** (similar to bridesmaids) and 14 **chambelanes** (male partners). The **quinceañera** also has a partner. There is a church ceremony, pictures, food, music, and dancing at a restaurant, a ballroom, or the family's home.

Courtesy of the authors.

This **quinceañera** tradition is celebrated with variations in other countries. In Argentina, for example, the **quinceañera** celebration includes the Ceremony of the Fifteen Candles. The guest of honor hands a candle to each of 15 people whom she considers the most important in her development these 15 years. In some Cuban communities in the United States, the celebration is a huge production. The **quinceañera** has her picture taken before the ceremony, dressed in her long formal gown. At the party, she makes a grand entrance, sometimes in a carriage. **Quinceañera** celebrations are also held in other Spanish-speaking countries, including Puerto Rico, Peru, Panama, and the Dominican Republic.

2-6 Clase de historia Relaciona las columnas como en el ejemplo.

Ejemplo

1492 = descubrimiento de América

En mil cuatrocientos noventa y dos: el descubrimiento de América

1. 1963 _____   **a.** Independencia de Estados Unidos

2. 2008 _____   **b.** llegada de astronautas estadounidenses a la Luna

3. 1776 _____   **c.** ataque terrorista contra las Torres Gemelas

4. 2001 _____   **d.** elección de Barack Obama

5. 1969 _____   **e.** asesinato del presidente John F. Kennedy

---

Nota lingüística In Spanish, 1492 is expressed as **mil cuatrocientos noventa y dos** (one thousand four hundred ninety-two) and not fourteen ninety-two. If the month and day are expressed, October 12, 1492, would be written as **el 12 de octubre de 1492**. This date could also be written as **12/10/1492** or **12/X/1492**. You write day, month, and year—in that order.

Nota cultural

The discovery of America Christopher Columbus (known as **Cristóbal Colón** in Spanish) was born in the Italian city of Genoa, but later moved to Spain. In 1492, he finally persuaded the Spanish monarchs Fernando and Isabel to sponsor his expedition to Asia, based on his theory that it could be reached by sailing west around the world. On the morning of October 12, 1492, the Spaniards arrived on an island in the Antilles and called it San Salvador. This date marks the discovery of America. In many Latin American countries, it is known as **el Día de la Raza** (Day of the Race). It does not celebrate the discoverer, but rather the fusion of European and indigenous cultures and the creation of a multiethnic society.

Música Almanaque de Venezuela, A-42

Hay música tradicional para algunos días festivos. Por ejemplo, en México cantan "Las mañanitas" para el cumpleaños. En algunos casos, "Las mañanitas" es una serenata con mariachis. En Navidad, hay villancicos (*Christmas carols*) en todos los países hispanos. En el Día de la Independencia, cada país canta su himno nacional y otros cantos cívicos.

Oscar de León El cantante y compositor venezolano Oscar de León es famoso internacionalmente. Interpreta ritmos tropicales, especialmente "salsa". Lo llaman "El sonero del mundo" y también el "Faraón (*Pharaoh*) de la salsa". Oscar tuvo (*had*) la idea de hacer una canción sobre la travesía (*crossing*) de Cristóbal Colón, narrando los viajes y la historia de su descubrimiento de América con el pegajoso (*catchy*) ritmo tropical de salsa.

Ya puedes decirlo

2-7 Celebraciones y días festivos Con un/a compañero/a conversa sobre los siguientes temas.

1. **Los cumpleaños**. En tu cuaderno, escribe un párrafo. Describe cómo celebras tu cumpleaños.

2. **Un día festivo**. En tu cuaderno, escribe un párrafo de cómo celebras un día festivo (Navidad, Pascua, etc.). ¿Con quién celebras ese día? ¿Qué haces?

Arte

Schakjwujh/Art Resource, NY
Hospital Infantil "Francisco Gomez" Mexico City, D. F. m Mexico

La Navidad es otra celebración llena *(full)* de tradiciones en varios países hispanos. En México, los nueve días anteriores a la Navidad (del 16 al 24 de diciembre) celebran *(they celebrate)* "Las Posadas". Una parte fundamental de esta tradición es romper *(break)* la piñata.

Diego Rivera El famoso pintor Diego Rivera representa en una de sus obras esta tradición en un ambiente rural. El artista se inspiró en *(was inspired by)* la vida diaria del pueblo, y en temas sociales, históricos y políticos.

Nota cultural

Originally, the **piñata** was a clay pot covered with colorful paper or cloth. It represents evil, and with its bright colors, it draws people toward it. The **piñata** is filled with candy, fruit, and knickknacks. Blindfolded children take turns trying to break it with a stick, and when the **piñata** is finally broken and all that is inside falls to the ground, children scramble to gather the prizes. The prizes represent the reward for having symbolically conquered evil.

Study tip Go to the SAM for additional listening and pronunciation practice for this chapter.

¡Prepárate!

Vocabulario

Study tip Study the **¡Prepárate!** section before coming to class. Review the vocabulary lists, read the grammar explanations, and do the practice exercises.

Study tip Access vocabulary flashcards at www.cengagebrain.com.

> **Nota lingüística** **Soy libre como el viento** is a play on words to indicate that someone is single. In English, a person might say, "I'm free as a bird."

© Cultural RM/Alamy

Estado civil	Marital status
casado/a	married
comprometido/a	engaged
divorciado/a	divorced
separado/a	separated
soltero/a	single
viudo/a	widower / widow

Profesiones y ocupaciones	Professions and occupations		
abogado/a	lawyer	ingeniero/a	engineer
arquitecto/a	architect	maestro/a	teacher
artista (m, f)	artist	mecánico/a	mechanic
cajero/a	cashier	mesero/a	waiter / waitress
carpintero/a	carpenter	militar (m, f)	military personnel
chofer (m, f)	driver	obrero/a	laborer
científico/a	scientist	periodista (m, f)	journalist
cocinero/a	cook	plomero/a	plumber
comerciante (m, f)	merchant	policía (m, f)	police officer
contador/a	accountant	profesor/a	professor
dentista (m, f)	dentist	programador/a	programmer
doctor/a	doctor	psicólogo/a	psychologist
electricista (m, f)	electrician	secretario/a	secretary
enfermero/a	nurse	técnico/a	technician
estilista (m, f)	hairstylist	vendedor/a	salesperson
fotógrafo/a	photographer	veterinario/a	veterinarian
hombre / mujer de negocios	businessman / businesswoman		

Vocabulario relacionado	Related vocabulary
ama de casa *(only f)*	homemaker
coordinador/a	coordinator
director/a	director; chairperson
empleado/a	employee
gerente *(m, f)*	manager
jefe/a	boss
jubilado/a	retired (from job)
retirado/a	retired (from job or military)

Afiliación religiosa	Religious affiliation
bautista *(m, f)*	Baptist
budista *(m, f)*	Buddhist
católico/a	Catholic
cristiano/a	Christian
episcopal *(m, f)*	Episcopal
judío/a	Jewish
luterano/a	Lutheran
menonita *(m, f)*	Mennonite
metodista *(m, f)*	Methodist
mormón / mormona	Mormon
musulmán / musulmana	Muslim
pentecostal *(m, f)*	Pentecostal
presbiteriano/a	Presbyterian
testigo de Jehová *(m, f)*	Jehovah's Witness
unitarista *(m, f)*	Unitarian

Afiliación política	Political affiliation
comunista *(m, f)*	communist
conservador/a	conservative
demócrata *(m, f)*	democrat
independiente *(m, f)*	independent
liberal *(m, f)*	liberal
libertario/a	libertarian
republicano/a	republican
socialista *(m, f)*	socialist

B Soy libre como el viento

🔊 **Así se pronuncia**   Escucha y lee las siguientes conversaciones. Pon atención a la
1-10 pronunciación del vocabulario nuevo.

1. —¿Eres casado?

—No, soy soltero, ¿y tú?

—Soy divorciada.

2. —¿Trabajas en un hospital?

—Sí, soy enfermera, ¿y tú?

—Soy estudiante.

3. —¿Es Ud. luterano?

—No, soy bautista, ¿y Ud.?

—Soy católica.

4. —¿En qué trabaja Ud.?

—Soy ama de casa, ¿y Ud.?

—Soy militar retirado.

Juegos de palabras

Adivinanzas Escribe el estado civil de las siguientes personas.

1.   No tienes esposa. Eres _____.

2.   Juan ya no *(no longer)* es mi esposo. Soy _____.

3.   Mi novio se llama Juan. Soy _____.

4.   El esposo de Mary murió *(died)*. Ella es _____.

5.   Mis hermanas tienen esposo. Son _____.

6.   Mi amigo y yo tenemos novia. Somos _____.

Sopa de letras Encierra en un círculo las profesiones y ocupaciones (diez en total).

a	q	c	a	j	e	r	o	r	s	m
b	s	e	c	r	e	t	a	r	i	a
o	t	y	t	u	n	i	p	o	r	e
g	p	d	o	g	f	h	j	e	l	s
a	l	z	r	x	e	c	s	v	n	t
d	o	c	t	o	r	e	j	m	p	r
o	m	u	y	t	m	r	q	u	s	o
d	e	g	e	r	e	n	t	e	e	o
s	r	f	h	l	r	n	b	c	v	z
z	o	m	e	c	á	n	i	c	o	x

Gramática

▶ Other uses of the verb **ser**

Ser is used to express **occupation**: Guillermo Campos **es** mesero.

Ser is used to express **marital status**: Muchos estudiantes **son** solteros.

Ser is used to express **profession**: Luis Ramos **es** arquitecto.

Ser is used to express **religious affiliation**: Ana y Teresa **son** católicas.

Ser is used to express **political affiliation**: Los padres de Carlos **son** conservadores.

> **Nota lingüística** According to the ***Diccionario panhispánico de dudas*** of the Real Academia Española (Spanish Royal Academy of Language), it is possible to use **ser** or **estar** to express marital status. The sentence **Pedro está viudo** implies that Pedro may not remain a widower because he can remarry. The sentence **Pedro es viudo**, however, implies that Pedro will always be a widower, or simply that **Pedro** is classified within the status of widower. Therefore, in these cases, the use of **ser** or **estar** (**ser casado** or **estar casado**) depends on the intention of the speaker and the context.

Ejercicio

Completa las oraciones con la forma correcta del verbo **ser**.

1. Mi amiga Victoria _____ soltera.

2. Adriana y Alejandra _____ doctoras.

3. Viviane y yo _____ muy buenas amigas.

4. Juan, Carlos y Marta _____ profesores.

5. ¿Ud. _____ demócrata o republicano?

6. (Yo) _____ casado.

7. Uds., ¿ _____ católicos?

8. ¿(Tú) _____ dependiente o cajero?

> **Study tip** Go to the SAM for extra vocabulary and grammar exercises for this module.

En acción

Conversaciones y más

2-8 Estado civil y ocupación Lee los diálogos y después responde **C** si la oración es cierta o **F** si es falsa.

Diálogo 1 (informal)

—¿Eres soltero?

—No, soy casado, ¿y tú?

—También soy casado.

—¿Cuál es tu ocupación?

—Soy mesero.

—¿Dónde trabajas?

—En un restaurante italiano muy elegante.

—¿Cómo se llama?

—Ristorante Marcovechio.

Diálogo 2 (formal)

—¿Es Ud. casada?

—Sí, soy casada, ¿y Ud.?

—Soy casado también.

—¿Cuál es su profesión?

—Soy ingeniero.

—¿Dónde trabaja Ud.?

—En una fábrica de carros. Soy ingeniero mecánico.

—¡Ah! ¡Qué interesante es su profesión!

1. En el Diálogo 1, hablan un hombre y una mujer. _____

2. En el Diálogo 2, hablan dos mujeres. _____

3. En el Diálogo 1, hablan dos hombres. _____

4. Todos *(Everybody)* trabajan. _____

5. En el Diálogo 1, un hombre es casado y el otro es soltero. _____

6. Los cuatro son casados. _____

7. Una persona es profesional. _____

> **Nota lingüística** The indefinite articles **un**, **una**, **unos**, and **unas** are not used with unmodified nouns of profession, occupation, or religious or political affiliation. When these are modified by an adjective, the indefinite articles are used.
>
> **Ejemplos**
> Mi hermano es doctor.
> Mi hermano es **un** doctor **muy bueno**.

2-9 ¿Con artículo o sin artículo? Escribe el artículo **un / una** si es necesario; y si no, escribe **X**.

1. Guillermo es _____ profesor excelente.

2. Marta es _____ estudiante.

3. Soy _____ ingeniero.

4. Isabel es _____ psicóloga muy famosa.

5. Mi mamá es _____ ama de casa.

6. Juan es _____ judío.

7. Carlos es _____ mecánico muy competente.

8. María Teresa es _____ mesera.

9. Marisa es _____ secretaria responsable.

10. Tomás es _____ demócrata.

2-10 Profesiones y ocupaciones Escucha las descripciones de las siguientes personas y luego escribe el nombre de cada persona debajo del dibujo correspondiente.

1-11

_____

_____

_____

Illustrations © Cengage Learning 2014

_____

_____

_____

2-11 ¡Qué desorden! Pon los diálogos en orden con un/a compañero/a.

Diálogo 1 (informal)

—¿Trabajas también? _____

—Sí, soy estudiante. _____

—En un supermercado, ¿y tú? _____

—Sí, soy cajera. _____

—¿Eres estudiante? _____

—¿Dónde? _____

—Pues debes *(you must)* tener
A en todas las clases. Tienes
mucho tiempo. _____

—No trabajo. Soy estudiante de
tiempo completo. _____

Diálogo 2 (formal)

—¿Aquí en la universidad? _____

—No, soy secretaria. _____

—No, trabajo en un banco.
¿Y Ud., trabaja? _____

—¿Es Ud. estudiante? _____

—¿Cuántos años tienen? _____

—No, soy ama de casa. Soy casada y
tengo tres hijos. _____

—¡Eso es mucho trabajo! _____

—Tere tiene cinco años, Sara dos y el
bebé, cuatro meses. _____

2-12 Vamos a la fiesta de Ana Completa el párrafo con las palabras siguientes.

> fiesta   romántico   julio   arquitecto   regalos   pastel   amigos
> compañía   cumpleaños   música   día festivo   Independencia

Mi (1) _____ es el Día de la (2) _____ de Estados Unidos. Es el cuatro de
(3) _____, y por eso siempre es (4) _____. Generalmente mis (5) _____ y
yo celebramos ambas *(both)* fiestas. Primero vamos a ver los juegos pirotécnicos *(fireworks)*,
y luego hacemos una (6) _____ en mi casa. Mis amigos llevan un (7) _____,
bebidas, comida, (8) _____, etc. Recibo muchos (9) _____, y mi novio siempre me
regala un ramo *(bouquet)* de rosas. ¡Él es muy (10) _____! Es (11) _____ y trabaja
en una (12) _____ muy prestigiosa.

2-13 ¿Cuántos años tienen? Haz oraciones como en el ejemplo.

Ejemplo

Juan nació *(was born)* en 1953.

Juan nació en mil novecientos cincuenta y tres.

Tiene ____ años.

1. Luis nació en 1980. _____

2. Viviane y Victoria nacieron en 2006. _____

3. Francisco y yo nacimos en 1971. _____

4. Mi padre nació en 1950. _____

5. Mi madre nació en 1957. _____

6. El Sr. Mendiola nació en 1941. _____

Voces hispanas

En este video, muchas personas del mundo hispano dicen *(say)* cuantos años tienen.

Mira el video y responde con C si es cierto y con F si es falso.

1. Claudio tiene 42 años.
2. David tiene 19 años.
3. Dayramir tiene 27 años.
4. José tiene 39 años.
5. Constanza tiene 19 años.

© Cengage Learning 2014

Ya puedes decirlo

2-14 El trabajo Haz diálogos con un/a compañero/a para las siguientes situaciones.

1. Da información sobre tu ocupación y pide información sobre la ocupación de un/a compañero/a.

2. Hablen sobre la ocupación de su mejor amigo/a o novio/a.

Study tip Go to the SAM for additional listening and pronunciation practice for this chapter.

¡Prepárate!

Study tip Study the **¡Prepárate!** section before coming to class. Review the vocabulary lists, read the grammar explanations, and do the practice exercises.

Vocabulario **Study tip** Access vocabulary flashcards at www.cengagebrain.com.

El lugar de trabajo	*The workplace*		
banco	bank	gimnasio	gym
base militar *(f)*	military base	hospital *(m)*	hospital
biblioteca	library	laboratorio	lab
cafetería	cafeteria	librería	bookstore
casa	home	oficina	office
centro	downtown	parque *(m)*	park
centro comercial	mall	restaurante *(m)*	restaurant
club nocturno *(m)*	nightclub	taller *(m)*	shop, garage
compañía	company	tienda	store
consultorio	doctor's office	universidad *(f)*	university
escuela	school	zoológico	zoo
fábrica	factory		

Verbos relacionados	*Related verbs*		
ahorrar	to save	estudiar	to study
arreglar	to fix; to arrange	hablar	to talk, speak
bailar	to dance	investigar	to research
buscar	to look for	lavar	to wash
caminar	to walk	limpiar	to clean
cantar	to sing	planchar	to iron
comprar	to buy	practicar	to practice
contestar	to answer	preparar	to prepare
curar	to cure	trabajar	to work

El teléfono	*The telephone*
celular *(m)*	cell phone
código de área *(m)*	area code
extensión *(f)*	extension
larga distancia	long distance
número	number

La dirección	*The address*
apartamento	apartment
avenida	avenue
calle *(f)*	street
camino	road
colonia	subdivision, neighborhood
condominio	condo
departamento	apartment
edificio	building
vecindario	neighborhood

La dirección electrónica	The e-mail address
arroba	*@*
contraseña	*password*
lista de contactos	*contact list*
mensaje *(m)*	*message*
punto	*dot*
sobrenombre *(m)*	*nickname*
usuario	*user*

Expresiones relacionadas	Related expressions
¿Cuál es tu / su *(your)* **número de teléfono?**	*What is your phone number?*
¿Cuál es tu / su dirección?	*What is your address?*
¿Cuál es tu / su dirección electrónica?	*What is your e-mail address?*
¿Me das tu teléfono? *(informal)*	*Will you give me your phone number?*
¿Me da Ud. su teléfono? *(formal)*	*Will you give me your phone number?*
¿Dónde trabajas? *(informal)*	*Where do you work?*
¿Dónde trabaja Ud.? *(formal)*	*Where do you work?*

◀)) **Así se pronuncia** Escucha y lee las siguientes conversaciones. Pon atención a la
1-12 pronunciación del vocabulario nuevo.

1. —¿Trabajas?

—Sí, soy cajera, ¿y tú?

—Soy recepcionista.

—¿Dónde?

—En un hotel del centro.

2. —¿Cuál es tu dirección electrónica?

—perla4@latinos.com. ¿Y la tuya *(yours)*?

—juansinmiedo@mundo.com.

—Muy bien, ya estás en mi lista de contactos.

3. —¿Dónde trabaja Ud.?

—En un hospital.

—¿Es Ud. médico?

—No, soy enfermero.

4. —¿Cuál es su dirección?

—Av. Juárez #1426. Edif. C, Depto. 201.

—¿Y su teléfono?

—56-84-86-97.

Juegos de palabras

Relaciona las columnas.

1. centro comercial	_____	**a.** arreglar
2. universidad	_____	**b.** bailar
3. taller	_____	**c.** ahorrar
4. casa	_____	**d.** estudiar
5. oficina	_____	**e.** limpiar
6. club nocturno	_____	**f.** curar
7. laboratorio	_____	**g.** caminar
8. hospital	_____	**h.** comprar
9. banco	_____	**i.** trabajar
10. parque	_____	**j.** investigar

¿Dónde están? Escribe la respuesta en la línea.

_____

_____

_____

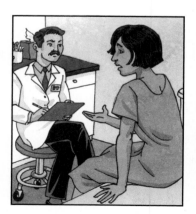

_____

_____

_____

Illustrations © Cengage Learning 2014

Gramática

Regular -ar verbs in the present tense

▶ Spanish verbs are divided into three groups. The group is determined by the ending of the infinitive.

trabaj**ar** *(to work)*	is called an **ar** verb or a verb of the first conjugation
com**er** *(to eat)*	is called an **er** verb or a verb of the second conjugation
viv**ir** *(to live)*	is called an **ir** verb or a verb of the third conjugation

The **-ar** verbs are the most numerous and most regular of the Spanish verbs.

▶ Infinitives express action but do not express the person who is performing the action. To express the person doing the action, the verb has to be conjugated. This is done by dropping the **-ar**, **-er**, or **-ir** of the infinitive and adding the appropriate endings to the base, or stem.

▶ Verbs are considered *regular verbs* if they are conjugated according to a definite pattern. To conjugate the regular **-ar** verbs, drop the **-ar** and add the ending **-o**, **-as**, **-a**, **-amos**, **-áis**, or **-an**.

trabajar *(to work)*	
yo trabaj**o**	nosotros / nosotras trabaj**amos**
tú trabaj**as**	vosotros / vosotras trabaj**áis**
Ud. / él / ella trabaj**a**	Uds. / ellos / ellas trabaj**an**

▶ The present tense first person of **trabajar** can be translated as *I work, I do work,* and *I am working*.

▶ The verb **trabajar** follows a regular pattern and can be used as a model for all regular **-ar** verbs in the present tense.

C Soy muy trabajador

Ejercicio

Completa las oraciones con la forma correcta del verbo en paréntesis.

1. ¿Dónde (trabajar) _____ Ud.?

   Yo (trabajar) _____ en un banco.

2. ¿(Estudiar) _____ Uds. mucho?

   Sí, nosotros (estudiar) _____ mucho.

3. ¿(Caminar) _____ los estudiantes a la universidad?

   Sí, los estudiantes (caminar) _____ a la universidad.

4. ¿(Hablar) _____ italiano el profesor?

   No, el profesor (hablar) _____ español.

5. ¿(Bailar, tú) _____ el tango?

   Sí, yo (bailar) _____ el tango.

6. ¿(Buscar) _____ María el teléfono de la ingeniera?

   Sí, ella (buscar) _____ el teléfono de la ingeniera.

7. ¿(Preparar) _____ Uds. pasteles los sábados?

   No, nosotros (preparar) _____ pasteles los domingos.

8. ¿Dónde (comprar, tú) _____ velas?

   Yo (comprar) _____ velas en la tienda de la calle Central.

Negative statements

▶ In Spanish, a sentence is made negative by placing the negative **no** before the conjugated verb. If the conjugated verb is a reflexive verb such as **llamarse**, **no** goes before the pronouns **me**, **te**, **se**, **nos**, and **os**. The verbal form **hay** is made negative by placing **no** before it.

Ejemplos

No trabajo en la biblioteca.	*I don't work in the library.*
Yo **no me llamo** Patricia.	*My name is not Patricia.*
Mi hermano **no se llama** Miguel.	*My brother's name is not Miguel.*
No hay problema.	*There is no problem.*

▶ In Spanish, the word **no** can mean *no* and *not*. When answering a *yes / no* question in the negative, the answer has to have **no** twice unless new information is given. With the first **no**, you are denying what was asked, and the second **no** is part of a negative statement. In writing, a comma is placed between the two negative words.

Ejemplos

¿Trabaja Ud. en San Diego?

No, **no** trabajo en San Diego.   *No*, *I don't (do **not**) work in San Diego.*

or

No, trabajo en San Francisco.   *No*, *I work in San Francisco.*

In this last example, the word **no** is used only once because you are giving new information.

Ejercicio

Cambia las oraciones afirmativas a oraciones negativas y viceversa.

1. Alfonso trabaja en una tienda.

_____

2. Te llamas Magdalena.

_____

3. No estudio en la universidad.

_____

4. En el centro comercial hay un banco.

_____

5. ¿No trabajas los fines de semana?

_____

6. La profesora es de Venezuela.

_____

7. Nosotros no tenemos veintiún años.

_____

8. ¿Hay restaurantes en el vecindario?

_____

En acción
Conversaciones y más

2-15 Información personal Lee los diálogos y después escribe **C** si la oración es cierta o **F** si es falsa.

Diálogo A (informal)

Juan:	¿Cuál es tu dirección?
Lupe:	Calle Guadalupe #89–Depto. 12.
Juan:	¿Cuál es tu número de teléfono?
Lupe:	En mi trabajo es 8-83-78-91.
Juan:	¿Me das el número de tu celular?
Lupe:	Sí, es 3-61-44-57.

Diálogo B (formal)

Sr. Lara:	¿Me da su dirección?
Sra. Mora:	Sí, calle Bandera #95.
Sr. Lara:	¿Cuál es su número de teléfono?
Sra. Mora:	En mi oficina es 4-33-58-27, ext. 46.
Sr. Lara:	¿Me da el número de su celular?
Sra. Mora:	Claro, 7-22-49-05.

1. Lupe no tiene celular. _____

2. Lupe no trabaja. _____

3. Lupe vive *(lives)* en un apartamento. _____

4. La Sra. Mora trabaja en una oficina grande. _____

5. La Sra. Mora no tiene celular. _____

Nota cultural

Generally, when giving an address in Spanish, the name of the street goes first and then the number. For example, 1300 San Pedro Avenue would be written as **avenida San Pedro #1300**.

In Spanish-speaking countries, digits of telephone numbers are often given in pairs. For example, 822-3187 would be **ocho, veintidós, treinta y uno, ochenta y siete**.

🔊 2-16 Lista de invitados Escucha el diálogo y completa la información con el
teléfono, la dirección y / o la dirección electrónica correspondientes.

1-13

1. Juan Pérez, 8-_____,-45-_____, calle _____, #_____.

2. Elvira González, 7-33-_____,-_____, _____ Bonita, #_____.

3. Francisco Díaz, 4-77-00-_____, camino _____, #83, _____ 4.

4. Magda y Pedro Alonso, 5-_____,-_____-27, mape _____ correo.com.

5. Lupe y Teresa, 8-_____,-_____-30. Celular, código de área _____, #2-_____-_____-83.

2-17 Adivinanza Relaciona la descripción con la ocupación o profesión.

1. Soy profesional. Trabajo en un hospital.	_____	**a.** Soy mecánico.
2. Soluciono problemas legales.	_____	**b.** Es jubilado.
3. Sofía contesta el teléfono y habla con los clientes.	_____	**c.** Son plomeros.
4. Uds. estudian español en la universidad. Siempre practican el vocabulario nuevo.	_____	**d.** Es ama de casa.
5. Ella no trabaja fuera de su casa. Limpia, lava la ropa, plancha, compra los ingredientes y prepara la comida.	_____	**e.** Soy médico.
6. Reparo carros que no funcionan.	_____	**f.** Soy abogada.
7. Pedro y Juan no son profesionales, pero su trabajo es muy importante porque arreglan los problemas relacionados con el agua en las casas.	_____	**g.** Son estudiantes.
8. Guillermo es profesional pero ya no trabaja.	_____	**h.** Es recepcionista.

2-18 Solicitud Completa la carta de solicitud de trabajo con la forma correcta de
los verbos **llamarse, estudiar, tener, ser, buscar, hablar** y **trabajar.**

Estimado Sr. Flores:

_____ Francisco Méndez Ayala. _____ empleo *(work)* en su compañía internacional

en México. _____ ingeniero y _____ en la Compañía de Ingenieros Mecánicos Martínez

en Houston, Texas. _____ cuatro años de experiencia. _____ veintinueve años. No _____

español muy bien todavía *(yet)*, pero lo *(it)* _____ en la universidad. Mi dirección _____

avenida Recoleta, #2324, Houston, Texas 77211. Mi número de teléfono _____ (713)

788-1056.

Atentamente,

Francisco Méndez Ayala

2-19 Faltan palabras Completa el diálogo siguiente con un/a compañero/a de clase.

Después de clase

—Hola, ¿_____?

—Muy _____, ¿y tú?

—También, yo _____.

—Mucho _____. Yo

_____.

—¿_____?

—En unos condominios en _____.

—¿_____?

—Mi celular es 6-84-86-97.

—¿Eres soltero/a?

—_____, ¿y tú?

—Yo también soy _____.

—¿Trabajas?

—Sí, soy _____ en

_____, ¿y tú?

—Yo trabajo en _____. Bueno, hasta luego.

—_____.

Ya puedes decirlo

 2-20 Solicitud de cuenta de cheques Con un/a compañero/a, haz diálogos para las siguientes situaciones.

1. Juan quiere abrir *(wants to open)* una cuenta en un banco. El empleado pregunta *(asks)* sobre su estado civil, profesión, lugar de trabajo, dirección y teléfono.

2. Conversa con un/a compañero/a sobre tu ocupación, tus actividades y tu lugar de trabajo.

Arquitectura

Simón Bolívar es de las figuras fundamentales en las celebraciones cívicas hispanas. Bolívar nació *(was born)* en Venezuela y es el héroe de la independencia de Colombia, Ecuador, Perú, Bolivia y Panamá. Su imagen está en bronce, piedra o mármol en las principales plazas de muchas ciudades en Latinoamérica y también en otras partes del mundo donde hay ceremonias en su honor. Frecuentemente estas plazas están rodeadas *(are surrounded)* de jardines o parques, y por esta razón son sitios muy visitados.

Por su heroica lucha es conocido como *(he is known as)* "El Libertador".

© Ken Welsh/Alamy

Study tip Go to the SAM for additional listening and pronunciation practice for this chapter.

Antes de leer

Strategy: Recognizing cognates

As you learned in **Capítulo preliminar**, a cognate is a word related to one in another language. Cognates are also called *transparent words* because they have similar or identical forms and meanings in both languages. Some cognates are called *exact cognates* because they are spelled the same way in both languages. For example, the word *cultural* is spelled the same way in Spanish as in English. Other cognates are called *approximate cognates* because there is a slight difference in spelling between the two words but the meaning is easily recognizable. Examples of these are *civilization*–**civilización**, *discover*–**descubrir**, and *colonize*–**colonizar**.

As you read the following passage, look for cognates.

Diferentes nombres para el Día de la Raza

El Día de la Raza se llama de diferentes maneras en algunos países. En Argentina se llama el Día del Respeto a la Diversidad Cultural. En Chile es el Día del Descubrimiento de Dos Mundos. En Costa Rica se llama el Día de las Culturas y en Venezuela es el Día de la Resistencia Indígena.

Can you list five cognates and their meanings?

1. _____   _____
2. _____   _____
3. _____   _____
4. _____   _____
5. _____   _____

Skim the following paragraph about the name **Día de la Raza** and underline as many cognates as you can. Based on the cognates you have chosen, what is the message of this paragraph?

Controversia: el nombre Día de la Raza

El explorador italiano Cristóbal Colón sale de España el 3 de agosto de 1492 y llega al continente americano el 12 de octubre de 1492. Desembarca en una isla en las Bahamas que él llama San Salvador. En muchos países, ese día se llama el Día de la Raza. No es la intención original, pero el nombre se confunde con el racismo y la discriminación. Por esta razón, se usan otros nombres para este día festivo en muchos países de habla hispana.

Después de leer

Escoge Elige la respuesta correcta.

1. What is the main idea of the paragraph?

    a. The discovery of America

    b. Who discovered the New World

    c. The confusion surrounding the name **Día de la Raza**

2. Where did Christopher Columbus land when he arrived in the New World?

    a. Central America

    b. The Caribbean

    c. South America

3. Based on what you read, what do some people associate with the name **Día de la Raza**?

    a. Racism and discrimination

    b. Confusion about who discovered America

    c. Why this day is called **Día de la Raza**

4. Based on what you read, what have some countries done concerning the name of this day?

    a. The name has been changed

    b. The date have been changed

    c. This occasion is no longer celebrated

¿Cierto o falso? Lee las oraciones siguientes y después responde con **C** si la oración es cierta o **F** si es falsa.

1. _____ Christopher Columbus was Spanish.

2. _____ It took Columbus a little over two months to reach the New World.

3. _____ Columbus first landed on an island that today is called Hispaniola.

4. _____ October 12 is called **Día de la Raza** in all Spanish-speaking countries.

¡Vamos a escribir!

Write two or three lines stating what you would choose to call Columbus Day in Spanish and why. Use simple sentences to explain your choice.

_____

_____

_____

_____

¡Para siempre!

1. **Los días festivos** Compara una celebración tradicional como la Navidad en Estados Unidos con la Navidad en un país hispano. Para buscar información en la Internet, usa palabras claves como: el Nacimiento (Belén), Las Posadas, los Reyes Magos, la Nochebuena, la Rosca de Reyes, la flor de nochebuena, la Pastorela, etc.

2. **Las tradiciones en tu familia** ¿Cuál es la tradición más importante en tu familia? ¿Cómo la celebran? Comenta y compara estas tradiciones con un/a compañero/a de clase. Incluye la información siguiente:

   - ¿Qué día festivo celebran?
   - ¿Cuándo es?
   - ¿Dónde lo celebran?
   - ¿Quiénes son los invitados?
   - ¿Qué tradiciones especiales tiene tu familia?

Nota cultural

Almanaque de Colombia, A-8

The lighting of the city of **Medellín, Colombia**, during the Christmas season is among the most outstanding and colorful traditions in Latin America. With a different theme every year, nearly 20 miles of city streets are adorned with brightly lighted decorations. Especially beautiful are the illuminated structures that are built along the **Medellín** River and, in particular, those that allow for lighting on the surface of the water. This is a most notable event, one full of color, and it gives the city a magical and special atmosphere from the first days of December to the Feast of the Three Kings.

©AFP/Getty Images

¡Vamos a revisar!

◄))Actividad 1 **¿Tú o Ud.?** Escucha las preguntas y escribe **I** si la pregunta es
1-14 informal o **F** si es formal.

1. _____   4. _____

2. _____   5. _____

3. _____

◄))Actividad 2 **¿Singular o plural?** Escucha las oraciones y escribe **S** si la
1-15 oración es singular o **P** si es plural.

1. _____   4. _____

2. _____   5. _____

3. _____

Actividad 3 Completa el diálogo con formas informales.

En la universidad

—Hola, Tere. ¿Cómo estás?

—_____, ¿y tú Juan?

—Bastante bien.

—¿_____ biología este semestre?

—Sí, _____ la clase los martes y los jueves.

—¿Quién _____ tu profesor?

—El profesor Tomás Rivera.

—Bueno, _____ clase en diez minutos.
Hasta luego.

—Sí, nos vemos.

Actividad 4 Completa el diálogo con formas formales.

En un banco

—Buenas tardes, señor.

—Buenas tardes, señorita.

—Quiero *(I want)* abrir una cuenta de cheques.

—Claro que sí. ¿Cómo se llama Ud.?

—_____.

—¿Cuál es su dirección?

—_____.

—¿Cuál es su número de teléfono?

—_____.

—¿Dónde trabaja Ud.?

—_____.

—Muy bien, esta es una chequera temporal.

—_____.

—De nada. Hasta luego.

Actividad 5 Marca la palabra que no corresponde.

1. **a.** enero   **b.** marzo   **c.** junio   **d.** jueves

2. **a.** Nos vemos.   **b.** Hola.   **c.** ¿Cómo estás?   **d.** ¿Qué tal?

3. **a.** la biblioteca   **b.** la escuela   **c.** el banco   **d.** la librería

4. **a.** arroba   **b.** taller   **c.** punto   **d.** contraseña

5. **a.** lavar   **b.** planchar   **c.** limpiar   **d.** curar

Actividad 6 Relaciona las columnas.

1. encantado _____
2. adiós _____
3. cumpleaños _____
4. enfermo _____
5. jefe _____

a. hospital
b. gerente
c. nos vemos
d. mucho gusto
e. fiesta

Actividad 7 Completa las oraciones con una palabra del vocabulario.

1. El día de San Valentín es en _____.
2. Deposito mi cheque en el _____.
3. El fin de semana es sábado y _____.
4. ¿Cuál es tu _____ de teléfono?
5. Mi _____ electrónica es mguerra@nopales.com.

Actividad 8 Completa las oraciones con la forma correcta del verbo en paréntesis.

1. ¿(Caminar) _____ Uds. a la universidad?
2. Yo (comprar) _____ mis libros en la librería de la universidad.
3. Mi amigo y yo (limpiar) _____ el apartamento los sábados.
4. La secretaria (contestar) _____ el teléfono.
5. ¿Cuántas horas (estudiar) _____ tú?
6. Juan y Carlos (hablar) _____ español.
7. ¿Qué (buscar) _____ Ud.?
8. Miguel, Carmen y José (preparar) _____ el pastel.
9. Antonio y yo (practicar) _____ el español con la profesora.
10. Yo no (bailar) _____ muy bien.

Actividad 9 Contesta las preguntas con oraciones completas.

1. ¿Cuántos años tienes?

   _____

2. En la clase de español, ¿contestas en español o en inglés?

   _____

3. ¿Cuál es tu dirección?

   _____

4. ¿Cuándo es tu cumpleaños?

   _____

5. ¿Estudias por la mañana o por la noche?

   _____

Todo queda entre familia

Communication objectives

- Asking for and giving information about family
- Talking about countries and nationalities
- Talking about languages
- Talking about the home
- Indicating where people and things are located
- Talking about personal traits

Culture topics

- Compadres
- The use of two last names
- The Hispanic family; grandparents
- Art: Fernando Botero
- Music: Musical families
- Literature: Hersilia Ramos de Argote
- Architecture: Colonial homes in Barichara, Colombia

Illustrations © Cengage Learning 2014

¡Prepárate!

Vocabulario

La familia	Family
abuela	grandmother
abuelo	grandfather
abuelos	grandparents
esposa	wife
esposo	husband
hermana	sister
hermano	brother
hija	daughter
hijo	son
madre	mother
nieta	granddaughter
nieto	grandson
nietos	grandchildren
padre	father
padres	parents
prima	female cousin
primo	male cousin
sobrina	niece
sobrino	nephew
tía	aunt
tío	uncle

La familia política	In-laws
cuñada	sister-in-law
cuñado	brother-in-law
nuera	daughter-in-law
suegra	mother-in-law
suegro	father-in-law
yerno	son-in-law

La familia externa	Extended family
hermanastra	stepsister
hermanastro	stepbrother
madrastra	stepmother
media hermana	half sister
medio hermano	half brother
padrastro	stepfather

La familia especial	Special family roles
ahijado/a	godchild
comadre	godmother of one's child
compadre	godfather of one's child
madrina	godmother
padrino	godfather

Nota cultural

Los compadres The **compadre** and **comadre** are very important in Latin culture. It is an honor to be chosen for this role. Parents choose people that they admire and trust to be the godparents of their child. They consider them to be close friends and will use the terms **compadre** and **comadre** when addressing each other: **Hola, compadre. ¿Cómo está la comadre?** This practice originated to ensure that if something happened to both of a child's parents, the **padrinos** would raise the child in the Catholic faith. The godchild, or **ahijado/a**, addressses his or her godparents as **padrino** and **madrina** and will always treat them with the utmost respect. At Christmas, birthdays, and other special occasions, the **padrinos** and **ahijados** usually exchange gifts.

Vocabulario relacionado	Related vocabulary
gemelo/a	twin
materno/a	maternal
novia	girlfriend; bride
novio	boyfriend; groom
parentesco	relationship
pariente	relative
paterno/a	paternal

Frases de localización	Location phrases		
a la derecha de	to the right of	detrás de	behind
a la izquierda de	to the left of	en	in; on; at
al lado de	next to	encima de	on top of
cerca de	near	enfrente de	in front of (facing)
debajo de	under	entre	between; among
delante de	in front of	junto a	next to
dentro de	inside of	lejos de	far from

A Una familia muy distinguida

🔊 **Así se pronuncia** Escucha las siguientes conversaciones. Pon atención a la pronunciación del
1-16 vocabulario nuevo.

1. —¿Cuántos hermanos tienes?

   —Tengo dos hermanas. Son gemelas.

   —¿Cuántos abuelos tienes?

   —Tengo tres; un abuelo y dos abuelas.

2. —¿Cuántos años tienen tus padres?

   —Mi padre tiene 50 años y mi madre tiene 48.

   —¿Dónde está su casa?

   —Está cerca de aquí.

3. —¿Tiene Ud. una familia grande?

   —Sí, tres hermanas, tres hermanos, muchos tíos y primos, ¿y Ud.?

   —Yo solo tengo una hermanastra.

4. —¿Son de Estados Unidos sus suegros?

   —Mi suegro es de aquí, pero mi suegra es de España.

   —¿Y su esposa?

   —Mi esposa es de aquí también.

Juegos de palabras

¿Cómo se relacionan?

1. El hijo de mi madre es mi _____.

2. La hija de mi padre es mi _____.

3. El hermano de mi madre es mi _____.

4. La hermana de mi esposa es mi _____.

5. Los hijos de mis tíos son mis _____.

6. El hijo de mi hermano es mi _____.

7. El esposo de mi hija es mi _____.

8. Los padres de mi esposa son mis _____.

¿Dónde está el muñeco? Escribe en las líneas una frase de localización para cada dibujo.

Gramática

The verbal form hay

▶ The verbal form **hay** means *there is* and *there are*. This is its only form in the present tense.

Ejemplos

Hay un bebé nuevo en la familia.	*There is a new baby in the family.*
Hay gemelas en mi familia.	*There are twins in my family.*

▶ To make the sentence negative, the word **no** is placed before **hay**.

Ejemplos

No hay un bebé nuevo en mi familia.	*There is no new baby in my family.*
No hay gemelos en mi familia.	*There are no twins in my family.*

More uses of the verb tener

▶ The verb **tener** was used in Chapter 2 to express age.

Ejemplo

Mi padre **tiene 55 años**.	My father *is 55 years old*.

▶ The verb **tener** is also used to express relationships, possession, and ownership.

Ejemplos

¿Cuántos hermanos **tienes**?	*How many brothers and sisters do **you have**?*
Tengo un hermano y dos hermanas.	*I have one brother and two sisters.*
Ana es muy popular. **Tiene** muchos amigos.	*Ana is very popular. **She has** many friends.*
Mis tíos son multimillonarios. **Tienen** mucho dinero.	*My aunt and uncle are multimillionaires. **They have** a lot of money.*
Mi esposa y yo **tenemos** un condominio en Acapulco.	*My wife and I **have** a condominium in Acapulco.*

More uses of the verb estar

▶ In Chapter 1, **estar** was used with greetings. Another use of **estar** is to express location.

Ejemplos

¿Dónde **están** tus hermanos?	*Where **are** your brothers?*
Están en Cancún.	*They are in Cancun.*
Cancún **está** lejos de la Ciudad de México.	*Cancun is far from Mexico City.*
Cancún **está** cerca de Cozumel.	*Cancun is close to Cozumel.*

Ejercicio

La familia de Pepe Completa los espacios en blanco con la forma verbal **hay** o con la forma adecuada de los verbos **tener** y / o **estar**.

1. Hola. Me llamo Pepe. En mi familia, _____ ocho personas: mis abuelos, mis padres, mi tío Javier, su esposa Silvia y mi prima Victoria que _____ ocho años. **2.** Su casa _____ cerca de la playa *(beach)*. **3.** No _____ bebés en mi familia. **4.** Mi abuelo _____ 75 años y mi abuela _____ 70. **5.** Ellos _____ muy bien. **6.** _____ dos hijos: mi padre y mi tío Javier. **7.** Mi primo Carlos _____ 15 años y _____ muchos amigos. **8.** En este momento mis tíos y mi primo _____ en Cancún de vacaciones. **9.** Yo no _____ hermanos, ¡pero al menos *(at least)* nosotros _____ dos perros!

Pronouns after location phrases

▶ If pronouns are used after location phrases, they must be prepositional pronouns.

mí *(me)*	**nosotros / nosotras** *(us)*
ti *(you)*	**vosotros / vosotras** *(you)*
Ud. *(you)*	**Uds.** *(you)*
él *(him)*	**ellos** *(them)*
ella *(her)*	**ellas** *(them)*

Ejemplos

Mi hija Adriana vive **cerca de** *mí*.	*My daughter Adriana lives **near me**.*
Mi hijo Luis vive **lejos de** *nosotros*.	*My son Luis lives **far from us**.*
¿Vive tu familia **lejos de** *ti*?	*Does your family live **far from you**?*
Yo no estoy **detrás de** Juan. ¿Quién está **detrás de** *él*?	*I'm not behind Juan. Who is **behind him**?*

▶ With the exception of **mí** and **ti**, the prepositional pronouns have the same form as the subject pronouns (**yo, tú, Ud., él, ella, nosotros/as, vosotros/as, Uds., ellos, ellas**).

> **Nota lingüística** The words **de él** as in **detrás de él** *(behind him)* are not the same as **del**. The contraction **del** is formed by joining the preposition **de** and the definite article **el** *(the)*. **De** and the pronoun **él** do not contract.

Comparative and superlative expressions with age

▶ To express *younger than*, use the comparative **menor que**.

Ejemplo

Teresa es **menor que yo**.   *Teresa is **younger than I**.*

▶ To express *older than*, use the comparative **mayor que**.

Ejemplo

Mi hermano Carlos es **mayor que tú**.   *My brother Carlos is **older than you**.*

▶ To express *the youngest*, use the superlative **el menor de** *(masc.)* or **la menor de** *(fem.)*.

Ejemplos

Miguel tiene 11 años. Él es **el menor (de la familia)**.   *Miguel is 11 years old. He is **the youngest (in the family)**.*

Ana tiene 15 años. Ella es **la menor (de la familia)**.   *Ana is 15 years old. She is **the youngest (in the family)**.*

▶ To express *the oldest*, use the superlative **el mayor de** *(masc.)* or **la mayor de** *(fem.)*.

Ejemplos

Yo tengo 40 años. Yo soy **el mayor (de la familia)**.   *I am 40 years old. I am **the oldest (in the family)**.*

Carla tiene 47 años. Ella es **la mayor (de la familia)**.   *Carla is 47 years old. She is **the oldest (in the family)**.*

Ejercicio

La familia de Adriana En la familia de Adriana y Vicente hay siete personas. Él tiene 41 años y ella tiene 39 años. Vicente, hijo, tiene 9 años, Joseph tiene 7 años, las gemelas Viviane y Victoria tienen 5 años y Gabriela tiene dos años y medio.

Completa las oraciones siguientes sobre la familia de Adriana usando expresiones de comparación sobre la edad (**menor, mayor, el / la menor, el / la mayor**).

1. Vicente, padre, es _____ de la familia.

2. Vicente, hijo, es _____ que Viviane y Victoria.

3. Joseph es _____ que Vicente, hijo, pero _____ que Viviane y Victoria.

4. Gabriela es _____ de la familia.

✏ **Study tip** Go to the SAM for extra vocabulary and grammar exercises for this module.

En acción
Conversaciones y más

3-1 ¿Cómo es tu familia? Lee los diálogos informales y después cámbialos a formales. Los nombres del diálogo formal 1 son don Lucio y doña Nora. En el diálogo formal 2 son el Dr. López y la Sra. Lara.

Diálogo 1 (informal)

1. **Lucio:** ¿Tienes hermanos?

   Nora: Sí, tengo dos; un hermano y una hermana.

   Lucio: ¿Cómo se llaman tus hermanos?

   Nora: Mi hermano se llama Mario y mi hermana se llama María.

   Lucio: ¿Cuántos años tienen?

   Nora: Los dos tienen 20 años. Son gemelos. ¿Y tú?

   Lucio: No tengo hermanos. Soy hijo único.

   Nora: Pues yo soy la mayor. Tengo 23.

   Lucio: Entonces cuidas (take care of) a tus hermanos menores, ¿verdad?

Diálogo 2 (informal)

2. **Toño:** ¿Cuántas personas hay en tu familia?

   Sara: Hay seis: mi abuelita, mi padre, mi madre, mis dos hermanas y yo.

   Toño: ¿No tienes hermanos?

   Sara: No, mis padres tienen hijas solamente. Y tú, Toño, ¿tienes una familia grande?

   Toño: No, somos una familia chica: mi mamá, mi hermana y yo.

   Sara: ¿Tus padres viven aquí?

   Toño: No, mi mamá es viuda. Mi padre ya murió.

   Sara: ¿Tu hermana es menor que tú?

   Toño: Sí, ella es dos años menor.

3-2 ¡Qué desorden! Pon los diálogos en orden con un/a compañero/a.

1. **Diálogo 1 (informal)**

—¿Cinco? Entonces tus padres tienen tres hijos. _____

—Hay cinco. _____

—Jaime tiene 15 y Eva tiene 10. _____

—¿Cómo se llaman? _____

—¿Cuántas personas hay en tu familia nuclear? _____

—Mi hermano se llama Jaime y mi hermana Eva. _____

—Sí, mis hermanos y yo. _____

—¿Cuántos años tienen tus hermanos? _____

2. **Diálogo 2 (formal)**

—¿Cómo se llama el esposo de su hija? _____

—Sí, y tiene dos hijas. _____

—¿Es casada su hija? _____

—Norma y Gaby. _____

—Se llama Andrés. _____

—Tengo siete. Mi otra hija tiene cinco. _____

—¿Cuántos nietos tiene en total? _____

—¿Cómo se llaman? _____

3-3 ¿Dónde estás? Usa las frases de localización para describir dónde estás en relación con tus compañeros de clase.

1. ¿Dónde estás? Yo _____ entre _____ y _____.

2. ¿Quién está a la derecha? _____.

3. ¿Quiénes están detrás de ti? _____.

4. ¿Quién está cerca de la puerta? _____.

5. ¿Quién está delante de ti? _____.

Arte 🌐 Almanaque de Colombia, A-8

Fernando Botero Pintor y escultor latinoamericano, nace en Medellín, Colombia, el 19 de abril de 1932. La obra de Botero tiene proporciones exageradas de la figura humana. Su característica principal es enfatizar los volúmenes. Con el título "Obras recientes de Fernando Botero", tiene su primera exposición en un museo norteamericano, el Milwaukee Art Center, desde diciembre de 1966 hasta enero de 1967 y obtiene **elogios** *(praise)* de la revista *Time* por sus figuras monumentales, carácter satírico y los rasgos *(traits)* del arte folclórico y el arte colonial latinoamericano.

Una pintura muy conocida es *La familia presidencial* (1967). Botero **sigue** *(follows)* la tradición de Velázquez *(Las Meninas)* y Goya *(La familia de Carlos IV)*. En los tres cuadros, la figura central es una mujer; y en los tres hay, a la izquierda de la pintura, un autorretrato del artista pintando.

¿Crees que en la pintura hay una crítica social o política? ¿Por qué?

© Fernando Botero, courtesy of Marlborough, New York

3-4 Las botas de Navidad de la familia López Observa las ilustraciones, y con un/a compañero/a escribe las preguntas para cada respuesta. Una persona lee la pregunta y otra la respuesta y después viceversa.

La familia López puso *(put)* **sus adornos de Navidad.**

1. ¿ _____ ? Se llama Jesús.

2. ¿ _____ ? Se llama Marta.

3. ¿ _____ ? Se llama Luis.

4. ¿ _____ ? Se llama Ana Elena.

5. ¿ _____ ? Tienen solamente un perro.

6. ¿ _____ ? Se llama Claude.

7. ¿ _____ ? No, no tienen.

Courtesy of the authors.

3-5 Mi familia Completa el párrafo con las palabras adecuadas.

detrás de   mayor   entre   el mayor   delante de   menor

> **Nota lingüística** Both **delante de** and **enfrente de** can be translated as *in front of*, but **enfrente de** refers to *facing* and **delante de** is *in front of*, as in a row. For describing the photo, **delante de** should be used because the people are not facing each other.

© Ocean/Corbis

Hola, me llamo Carlos. En la foto estoy _____ mi hermana, Amanda, y mi madre, Graciela. Mi abuela materna, Teresa, está _____ mi abuelito Antonio. Él está _____ ella. Yo tengo once años y mi hermana tiene trece. Ella es _____ que yo. Mi madre tiene treinta y ocho años y mi padre, Javier, tiene cuarenta. Ella es _____ que él. Mi abuelito es _____ de todos.

3-6 La familia de la Profa. Mendoza La profesora Mendoza habla con la doctora Lozano. Escucha la información sobre la familia de la profesora Mendoza, y llena el cuadro.

1-17

nombre	parentesco	edad	profesión / ocupación
Miguel	————————	————————	————————
Gilberto	————————	————————	————————
Laura	————————	————————	————————
Ana Lisa	————————	————————	————————

Ya puedes decirlo

3-7 Árbol genealógico Haz un árbol genealógico de tres generaciones de tu familia. ¡Puedes usar una familia imaginaria! Incluye para cada persona dos apellidos, como en el mundo hispano.

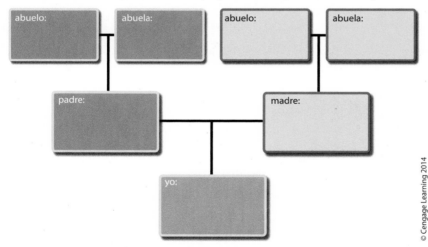

© Cengage Learning 2014

¡Prepárate!

Study tip Study the **¡Prepárate!** section before coming to class. Review the vocabulary lists, read the grammar explanations, and do the practice exercises.

Vocabulario

Study tip Access vocabulary flashcards at www.cengagebrain.com.

Países	Countries		
Alemania	Germany	Honduras	Honduras
Argentina	Argentina	Inglaterra	England
Bolivia	Bolivia	Irlanda	Ireland
Canadá	Canada	Italia	Italy
Chile	Chile	Japón	Japan
China	China	México	Mexico
Colombia	Colombia	Nicaragua	Nicaragua
Costa Rica	Costa Rica	Panamá	Panama
Cuba	Cuba	Paraguay	Paraguay
Ecuador	Ecuador	Perú	Peru
El Salvador	El Salvador	Portugal	Portugal
España	Spain	Puerto Rico	Puerto Rico
Estados Unidos	United States	República Dominicana	Dominican Republic
Francia	France	Uruguay	Uruguay
Guatemala	Guatemala	Venezuela	Venezuela

Nacionalidades	Nationalities		
alemán / alemana	German	hondureño/a	Honduran
árabe (m, f)	Arab	inglés / inglesa	English
argentino/a	Argentinean	irlandés / irlandesa	Irish
boliviano/a	Bolivian	italiano/a	Italian
canadiense (m, f)	Canadian	japonés / japonesa	Japanese
chileno/a	Chilean	mexicano/a	Mexican
chino/a	Chinese	nicaragüense (m, f)	Nicaraguan
colombiano/a	Colombian	panameño/a	Panamanian
costarricense (m, f)	Costa Rican	paraguayo/a	Paraguayan
cubano/a	Cuban	peruano/a	Peruvian
dominicano/a	Dominican	portugués / portuguesa	Portuguese
ecuatoriano/a	Ecuadorian	puertorriqueño/a	Puerto Rican
español/a	Spanish	salvadoreño/a	Salvadoran
estadounidense (m, f)	American	uruguayo/a	Uruguayan
francés / francesa	French	venezolano/a	Venezuelan
guatemalteco/a	Guatemalan		

Idiomas	Languages		
alemán	German	inglés	English
árabe	Arabic	italiano	Italian
chino	Chinese	japonés	Japanese
español	Spanish	portugués	Portuguese
francés	French	ruso	Russian

Nota lingüística The names of the languages are masculine. Adjectives of nationality and the names of the languages are not capitalized in Spanish: **el alemán**, **el español**, **el francés**, etc.

Los puntos cardinales	Cardinal points		
norte	north	noreste	northeast
sur	south	noroeste	northwest
este	east	sureste	southeast
oeste	west	suroeste	southwest

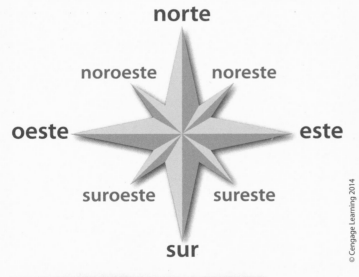

© Cengage Learning 2014

Nota lingüística The cardinal points are masculine: <u>**el norte, el suroeste,**</u> etc.

To indicate relative location using cardinal points, use **estar + al.**

Miami está al sur.
Miami is (to the) south.

Verbos relacionados	Related verbs		
aprender	to learn	insistir en	to insist on
asistir a	to attend	leer	to read
compartir	to share	practicar	to practice
comprender	to understand	tomar	to take
creer	to believe	vivir	to live
escribir	to write		

🔊 **Así se pronuncia** Escucha las siguientes conversaciones. Pon atención a la pronunciación
1-18 del vocabulario nuevo.

1. —¿De dónde eres?

   —Soy de Francia, de París, ¿y tú?

   —Soy canadiense, de Toronto.

   —¿Hablas francés?

   —No, solamente inglés y español.

2. —¿En qué parte de la ciudad vives?

   —Vivo en el noroeste, cerca del aeropuerto, ¿y tú?

   —Vivo en el sur de la ciudad.

3. —¿Es Ud. estadounidense?

   —No, soy inglesa, ¿y Ud.?

   —Soy puertorriqueña.

   —¿De dónde es?

   —Soy de Bayamón.

4. —¿Vive Ud. en el centro?

   —No, vivo en el sureste, ¿y Ud.?

   —Yo vivo en el oeste de la ciudad.

Juegos de palabras

¿Cuál es su nacionalidad?

1. Luciano es de Roma, Italia. Es _____.

2. Greta es de Berlín, Alemania. Es _____.

3. Pierre es de Toronto, Canadá. Es _____.

4. Paco y Carmen son de Segovia, España. Son _____.

5. Francisco es de La Habana, Cuba. Es _____.

6. Anne y Estelle son de Lyon, Francia. Son _____.

7. Luis es de Cuernavaca, México. Es _____.

¿Dónde están estas ciudades?
Usa los puntos cardinales.

1. Barcelona está al _____.

2. Valencia está al _____.

3. Cartagena está al _____.

4. Cáceres está al _____.

5. Sevilla está al _____.

6. La Coruña está al _____.

7. Burgos está al _____.

8. Madrid está en el _____.

© Cengage Learning 2014

Gramática

Adjectives of nationality

▶ Adjectives of nationality that end in **-o** have four forms.

Ejemplos

Mi padrino es argentino. Mi madrina es argentina.

Mis padrinos son argentinos. Mis madrinas son argentinas.

▶ Adjectives of nationality that end in a consonant add **-a** to the consonant to form the feminine, **-es** to form the masculine plural, and **-as** to form the feminine plural.

Ejemplos

Mi tío es español. Mi tía es española.

Mis tíos son españoles. Mis tías son españolas.

▶ Adjectives of nationality such as **canadiense**, **costarricense**, **estadounidense**, and **nicaragüense** have the same form for the masculine and feminine singular and the masculine and feminine plural.

Ejemplos

Mi cuñado es costarricense. Mi cuñada es costarricense.

Mis cuñados son costarricenses. Mis cuñadas son costarricenses.

▶ Adjectives that have a written accent on the last syllable drop the accent in the feminine singular as well as in the masculine and feminine plural forms.

Ejemplos

Mi suegro es francés. Mi suegra es francesa.

Mis suegros son franceses. Nuestras suegras son francesas.

Nota cultural

When talking about origin, countries, nationalities, and languages, it is necessary to understand the difference between the words **país** and **patria**. In Spanish, the word for *country* (homeland) is **patria**. This term comes from the Latin *patria* (fatherland) and is related to the Latin word *pater*, which means *father*. The word **país** means *country* in the sense of *nation* and does not convey the same sentiment as **patria**. For example, **país** rather than **patria** is used in the sentence **Argentina es un país muy grande.** To remember the difference in usage, it may be helpful to note that the words **patriota** *(patriot)* and **patriotismo** *(patriotism)* are related to **patria**.

The preposition **de** to express relationship, possession, and origin

▶ In English, possession can be expressed by using 's with a noun or the preposition *of*.

Ejemplos

<u>Michael's</u> children are in Puerto Rico.   *The mother <u>of</u> my father was born in Spain.*

▶ One way to express possession in Spanish is to use the preposition **de** + noun.

Ejemplos

Los hijos **de** Miguel están en Puerto Rico.   *(literally) The children **of** Michael are in Puerto Rico.*

La madre **de** mi padre está en España.   *The mother of my father is in Spain.*

▶ The preposition **de** is also used with the verb **ser** to express origin.

Ejemplo

Yo **soy de** Barcelona, España.   ***I am from** Barcelona, Spain.*

▶ The preposition **de** *(of, from, about)* combined with **el** contracts to **del**.

Ejemplo

Las hijas **del** profesor están en Guatemala.   *(literally) The daughters **of the** professor are in Guatemala.*

▶ The prepositions **de** + **la**, **de** + **los**, **de** + **las** do not contract.

Ejemplos

Los padres **de la** niña son de Cuba.   *The little girl's parents are from Cuba.*

Los amigos **de los** niños están en México.   *The children's friends are in Mexico.*

Los padres **de las** gemelas están en El Salvador.   *The twins' parents are in El Salvador.*

Possessive adjectives

mi / mis *(my)*	**nuestro / nuestra / nuestros / nuestras** *(our)*
tu / tus *(your, informal)*	**vuestro / vuestra / vuestros / vuestras** *(your, informal)*
su / sus *(your, formal; his, her)*	**su / sus** *(your, plural; their)*

▶ The possessive adjectives **mi**, **tu**, and **su** agree in number with the noun that follows.

Ejemplos

Mi hermana tiene parientes en Puerto Rico.   ***My sister** has relatives in Puerto Rico.*

Mis padres tienen tres hijos.   ***My parents** have three children.*

¿Dónde está **tu primo**?   *Where is **your cousin**?*

¿Dónde están **tus primos**?   *Where are **your cousins**?*

Carlos está en Colombia y **su familia** está en Venezuela.   *Carlos is in Colombia and **his family** is in Venezuela.*

María está en Chile y **sus padres** están en Paraguay.   *María is in Chile and **her parents** are in Paraguay.*

▶ The possessive adjectives **nuestro**, **nuestra**, **nuestros**, and **nuestras**, as well as **vuestro**, **vuestra**, **vuestros**, and **vuestras** agree in number and gender with the noun possessed.

Ejemplos

Nuestro tío tiene parientes en Estados Unidos.   *Our uncle* has relatives in the United States.

Nuestra hija está en Nicaragua.   *Our daughter* is in Nicaragua.

Nuestros abuelos tienen familia en el sur de México.   *Our grandparents* have family in the south of Mexico.

Nuestras primas no están en la ciudad.   *Our cousins* are not in the city.

▶ The possessive adjectives agree with the person or thing possessed and not the possessor.

Ejercicio

Adjetivos posesivos y nacionalidades   Elige *(Choose)* la opción correcta.

1. Mi / Mis hijos se llaman Luis y Ana.

2. Su abuelo es español / española.

3. Nuestros / Nosotros hermanos son peruanos / peruanas.

4. ¿Tu / Tus amigos son uruguayos / Uruguay?

5. Su / Él esposa es inglesas / inglesa.

6. Mi / Mis hermano tiene 24 años.

7. Nuestras / Nuestra primas son gemelas.

Música

Familias de músicos

Frecuentemente hay talento artístico en miembros de la misma familia. En el mundo hispano, hay ejemplos de varios miembros de una familia que son músicos o cantantes famosos. El reggaetón es popular en Latinoamérica y en otros países gracias a Daddy Yankee (Ramón Luis Ayala Rodríquez). Ramón nació en Puerto Rico el 7 de febrero de 1977. Tiene muchos premios por sus discos. Su hermano Melvin Ayala es cantante también. Sus temas son muy diferentes a los de su hermano; Melvin canta música religiosa.

Colombia Artist Management

En la música pop, un ejemplo famoso es el español Julio Iglesias. Su hijo Enrique también es un cantante de fama internacional. Generalmente cantan en español y a veces en inglés. En la música ranchera, los mexicanos Vicente y Alejandro Fernández son padre e hijo. A veces cantan juntos en presentaciones en vivo.

Un ejemplo en la música clásica es el cuarteto de guitarristas españoles Los Romero, que está formado enteramente por miembros de la familia. En 1960, **eran** *(they were)* el padre, Celedonio Romero, y sus tres hijos, Ángel, Celín y Pepe. En el presente, Lito, hijo de Ángel, reemplaza a su abuelo, y Celino, hijo de Celín, reemplaza a su tío Ángel.

Por último, un ejemplo en la música folclórica latinoamericana son Los cuatro hermanos Silva (tres hermanos y una hermana). Son chilenos e interpretan, desde los años 40, folclore chileno y latinoamericano. Son conocidos por diferentes generaciones hasta el presente.

¿Conoces otros ejemplos de familias de músicos?

Regular -er and -ir verbs

In Chapter 2, you learned how to conjugate regular **-ar** verbs. Now you will learn about two more types.

▶ To conjugate regular **-er** verbs, drop the **-er** and add the ending **-o**, **-es**, **-e**, **-emos**, **-éis**, or **-en**.

aprender *(to learn)*	
yo aprend**o**	nosotros / nosotras aprend**emos**
tú aprend**es**	vosotros / vosotras aprend**éis**
Ud. / él / ella aprend**e**	Uds. / ellos / ellas aprend**en**

▶ To conjugate the regular **-ir** verbs, drop the **-ir** and add the ending **-o**, **-es**, **-e**, **-imos**, **-ís**, or **-en**.

vivir *(to live)*	
yo viv**o**	nosotros / nosotras viv**imos**
tú viv**es**	vosotros / vosotras viv**ís**
Ud. / él / ella viv**e**	Uds. / ellos / ellas viv**en**

> **Nota lingüística** There are only two differences between the endings of regular **-er** and **-ir** verbs. The first-person plural of the **-er** verbs is **-emos**, and for the **-ir** verbs, it is **-imos**. The second-person plural of the **-er** verbs is **-éis**; for the **-ir** verbs, it is **-ís**.

Ejercicio

Completa las oraciones con la forma correcta del verbo en paréntesis.

1. Mi hermano y yo (compartir) _____ un apartamento.

2. Yo (aprender) _____ español en la universidad.

3. ¿Dónde (vivir) _____ tus padres?

4. Tú (asistir) _____ a clase los martes y jueves, ¿verdad?

5. ¿(Comprender) _____ Uds. al profesor cuando habla muy rápidamente?

6. Carlos, José y Andrés (creer) _____ que el español es muy difícil.

7. Pablo, Antonio, Pedro y yo (leer) _____ artículos en español.

Study tip Go to the SAM for extra vocabulary and grammar exercises for this module.

En acción
Conversaciones y más

3-8 El origen de la familia Lee los diálogos y después relaciona las columnas.

En el centro estudiantil

Pedro: ¿De dónde eres?

Beto: Soy de Estados Unidos.

Pedro: ¿De dónde es tu padre?

Beto: Es de Tampico, México.

Pedro: ¿Y tus abuelos?

Beto: Son mexicanos también.

Pedro: ¿Dónde viven?

Beto: Allá (*There*) en Tampico, y mis padres también. Yo soy el único que vive en Estados Unidos.

Pedro: Esa ciudad está al norte del país, ¿verdad?

Beto: Sí, está al noreste, en la costa.

Pedro: ¿Hablan español en tu casa?

Beto: A veces, pero mis hermanos y yo también hablamos inglés.

En la oficina del Dr. Dolce

Patricia: ¿De dónde es Ud., Dr. Dolce?

Dr. Dolce: Soy de Argentina.

Patricia: ¿De dónde son sus padres?

Dr. Dolce: Son de Argentina también. Somos de la misma ciudad, Mar del Plata.

Patricia: ¿De dónde son sus abuelos?

Dr. Dolce: Ellos son de Italia.

Patricia: ¿Viven en Roma?

Dr. Dolce: No, al norte de Roma, en Florencia.

Patricia: Y Ud., ¿habla italiano?

Dr. Dolce: Yo solamente hablo español. Afortunadamente mis abuelos y mis padres hablan español e italiano.

1. Viven en América. _____ **a.** Beto

2. Viven en América del Norte. _____ **b.** Pedro

3. Viven en América del Sur. _____ **c.** el Dr. Dolce

4. Es estadounidense. _____ **d.** los padres del Dr. Dolce

5. Viven en Europa. _____ **e.** los padres de Beto

6. Es monolingüe. _____ **f.** los hermanos de Beto

7. Son bilingües. _____ **g.** los abuelos del Dr. Dolce

Nota lingüística In the Spanish-speaking world, the word **América** refers to the American continent (North America, Central America, and South America). It does not refer to the United States. The United States is called **Estados Unidos** or **los Estados Unidos** and is commonly abbreviated as **EEUU**.

Nota lingüística There are two ways to express *and* in Spanish. Generally **y** is used, but **e** is used before words beginning with **i** or **hi**, to contrast the conjunction with the word that follows.

Ejemplos

Mis padres hablan español **e** italiano.

> *but*

Mis padres hablan italiano **y** español.

El negocio *(business)* de mi padrino se llama González **e** Hijos.

> *but*

El negocio de mi padrino se llama González **y** García.

Almanaque de
Argentina, A-2

3-9 Origen, residencia y ubicación *(location)* Observa el mapa de Argentina para indicar el origen, residencia y ubicación de los parientes del Dr. Dolce. Usa el verbo **vivir** para indicar la residencia, el verbo **ser** para indicar el origen y el verbo **estar** para indicar dónde está(n) ubicado(s). Además, indica dónde están las ciudades mencionadas.

Ejemplos

Su hermana María Rosa: San Juan (origen)

María Rosa es de San Juan. San Juan está cerca de Mendoza, al sur de La Rioja.

1. Sus tíos Juan y Silvia: Rosario (residencia)

_____

2. La novia de su hijo: Buenos Aires (origen)

_____

3. Sus padres: Mar del Plata (origen y residencia)

_____

4. Su mejor amigo: Cataratas de Iguazú (ubicación)

_____

5. Sus hermanos: Córdoba (origen), Salta (residencia)

_____

© Cengage Learning 2014

Nota lingüística To express origin, use the verb **ser** + **de**. To express location, use the verb **estar** + **en**. Remember that to indicate relative location using cardinal points, use **estar** + **al.**

3-10 Origen de la familia Con un/a compañero/a, haz dos diálogos con las frases de las 💬.

¿Cuál es tu origen étnico?

Soy de origen hispano.

¿De dónde es tu familia? *where*

live

Vive en Miami y mi mamá también.

¿Dónde vive tu padre?

Mi padre es cubano y mi madre puertorriqueña.

1. **Informal**

_____

_____

_____

_____

_____

_____

Gracias. Tengo una excelente profesora de español.

Irlandés e hispano.

Mi padre es de Irlanda y mi madre es mexicana.

Habla Ud. español e inglés muy bien.

¿De dónde es su familia?

¿Tiene Ud. parientes en Irlanda?

Sí, varios *(several)* primos y sobrinos viven allá.

¿Cuál es su origen étnico, Lic. Scanlan?

2. **Formal**

_____

_____

_____

_____

_____

_____

_____

◀)) **3-11 La familia de Paloma** Escucha la información sobre Paloma y su familia. Después lee cada
1-19 oración y escribe **C** si la oración es cierta o **F** si es falsa.

1. Paloma y Roberto son de América Central. _____

2. Ellos tienen solamente un hijo. _____

3. Alberto estudia en Europa en este momento. _____

4. La familia de Paloma tiene apellidos típicamente españoles. _____

5. Paloma no tiene parientes en China. _____

6. Los tíos de Paloma no viven en España. _____

7. La mamá de Paloma no tiene hermanas. _____

8. La familia se reúne *(gets together)* frecuentemente. _____

3-12 ¡Faltan palabras! Con un/a compañero/a, completa los diálogos con el presente del verbo
que está en paréntesis.

En la universidad

—Hola, Gabriela. ¿Qué hay de nuevo?

—Mucho. Ahora mi novio y yo (asistir) _____ a la misma universidad.

—¿Qué clases (tomar) _____ tú?

—(Tomar) _____ solamente dos clases, francés y español.

—¡Qué bien! Pero tú ya (hablar) _____ español.

—Sí, pero no (escribir) _____ y no (leer) _____ bien en español.

—Y tu novio, ¿qué clases (tener) _____?

—Él también (tomar) _____ español, pero no (tomar) _____ francés.

En el aeropuerto

—Buenos días. ¿De dónde (ser) _____ Uds.?

—(Ser) _____ de EEUU.

—¿(Hablar) _____ Uds. español?

—Yo (comprender) _____ bastante bien, pero mi esposa (hablar) _____ bien el español y el inglés.

—Hoy en día (ser) _____ importante ser bilingüe.

3-13 Concurso de conocimientos Trabajen en grupos de cuatro.
Nombren hombres y mujeres famosos, siguiendo el ejemplo.

Ejemplo

un hombre de Cuba   Respuesta posible: *José Martí es cubano.*

1. una mujer de Inglaterra
2. un hombre y una mujer de España
3. un hombre y una mujer de México
4. un hombre de Francia

5. un hombre y una mujer de EEUU
6. una mujer de Colombia
7. un hombre de Argentina
8. un hombre y una mujer de Alemania

Literatura Almanaque de Panamá, A-30

Hersilia Ramos de Argote (1910–1991). La nacionalidad y el amor a la patria son fundamentales en la identidad de una persona. **Por eso** *(That's why)* hay himnos y poemas en todos los países como parte de la educación cívica de los niños.

La poetisa panameña Hersilia Ramos de Argote **encontró** *(found)* en la literatura un **medio** *(way)* para **desarrollar** *(to develop)* la sensibilidad y estimular la capacidad intelectual de los niños. En su obra, **destaca** *(stands out)* el tema del amor y el respeto a la bandera y a la patria. **Fue** *(She was)* directora del Departamento de Textos Escolares del Ministerio de Educación. Muchas generaciones de panameños aprenden poemas de Hersilia en la escuela, y en muchas escuelas cantan sus himnos. En su honor, desde el 2010, centenario de su **nacimiento** *(birth)*, hay un **concurso** *(contest)* nacional de **poesía infantil** *(children's poetry)*.

Patria

Patria es la tierra que amamos,
la tierra donde nacimos;
son los besos de mamá,
son los besos de papá
y de nuestros hermanitos.
Patria es la bella bandera
y la canción que aprendemos

para decirle *(to tell it)* lo mucho,
lo mucho que la queremos *(how much we love it)*.
Patria es la linda casita
donde están papá y mamá.
Patria es la tierra que amamos.
Patria es nuestro Panamá.

Antología de poemas para niños y adolescentes

Ya puedes decirlo

3-14 Comunicación intercultural En grupos de tres o cuatro estudiantes, hagan diálogos para las siguientes situaciones. Cada estudiante debe tomar el papel de uno de los personajes que aparecen en los dibujos.

© Cengage Learning 2014

© Cengage Learning 2014

A. Son un grupo de profesionistas de diferentes países que se conocen en un evento internacional.

B. Son una familia con matrimonios interculturales (parientes de muchas nacionalidades).

¡Prepárate!

Study tip Study the **¡Prepárate!** section before coming to class. Review the vocabulary lists, read the grammar explanations, and do the practice exercises.

Vocabulario

 Study tip Access vocabulary flashcards at www.cengagebrain.com.

La casa	The house		
baño	bathroom	dormitorio / recámara	bedroom
cochera	garage		
cocina	kitchen	habitación (f)	room
comedor (m)	dining room	jardín (m)	garden; yard
cuarto	room	sala	living room

Los muebles y decoraciones	Furniture and decoration
alfombra	carpet
cama	bed
cuadro	painting
lámpara	lamp
librero	bookshelf
mesa	table
mesa de noche	night table
mesita	end table
mueble (m)	piece of furniture
silla	chair
sillón (m)	armchair
tapete (m)	small rug

Los aparatos electrodomésticos	Appliances
aspiradora	vacuum cleaner
estufa	stove
estufa de gas	gas stove
estufa eléctrica	electric stove
horno	oven
horno de microondas	microwave oven
lavadora	washer
lavaplatos	dishwasher
licuadora	blender
refrigerador	refrigerator
secadora	dryer
televisión (f)	television
tostadora	toaster

Los juguetes	Toys
carrito	car
figura de acción	action figure
juego de té	tea set
muñeca	doll
muñeco de peluche	stuffed animal
pelota	ball
rompecabezas	puzzle
videojuego	videogame

La personalidad	Personality		
aburrido/a	boring	independiente (m, f)	independent
activo/a	active	irresponsable (m, f)	irresponsible
antipático/a	unpleasant	mentiroso/a	fibber, liar
apasionado/a	passionate	optimista (m, f)	optimistic
bueno/a	good	organizado/a	organized
callado/a	quiet	perezoso/a	lazy
calmado/a	calm	persistente (m, f)	persistent
celoso/a	jealous	pesimista (m, f)	pessimistic
conservador/a	conservative	puntual (m, f)	punctual
desordenado/a	messy	responsable (m, f)	responsible
divertido/a	funny	romántico/a	romantic
egoísta (m, f)	selfish	sensible (m, f)	sensitive
enérgico/a	energetic	sentimental (m, f)	sentimental
estricto/a	strict	serio/a	serious
extrovertido/a	extrovert	simpático/a	nice; pleasant
feliz (m, f)	happy	sociable (m, f)	sociable
fuerte (m, f)	strong	tímido/a	timid, shy
honesto/a	honest	tonto/a	dumb, stupid
impaciente (m, f)	impatient	trabajador/a	hardworking

Nota lingüística The most common words for *bedroom* in Spanish are **dormitorio**, **recámara**, **habitación**, and **cuarto**. In Spain, **habitación** and **dormitorio** are preferred. **Recámara** is used in Colombia, Mexico, and Panama. **Cuarto** and **pieza** are used in some countries, but **dormitorio** appears to be the prefered choice in most Spanish-speaking countries.

🔊 **Así se pronuncia** Escucha las siguientes conversaciones. Pon atención a la pronunciación
1-20 del vocabulario nuevo.

1. —¿Cuántos cuartos hay en tu casa?

—Hay siete; tres recámaras, dos baños, una sala y una cocina.

—¿Tiene la casa comedor?

—Sí, tiene un comedor pequeño. Está integrado a la cocina.

2. —¿Cómo es tu padre?

—Es calmado y callado.

—¿Y tu madre?

—Ella es enérgica y muy sociable.

3. —Srta., necesito unos electrodomésticos para la cocina.

—¿Qué aparatos necesita?

—Necesito una estufa eléctrica, un lavaplatos y un refrigerador.

4. —¿Cómo es su mujer ideal?

—Mi mujer ideal es activa, divertida, optimista y simpática.

—¿Y su hombre ideal?

—Mi hombre ideal es responsable, trabajador, simpático y romántico.

Juegos de palabras

En la casa Escribe los nombres de los cuartos de la casa.

_____ _____ _____ _____

La personalidad Ordena las letras. Usa el vocabulario de la personalidad.

1. Miguel pone (*puts*) todo en su lugar. Es muy (zargaionod) _____.

2. Carla no es divertida. Es muy (riaes) _____.

3. Pedro es muy apasionado. Es muy (cátomnori) _____.

4. Pablo y Carlos se portan (*behave*) como niños. Son muy (tsonot) _____.

5. Pepe va al gimnasio todos los días. Es muy (otcavi) _____.

6. Juan es muy grande y muy (rutefe) _____.

7. Raúl no es pesimista. Es (tistaimpo) _____.

Illustrations © Cengage Learning 2014

Gramática

Agreement of adjectives

▶ An adjective is a word that describes a noun or a pronoun. In Spanish, adjectives agree in number (singular and plural) and gender (masculine and feminine) with the noun or pronoun that they modify.

▶ Adjectives that end in **-o** have four forms (masculine singular, feminine singular, masculine plural, and feminine plural).

Ejemplos

Mi padre es muy **activo**.

Mi madre es muy **activa** también.

Mis hermanos son muy **activos**.

Mis hermanas son muy **activas** también.

▶ Adjectives that end in **-e** have only two forms: singular and plural.

Ejemplos

El hijo de María es muy **independiente**.

La hija de María es muy **independiente** también.

Los hijos de María son muy **independientes**.

Las hijas de María son muy **independientes** también.

▶ Adjectives that end in a consonant (except adjectives of nationality) have only two forms: singular and plural.

Ejemplos

Mi abuelito es muy **sentimental**.

Mi abuelita es muy **sentimental** también.

Mis abuelitos son muy **sentimentales**.

Mis abuelitas son muy **sentimentales** también.

▶ Adjectives that end in **-dor** add **-a** for the feminine, **-es** for the masculine plural, and **-as** for the feminine plural.

Ejemplos

Mi tío es muy **conservador**.

Mi tía es muy **conservadora** también.

Mis tíos son muy **conservadores**.

Mis tías son muy **conservadoras** también.

C Mi abuela es muy estricta

▶ Adjectives that end in **-ista** have the same form in the masculine and feminine singular and add **-s** to both forms to make the plural.

Ejemplos

Mi yerno es muy **optimista**.

Mi nuera es muy **optimista** también.

Mis yernos son muy **optimistas**.

Mis nueras son muy **optimistas** también.

▶ Adjectives that end in a **-z** change the **-z** to a **-c** and then add **-es** to form the plural.

Ejemplos

Mi nieto es muy **feliz**.

Mi nieta es muy **feliz** también.

Mis nietos son muy **felices**.

Mis nietas son muy **felices** también.

Ejercicio

La personalidad Relaciona las columnas de acuerdo con la descripción de la personalidad.

1. Laura y Lola no estudian ni (nor) trabajan. Son… _____   **a.** puntuales

2. Julio trabaja y estudia. Es muy… _____   **b.** romántica

3. Luis ve (sees) todo con perspectiva positiva. Es… _____   **c.** simpáticos

4. Adela lee muchos poemas de amor. Es… _____   **d.** optimista

5. Carlos y José no son antipáticos. Son… _____   **e.** perezosas

6. Pablo y Delia no son optimistas. Son… _____   **f.** activo

7. Daniela no tiene responsabilidad. Es… _____   **g.** pesimistas

8. Nosotros llegamos siempre a tiempo. Somos… _____   **h.** irresponsable

Voces hispanas

Mira el video y después escribe C si la oración es cierta o F si es falsa.

1. La hermana de Mirna es diseñadora gráfica.

2. Aura tiene tres hermanas.

3. Una hermana de Aura es carpintera.

4. José tiene sólo dos hermanos.

5. La familia entera de José vive en los Estados Unidos.

© Cengage Learning 2014

The preposition **en** to indicate location

▶ One way to translate *at* in Spanish is **a.**

Ejemplo

Te veo **a** la una.   *I'll see you at one o'clock.*

▶ But when *at* is used to indicate location, the preposition **en** must be used.

Ejemplo

Miguel está **en** casa.   *Miguel is at home.*

▶ To indicate relative location, as you have learned earlier in this chapter, use **estar** + **al.**

Ejemplos

El mercado está **en** el norte de la ciudad.   *The market is in the north of the city.*

BUT

El mercado está **al** norte de la ciudad.   *The market is (to the) north of the city.*

The preposition **a** is also always used with other expressions that indicate relative location:
a la derecha de, a la izquierda de, etc.

▶ Also, to translate *in* or *on* in Spanish, **en** can be used. To be more precise, **sobre** can be used to mean *on (top of).*

Ejemplos

El rompecabezas está **en** el librero.   *The puzzle is in (or on) the bookshelf.*

El rompecabezas está **sobre** el librero.   *The puzzle is on top of the bookshelf.*

Ejercicio

Traduce *(Translate)* las oraciones siguientes del inglés al español.

1. My sister is in Buenos Aires.

_____

2. The doll is on the table.

_____

3. We are at the library.

_____

4. Our ball is in the garden.

_____

5. My videogame is at my friend's house.

_____

6. The hospital is on North Street.

_____

Study tip Go to the SAM for extra vocabulary and grammar exercises for this module.

En acción

Conversaciones y más

3-15 Dos niños hablan en la escuela Lee el diálogo y después responde **C** si la oración es cierta o **F** si es falsa.

© Cengage Learning 2014

Sara: Hola, Juan. ¿Cómo estás?

Juan: Más o menos, ¿y tú?

Sara: Bien. ¿Por qué dices que estás más o menos?

Juan: Vamos una semana a la casa de mi abuelita.

Sara: ¡Qué bien! ¿Cuál es el problema?

Juan: Ella es muy estricta y organizada. Su casa es grande y bonita. Todo está en su lugar, y mi abuelita a veces es muy impaciente conmigo.

Sara: ¿Por qué?

Juan: Porque yo soy muy desordenado. Dejo (*I leave*) la ropa en la cocina, los discos compactos y videos en la sala, el cereal en la mesa del comedor y los zapatos en el jardín.

Sara: ¡Qué terrible! Pobrecita.

Juan: Somos muy diferentes, pero la quiero mucho (*I love her a lot*).

1. Juan está muy bien. _____

2. Juan va un mes a casa de su abuelita. _____

3. La abuela tiene una casa grande. _____

4. La abuela es impaciente con Juan. _____

5. Juan deja su ropa por toda la casa. _____

6. Juan no quiere a su abuelita. _____

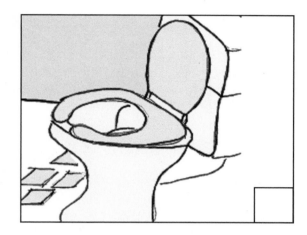

Illustrations © Cengage Learning 2014

3-17 Arturito es muy desordenado Observa el dibujo y describe su recámara.

© Cengage Learning 2014

_____

_____

_____

_____

Arquitectura

Casas coloniales en Barichara, Colombia En los países hispanoamericanos, el término **colonial** se refiere a los aproximadamente 300 años **de haber sido** _(that it has been)_ colonia española. En la arquitectura, durante esa época nace un estilo con influencia española e indígena. En toda Hispanoamérica hay este tipo de construcciones, algunas genuinas y otras nuevas con el mismo estilo.

Un excelente ejemplo de este estilo es Barichara (Santander, Colombia), un pueblo del siglo XVIII con típicas casas coloniales. Las **calles** _(streets)_ están **empedradas** _(paved)_ con la **piedra** _(stones)_ de Barichara. También hay algunas casas de este material. Las casas tienen paredes blancas, techos de **teja** _(tile)_ española y acentos verdes o azules. **Hoy en día** _(Nowadays)_, este pueblo es una atracción turística.

© Jeremy Pembry/Alamy

Nota cultural

Grandparents Grandparents play a very important role in Hispanic culture. Not only do they help with taking care of their grandchildren, but they also have a lot of influence in raising and educating them. In the United States, many young Hispanic parents do not speak Spanish at home, and therefore the grandparents take it upon themselves to teach their grandchildren the language. The **abuelitos** also make the grandchildren aware of their Hispanic heritage by telling them about their ancestral **patria**. When children are young, they may vie for the attention of the **abuelitos** and compete to spend the weekend with them. This is a time when children learn Spanish and hear stories of their family's history and traditions. Grandparents are therefore the conveyors of the family's history and roots. Learning about their background gives children pride and makes them more confident in who they are. The **abuelitos** relate to the grandchildren what their parents were like as children; this can help children see their parents as more "human." Of course, as in many cultures, the grandchildren are also a source of comfort and pride for their grandparents.

3-18 Los abuelitos y más Lee el texto y contesta las preguntas.

En las familias hispanas, los abuelos tienen un papel muy importante en el cuidado *(care)* y la educación de sus nietos. Tener nana *(babysitter)* no es muy común en América Latina, porque generalmente uno de los abuelos o ambos cuidan *(take care)* a sus nietos cuando los padres están en el trabajo o no pueden cuidarlos. Frecuentemente cuando se quedan solos, los abuelos o los bisabuelos viven en la casa de alguno de sus hijos o nietos, y sólo en casos extremos viven en un asilo *(nursing home)*. En la familia de la foto, hay cuatro generaciones: la bisabuela, los abuelos, los hijos y los nietos. En esta familia la bisabuela tiene siete bisnietos. El mayor tiene ocho años y las menores son gemelas; tienen un año. En general para los hispanos, la familia representa amor incondicional y protección.

Courtesy of the authors.

1. En tu opinión, ¿los abuelos tienen el mismo papel en tu cultura? ¿Por qué?

_____

2. ¿Estás de acuerdo en enviar a los ancianos a los asilos? ¿Por qué?

_____

3. ¿Crees que los abuelos son importantes en la educación de sus nietos? ¿Por qué?

_____

C Mi abuela es muy estricta

Ya puedes decirlo

3-19 ¿Cómo es tu familia? ¿Cómo es tu casa?

1. Haz un diálogo con un/a compañero/a. Hazle preguntas sobre su familia y da *(give)* información de tu familia.

2. Haz un diálogo con un/a compañero/a. Cada uno describe la casa donde vive su familia. Habla de los cuartos y de los muebles que hay.

Está es la casa de los Martínez. ¿Cómo es tu casa?

 Study tip Go to the SAM for additional listening and pronunciation practice for this chapter.

Nota cultural

The Hispanic family The nucleus of Hispanic culture is the family. Every type of celebration centers around it. Usually, all members of the family—from grandparents, parents, aunts, uncles, and cousins to in-laws—attend all events that concern the family. Age is respected and generally equated with wisdom. Placing older relatives in a nursing home is unthinkable, as it is expected that a younger family member will take them into his or her home. It is not uncommon for the **abuelito** or **abuelita** or even the **suegro** or **suegra** to live with one of their children. The Hispanic family also includes very close friends, and the children commonly refer to the parents' closest friends as **tío** or **tía**. They are not blood relatives, but are very dear to the family.

Antes de leer

Strategy: Recognizing cognates, skimming for getting the gist of the reading, and scanning to find specific information

Read the following paragraph and list five cognates. Write the Spanish word in the left column and its translation in the right column.

Reprinted by permission of Sergio Cabrera

La estrategia del caracol

La estrategia del caracol (*snail*) (1994) es una **película** (*movie*) dirigida y producida por el colombiano Sergio Cabrera. En la película, las personas de una de las secciones más **pobres** (*poor*) de Bogotá **luchan** (*fight*) para evitar la demolición del edificio donde viven, propiedad (*property*) de un millonario **sin** (*without*) escrúpulos. Defendiendo el edificio contra la burocracia y las autoridades, planean una original estrategia de transportar el edificio, mueble **por** (*by*) mueble, cuarto por cuarto, en unos pocos días a otro sitio. La lucha contra los especuladores y los corruptos es imposible, pero los vecinos están preparados para defender su dignidad. Es una película que representa la situación universal de los pobres y demuestra las motivaciones y los principios morales que mueven a los protagonistas de la historia a luchar hasta el final por su honor y dignidad.

Escribe cinco cognados y sus definiciones.

1. _____   _____

2. _____   _____

3. _____   _____

4. _____   _____

5. _____   _____

Después de leer

Contesta en español con oraciones completas.

1. ¿Para qué luchan las personas?

   _____

2. ¿Contra quién luchan?

   _____

3. ¿Cuál es la estrategia?

   _____

4. ¿Por qué están preparados los vecinos a proceder?

   _____

5. ¿Qué representa la película?

   _____

¡Vamos a escribir!

¿Existe una situación similar en tu ciudad? ¿Hay secciones pobres en tu ciudad donde las personas tienen este problema? Menciona algunos ejemplos. Contesta con oraciones completas.

_____

_____

_____

_____

_____

_____

_____

©Purestock/Alamy

1. Presentación oral Habla sobre dos personas de tu familia. Incluye la información siguiente:

- relación de parentesco
- nombre
- edad
- origen / nacionalidad
- ocupación
- personalidad

2. Invitación a la boda Analiza el uso de los apellidos en esta invitación de boda. ¿Cómo se llama el novio? ¿Cómo se llama la novia? ¿Cuál es el apellido paterno del novio? ¿Cuál es el apellido paterno de la novia? ¿Cómo se va a llamar la novia después de casarse? ¿Cómo es diferente esta invitación en español de una invitación en inglés?

Elisa Díaz Vda. de Morales
Juan Morales García

Juan Antonio Salazar Rigal
María Julia Treviño de Salazar

⚘ *Participan el matrimonio de sus hijos* ⚘

Paola y Juan Antonio

Y tienen el honor de invitarle a la ceremonia religiosa que se celebrará el sábado 14 de abril del presente a las diecinueve treinta horas en las Mañanitas Casanueva ubicado en Av. Morelos #351 Col. Centro

Cuernavaca Morelos, dos mil nueve.

© Cengage Learning 2014

Communication objectives

- Describing clothing and accessories
- Accepting or declining an invitation
- Making plans
- Talking about what to wear to different events
- Talking about the workplace and what to wear
- Talking about work-related activities
- Talking about likes, dislikes, and preferences

Culture topics

- The sarape
- Traditional clothing
- Famous designers
- Las Galerías Pacífico in Buenos Aires
- Music: La pollera colorá
- Art: Juan Manuel Blanes
- Literature: Pablo Neruda
- Architecture: Palace of Fine Arts, Mexico City

A Las criticonas

¡Prepárate!

Study tip Study the ¡**Prepárate!** section before coming to class. Review the vocabulary lists, read the grammar explanations, and do the practice exercises.

Vocabulario

 Study tip Access vocabulary flashcards at www.cengagebrain.com.

Los colores	Colors		
amarillo/a	yellow	gris	gray
anaranjado/a	orange	morado/a	purple
azul	blue	negro/a	black
beige	beige	rojo/a	red
blanco/a	white	rosa (m)	pink
café	brown	verde	green

Nota lingüística Because the Spanish word **color** is masculine, color names take the masculine singular article.
El color rosa es muy bonito.
El color negro es muy elegante.
El color azul es mi favorito.

Expresiones relacionadas	Related expressions
claro/a	light (color)
oscuro/a	dark (color)
vivo/a	bright (color)

La ropa	Clothing		
abrigo	coat (winter)	pantalones (m, pl.)	pants
bata	robe; smock	pantalones cortos	shorts
blusa	blouse	pijama (m)	pajamas
bufanda	scarf (winter)	playera	T-shirt (with design)
calcetines (m, pl.)	socks	ropa interior	underwear
camisa	shirt	saco	coat
camiseta	T-shirt	sudadera	sweatshirt
chaleco	vest	suéter (m)	sweater
chaqueta	jacket	traje (m)	suit
corbata	tie	traje de baño (m)	bathing suit
falda	skirt	traje sastre (m)	woman's business suit
gorra	cap	vaquero	jeans
guantes (m, pl.)	gloves	vestido	dress
impermeable (m)	raincoat		

Nota lingüística The word **vaqueros** literally means *cowboys*. It is used for jeans because they are the pants that cowboys wear. *Jeans* are also called **pantalones de mezclilla** (*denim*), and in some countries, the loan word **jeans**, or **bluyines**, is used. **La pijama** and **el pijama** are both acceptable. Usage varies from country to country.

Expresiones relacionadas	Related expressions
de color liso	solid color
de cuadros	plaid
de manga corta	short sleeved
de manga larga	long sleeved
de rayas	striped
diseñador/a	designer
estampado/a	print
floreado/a	flowered
sin mangas	sleeveless
vestido de novia	bridal gown

Zapatos y accesorios	Shoes and accessories		
anillo	ring	pantuflas	slippers
aretes (m, pl.)	earrings	pañuelo	handkerchief
bolsa	purse	paraguas (m)	umbrella
botas	boots	pendientes (m, pl.)	earrings
cartera	billfold	pulsera	bracelet
cinturón (m)	belt	reloj (m)	watch; clock
collar (m)	necklace	sandalias	sandals
joyas	jewelry	sombrero	hat
lentes (m, pl.)	(eye) glasses	tenis (m, pl.)	tennis shoes, sneakers
lentes de sol (m, pl.)	sunglasses	zapatos	shoes
mancuernillas	cufflinks	zapatos de tacón	high heels

Los materiales	Materials		
algodón (m)	cotton	piel (f)	leather
encaje (m)	lace	plástico	plastic
lana	wool	plata	silver
lino	linen	poliéster (m)	polyester
mezclilla	denim	rayón (m)	rayon
nilón (m)	nylon	seda	silk
oro	gold	terciopelo	velvet

A Las criticonas

Las tallas	Sizes
chica	small
extra chica	extra small
extra grande	extra large
grande	large
mediana	medium

Verbos relacionados	Related verbs
comprar	to buy
ir bien	to go well (clothes, colors)
llevar	to wear
llevar puesto/a	to have on (clothes)
necesitar	to need
usar	to wear; to use

Los lugares	Places		
baile (m)	dance	oficina	office
discoteca	club	playa	beach
escuela	school	rodeo	rodeo
gimnasio	gym	zoológico	zoo

Así se pronuncia   Escucha las siguientes conversaciones. Pon atención a la pronunciación del vocabulario nuevo.

1-22

1. —¿Cuál es tu color favorito?

   —Mi color favorito es el rojo.

   —¿Qué asocias con el color rojo?

   —La Navidad y el amor.

2. —¿Tienes mucha ropa negra?

   —Sí, tengo mucha ropa negra porque es mi color favorito.

   —¿Por qué?

   —Es muy elegante y clásico.

3. —¿Cuál es su color favorito?

   —El verde.

   —¿Qué asocia Ud. con el color verde?

   —El Día de San Patricio porque soy irlandés.

4. —¿Tiene Ud. muchos zapatos rojos?

   —No, no me gustan los zapatos rojos.

   —¿Le gustan las botas rojas?

   —Absolutamente no. Parecen para un disfraz de Supermán.

La pollera colorá(da) Muchas canciones mencionan la ropa que las personas llevan puesta: el vestido azul, el vestido de novia, las botas de charro, la pollera amarilla y la pollera colorá entre muchas otras.

"La pollera colorá" (forma coloquial de pronunciar **colorada**) es el nombre de una cumbia muy **conocida** *(known)* y popular. La cumbia es un género musical que se origina en la costa del Caribe colombiano de la fusión musical y cultural indígena, africana y, en menor escala, española durante la época de la Colonia. También en Panamá, la cumbia es un ritmo de extensión nacional desde la época colonial.

A partir de la década de 1960, la cumbia colombiana comercial o moderna, popularizada por grupos como La Sonora Dinamita, se extiende al resto de América Latina, y los músicos locales **empiezan** *(begin)* a tocar variantes de la cumbia como resultado de su fusión con los ritmos de cada nación, como la cumbia argentina, la cumbia mexicana, la cumbia peruana, la cumbia salvadoreña, la tecnocumbia, etc. En 2006, la cumbia es nominada por la revista *Semana* y el Ministerio de Cultura de Colombia como símbolo de Colombia.

¿Bailas cumbia?

Juegos de palabras

Escribe la palabra para cada color.

Courtesy of the authors

Nota cultural

El sarape The **sarape** is one of the most popular articles of traditional Mexican clothing. It is made principally of wool, which retains colors better, but it can also be made of cotton. The **sarape** can serve as a coat, a blanket, a shoulder wrap, a cape, or as part of the outfit worn by folklore dancers.

Gramática

Agreement of adjectives with colors

▶ In Spanish, descriptive adjectives are generally placed after the noun, and they *must agree* in gender and number with the noun that they modify.

Ejemplos

unos calcetines morados   *some purple socks*
una falda morada   *a purple skirt*

▶ Adjectives of color whose masculine singular ending is **-o** have *four* forms.

Ejemplos

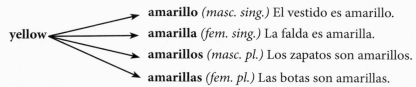

yellow
amarillo *(masc. sing.)* El vestido es amarillo.
amarilla *(fem. sing.)* La falda es amarilla.
amarillos *(masc. pl.)* Los zapatos son amarillos.
amarillas *(fem. pl.)* Las botas son amarillas.

▶ Adjectives of color whose masculine singular ending does not have an **-o** have only *two* forms.

Ejemplos

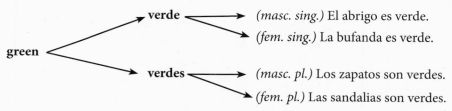

green
verde *(masc. sing.)* El abrigo es verde.
(fem. sing.) La bufanda es verde.
verdes *(masc. pl.)* Los zapatos son verdes.
(fem. pl.) Las sandalias son verdes.

▶ The colors **beige** and **rosa** do not change.

Ejemplos

(masc. sing.)	El pañuelo es beige.	El pañuelo es rosa.
(fem. sing.)	La camisa es beige.	La camisa es rosa.
(masc. pl.)	Los pantalones son beige.	Los pantalones son rosa.
(fem. pl.)	Las camisas son beige.	Las camisas son rosa.

The verb **ser** with materials, colors, and sizes

▶ The verb **ser** with the preposition **de** is used to express type of material.

Ejemplos

La blusa **es de algodón**.	*The blouse **is** (made) **of cotton**.*
Los pantalones **son de piel**.	*The pants **are** (made) **of leather**.*
El anillo **es de oro**.	*The ring **is** (made) **of gold**.*
Las bufandas **son de lana**.	*The scarves **are** (made) **of wool**.*

▶ The verb **ser** is used to refer to colors.

Ejemplos

Los zapatos **son negros**.	*The shoes **are black**.*
La blusa **es amarilla**.	*The blouse **is yellow**.*
Las batas **son rosa**.	*The robes **are pink**.*
El traje **es gris**.	*The suit **is gray**.*

▶ The verb **ser** is used to indicate size.

Ejemplos

El vestido **es talla 5**.	*The dress **is size 5**.*
La camisa **es talla grande**.	*The shirt **is size large**.*
Los zapatos de tacón **son talla 8**.	*The high heels **are size 8**.*
Las chaquetas **son talla mediana**.	*The jackets **are size medium**.*

Ejercicio

Alicia necesita traducir un anuncio para una revista de modas. Ayúdala a terminar todo en español. Traduce las palabras que están en inglés al español.

Tenemos preciosos vestidos *(red)* _____, en diferentes *(sizes)* _____.
También hay una colección de *(silk blouses)* _____ en varios colores. Y para combinar
tenemos unas *(wool skirts)* _____. Para los caballeros hay una gran variedad de *(black
ties)* _____ o estampadas, y los *(gray suits)* _____ están en
oferta. Para los bebés tenemos *(white sandals)* _____, y para los niños, *(black shoes)*
_____. Todo con un 30% de descuento.

The verb ir *(to go)*

▶ The verb **ir** is an irregular verb. Like the first person of **estar** (**estoy**) and **ser** (**soy**), it has an **-oy** ending in the first person. Its other endings are similar to the regular **-ar** verb endings (**-as, -a, -amos, -áis, -an**). **Voy** can mean *I go, I do go,* or *I am going.* **Vas** can mean *you go, you do go,* or *you are going,* etc.

ir			
yo	**voy**	nosotros / nosotras	**vamos**
tú	**vas**	vosotros / vosotras	**vais**
Ud. / él / ella	**va**	Uds. / ellos / ellas	**van**

Ejemplos

Voy al gimnasio todos los días.

I go to the gym every day.

Anita lleva un vestido largo de seda porque **va** a una boda.

Anita is wearing a long silk dress because she is going to a wedding.

Nosotros **vamos** a la escuela cerca de mi casa.

We go to the school close to my house.

Ir + a + *infinitive* to express future

▶ The present tense of **ir** + **a** + *infinitive* can be used in Spanish to express plans or future actions. The verb **ir** changes according to the subject, but the infinitive remains in that form.

Sujeto	ir *(conjugated in present)*
yo	**voy**
tú	**vas**
Ud. / él / ella	**va**
nosotros / nosotras	**vamos**
vosotros / vosotras	**vais**
Uds. / ellos / ellas	**van**

a + *infinitivo* (-ar, -er, -ir)

Ejemplos

Voy a llevar pantalones cortos y sandalias en la playa.

I'm going to wear shorts and sandals at the beach.

Vamos a comprar un sarape en Saltillo.

We are going to buy a sarape in Saltillo.

Ramón **va a necesitar** un traje nuevo para la fiesta.

Ramón is going to need a new suit for the party.

¿**Vas a ir** a la playa con Pedro mañana?

Are you going to the beach with Pedro tomorrow?

The contraction al

> ### a + el = al

▶ The verb **ir** *(to go)* is a verb of motion and is followed by the preposition **a** to indicate the place where the person is going. If the place is a masculine and singular noun, the preposition **a** plus the article **el** are combined to form **al**.

Ejemplos

Juan va **al gimnasio** con sus amigos.

Nosotros vamos **al zoológico** con los niños.

▶ The other forms do not contract. They remain **a la**, **a los**, **a las**.

Ejemplos

Mañana mi amigo y yo vamos **a la playa**.

Mis amigos van a ir **a los museos** de París.

Cuando voy a México, siempre voy **a las montañas**.

> **Nota lingüística** The pronoun **él** *(he)* and the preposition **a** are not contracted to form **al**. Only the article **el** *(the)* and **a** combine to form **al**.
>
> **Ejemplo**
>
> ¿Vas a invitar a Mónica y a César a la fiesta?   *Are you going to invite Mónica and César to the party?*
>
> Voy a invitarla a ella pero no **a él**.   *I am going to invite her but not **him**.*

Ejercicio

Llena los espacios en blanco primero con la forma correcta del verbo **ir** y luego con **a, al, a la, a los, a las**.

1. Mañana yo _____ _____ comprar un traje nuevo.

2. Mi amiga y yo _____ _____ tiendas de ropa del centro.

3. El sábado, Miguel, Ana y Pedro _____ _____ playa.

4. Amanda _____ _____ museos todos los sábados.

5. Carlos _____ _____ gimnasio todos los días.

6. María, ¿qué vestido _____ _____ llevar a la fiesta tú?

7. Los alumnos _____ _____ laboratorio el lunes.

8. El profesor _____ _____ universidad los martes y jueves.

✎ **Study tip** Go to the SAM for extra vocabulary and grammar exercises for this module.

En acción

Conversaciones y más

4-1 ¿Qué opinas? Lee el diálogo y después escribe **C** si la oración es cierta o **F** si la oración es falsa.

En la entrega de los Óscares

Laura: Magda, ¡mira qué horrible vestido lleva la famosa Luciana!

Magda: Sí… con todas esas plumas parece avestruz *(ostrich)*.

Laura: Más bien un perico *(parakeet)* por los colores verde y amarillo.

Magda: Claro… y con esa bolsa roja que no combina.

Laura: Es de muy mal gusto… y los zapatos de tacón tan *(so)* alto. Camina como gallina *(She walks like a chicken)*.

(Luciana se acerca caminando).

Magda: Luciana, Luciana. Te ves preciosa como siempre. Dame tu autógrafo.

Luciana: Gracias, muy amable.

Laura: ¡Qué linda tu ropa, muy moderna! Es el último grito de la moda*.

Luciana: Muchas gracias.

1. Laura y Magda son muy criticonas. _____

2. El vestido es horrible. _____

3. Los zapatos son muy cómodos. _____

4. Con esa ropa, Luciana parece ave *(bird)*. _____

5. Luciana se ve bien y muy atractiva. _____

6. Magda y Laura son muy sinceras. _____

> **Nota lingüística** *__El último grito de la moda__ is an expression that means the *latest in fashion*, or *what's hot in the fashion world*. **Está de moda** means that something is fashionable or stylish, while **Está pasado de moda** conveys that something is out of style—not fashionable anymore.

4-2 La fiesta Con un/a compañero/a, contesta las preguntas con una respuesta de la segunda columna. Escoge la pregunta de acuerdo con el interlocutor.

1. ¿De qué color es tu vestido / corbata para la fiesta? _____   a. Unos aretes de perlas / Unas mancuernillas de oro.

2. ¿Cómo es tu vestido / el vestido de tu novia? _____   b. Es de seda.

3. ¿De qué color son tus zapatos? _____   c. Es largo y sin mangas.

4. ¿De qué material es tu bolsa / pañuelo? _____   d. Son negros.

5. ¿Qué accesorios van bien con el vestido / traje? _____   e. Es negro/a.

4-3 La ropa de Gaby Escucha la descripción siguiente y escribe los días de la semana de acuerdo con la ropa y accesorios que usa Gaby.

1-23

Illustrations © Cengage Learning 2014

4-4 La ropa apropiada Con un/a compañero/a, completa las oraciones con la ropa adecuada para cada evento o lugar.

1. Anita lleva un _____ largo muy elegante porque va a una boda (*wedding*).

2. Luis lleva _____ porque va a una entrevista de trabajo (*job interview*).

3. Yo llevo _____ porque voy a la universidad.

4. Tú llevas _____ porque vas al gimnasio.

5. El doctor lleva una _____ blanca porque va al hospital.

6. Edgar y Gaby llevan _____ porque van a la playa.

7. Uds. llevan _____ porque van a la montaña a esquiar.

8. Mi amiga lleva _____ porque va a Cancún.

9. Mis hijos y yo llevamos _____ porque vamos al parque.

10. Ud. lleva _____ porque va a una fiesta tejana.

A Las criticonas

 4-5 ¿Qué opinas?

1. Lee las diferentes situaciones relacionadas con el uso de la ropa, zapatos y accesorios, y escribe al lado de cada una de ellas:

4 Si *(if)* estás totalmente de acuerdo *(strongly agree)*
3 Si estás de acuerdo *(agree)*
2 Si no estás de acuerdo ni en desacuerdo *(neither agree nor disagree)*
1 Si estás en desacuerdo *(disagree)*
0 Si estás totalmente en desacuerdo *(strongly disagree)*

Courtesy of the authors

Situaciones

a. Usar pantalones de mezclilla en una boda _____

b. Ir a la universidad con pantalones cortos _____

c. Llevar ropa blanca en diciembre _____

d. Usar sandalias con calcetines _____

e. Trabajar en una oficina con minifalda _____

f. Andar en la calle con traje de baño _____

g. Usar botas y bufanda en enero _____

h. Usar traje o traje sastre para trabajar en una oficina _____

i. Usar ropa de algodón _____

j. No usar ropa interior _____

2. Ahora suma *(add)* tus puntos y compara tus respuestas con las de dos o tres compañeros. ¿Compartes la misma opinión que tus compañeros de grupo? ¿En qué situaciones? Finalmente, comenten las opiniones del grupo con el resto de la clase.

Arte 🌐 Almanaque de Uruguay, A-40

El gaucho es un hombre de campo. Cuida el **ganado** *(livestock)* y anda a caballo. Es un **jinete** *(horseman)* hábil y vive solo o en pequeñas comunidades en las **llanuras** *(plains)*. Es un emblema de la vida campesina de Uruguay y Argentina.

Juan Manuel Blanes es un pintor uruguayo muy reconocido. En Montevideo hay un museo con su nombre. Su obra **trata** *(covers)* principalmente tres temas: el **retrato** *(portrait)*, cuadros históricos y la vida de los gauchos.

En 1875 inicia la serie de *Los gauchos*. Esta obra manifiesta la soledad e inmensidad del campo y refleja también la personalidad introvertida del gaucho. En 1879 continúa en Florencia la serie de *Los gauchos* como espíritu evocador de sus **raíces** *(roots)*.

Image is in the public domain.

¿Puedes describir la ropa y accesorios de los gauchos que están en estas pinturas de Blanes?

Traditional clothing Traditional clothing is not limited to use by the indigenous population, nor is it worn only during festive celebrations. Here are some examples.

La guayabera: Traditionally a white, long-sleeved, pleated man's shirt, it is now used also as a short-sleeved shirt that can be of different colors. Generally, it has four pockets in the front and is worn outside the pants. It is said to be of Cuban origin and is worn throughout Latin America.

El poncho: A large piece of material with an opening for the head. It can be used as protection from the rain if made of plastic or other waterproof material. **Ponchos** are now worn throughout the world as fashion statements but also for warmth.

El chamanto: From central Chile and similar to the **poncho** except that both sides of the garment are finished and reversible. It is woven in silk thread and wool, and the entire piece is finished with ribbon edging. Another name for a Chilean poncho is **la ruana**.

© Paco Romero/iStockphoto

La mantilla: Beautiful, intricately woven headscarf generally made of lace that originated in Spain but is used in many Latin American countries. Traditionally, the **mantilla** was worn by Catholic women at mass.

El rebozo: Shawl worn by women in many countries of the Spanish-speaking world. It is rectangular, up to ten feet long, and may be made of different materials. It can be arranged in many ways and is used for warmth and even for carrying babies.

Ya puedes decirlo

4-6 Adivinanzas Observa la ropa y los accesorios que lleva puestos uno o una de tus compañeros de clase. Escribe en tu cuaderno una descripción. Lee la descripción sin decir el nombre de la persona. Tus compañeros deben adivinar de quién estás hablando.

Ejemplo

Lleva una falda azul, una blusa de manga corta y unas botas negras. ¿Quién es?

¡Prepárate!

Study tip Study the **¡Prepárate!** section before coming to class. Review the vocabulary lists, read the grammar explanations, and do the practice exercises.

Vocabulario

 Study tip Access vocabulary flashcards at www.cengagebrain.com.

Condiciones temporales	*Temporary conditions*		
aburrido/a	*bored*	emocionado/a	*excited*
angustiado/a	*anguished, distressed*	enamorado/a (de)	*in love (with)*
asustado/a	*scared*	enfermo/a	*ill*
borracho/a	*drunk*	enojado/a	*angry*
cansado/a	*tired*	feliz	*happy*
congestionado/a	*congested*	nervioso/a	*nervous*
contento/a	*happy, content*	ocupado/a	*busy*
deprimido/a	*depressed*	orgulloso/a	*proud*
desesperado/a	*desperate*	preocupado/a	*worried*
disgustado/a	*displeased*	satisfecho/a	*satisfied*
embarazada	*pregnant*	triste	*sad*

Más números	*More numbers*
3.000	*tres mil*
5.000	*cinco mil*
10.000	*diez mil*
50.000	*cincuenta mil*
100.000	*cien mil*
200.000	*doscientos mil*
300.000	*trescientos mil*
400.000	*cuatrocientos mil*
500.000	*quinientos mil*
600.000	*seiscientos mil*
700.000	*setecientos mil*
800.000	*ochocientos mil*
900.000	*novecientos mil*
1.000.000	*un millón*
2.000.000	*dos millones*
10.000.000	*diez millones*

Nota lingüística To express one million followed by a noun, the preposition **de** must be used: $1,000,000 in Spanish is **un millón de dólares**.

Expresiones relacionadas con el trabajo	Work-related expressions		
anuncio	advertisement	la próxima semana	next week
cita de trabajo	appointment	mañana	tomorrow
cita	appointment; date	pasado mañana	day after tomorrow
contrato	contract	salario mínimo	minimum wage
el próximo sábado	next Saturday	solicitud (f)	application
entrevista	interview	sueldo	salary
esta noche	tonight	tiempo completo	full-time
gerente (m, f)	manager	tiempo parcial	part-time
		trabajo	job, work

Nota lingüística The word **aplicación** is a false cognate for *application* when applying for a job, a credit card, etc. In this situation, the correct word for *application* is **solicitud**. To apply for a job, loan, etc., use the verb **solicitar**.

Nota cultural

Using a comma to separate thousands and a period to separate decimals, and vice versa, varies from country to country. The Dominican Republic, Guatemala, Mexico, Nicaragua, and Panama use the comma and period, as is done in the United States. Ten thousand five hundred would be written 10,500.00. In Spain and most other Spanish-speaking countries, it would be written as 10.500,00.

🔊 **Así se pronuncia** Escucha las siguientes conversaciones. Pon atención a la pronunciación
1-24 del vocabulario nuevo.

1. —¿Cómo estás?

—Estoy muy ocupada.

—¿Por qué?

—Tengo muchos proyectos nuevos.

2. —¿Tienes el número premiado?

—Sí, es el 328,415.

—¿Cuánto ganaste *(won)*?

—$4.500.000,00

—¡Qué bueno! ¡Felicidades!

3. —¿Cómo está su esposa, ingeniero?

—Está feliz porque está embarazada.

—¿Y Ud.?

—También estoy feliz. Estamos felices los dos.

4. —Señorita, tiene Ud. una entrevista con el gerente.

—¿Qué día y a qué hora?

—El próximo viernes a las once de la mañana.

—Muchas gracias. Hasta luego.

Juegos de palabras

Crucigrama Llena los espacios del crucigrama con los números apropiados.

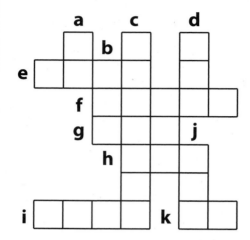

a. diecinueve
b. quinientos setenta y nueve
c. cuatro millones, ochocientos sesenta
   y cinco mil quinientos veinticuatro
d. novecientos treinta y dos
e. mil novecientos cincuenta y ocho
f. setenta y seis mil trescientos veintidós
g. novecientos cincuenta
h. quinientos tres
i. siete mil veinticuatro
j. trescientos dieciocho
k. ochenta

¿Cómo está? Usa el verbo **estar** y un adjetivo apropiado para describir el estado temporal que las caras representan.

Ejemplo Está feliz.

_____

Está triste.

Está borracho.

Está enfermo.

Está cansado.

Está feliz / contento.

Está enamorado.

Está asustado.

Illustrations © Cengage Learning 2014

Gramática

Estar with temporary conditions

▶ In Chapter 1, the verb **estar** was used with greetings because one of its functions is to tell how someone feels and to indicate what condition the person is in. It is used with adjectives to express conditions that can be considered changeable or temporary. The adjectives must agree in number and gender with the subject.

Ejemplos

En este momento, **estoy cansado**.

(This is how I feel at this moment. I am not always tired. It is not a characteristic of me to be tired. I may not be tired later.)

Ana María **está nerviosa** porque va a tener un examen.

(She is not a nervous person. She feels nervous right now because she is going to have an exam.)

Los niños **están aburridos** porque el maestro habla y habla.

(The children feel bored because their teacher talks and talks. At the end of the class, they probably will not feel bored and instead will be happy.)

Ejercicio

Completa el diálogo siguiente con la forma correcta del verbo **estar**, y luego subraya la forma correcta de los adjetivos en < >.

Carlos: Hola, Toño. ¿Cómo _____?

Toño: _____ muy <ocupado / ocupada / ocupados / ocupadas>. Tengo mucho trabajo, ¿y tú?

Carlos: _____ un poco <nervioso / nerviosa / nerviosos / nerviosas> porque tengo una entrevista de trabajo *(job interview)* mañana.

Toño: ¡Buena suerte *(Good luck)*!

Carlos: Gracias… Dime *(Tell me)*, ¿cómo _____ tu familia?

Toño: Mis padres _____ muy <emocionado / emocionada / emocionados / emocionadas> porque mi hermana _____ <embarazada / embarazadas>.

Carlos: Y tus hermanos, ¿cómo _____?

Toño: _____ muy <contento / contenta / contentos / contentas> también.

Carlos: Bueno, felicidades *(congratulations)*. Nos vemos.

Toño: Gracias. Hasta luego.

Ser vs. estar

Ser		Estar	
Usage	**Ejemplos**	**Usage**	**Ejemplos**
characteristics or qualities	Mi profesora **es** excelente. Mis amigos **son** muy buenos.	greetings	Hola. ¿Cómo **estás**? **Estoy** muy bien, gracias.
origin	**Soy** de San Diego. Mis padres **son** de Quito.	location	Mi hermana **está** en España. Mis padres **están** en Chile.
occupation	Carlos **es** mecánico. Ellas **son** dependientes.	temporary conditions	Carmen **está** furiosa. Sus hermanos **están** tristes.
profession	Mis padres **son** doctores. María **es** arquitecta.		
marital status	Juan Antonio **es** soltero. Yo **soy** casada.		
relationships	Teresa **es** mi hermana. Él **es** nuestro cuñado.		
possession	La falda azul **es** de Ana. El saco **es** de tu tía.		
material	La blusa **es** de seda. Los zapatos **son** de piel.		

More uses of the verb **tener**

▶ **Tener** expresses relationship, possession, or ownership.

Ejemplos

Tengo dos hermanos y una hermana.

Tenemos un coche nuevo.

Mis padres **tienen** una casa en la Isla del Padre.

▶ **Tener que** + *infinitive* expresses obligation, the necessity to do something. **Tener** is conjugated according to the subject of the sentence, and the infinitive is not conjugated.

Ejemplos

Los alumnos **tienen que estudiar** mucho hoy en la noche.

Tengo que trabajar mucho en la clase de español.

Tenemos que ir a la biblioteca mañana.

*The students **have to study** a lot tonight.*

*I **have to work** a lot in Spanish class.*

*We **have to go** to the library tomorrow.*

✎ **Study tip** Go to the SAM for extra vocabulary and grammar exercises for this module.

En acción

Conversaciones y más

4-7 Una entrevista de trabajo Lee el diálogo y después responde **C** si la oración es cierta o **F** si es falsa.

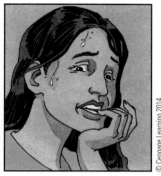

Alicia: Hola, Juan, ¿cómo estás?

Juan: Bien, pero tengo mucho trabajo; por eso estoy muy ocupado y muy cansado, ¿y tú?

Alicia: Bien también, pero estoy muy nerviosa.

Juan: ¿Por qué? ¿Tienes algún problema?

Alicia: No, tengo una entrevista de trabajo el martes.

Juan: ¡Qué bueno! ¿Dónde?

Alicia: En una compañía de prestigio internacional.

Juan: ¡Uff! ¡Qué presumida!

Alicia: No, es en serio. Por eso estoy preocupada. Es un trabajo muy competitivo. Mis padres están muy contentos porque es una gran oportunidad para mí.

Juan: No te preocupes *(Don't worry)*. Tú eres la mejor. Tengo una idea. Después de la entrevista, te invito a comer.

Alicia: Pero estás muy ocupado.

Juan: No importa. Trabajo más tarde.

Alicia: Bueno, me parece muy bien.

Juan: ¿Tienes la entrevista en la mañana?

Alicia: Sí, a las once de la mañana.

Juan: Entonces nos vemos a la una. Voy a tu casa.

Alicia: Sí, para esa hora ya debo estar en mi casa.

Juan: Mucha suerte. Hasta mañana.

Alicia: Gracias. Hasta mañana.

1. Juan está feliz porque descansa todo el día.   _____

2. Alicia está muy preocupada porque tiene muchos problemas en casa.   _____

3. La entrevista de Alicia es muy importante.   _____

4. La mamá de Alicia está feliz.   _____

5. Si Alicia obtiene el nuevo trabajo, va a ser poco interesante.   _____

6. Juan piensa que Alicia es una mujer muy inteligente.   _____

7. Alicia y Juan van a salir a comer el fin de semana.   _____

8. Juan va a pasar por Alicia a su casa.   _____

4-8 ¡Qué desorden! Con un/a compañero/a, ordena el diálogo.

—Buenos días. ¿Me puede informar sobre el trabajo que anuncian en el periódico? _____

—De nada, hasta luego. _____

—Gracias. Mi dirección electrónica es mjlozano@machoman.com. ¿Tengo que llenar una solicitud? _____

—Vamos a informarle una semana después de la entrevista. _____

—Además de los documentos, ¿hay una entrevista? _____

—Sí, le puedo mandar la información por correo electrónico. Deme su dirección. _____

—Buenos días. Seguros Nacional. ¿En que puedo servirle? _____

—¿Cuándo voy a saber si van a contratarme? _____

—Sí, el gerente lo va a entrevistar. _____

—Bueno, gracias, señorita. _____

—Sí, una solicitud y mandar una copia de sus documentos. _____

4-9 ¡Qué barato! Escucha el anuncio de la tienda de ropa "La Elegante" y completa el cuadro.

1-25

Ropa / Accesorios	Precio

4-10 El trabajo Completa los diálogos siguientes con un/a compañero/a. Usa información personal o cualquier *(any)* respuesta apropiada.

Diálogo 1

—Hola, _____. ¿Cómo estás?

—Muy cansado porque _____.

—¿Dónde trabajas?

—_____.

—¿Te gusta?

—_____. ¿Y tú dónde trabajas?

—Yo _____.

—¿Qué tienes que hacer en tu trabajo?

—_____.

—Es muy _____.

—Sí… bueno, _____.

—Nos vemos.

Diálogo 2

—¿Trabaja tu esposo/a?

—Sí, _____.

—¿Le gusta su trabajo?

—_____.

—¿Por qué?

—_____.

—¿Dónde trabaja?

—_____.

—¿Qué días trabaja?

—_____.

—¿Cuántas horas?

—_____.

4-11 ¿Cómo están y por qué? Relaciona los estados de ánimo de la primera columna con las causas de la segunda para formar oraciones.

Ejemplo

Raulito está muy triste porque su perrito está enfermo.

(Relacionamos el estado de ánimo **6** con la causa **j**).

Estado de ánimo

1. Los clientes están disgustados. _____

2. María está emocionada. _____

3. Juan está preocupado. _____

4. Pedro y yo estamos contentos. _____

5. Marta está muy asustada. _____

6. **Raulito está muy triste.** _____

7. Alberto y tú están muy ocupados. _____

8. Tú estás cansado. _____

9. Mi amiga está enojada. Tiene hambre *(she is hungry)* y… _____

10. Yo estoy nerviosa. _____

11. Mis amigos están felices. _____

12. Estoy muy enfermo. _____

Causa

a. Tienes mucho trabajo.

b. Vamos de vacaciones a Cancún.

c. Tengo una infección.

d. Tengo una entrevista de trabajo.

e. Hay una rata muy grande.

f. La comida está horrible y fría.

g. Tiene tres exámenes muy difíciles.

h. Están enamorados.

i. Hoy tiene una cita con un hombre muy atractivo.

j. **Su perrito está enfermo.**

k. Tienen tres proyectos nuevos.

l. Hay mucha gente en el banco y tienen que esperar mucho.

4-12 Diseñadores famosos Lee el artículo siguiente y responde a las preguntas con oraciones completas.

Muchos diseñadores famosos de alta costura son de países hispanos. Un ejemplo es **Cristóbal Balenciaga**, un español que **diseñó** *(designed)* vestidos muy elegantes para Jackie Kennedy. Su marca *(brand)* continúa hoy en día **bajo** *(under)* el Grupo Gucci.

Óscar de la Renta, de la República Dominicana, usa el *glamour* de sus creaciones para surgir con un nombre internacional entre las grandes marcas de la moda. Es el primer latinoamericano en diseñar para una **empresa** *(company)* francesa, la prestigiosa firma Pierre Balmain.

Carolina Herrera de Caracas, Venezuela, tiene una compañía que, **además de** *(besides)* perfumes y accesorios, diseña vestidos elegantes y formidables trajes de novia.

Paloma Picasso, hija del pintor Pablo Picasso, crea perfumes, accesorios de moda y ropa de noche muy elegante.

1. ¿De dónde es el famoso diseñador Cristóbal Balenciaga?

   _____

2. ¿Cómo son los diseños de Óscar de la Renta?

   _____

3. ¿Cómo se distingue Óscar de la Renta?

   _____

4. Además de crear vestidos elegantes, ¿qué más hace Carolina Herrera?

   _____

5. Además de crear perfumes, accesorios y ropa elegante, ¿por qué es famosa Paloma Picasso?

   _____

Voces hispanas

Mira el video y después escribe **C** si la oración es cierta o **F** si es falsa.

1. A Bruna le gusta comprar ropa en el centro comercial.
2. José compra su ropa en Sears en Perú.
3. Hay un mercado artesanal famoso en Otavalo.
4. A José le gustan mucho las corbatas.
5. Las prendas favoritas de Marcela son los vestidos.

© Cengage Learning 2014

Ya puedes decirlo

4-13 ¿Qué opinas? En grupos de tres o cuatro, hagan diálogos para las situaciones siguientes.

© Cengage Learning 2014

1. Dos compañeros y tú son jueces *(judges)* en un concurso de diseñadores. Estos cuatro diseños son los finalistas. Comenten y decidan cuál gana el primer lugar *(first place)* y por qué.

2. Trae *(Bring)* ejemplos de revistas de los / las peor vestidos/as *(the worst dressed)* y comenta sobre la ropa y accesorios que llevan.

Literatura Almanaque de Chile, A-6

Pablo Neruda Neftalí Ricardo Reyes Basoalto es el nombre del poeta y político chileno conocido como Pablo Neruda (1904–1973). Pablo Neruda es autor de más de treinta libros. En 1965 recibió el título de *Doctor Honoris Causa* en Filosofía y Letras de la Universidad de Oxford. Ganó el Premio Nóbel de Literatura en 1971, entre muchos otros premios. La inspiración infinita de Neruda es evidente en todos sus poemas, especialmente en las odas dedicadas a todo tipo de objetos, **aun** *(even)* a los más simples como un par de calcetines. Estos son los últimos cinco versos de "Oda a los calcetines".

> Y es esta la moral de mi Oda:
>
> Dos veces es belleza la belleza,
>
> y lo que es bueno es doblemente bueno,
>
> **cuando se trata** *(when it's about)* de dos calcetines
>
> de lana en el invierno.

Pablo Neruda. "Oda a los calcetines". *Nuevas odas elementales.* © Fundación Pablo Neruda, 2012. Used with permission.

Nota lingüística An ode is a poem or song written to praise a person or thing.

 Study tip Go to the SAM for additional listening and pronunciation practice for this chapter.

¡Prepárate!

Vocabulario

Study tip Study the **¡Prepárate!** section before coming to class. Review the vocabulary lists, read the grammar explanations, and do the practice exercises.

 Study tip Access vocabulary flashcards at www.cengagebrain.com.

Lugares de trabajo	*Workplaces*		
agencia	*agency*	preparatoria	*high school*
banco	*bank*	restaurante (*m*)	*restaurant*
clínica	*clinic*	teatro	*theater*
constructora	*construction firm*	tienda	*store; shop*
consultorio	*doctor's office*	universidad (*f*)	*university*
oficina	*office*		

Verbos relacionados	*Related verbs*		
aceptar	*to accept*	gustar	*to like*
actuar	*to act*	hacer	*to do; to make*
atender	*to assist*	invitar	*to invite*
calificar	*to grade*	preferir	*to prefer*
cambiar	*to change*	proteger	*to protect*
contestar	*to answer*	querer	*to want*
dirigir	*to direct*	rechazar	*to reject*
diseñar	*to design*	resolver	*to solve*
enseñar	*to teach*	responder	*to answer*

Así se pronuncia Escucha las siguientes conversaciones. Pon atención a la
1-26 pronunciación del vocabulario nuevo.

1. —¿Dónde trabajas?

—En un teatro.

—¿Qué haces?

—Soy actriz.

2. —¿Trabajas en una universidad?

—No, trabajo en una preparatoria.

—¿Qué clase das?

—Matemáticas.

3. —¿Dónde trabaja Ud.?

—En una agencia de publicidad.

—¿Qué hace Ud.?

—Anuncios y comerciales.

4. —¿Diseña Ud. casas?

—No, los arquitectos diseñan. Yo soy ingeniero.

Arquitectura Almanaque de México, A-26

El Palacio de Bellas Artes, Ciudad de México El Palacio de Bellas Artes es un teatro y museo que visitan miles de personas de diferentes países. En el **vitral** *(stained-glass window)* circular del techo está Apolo, llamado dios de la inspiración, junto con las nueve musas.

En el **escenario** *(stage)* del teatro, en la parte superior, hay un arco que presenta la historia del teatro y su evolución. A los lados hay dos máscaras que representan la tragedia y la comedia. El **telón** *(curtain)* —**hecho** *(made)* por la Casa Tiffany en 1912— es de cristal. Fue idea de Adamo Boari, y tiene más de un millón de cristales de diferentes colores que forman una escena de los volcanes Popocatépetl e Iztaccíhuatl. Es único en el mundo y pesa 24 toneladas.

Tiffany Studios Research Centers

El Palacio es, en su totalidad, una obra de arte, construido con **mármoles** *(marble)* blancos en el exterior y mármoles de colores en el interior. Dentro del Palacio hay obras maestras de los muralistas David Alfaro Siqueiros, Diego Rivera y José Clemente Orozco, **así como** *(as well as)* cuatro pisos dedicados a las bellas artes. El Palacio de Bellas Artes fue declarado *(was declared)* Monumento Artístico en 1987 por la UNESCO.

Juegos de palabras

¿Dónde trabajas? Ordena las letras para encontrar lugares de trabajo.

1. afiocni _____

2. althsopi _____

3. cbnoa _____

4. torate _____

5. ruatesrnaet _____

6. anetdi _____

7. anegiac _____

8. souctroinol _____

¿Qué hacen? Relaciona la ocupación o profesión con el verbo adecuado.

1. actor _____

2. recepcionista _____

3. arquitecto _____

4. profesor _____

5. policía _____

6. abogado _____

a. proteger

b. diseñar

c. resolver temas legales

d. actuar

e. contestar el teléfono

f. enseñar

Gramática

The verb gustar

▶ The verb **gustar** literally means *to be pleasing*. It does not follow the conjugation pattern of the regular **-ar** verbs presented in Chapter 2.

▶ In the present tense, the verb **gustar** generally uses only two forms: **gusta** and **gustan**. If what is liked is singular or if it is an action, we use **gusta**. If what is liked is plural, we use **gustan**. Furthermore, pronouns must be used that indicate who is being pleased.

me		
te	gusta ⟶	*infinitive*
le	gusta ⟶	*singular subject*
nos	gustan ⟶	*plural subject*
os		
les		

Ejemplos

Me gusta la blusa.	*I like the blouse. (The blouse is pleasing to me.)*
¿**Te gusta** usar tenis?	*Do you like to wear tennis shoes? (Is wearing tennis shoes pleasing to you?)*
¿**Le gustan** los pantalones cortos?	Do *you (form.)* / Does *he / she like* shorts? *(Are shorts pleasing to you (form.) / him / her?)*
Nos gusta la pulsera.	*We like the bracelet. (The bracelet is pleasing to us.)*
Os gusta ir de compras.	*You (inform. pl.) like to go shopping. (To go shopping is pleasing to you [inform. pl.])*
Les gustan las camisas.	*You (pl.) / They like the shirts. (The shirts are pleasing to you / them.)*

▶ To emphasize or clarify *to whom* the subject or an activity is pleasing, the phrases **a mí, a ti, a Ud., a él, a ella, a nosotros / nosotras, a vosotros / vosotras, a Uds., a ellos, a ellas** may be used *in addition to* the *(indirect object)* pronouns **me, te, le**, etc.

Ejemplos

A mí me gusta el suéter.	**A mí me** gustan los suéteres.
A ti te gusta el suéter.	**A ti te** gustan los suéteres.
A Ud. / A él / A ella le gusta el suéter.	**A Ud. / A él / A ella le** gustan los suéteres.
A nosotros / A nosotras nos gusta el suéter.	**A nosotros / A nosotras nos** gustan los suéteres.
A vosotros / A vosotras os gusta el suéter.	**A vosotros / A vosotras os** gustan los suéteres.
A Uds. / A ellos / A ellas les gusta el suéter.	**A Uds. / A ellos / A ellas les** gustan los suéteres.

▶ In the case of the third persons **le** and **les**, the prepositional phrase may have to be used for clarification.

Note that the prepositional phrases **a mí, a él, a ellos**, etc., do not have any effect on whether **gusta** or **gustan** are used. What determines the use of **gusta** or **gustan** is the subject **suéter** or **suéteres**.

Ejercicio

¿Te gusta? Completa las oraciones con un pronombre (**me, te, le, nos, les**) y **gusta / gustan**.

1. A Roberto y a mí _____ _____ los tenis de piel.

2. A mis hermanas _____ _____ la ropa casual.

3. A ti no _____ _____ los zapatos de plástico.

4. A Antonieta _____ _____ usar vestidos negros.

5. A mí _____ _____ llevar tacones altos a las fiestas.

6. A Ud. no _____ _____ los abrigos de lana.

The verb **preferir** (to prefer)

▶ In Chapters 2 and 3, we learned that to conjugate the regular **-ar**, **-er**, **-ir** verbs, we take the stem of the verb and add the appropriate endings. (The stem of **hablar**, for example, is **habl-**, the stem of **comer** is **com-**, and the stem of **vivir** is **viv-**.) Some verbs have a change in the stem part of the infinitive for certain persons but no change in the endings. In this case, the **nosotros / nosotras**, **vosotros / vosotras** persons do not have a change in the stem. Stem-changing verbs can be **-ar**, **-er**, or **-ir** verbs, and they are considered irregular. In this chapter, we will study two verbs that change the **e** to **ie**: **preferir** and **querer**. Other examples will be presented in Chapters 5 and 6.

▶ The verb **preferir** has the endings of the regular **-ir** verbs but has a change in the stem. The **e** changes to **ie** except in the first- and second-person plural.

	preferir e > ie
yo **prefiero**	nosotros / nosotras **preferimos**
tú **prefieres**	vosotros / vosotras **preferís**
Ud. / él / ella **prefiere**	Uds. / ellos / ellas **prefieren**

Ejemplos

—¿**Prefieres** el vestido blanco o el vestido verde?

—**Prefiero** el vestido verde.

—¿**Preferís** vosotros usar camisas o playeras?

—**Preferimos** usar playeras.

The verb querer (to want)

▶ The verb **querer** has the endings of the regular **-er** verbs, but it has a change in the stem. The **e** changes to **ie** except in the first- and second-person plural.

querer e > ie	
yo **quiero**	nosotros / nosotras **queremos**
tú **quieres**	vosotros / vosotras **queréis**
Ud. / él / ella **quiere**	Uds. / ellos / ellas **quieren**

Ejemplos

Quiero una entrevista de trabajo para mañana.

Mi hermano y yo **queremos** trabajo de tiempo completo.

Rosa **quiere** una blusa talla chica.

The verbs **preferir** and **querer** + *infinitive*

▶ When the verbs **preferir** and **querer** are used with infinitives of other verbs, the first verb is conjugated and there is no preposition between it and the infinitive.

Ejemplos

Prefiero comprar mi ropa por Internet.

Mi novia **prefiere diseñar** su propia *(own)* ropa.

Mis amigos y yo **queremos llevar** vaqueros a la fiesta.

¿**Quieres ir** a un baile formal?

Ejercicio

Escribe en los espacios en blanco la forma correcta del verbo que está en paréntesis.

1. Yo (preferir) _____ ir a un restaurante, pero mi novia (querer) _____ ir al teatro.

2. Juan, ¿(preferir) _____ el traje gris o el traje negro? Yo (preferir) _____ el traje gris.

3. José (querer) _____ trabajar en un banco. Carlos y yo (querer) _____ trabajar en una universidad.

4. Mis amigos (preferir) _____ llevar vaqueros a la universidad, pero Carla y yo (preferir) _____ llevar ropa más formal.

5. —Felipe, ¿(querer) _____ invitar a Marisa y a David a la fiesta?

   —Sí, y también (querer) _____ invitar a Ana y a Alberto.

🖊 **Study tip** Go to the SAM for extra vocabulary and grammar exercises for this module.

En acción

Conversaciones y más

4-14 ¡Qué linda falda! Lee el diálogo y después escribe **C** si la oración es cierta o **F** si es falsa.

En un almacén

Alicia: Necesito comprar ropa de vestir para mi trabajo.

Pati: ¿Qué tipo de ropa llevan las mujeres?

Alicia: Trajes sastre, vestidos, faldas con una blusa bonita, zapatos de tacón…

Pati: Y los hombres, ¿necesitan llevar corbata?

Alicia: Sí, todos los días excepto los viernes… Mira. ¡Qué preciosa falda gris! Es de lana.

Pati: La falda es bonita, pero no me gusta el color. Además ya tienes muchas.

Alicia: Me gusta el color gris pero mi color favorito es el azul.

Pati: A mí también me gusta el color azul, pero casi toda mi ropa es negra.

Alicia: ¿Por qué?

Pati: El color negro es muy elegante.

Alicia: Y se puede combinar (can be matched) con muchos colores.

Pati: Sí, me gusta por eso también.

Alicia: ¿Qué talla es la falda?

Pati: Talla 10.

Alicia: Lástima. Yo soy talla 12 y no me gusta la ropa entallada (fitted).

Pati: Aquí hay otra. Es talla 12, pero es otro modelo. ¿Cuánto cuesta?

Alicia: Está en oferta con el 30% de descuento.

Pati: ¡Qué bueno! La voy a comprar.

Alicia: Mira. Ahí está la caja (checkout counter).

Pati: Sí, vamos.

1. En el trabajo de Alicia llevan ropa deportiva. _____

2. Los hombres llevan ropa formal. _____

3. Dos amigas hablan en una zapatería. _____

4. Alicia necesita una falda gris. _____

5. El color favorito de Pati es el negro. _____

6. La ropa negra es muy práctica. _____

7. La falda es de la talla de Alicia. _____

8. A Pati no le gusta la falda. _____

9. Pati no compra la falda. _____

10. La falda está a buen precio. _____

🗨 **4-15 Invitaciones** Con un/a compañero/a haz dos diálogos, uno formal y uno informal, con las 🗨. Numéralos en el orden lógico.

Diálogo 1

☐ Bien, gracias. Samuel, te invito a cenar. Vamos al nuevo restaurante La Mesa.

☐

☐ Hola, María Elena, ¿cómo estás?

☐ Bueno, si vamos hoy, yo pago, pero si vamos el sábado, tú pagas.

☐ Me gustaría (*I would like*) ir contigo, María Elena, pero mañana, viernes, tengo un examen y voy a estudiar toda la noche. Si vamos el sábado, con gusto acepto.

☐ De acuerdo. Mañana es quincena (*payday*) y tengo dinero.

☐ Muy bien, hasta el sábado.

☐ Nos vemos, María Elena.

Diálogo 2

☐ Lic. López, mi esposa y yo lo invitamos al teatro la semana próxima. Tenemos cuatro boletos.

☐ Con mucho gusto. ¿Puedo llevar a mi esposa?

☐ ¡Claro! Mi esposa tuvo (*had*) la idea de ir al teatro para conocer a su esposa; así las dos pueden salir de compras o hacer diferentes actividades mientras Ud. trabaja.

☐ Sí, podemos ir a un restaurante muy bueno que está cerca del teatro.

☐ Ahora le voy a presentar a mi esposa y ya no va a estar aburrida.

☐ Me parece una magnífica idea. Cuando vengo a la capital en viaje de negocios, ella se aburre (*she gets bored*) mucho en el hotel.

☐ ¡Qué bueno! Después del teatro podemos (*we can*) ir a cenar.

🔊 **4-16 Noche divertida** Escucha el diálogo y completa la información.

1-27

Pedro y Saul (1) _____ ir (2) _____ el (3) _____ por la

(4) _____. A Luisa no (5) _____ las películas de horror y

(6) _____ las películas musicales. Luisa va a invitar a Cristina, y Saúl está

contento porque (7) _____ Cristina. Los cuatro amigos que van al cine son

(8) _____, (9) _____, (10) _____ y

(11) _____. Luisa no va a (12) _____ con ellos porque no tiene

tiempo. Ella (13) _____ encontrarlos en el cine. Pedro (14) _____ los

boletos. La película **empieza** *(begins)* a las ocho y cuarenta y cinco. Pedro cree que Luisa

(15) _____ tarde.

4-17 Me gusta mi trabajo Usa un elemento de cada columna y añade *(add)* palabras si es necesario para formar descripciones como la del ejemplo. Escribe las oraciones en tu cuaderno.

Ejemplo

*Mis amigas **son enfermeras** en un hospital muy grande. **Cuidan a los enfermos**.*

Sujeto	El verbo *ser*	Ocupación	Lugar de trabajo	Actividades
Ustedes	soy	estudiante	tienda	proteger a la gente
Mis amigas	eres	secretaria	banco	curar animales
María Elena	es	**enfermeras**	**hospital**	enseñar
Pedro y yo	somos	ingenieros	universidad	diseñar casas
Mis amigos	sois	abogada	teatro	actuar
Nosotros	**son**	arquitecto	preparatoria	dirigir obras
Hugo y Paco		profesores	constructora	hacer planos
Tus tíos		actores	restaurante	resolver problemas legales
Mi hermano		veterinaria	clínica	contestar el teléfono
La gerente		mesero	oficina	calificar exámenes
Tú		policía	compañía	atender a los clientes
Yo		vendedores	calle	**cuidar a los enfermos**

4-18 El trabajo Observa los dibujos y, usando tu imaginación, escribe descripciones para responder a estas preguntas: **¿Cómo se llaman estas personas? ¿Qué ocupación o profesión tienen? ¿Dónde trabajan? ¿Cómo están?**

Ejemplo

Roberto Fernández Fuentes es ingeniero. Trabaja en una constructora. Está en su oficina y en este momento habla con su secretaria de todos los proyectos nuevos. Trabaja de lunes a viernes por lo menos (at least) *ocho horas diarias. Siempre está muy ocupado.*

_____
_____
_____
_____
_____
_____
_____
_____
_____
_____
_____
_____
_____

Illustrations © Cengage Learning 2014

Ya puedes decirlo

 Study tip Go to the SAM for additional listening and pronunciation practice for this chapter.

4-19 No tengo nada que ponerme Con un/a compañero/a haz diálogos para las situaciones siguientes.

1. Invita a uno de tus compañeros a salir (al cine, teatro, restaurante, etc.). Recuerda saludar y despedirte.

2. Habla de tu trabajo, si te gusta o no, la ropa que usas generalmente para ir a trabajar, las obligaciones que tienes, etc.

3. Describe el tipo de ropa que las personas usan en diferentes profesiones u ocupaciones. ¿Usan o tienen que usar uniformes, accesorios de protección, etc.? ¿Por qué tienen que usar esos uniformes o accesorios?

> **Nota lingüística** **No tengo nada que ponerme** literally means *I don't have anything to wear.*

Antes de leer

Strategy: Using the title of a reading and photographs or images to determine the meaning of new vocabulary and the main idea of a selection.

1. What do you think **feria** means?

2. What comes to mind when you see or hear the word **abril**?

3. Where is **Sevilla**, and what images do you associate with that city?

La Feria de abril en Sevilla

© Image Brokers/Alamy

La Feria de Abril es una celebración popular que transforma la ciudad de Sevilla durante una semana. Combina la gastronomía, la bebida, las corridas de toros, el baile, el canto y la danza con un estilo muy andaluz *(Andalusian)*. Tiene lugar en el barrio sevillano de Los Remedios, donde se instalan cientos de **casetas** *(booths)* y atracciones de todo tipo. Generalmente comienza dos semanas después de terminar la Semana Santa. En la Feria de abril, se usa el traje de flamenca y el traje de corto. Los trajes de flamenca son vestidos largos de colores vivos, que se acompañan con pendientes, un hermoso **mantón de manila** *(shawl)*, collares, **peinetas** *(ornamental combs)* y una flor. Los hombres van vestidos con el tradicional traje de corto, que consiste en una camisa de manga larga, un chaleco, botas y el sombrero cordobés.

Después de leer

Contesta las siguientes preguntas con oraciones completas en español.

1. ¿Cuánto tiempo dura la feria?

_____

2. ¿Qué hacen las personas que van a la feria?

_____

3. ¿Qué ropa y accesorios llevan las mujeres?

_____

4. ¿Qué ropa llevan los hombres?

_____

¡Vamos a escribir!

Escribe un párrafo corto sobre una fiesta similar en tu ciudad. Incluye detalles como mes, ciudad, tradiciones, ropa y música especial.

_____

_____

_____

_____

_____

_____

_____

1. Mapa de las Galerías Pacífico Hay un centro comercial en Buenos Aires que se llama Galerías Pacífico. Hay muchas tiendas, almacenes, restaurantes y también vida social. Tienen concursos de tango *(dance competitions)* y conciertos de música. Explora el sitio web http://www.galeriaspacifico.com.ar/. Observa el mapa del primer piso de Galerías Pacífico y contesta las siguientes preguntas.

a. ¿Cuáles son tres servicios que ofrecen en Galerías Pacífico?
b. ¿Cuántas tiendas hay en el primer piso?
c. ¿Cuáles son los cuatro sectores *(sections)* del centro comercial?
d. ¿Dónde está la información turística?

2. Tú en las Galerías Pacífico Con un/a compañero/a contesta las siguientes preguntas sobre las Galerías Pacífico.

Almanaque de Argentina, A-2

a. ¿Qué tiendas son famosas?
b. ¿Qué venden esas *(those)* tiendas?
c. ¿Cuáles son tres tiendas o sitios que quieren Uds. visitar en Galerías Pacífico?
d. ¿Son las Galerías Pacífico diferentes de los centros comerciales de Estados Unidos?

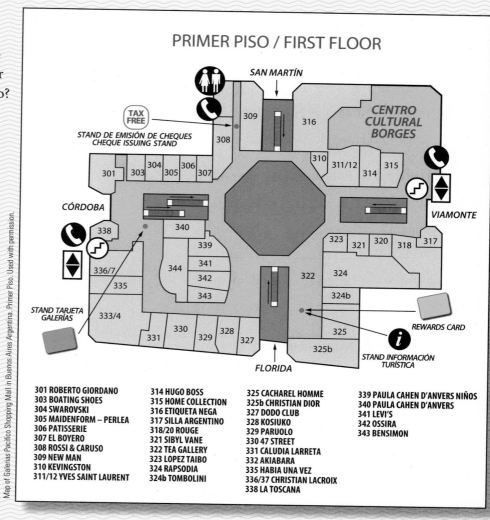

¡Vamos a revisar!

Actividad 1 Escucha las oraciones siguientes y escribe **Sí** si son verdaderas y
1-28 **No** si son falsas.

1. _____ 2. _____ 3. _____ 4. _____ 5. _____

Actividad 2 ¿Es apropiado llevar la ropa siguiente a los lugares indicados?
1-29 Escucha las oraciones que siguen *(follow)* y escribe **Sí** si es apropiado y **No** si no
es apropiado.

1. _____ 2. _____ 3. _____ 4. _____ 5. _____

Actividad 3 La familia Completa con la palabra apropiada.

1. El hermano de mi madre es mi _____.

2. La hija de mi padre es mi _____.

3. Los hijos de mi hija son mis _____.

4. La madre de mi madre es mi _____.

5. El esposo de mi hermana es mi _____.

Actividad 4 Las nacionalidades Completa con la palabra apropiada.

1. José Luis es de España. Es _____.

2. André y Édouard son de Francia. Son _____.

3. Ann es de Inglaterra. Es _____.

4. Yoshihiko Noda es el Primer Ministro de Japón. Es _____.

5. Helga y Frida son de Alemania. Son _____.

Actividad 5 Relaciona las columnas.

1. comedor   _____   **a.** estufa

2. lámpara   _____   **b.** sillón

3. cocina   _____   **c.** cama

4. dormitorio   _____   **d.** mesita

5. sala   _____   **e.** mesa

Actividad 6 Marca la palabra que no corresponde.

1. **a.** grande   **b.** mediana   **c.** chica   **d.** bata

2. **a.** algodón   **b.** anillo   **c.** aretes   **d.** pulsera

3. **a.** abrigo   **b.** saco   **c.** cartera   **d.** sudadera

4. **a.** desesperado   **b.** feliz   **c.** deprimido   **d.** preocupado

5. **a.** banco   **b.** oficina   **c.** agencia   **d.** hospital

Actividad 7 Relaciona las columnas.

1. médico _____ **a.** mezclilla

2. entrevista _____ **b.** rojo

3. sueldo _____ **c.** consultorio

4. color _____ **d.** salario

5. vaqueros _____ **e.** trabajo

Actividad 8 Completa el diálogo con las palabras apropiadas.

—Buenos días Srta. ¿Es Ud. de aquí?

—No, soy de El Salvador, en América _____.

—¡Qué interesante! Entonces Ud. habla _____,
   ¿verdad?

—Claro. Soy de San Salvador, la _____ del país.

—¿Ahora _____ Ud. en Estados Unidos?

—Sí, _____ en Houston, Texas.

Actividad 9 Completa las oraciones con la forma correcta del verbo en paréntesis.

1. Yo no (comprender) _____ al
   profesor cuando habla español.

2. José (creer) _____ que es
   imposible aprender chino.

3. Maricela y Marissa (compartir)
   _____ un apartamento.

4. Alexandra (escribir) _____ muy
   bien el español.

5. Juan y yo (asistir) _____ a clase.

6. El profesor (ir) _____ a su oficina
   después de la clase.

7. Mañana, yo (tener) _____ que
   comprar un traje nuevo para la fiesta.

8. A mis amigos les (gustar) _____
   los tenis más que los zapatos.

9. Carla y Marissa (preferir) _____
   las blusas de algodón.

10. ¿(Querer) _____ Uds. trabajar?

Actividad 10 Completa las oraciones siguientes con la forma correcta de **ser** o **estar**.

1. Nosotros _____ en la clase de español.

2. Mi madre _____ arquitecta.

3. ¿De dónde _____ Uds.?

4. Mari, ¿_____ nerviosa en este momento?

5. Mis padres _____ de California.

Me duele mucho

Communication objectives

- Talking about illnesses and health problems
- Describing physical characteristics
- Making comparisons
- Talking about the seasons of the year
- Talking about weather conditions and the forecast

Culture topics

- Natural medicine / Herbs and spices
- The metric system; Celsius vs. Fahrenheit
- The Andean people; La Paz
- Music: Juan Luis Guerra
- Architecture: El Hospital de Jesús
- Art: Graciela Rodo
- Literature: Juan Ramón Jiménez

Illustrations © Cengage Learning 2014

¡Prepárate!

Study tip Study the **¡Prepárate!** section before coming to class. Review the vocabulary lists, read the grammar explanations, and do the practice exercises.

Vocabulario

 Study tip Access vocabulary flashcards at www.cengagebrain.com.

Las partes del cuerpo	The parts of the body		
barbilla	chin	hombro	shoulder
boca	mouth	labio	lip
brazo	arm	mano (f)	hand
cabeza	head	muela	molar
cara	face	nariz (f)	nose
cintura	waist	oído	ear (inner)
codo	elbow	ojo	eye
corazón (m)	heart	oreja	ear (outer)
cuello	neck	pecho	chest; breast
dedo	finger	pelo	hair
diente (m)	tooth	pie (m)	foot
espalda	back	pierna	leg
estómago	stomach	rodilla	knee
frente (f)	forehead	tobillo	ankle
garganta	throat		

Síntomas y enfermedades	Symptoms and illnesses		
agruras	heartburn	gripe (f)	flu
alergia	allergy	infección (f)	infection
asma (m)	asthma	malestares (m, pl.)	discomfort
congestión	congestion	mareado/a	dizzy
congestionado/a	congested	mareos	dizzy spells
dolor (m) de cabeza	headache	migraña	migraine
dolor (m) de estómago	stomachache	náuseas	nausea
dolor (m) de garganta	sore throat	resfriado	cold
dolor (m) de oídos	earache	tos (f)	cough
fiebre (f)	fever		

Expresiones relacionadas	Related expressions		
analgésico	analgesic	hemoglobina	hemoglobin
análisis (m) clínico	clinical analysis	jarabe (m)	syrup
antibiótico	antibiotic	pastilla	tablet, pill
aspirina	aspirin	sala de urgencias	emergency room
farmacéutico/a	pharmacist	salud (f)	health

Nota lingüística In English we use the expressions *to gain weight* and *to lose weight*. In Spanish, you *go up in weight* (**subir de peso**) and *go down in weight* (**bajar de peso**).

Verbos relacionados	Related verbs
bajar	to go down
bajar de peso	to lose weight
beber	to drink
comer	to eat
correr	to run
escuchar	to listen to
estornudar	to sneeze
necesitar	to need
respirar	to breathe
subir	to go up
subir de peso	to gain weight
vomitar	to vomit

🔊 **Así se pronuncia** Escucha las siguientes conversaciones. Pon atención a la pronunciación del vocabulario nuevo.

1-30

1. —Hola, Carlos. ¿Cómo estás?

—Mal. Tengo dolor de cabeza y estoy mareado.

—¿Por qué no tomas una aspirina?

—Buena idea.

2. —Tengo una infección.

—Necesitas un antibiótico.

—Sí, voy a la farmacia, tengo la receta de mi doctor.

—Sí, es importante tomar mucha agua también.

3. —Doctor, tengo agruras y dolor de estómago.

—¿También tiene náuseas?

—Sí, doctor.

—Ud. necesita un análisis.

4. —Señorita, necesito ver al doctor.

—¿Qué síntomas tiene?

—Me duele el pecho y no puedo respirar.

—Tiene que ir a la sala de urgencias porque el doctor está en cirugía.

Juegos de palabras

Sopa de letras Busca las palabras que describen las partes del cuerpo. Enciérralas en un círculo (16 palabras).

p	e	l	o	q	h	t	m	u	e	l	a
e	r	y	r	o	o	p	a	s	d	p	f
c	s	g	e	h	m	k	n	a	r	i	z
h	l	p	j	z	b	x	o	v	b	e	n
o	m	i	a	f	r	n	p	j	c	d	u
b	c	e	y	l	o	d	x	b	o	c	a
c	l	r	u	a	d	i	e	n	t	e	s
o	v	n	p	b	r	a	z	o	r	d	p
d	r	a	t	i	k	w	ñ	z	h	e	u
o	e	s	t	o	m	a	g	o	x	r	t

¡Ay, ay, ay! Relaciona los dibujos con las frases.

   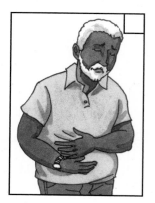

1. Me duele el estómago.

2. Me duele la cabeza.

3. Me duele el brazo.

4. Me duele el dedo.

> **Nota lingüística** The exclamation **¡Ay, ay, ay!** can be used to express the sensation of pain or displeasure. It is the equivalent to the English *Ouch!*

Illustrations © Cengage Learning 2014

Gramática

The verb doler

▶ The verb **doler** means *to hurt* or *to ache*. In the present tense, it has only two forms: **duele** and **duelen**. **Doler** is similar to the verb **gustar** (presented in Chapter 4) in that it does not take subject pronouns but rather the indirect object pronouns **me**, **te**, **le**, **nos**, **os**, and **les**.

me	
te	
le	**duele** ⟶ **el brazo** (*singular subject*)
nos	**duelen** ⟶ **los brazos** (*plural subject*)
os	
les	

Ejemplos

A José le duele **la mano**.

A Teresa le duelen **los oídos**.

Nos duele **la garganta**.

Nos duelen **los ojos**.

Use of the definite article with parts of the body

▶ When referring to parts of the body, Spanish uses the definite articles **el**, **la**, **los**, and **las** with the verb **doler** and not the possessive adjectives as in English, because the indirect object pronouns **me**, **te**, **le**, **nos**, **os**, and **les** clarify the person in question.

Ejemplos

Me duele **la mano**.	*My hand hurts.*
¿**Te** duelen **los oídos**?	*Do your ears hurt?*
A los niños **les** duelen **los oídos**.	*The children's ears hurt.*

Ejercicio

Escribe en los espacios la forma correcta del pronombre de objeto indirecto y con la forma apropiada del verbo **doler**.

1. A Tomás _____ _____ la cabeza.

2. A Paco y a mí _____ _____ los oídos.

3. A mis amigos _____ _____ la pierna.

4. A mí _____ _____ los dedos.

5. ¿_____ _____ a ti los pies?

A ¡Ay, ay, ay!

The irregular verb **poder** *(to be able, can)*

▶ In the present tense, the **o** of the stem in the verb **poder** changes to **ue** except in the **nosotros / nosotras** and **vosotros / vosotras** forms. It is an irregular verb, but it has the regular endings of the **-er** verbs (**-o, -es, -e, -emos, -éis, -en**).

poder *(to be able)*	
yo pue**do** *(I can)*	**nosotros / nosotras** pod**emos** *(we can)*
tú pue**des** *(you can)*	**vosotros / vosotras** pod**éis** *(you can)*
Ud. / él / ella pue**de** *(you / he / she can)*	**Uds. / ellos / ellas** pue**den** *(you (pl.)) / they can)*

Ejemplos

—¿**Puedo** tomar aspirina si tengo dolor de cabeza?   *"**Can I** take (Am I able to take) aspirin if I have a headache?"*

—Sí, **puede**.   *"Yes, **you can**."*

—¿**Pueden** Uds. comprar la medicina hoy?   *"**Can you** buy (Are you able to buy) the medicine today?"*

—Sí, **podemos** comprar la medicina hoy.   *"Yes, **we can** buy (we are able to buy) the medicine today."*

▶ When used with another verb, the second form has to be an infinitive.

Ejemplos

No **puedo bajar** de peso.   ***I can't lose** (I am not able to lose) weight.*

Ejercicio

Escribe en los espacios la forma correcta del verbo **poder**.

1. Me duelen las piernas y no _____ subir las escaleras.

2. Juan _____ correr dos horas todos los días.

3. Roberto y yo no _____ cantar porque tenemos tos.

4. María no _____ levantar esa bolsa porque está muy pesada.

5. Ustedes _____ bajar de peso si *(if)* cambian su dieta.

6. Tú _____ comer cualquier cosa; tienes muy buena digestión.

7. Hijo, ¿_____ llevar a tu prima al doctor, por favor?

8. ¡Vosotros no _____ beber bebidas alcohólicas!

Study tip Go to the SAM for extra vocabulary and grammar exercises for this module.

En acción

Conversaciones y más

5-1 Diferentes síntomas Lee los diálogos y después escribe **C** si la oración es cierta o **F** si es falsa.

Diálogo 1

Doña Juanita: ¿Quieres subir por la escalera?

Doña Lupita: Sí, no me gustan los elevadores (*elevators*) porque tengo claustrofobia.

Doña Juanita: Pero Lupita, me duelen mucho las rodillas cuando subo escaleras.

Doña Lupita: A mí también y además me duele la espalda.

Doña Juanita: Pues… ¡vamos a subir por el elevador!

Doña Lupita: No, mujer, me pongo nerviosa. Son solo dos pisos. Vamos muy despacio.

Doña Juanita: Bueno. ¡Ay, ay, ay! Me duelen mucho.

Doña Lupita: ¿Qué tomas para el dolor?

Doña Juanita: Un analgésico, pero no me gusta porque me duele el estómago.

Doña Lupita: Para el dolor de rodillas te recomiendo árnica*, y para el dolor de estómago un té de yerbabuena* es muy bueno.

Doña Juanita: Me encanta la yerbabuena. ¡Bueno, ya llegamos!

Doña Lupita: Al bajar me aguanto el miedo (*I'll put up with the fear*) y nos vamos por el elevador.

© Cengage Learning 2014

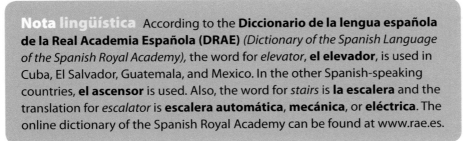

Nota lingüística According to the **Diccionario de la lengua española de la Real Academia Española (DRAE)** (*Dictionary of the Spanish Language of the Spanish Royal Academy*), the word for *elevator*, **el elevador**, is used in Cuba, El Salvador, Guatemala, and Mexico. In the other Spanish-speaking countries, **el ascensor** is used. Also, the word for *stairs* is **la escalera** and the translation for *escalator* is **escalera automática**, **mecánica**, or **eléctrica**. The online dictionary of the Spanish Royal Academy can be found at www.rae.es.

*See **Nota cultural**, p. 160.

Diálogo 2

Dr.: Buenos días, Sra. Fuentes. ¿Cómo está Ud.?

Laura: Más o menos, pero todas las mañanas tengo náuseas y a veces vomito.

Dr.: Bueno, son síntomas frecuentes.

Laura: También tengo mareos.

Dr.: ¿Todo el día?

Laura: No. Me siento mal en la mañana pero el resto del día estoy bien.

Dr.: Vamos a ver… Ud. pesa un kilo más desde la última visita… Va muy bien.

Laura: ¿Qué puedo hacer para controlar las náuseas?

Dr.: Muchas mujeres toman algo ácido, como unas gotas de limón, ¿o prefiere unas pastillas?

Laura: ¿Cuánto tiempo voy a tener estos malestares?

Dr.: Normalmente los primeros tres meses.

Laura: Entonces prefiero algo natural.

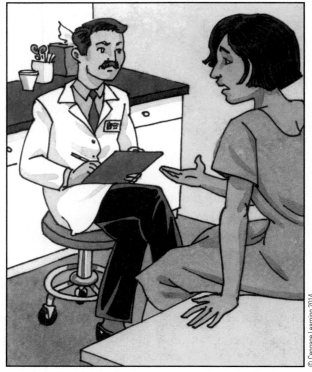

© Cengage Learning 2014

1. Juanita y Lupita suben rápidamente las escaleras. _____

2. Lupita siempre sube por el elevador. _____

3. Los analgésicos irritan el estómago. _____

4. Probablemente Juanita y Lupita no van a bajar por la escalera. _____

5. Laura tiene infección intestinal. _____

6. El doctor le recomienda a Laura un antibiótico. _____

7. En el estado de Laura, los síntomas son frecuentes. _____

8. Laura está embarazada. _____

Nota cultural

Natural Medicine / Herbs and Spices Many volumes have been written about herbs that are used for medicinal purposes in Latin America. **Árnica** is used as a cream for relief of arthritis, burns, bruises, ulcers, eczema, and acne. It has antibacterial and anti-inflammatory qualities. **Cilantro** is the leaf and stems of the coriander plant. The flowers of this plant produce seeds that are ground into coriander. The seeds wrapped in a moist cloth can be used to relieve painful joints and rheumatism. They can also be used as a tea to relieve anxiety in children and for stomach cramps. **Yerbabuena** *(Spearmint)* can be enjoyed as a refreshing tea, hot or cold, and also relieves headaches and stomachaches. **Orégano de la sierra** in tea form is used to treat fevers and sore throats. **Uña de gato** made into a tea is used to relieve joint pain.

5-2 Las partes del cuerpo
Escribe los nombres de las partes del cuerpo. Usa el artículo **el o la.**

A ¡Ay, ay, ay!

5-3 Publicidad en la radio Escucha los anuncios y responde las siguientes preguntas.

1-31 **Anuncio 1.** Menciona tres dolores que se alivian con las Cápsulas de Eterna Juventud.

_____

Anuncio 2. ¿Cuáles son los resultados con la Crema Delgadito?

_____

Anuncio 3. ¿Cuáles son los síntomas de las alergias?

_____

Anuncio 4. ¿Cómo se llama la pastilla para los problemas digestivos?

_____

5-4 El cuerpo Con un/a compañero/a, usa los verbos siguientes en el tiempo presente del indicativo para completar el diálogo entre un profesor y sus alumnos. Puedes usar el mismo verbo más de una vez.

> creer   escribir   ir   usar   necesitar   esperar   comer   hablar   estar

Prof.: Lisa, ¿qué partes del cuerpo (1) _____ para correr?

Lisa: (2) _____ las piernas y los pies.

Prof.: Muy bien. Juan, ¿con qué (3) _____?

Juan: (4) _____ con la boca, profesor.

Prof.: Y Uds., Ana y Carlos, ¿con qué (5) _____ la tarea?

Ana y Carlos: (6) _____ la tarea con las manos y los dedos.

Prof.: Respondan todos: ¿Qué partes del cuerpo (7) _____ para escuchar?

Alumnos: (8) _____ los oídos.

Jaime: Profesor, ¿por qué (9) _____ Ud. tan rápido en español?

Prof.: No (10) _____ muy rápido. Uds. (11) _____ que yo (12) _____ rápido porque no (13) _____ acostumbrados (*accustomed*) a oír (*to hear*) el español. En unos meses, Uds. (14) _____ a comprender todo.

Alumnos: Nosotros (15) _____ que sí, profesor.

5-5 Medicinas y tratamientos Responde a las preguntas con oraciones completas.

1. ¿Qué haces cuando tienes dolor de estómago? _____

2. ¿Cuáles son los síntomas de la gripe? _____

3. ¿Tienes alergias? ¿A qué eres alérgico/a? _____

4. ¿Qué tienes que tomar cuando tienes una infección? _____

5. ¿Tienes problemas de salud? ¿Cuáles? _____

Juan Luis Guerra (1957) es un cantante, compositor y productor muy popular de la República Dominicana. Vende millones de discos y **ha ganado** *(has won)* muchos premios. En el año 2008, gana en su país seis Premios Casandra, siete nominaciones y tres Premios Billboard de la Música Latina. Además, la UNESCO lo nombra Artista de la Paz por sus **esfuerzos** *(efforts)* para ayudar a los niños con **discapacidades** *(disabilities)*. En 2010, recibe tres Premios Grammy Latinos, entre ellos el álbum del año. La Academia de las Artes y las Ciencias de la Música (España) lo honra con el Premio Latino por su contribución, durante más de 20 años, a la música de su país y del Caribe. Es reconocido internacionalmente por cantar ritmos del Caribe como el merengue y la bachata, aunque también canta otros géneros. Tiene un merengue que habla de problemas de salud, pero realmente es un canto al amor, no a las enfermedades físicas.

Escucha la canción "La bilirrubina" en clase o en línea, y escribe las palabras del banco en el lugar apropiado para completar unos versos de la canción:

> radiografía   ciencia   fiebre   alma   bilirrubina   rayos equis
> **suero** *(IV)*   miro   miras   enfermería   cirugía   corazón

La bilirrubina

Oye, me dio una _____ el otro día
por causa de tu amor, cristiana

que fui a parar a _____
sin yo tener seguro (d)e cama

Y me inyectaron _____ de colores,

y me sacaron la _____

y me diagnosticaron **mal de amores***, uh

al ver mi _____ como latía

*mal de amores *(broken heart)*

Oye, y me trastearon hasta el _____

con _____ y _____

y es que la _____ no funciona
sólo tus besos, vida mía…

Me sube la _____

¡ay! me sube la _____

cuando te miro y no me _____

¡ay! cuando te _____ y no me miras

Ya puedes decirlo

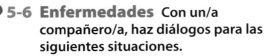

5-6 Enfermedades Con un/a compañero/a, haz diálogos para las siguientes situaciones.

1. Un paciente tiene una infección y habla con su doctor. Es posible incluir saludos, el paciente puede hablar de sus síntomas y el doctor puede recomendar los tratamientos que el paciente puede seguir.

2. Dos pacientes están en la sala de espera y hablan de sus síntomas. Es posible incluir saludos, pueden hablar de un artículo en una revista que leen mientras *(while)* esperan o pueden mencionar si conocen al doctor, etc.

Nota lingüística In Spanish spoken in the Caribbean, Argentina, Chile, the Colombian coasts, Venezuela, parts of Ecuador and Spain, and most of Central America, the phoneme /s/ at the end of a syllable or end of a word is frequently pronounced like the English /h/. In the written language, the /s/ is maintained. Pay close attention to Juan Luis Guerra's pronunciation in "La bilirrubina." **Solo tus besos** sounds like **E(h) solo tu(h) beso(h) vida mía**.

¡Prepárate!

Study tip Study the **¡Prepárate!** section before coming to class. Review the vocabulary lists, read the grammar explanations, and do the practice exercises.

Vocabulario

 Study tip Access vocabulary flashcards at www.cengagebrain.com.

Las características físicas	Physical characteristics		
alto/a	tall	guapo/a	handsome, attractive
bajo/a	short (stature)	joven (m, f)	young
calvo/a	bald	lacio	straight (hair)
canoso/a	gray haired	largo/a	long
castaño/a	brown (hair)	moreno/a	brown skinned
corto/a	short (length)	ondulado/a	wavy
delgado/a	slim	pequeño/a	small, little
gordito/a	chubby, plump	rizado/a	curly
gordo/a	fat	rubio/a	blond
grande (m, f)	big, large	viejo/a	old

Las expresiones comparativas	Comparison expressions		
más	more	muy	very
mayor	older	peor	worse
mejor	better	que	than
menor	younger	tan… como	as… as
menos	less		

🔊 **Así se pronuncia** Escucha las siguientes conversaciones. Pon atención a la
1-32 pronunciación del vocabulario nuevo.

1. —¿Es baja la profesora de inglés?

    —No, es alta y delgada.

    —¿Tiene el pelo largo?

    —No, tiene el pelo corto y lacio.

2. —¿Eres mayor que tu hermana?

    —No, soy menor que ella.

    —¿Eres tan guapa como ella?

    —Creo que soy más guapa que ella.

3. —¿Tiene su esposo el pelo largo o corto?

    —Mi esposo es casi calvo y tiene el pelo canoso. ¿Y cómo es su esposo?

    —Tiene el pelo largo y ondulado.

4. —¿Habla Ud. español mejor que el profesor?

    —Hablo español más o menos igual que el profesor.

    —¿Por qué no toma una clase avanzada?

Escribe en los espacios en blanco la expresión que corresponda.

1. José tiene 18 años. Ana tiene 17. José es _____.   **a.** más
2. José tiene 18 años. Ana tiene 17. Ana es _____.   **b.** mejor
3. En mi opinión, la limonada es _____ que el té frío.   **c.** mayor
4. Juan es _____ gordo que su hermano.   **d.** menor
5. Mi abuelito es _____.   **e.** viejo

¿Cierto o falso? Observa los dibujos y después escribe **C** si la oración es cierta o **F** si es falsa. (Si es falsa, escribe la respuesta correcta).

Rosa   Juan   Sofía   Paco   Jaime   Alicia   Sara

1. Alicia tiene pelo corto y rizado.

_____

2. Paco tiene pelo corto y rubio.

_____

3. Jaime tiene pelo corto y rubio.

_____

4. Sara tiene pelo largo y rubio y la nariz pequeña.

_____

5. Juan tiene pelo castaño y ondulado.

_____

6. Rosa tiene pelo largo y rizado y ojos grandes.

_____

7. Sofía tiene pelo canoso y largo.

_____

Illustrations © Cengage Learning 2014

Nota lingüística The word for *brown* varies from country to country. When talking about the hair and eyes, the words that are generally used are **castaño** for hair and **café** for eyes, although this may change from country to country. **Marrón** and **pardo** can also be used for the color *brown*. The word **moreno** is generally used for a tanned or brown-skinned person.

Gramática

The verb **parecerse** *(to look like, resemble)*

▶ The verb **parecerse** is similar to the verb **llamarse** (Gramática, Chapter 1), in that it requires the reflexive pronouns **me**, **te**, **se**, **nos**, **os**, and **se**. The endings of **parecerse** are the regular **-er** verb endings, but the first-person singular requires a **zc** in the stem.

parecerse
yo **me** pare**zco**
tú **te** pareces
Ud. / él / ella **se** parece
nosotros / nosotras **nos** parecemos
vosotros / vosotras **os** parecéis
Uds. / ellos / ellas **se** parecen

Ejemplos

Yo **me parezco** a mi hermano.   *I look like (resemble) my brother.*

Tú **te pareces** a tu hermana.   *You look like (resemble) your sister.*

Luis **se parece** a su papá.   *Luis looks like (resembles) his father.*

Mi padre y yo **nos parecemos**.   *My father and I look like (resemble) each other.*

Carmen y Teresa **se parecen** a su madre.   *Carmen and Teresa look like (resemble) their mother.*

Ejercicio

Llena los espacios en blanco con la forma correcta del verbo **parecerse**.

1. Manuel _____ a su abuelo.

2. Carla, tú _____ a tu madre.

3. Juana y Teresa _____ a su hermana mayor.

4. Mi hermano y yo _____ mucho.

5. Las gemelas _____ a su madre.

6. Yo _____ a mi hermano mayor.

7. Ud. _____ a su abuela materna.

8. Vosotros no _____ ni un poco.

Comparatives

Equal comparisons with adjectives

▶ To compare someone or something equally, Spanish uses the following formula:

> **tan** + *adjetivo* + **como**
> *as + adjective + as*

Ejemplos

Carlos es **tan** <u>guapo</u> **como** su hermano.	*Carlos is **as** <u>handsome</u> **as** his brother.*
Marisa es **tan** <u>bonita</u> **como** su hermana.	*Marisa is **as** <u>pretty</u> **as** her sister.*
Mis hermanos son **tan** <u>inteligentes</u> **como** yo.	*My brothers are **as** <u>intelligent</u> **as** I.*
Tus tías son **tan** <u>altas</u> **como** tú.	*Your aunts are **as** <u>tall</u> **as** you.*

Note: In the examples above, the adjectives **guapo / bonita / inteligentes / altas** must agree with the subjects **Carlos / Marisa / hermanos / tías**.

Unequal comparisons with adjectives

▶ To say that someone is more serious or more conservative than someone else, or that something is more expensive or more comfortable than something else, Spanish uses the following formula:

> **más** + <u>adjetivo</u> + **que**
> *more + <u>adjective</u> + than*

Ejemplos

Mi hermano es **más** <u>serio</u> **que** yo.	*My brother is **more** <u>serious</u> **than** I.*
Andrea es **más** <u>conservadora</u> **que** Laura.	*Andrea is **more** conservative **than** Laura.*
Los antibióticos son **más** <u>caros</u> **que** las aspirinas.	*Antibiotics are **more** <u>expensive</u> **than** aspirins.*
Las sandalias son **más** <u>cómodas</u> **que** los zapatos de tacón.	*Sandals are **more** <u>comfortable</u> **than** high-heel shoes.*

▶ To express the fact that someone is less practical than someone else or that something is less difficult than something else, Spanish uses the following formula:

menos + <u>adjetivo</u> + **que**
less + <u>*adjective*</u> + *than*

Ejemplos

Mi hermano es **menos** <u>práctico</u> **que** yo.	*My brother is **less** <u>practical</u> **than** I.*
La clase de español es **menos** <u>difícil</u> **que** la clase de árabe.	*The Spanish class is **less** <u>difficult</u> **than** the Arabic class.*
Los problemas de matemáticas son **menos** <u>difíciles</u> **que** los problemas de estadística.	*Math problems are **less** <u>difficult</u> **than** statistics problems.*
Sofía y Alejandra son **menos** <u>prácticas</u> **que** nosotras.	*Sofía and Alejandra are **less** <u>practical</u> **than** we are.*

Irregular comparatives

▶ The following adjectives are exceptions to the above rule: The comparative of **bueno** *(good)* is **mejor** *(better)*, and the comparative of **malo** *(bad)* is **peor** *(worse)*.

Ejemplos

El jarabe es **bueno**, pero el antibiótico es **mejor**.	*Syrup is **good**, but the antibiotic is better.*
Tener dolor de cabeza es **malo**, pero tener una migraña es **peor**.	*To have a headache is **bad**, but to have a migraine is **worse**.*

▶ When comparing ages of people, the comparatives **menor** *(younger)* and **mayor** *(older)* can be used.

Ejemplos

María es **joven**, pero su hermana, quien tiene 14 años, es **menor** que ella.	*María is **young**, but her sister, who is 14 years old, is **younger** than she.*
Carlos es **viejo**, pero mi abuelo, quien tiene 66 años, es **mayor** que él.	*Carlos is **old**, but my grandfather, who is 66 years old, is **older** than he.*

Note: The regular comparative of **joven / más joven** and the regular comparative of **viejo / más viejo** can also be used when comparing ages of people.

Ejercicio

Escribe comparaciones, de acuerdo con el símbolo entre paréntesis y con un adjetivo que tú elijas *(pick)*.

1. Salma Hayek y Angelina Jolie (=)

_____

2. Tim Duncan y Lebron James (+)

_____

3. Richard Gere y Tom Cruise (–)

_____

4. los doctores y los abogados (=)

_____

5. el río Amazonas y el río Misisipí (+)

_____

6. mi novio/a y yo (–)

_____

The superlative forms

▶ To express the fact that someone is *the hardest working* or that something is *the most expensive*, Spanish uses the following formula.

el
la
los
las
+ **más** + adjetivo + **de**

Ejemplos

Miguel es **el más trabajador de** la clase.

*Miguel is **the hardest worker** in the class.*

Cristina es **la más joven de** la familia.

*Cristina is **the youngest** in the family.*

▶ Notice the word order in the example below. In the Spanish sentence, the article and the noun (**el alumno**) must come before the comparison.

Ejemplo

Miguel es **el alumno más trabajador de** la clase.

*Miguel is the **hardest-working student** in the class.*

▶ The superlative of **bueno** and **malo** and **menor** and **mayor** are formed irregularly.

Irregular superlatives	
bueno	el / la mejor los / las mejores
malo	el / la peor los / las peores
menor	el / la menor los / las menores
mayor	el / la mayor los / las mayores

Nota lingüística The word **mucho/a** modifies nouns. The word **muy** modifies adjectives.

Ejemplo

El papá de Juan está **muy** enfermo. Tiene **muchos** problemas.
*Juan's father is **very** ill. He has **a lot** of (many) problems.*

Ejemplos

El Prof. Ramos es **el mejor profesor** de la universidad.

Pepito es **el peor alumno** de la clase.

Cristina tiene solo 17 años. Es **la menor** de la clase.

Manuel tiene 27 años. Es **el mayor** del equipo.

*Professor Ramos is **the best professor** in the university.*

*Pepito is **the worst student** in the class.*

*Cristina is only 17 years old. She **is the youngest** in the class.*

*Manuel is 27 years old. He is **the oldest** on the team.*

▶ Another way to express the superlative idea is by using the adverb **muy**.

Ejemplos

El problema es **muy** complicado.

La pastilla es **muy** fuerte.

Tus abuelos son **muy** activos.

Las enfermeras de mi tío son **muy** buenas.

*The problem is **very** complicated.*

*The pill is **very** strong.*

*Your grandparents are **very** active.*

*My uncle's nurses are **very** good.*

▶ To express the fact that someone is *the least worried* or that something is *the least acceptable*, Spanish uses the following formula.

Ejemplos

Carla es **la menos preparada** de los alumnos.

Este contrato es **el menos aceptable** de todos.

*Carla is **the least prepared** of the students.*

*This contract is **the least acceptable** of all.*

Arquitectura Almanaque de México, A-26

El Hospital de Jesús (1524) es el más antiguo del continente americano que **todavía** *(still)* está en servicio. Hernán Cortés se reunió *(met)* por primera vez con Moctezuma en este sitio, localizado en la zona central de la actual Ciudad de México. Según dice *(according to)* Julián Gascón Mercado, presidente del **patronato** *(board)* del hospital, en este hospital los médicos y estudiantes de medicina **hicieron** *(performed)* las primeras disecciones para estudiar el corazón, el **hígado** *(liver)*, el estómago y otros órganos. El hospital tiene 481 años al servicio de personas de escasos recursos *(low income)*. Considerado

como patrimonio de la humanidad *(world heritage)*, el hospital tiene obras de arte y objetos de gran valor cultural, como una mesa que tiene una antigüedad de 450 años. Esta mesa es una pieza obtenida de un solo **árbol** *(tree)*, que **era** *(was)* de un diámetro muy grande. Hay también 16 sillas de la época colonial —tres son del siglo XVI— y un mural con una escena del encuentro entre Cortés y Moctezuma.

¿Conoces un edificio del siglo XVI o más antiguo?

Nota cultural

Sistema Métrico Decimal   Remember that most countries in the world use the metric system. Length is measured in meters (m), weight is measured in kilograms (kg), and area is measured in square meters (m2). A meter is 3.26 feet, and a kilogram is 2.2 pounds.

Ejercicio

Escribe oraciones con comparaciones. Usa **el, la, los, las más de…** o **el, la, los, las** *(adj.)* **menos de…**

1. Estatura: Pedro (1,90 m), José Luis (1,70 m), María (1,62 m), Andrés (1,60 m)

_____

2. Peso: Gustavo (93 kg), Alicia (85 kg), Lupe (74 kg), Antonieta (67 kg)

_____

3. Superficie: la casa de Carlota (324 m²), la casa de Juan (227 m²), la casa de Tere (120 m²)

_____

4. Actividad física: Andrés (7 horas por semana), Carolina (3 horas por semana), Eduardo (1 hora por semana)

_____

✎ **Study tip**   Go to the SAM for extra vocabulary and grammar exercises for this module.

En acción

Conversaciones y más

5-7 Juan conoce a Sara Lee el diálogo siguiente y después escribe **C** si la oración es cierta o **F** si es falsa.

Juan: Hola, ¿qué tal? ¿Cómo te llamas?

Sara: ¿Qué tal? Me llamo Sara, ¿y tú?

Juan: Juan. ¿Vives aquí en la residencia estudiantil?

Sara: No, vivo con mi familia, ¿y tú?

Juan: Yo vivo aquí en la universidad porque mi familia no es de aquí.

Sara: ¿De dónde eres?

Juan: Somos de San Diego y allá viven mis hermanos. ¿Y tú tienes hermanos?

Sara: No tengo hermanos. Solamente tengo dos hermanas mayores que yo.

Juan: ¿Cómo son tus hermanas?

Sara: María es más alta que yo, tiene el pelo castaño, rizado… los ojos café claro…

Juan: ¿Y tu otra hermana se parece a ti?

Sara: Pues ella se parece a mí pero es más delgada que yo. Yo estoy un poco gordita.

Juan: No, ¿cómo crees? Tú tienes el cuerpo perfecto…

Sara: No seas payaso. *(Don't be a clown.)*

Juan: Ya en serio, ¿a quién te pareces?

Sara: Dicen que me parezco a mi papá, pero mis hermanas se parecen mucho a mi mamá.

Juan: Bueno, mucho gusto. Dame tu número de teléfono. Nos vemos otro día.

Sara: Claro, mi celular es el 7-88-34-23. Hasta luego.

Juan: Mucho gusto en conocerte. Nos vemos, Sara.

1. Sara y Juan son estudiantes. _____

2. La familia de Juan vive en otra ciudad. _____

3. Los hermanos de Sara son menores que ella. _____

4. Una hermana de Sara es delgada. _____

5. Juan cree que Sara está gordita. _____

6. Juan tiene interés en Sara. _____

7. Sara no quiere ser amiga de Juan. _____

> **Nota lingüística** In a comparison, the adjective must agree with the first element of the comparison. For example, in the sentence **María es más alta que Juan**, the adjective **alta** agrees with **María**. If the sentence were **Juan es más alto que María**, the adjective **alto** would agree with **Juan**.

🔊 **5-8 El orgulloso abuelo** Escucha la descripción que hace Pedro de su familia,
1-33   y completa el párrafo.

Yo soy Pedro Hernández. Tengo dos (1) _____: Adriana y Alexandra. Adriana es

tres años (2) _____ que su hermana, y también tiene más hijos que ella. Adriana

tiene dos niños y tres niñas. (3) _____ se llama Vicente y tiene ocho años. Su

hermano, Joseph, es (4) _____ que él y tiene seis (5) _____. Las

niñas, Gabriela, Viviana y Victoria, son menores que Vicente y Joseph. Gabriela tiene cinco

años, y Viviana y Victoria tienen dos años. Sí, ellas tienen la misma edad porque son

(6) _____. Todos los hijos de Adriana (7) _____. Tienen el

pelo castaño y los ojos cafés. Las hijas de Alexandra se llaman Lexi y Cristina.

(8) _____, Lexi, tiene siete años y (9) _____, Cristina, tiene seis años.

Lexi tiene el pelo rubio como su papá, y Cristina tiene el pelo castaño como su mamá. Todos

mis nietos son muy alegres y muy (10) _____. ¡Claro, yo soy su abuelo!

💬 **5-9 Nos parecemos** Con un/a compañero/a, completa el párrafo de
acuerdo con la ilustración.

Hay (1) _____ personas en mi familia: mi

padre, mi (2) _____, mis (3) _____

hermanas y (4) _____. Mis padres son muy

buenos y simpáticos. Mi (5) _____ es el más

(6) _____ de todos. También es muy (7)

_____. Tiene 39 (8) _____.

Mi (9) _____ es muy bonita. Ella es más

joven (10) _____ mi padre. Es dos años (11)

_____ que él. Yo soy el (12) _____

de los hijos. Ali (13) _____ ocho años.

Es (14) _____ que Cristina. Cristina es la

(15) _____ de todos. Cristina y Ali (16)

_____ a mi mamá. Tienen el pelo

(17) _____ y la nariz (18) _____.

Yo (19) _____ a mi papá. Tengo el pelo

(20) _____ como él, y también soy

(21) _____.

5-10 Los andinos Lee el texto y después escribe **C** si la oración
es cierta o **F** si es falsa.

Ana tiene una clase de geografía latinoamericana y encontró
este texto muy interesante.

Características físicas de los andinos

A los ciclistas y a los maratonistas del mundo les gusta tener el cuerpo
eficiente de las personas que viven en las zonas altas de los Andes. Después
de siglos *(centuries)* de vivir en el aire escaso en oxígeno de los Andes, los
habitantes de partes de Perú, Bolivia y Ecuador tienen una gran
capacidad pulmonar y más hemoglobina que muchas
personas de tierras bajas. La gran abundancia de hemoglobina
da más oxígeno a los músculos y por eso se siente menos
fatiga. También, el corazón late menos rápidamente. Estos
habitantes de las zonas altas de los Andes tienen el corazón
más fuerte y más capacidad pulmonar que las personas que
viven a nivel del mar.

Muchos atletas que practican ciclismo y corredores
que participan en carreras de larga distancia entrenan en
lugares de gran altitud, como en las montañas del estado de
Colorado. Allí la baja presión atmosférica y el poco oxígeno
atmosférico estimulan al cuerpo a crear más hemoglobina.
Así el atleta tiene más ventajas en la competencia.

1. Las personas que viven en las zonas altas de los Andes no
   tienen cuerpos eficientes.   _____

2. Los atletas que practican deportes de resistencia necesitan
   una gran capacidad pulmonar.   _____

3. Los andinos tienen más hemoglobina que las personas
   que viven a nivel del mar.   _____

4. Las personas que viven a nivel del mar tienen el
   corazón más fuerte que las personas que viven a
   mayor altitud.   _____

5. Entrenar a gran altitud da a los atletas más ventajas
   en la competencia.   _____

Nota cultural   Almanaque de
                       Bolivia, A-4

La Paz, la capital más alta del mundo La Paz, Bolivia, with an altitude of
11,910 feet above sea level, is the highest capital city in the world. Mexico City has
an altitude of 7,349 feet and Denver, Colorado, of 5,280 feet—or one mile exactly.

5-11 Los pacientes del Dr. Morales Con un/a compañero/a, escribe seis comparaciones de los pacientes que están en la sala de espera. Usa: el / la más alto/a, el / la más viejo/a, el / la más joven, el / la más delgado/a, etc.

1. _____

2. _____

3. _____

4. _____

5. _____

6. _____

Ya puedes decirlo

5-12 ¿Quién es? Describeles una persona famosa para tus compañeros. Incluye características físicas, nacionalidad, edad, ocupación y personalidad. No debes decir el nombre, ni decir directamente si *(if)* es hombre o mujer. Tus compañeros deben adivinar quién es.

Ejemplo

Es muy guapo. Tiene los ojos pequeños y la boca pequeña también. Tiene el pelo canoso y se ve muy atractivo para su edad. Tiene más de 50 años y no es alto. Es un actor estadounidense. Actúa en la película Mujer bonita, *y también baila con una mujer hispana. En otra película fue (he was) abogado de una mujer rubia de Chicago y una inglesa de pelo castaño.* **¿Quién es?**

✎ **Study tip** Go to the SAM for additional listening and pronunciation practice for this chapter.

¡Prepárate!

Study tip Study the **¡Prepárate!** section before coming to class. Review the vocabulary lists, read the grammar explanations, and do the practice exercises.

Vocabulario

 Study tip Access vocabulary flashcards at www.cengagebrain.com.

Las estaciones del año	The seasons of the year
invierno	winter
otoño	fall
primavera	spring
verano	summer

Nota lingüística Many weather expressions in Spanish use the verb **hacer**. This expresses a fact about the weather and literally means *to do* or *to make*. Only the third-person singular is used with these expressions. **Hace frío**, for example, literally means *it makes cold*. **Ser** can be used to state the normal weather condition, as in **El clima en Alaska es muy frío**. This is generally what the weather is like in Alaska. **Estar** is used when describing a temporary weather condition, as in **La mañana está muy fría hoy** (*The morning is very cold today*).

El clima	The weather		
¿Qué tiempo hace?	What's the weather like?	hace sol	it's sunny
hace buen tiempo	the weather is good	hace viento	it's windy
hace calor	it's hot	está despejado	it's clear
hace fresco	it's cool	está nublado	it's cloudy
hace frío	it's cold	está parcialmente nublado	it's partly cloudy
hace mal tiempo	the weather is bad		

Expresiones relacionadas con el clima	Weather-related expressions		
helar (ie)	to freeze	nieva	it snows
hiela	it freezes	está nevando	it's snowing
está helando	it's freezing	nieve (f)	snow
hielo	ice	está relampagueando	it's lightning
llover (ue)	to rain	relámpago	lightning
llueve	it rains	tronar (ue)	to thunder
está lloviendo	it's raining	está tronando	it's thundering
lluvia	rain	trueno	thunder
nevar (ie)	to snow		

Vocabulario relacionado	Related vocabulary		
arco iris	rainbow	niebla	fog
estación (f)	season	nube (f)	cloud
humedad (f)	humidity	temblor (m)	earthquake
huracán (m)	hurricane	terremoto	earthquake
neblina	mist	tornado	tornado

◄)) **Así se pronuncia** Escucha las siguientes conversaciones. Pon atención a la
1-34 pronunciación del vocabulario nuevo.

1. —¿Te gusta el verano?

—Sí, porque me gusta el sol.

—Yo también prefiero el verano, porque cuando hace frío me duelen las rodillas.

2. —¿Hay huracanes donde vives?

—Sí, vivo en la costa y a veces hay huracanes desde junio hasta fines de noviembre.

3. —¿Cuál es su estación favorita?

—El invierno es mi estación favorita, porque me gusta el frío.

4. —¿Hay muchos temblores en su ciudad?

—No, no hay temblores, pero sí hay muchos tornados.

Arte  Almanaque de Bolivia, A-4

Graciela Rodo (Aparicio) de Boulanger (1935, La Paz)

Es una gran artista boliviana. De joven **fue** *(was)* pianista, pero desde los 22 años se dedica a la pintura. Estudia en Francia, **se casa** *(she marries)* con un francés y cambia su apellido materno (Aparicio) por el de su esposo (Boulanger). Graciela Rodo es multicultural en su vida y en su obra. Sus **personajes** *(characters)* son niños, y en 1979 es la artista oficial del **carte**l *(poster)* para el Año Internacional del Niño de la UNICEF*. Más de 150 exhibiciones de su obra se han presentado en los cinco continentes del planeta. El estilo de esta artista es único; su **manejo** *(use)* del color es excelente, y emplea armoniosamente las formas curvas y las geométricas. Esta incomparable artista boliviana tiene 12 litografías que representan los meses del año y las características del clima o la tradición vinculada *(linked)* **con cada uno** *(to each one)* de ellos. Aquí está un ejemplo.

¿Qué mes representa? ¿Qué estación es? ¿Qué tiempo hace?

***The United Nations Children's Fund – UNICEF**

© Graciela Road Boulanger SEPTEMBER, lithograph 2000

Septiembre

▶ **Voces hispanas**

Mira el video y después escribe C si la oración es cierta o F si es falsa.

1. Alejandro tiene muchos problemas de salud.

2. Claudio piensa que el té es bueno para aliviar el dolor de garganta.

3. Si Ana está enferma, come o bebe algo especial.

4. Claudio va frecuentemente al médico.

5. Ana y Claudio siempre consultan médicos especialistas.

© Cengage Learning 2014

Juegos de palabras

Las estaciones del año Escribe el nombre de la estación en cada dibujo.

_____	_____	_____	_____

¿Qué tiempo hace? Relaciona los dibujos con las frases.

a. Está lloviendo mucho y hay relámpagos.

b. Hace mucho frío y hay nieve.

c. Está nublado y hace mucho viento.

d. Hace muy mal tiempo y hay un tornado.

e. El cielo está despejado y hay muchas estrellas.

f. Hace mucho calor y mucho sol.

Illustrations © Cengage Learning 2014

Gramática

Impersonal verbs related to the weather

▶ The verbs **helar**, **llover**, and **nevar** are only used in the third-person singular.

Ejemplos

Hiela mucho en el invierno.	*It freezes a lot in winter.*
Llueve mucho en Seattle, Washington.	*It rains a lot in Seattle, Washington.*
Nieva mucho en Denver, Colorado.	*It snows a lot in Denver, Colorado.*

The present progressive

▶ In Spanish, the present progressive is formed by using the present tense of **estar** + *the present participle*. The regular present participle of the **-ar** verbs is formed by dropping the **-ar** of the infinitive form and adding **-ando**. The regular present participle of the **-er** and **-ir** verbs is formed by dropping the **-er** and **-ir** of the infinitive form and adding **-iendo**. The endings of the present participle always end in **-o**.

estar	Present participle -ar > -ando -er > -iendo -ir > -iendo	Translation
yo estoy	hablando	*I am talking.*
tú estás	comiendo	*You are eating.*
Ud. / él / ella está	escribiendo	*You / He / She is writing.*
nosotros estamos	esperando	*We are waiting.*
vosotros estáis	bebiendo	*You are drinking.*
Uds. / ellos / ellas están	escribiendo	*You / They are writing.*

▶ The present progressive in Spanish is only used for actions that are *in progress at the present time*. It cannot be used, as in English, to express future actions. To express future actions, the *future tense* or the present tense of **ir** + **a** + *infinitive* are used.

Ejemplos

En este momento **está lloviendo**.	*At this moment, it is raining.*
Este verano **va a hacer** calor.	*This summer it is going to be hot.*

▶ The present progressive in Spanish emphasizes that an action is *in progress at that moment,* whereas the present tense does not communicate the idea that something is going on precisely then.

Ejemplos

Llueve mucho en el bosque tropical.	*It rains a lot in the tropical forest.*
No quiero salir, porque **está lloviendo**.	*I don't want to go out, because it is raining.*
Nieva mucho en Alaska.	*It snows a lot in Alaska.*
No podemos salir, porque **está nevando**.	*We cannot go out, because it is snowing.*
En el norte **hiela** mucho en el invierno.	*In the north it freezes a lot in winter.*
La temperatura está a cero grados. **Está helando.**	*The temperature is zero degrees. It is freezing.*

▶ The verbs **ir** and **venir** are not used in the present progressive. The present tense is used instead.

Ejemplos

Voy a clase.	*I am going to class.*
Esta noche unos amigos **vienen** a mi casa.	*Tonight some friends are coming to my house.*

Ejercicio

Cambia el verbo subrayado al presente progresivo y completa la oración.

1. Hiela mucho en Boston.

En este momento _____.

2. Truena mucho.

En este momento _____.

3. Hace mucho frío en Búfalo.

En este momento _____.

4. Llueve mucho en Hawái.

En este momento _____.

5. Relampaguea mucho.

En este momento _____.

6. Hace mucho calor.

En este momento _____.

7. En Chicago nieva mucho.

En este momento _____.

Tengo frío / calor vs. Hace frío / calor vs. Está frío / caliente

▶ **Tener** is used to express *physical sensations*.

Ejemplo

Tengo frío.	*I am cold.*
Los niños **tienen calor**.	*The children are hot.*

▶ **Hacer** is used to express *weather conditions*.

Ejemplos

Hace frío en Alaska en invierno.	*It is cold in Alaska in winter.*
Hace **calor** en Tejas en el verano.	*It is hot in Texas in summer.*

▶ **Estar** is used to indicate that *a thing* is cold or hot. The adjective **frío** has to agree with the noun that it modifies in number and gender. **Caliente** agrees in number with the noun that it modifies.

Ejemplos

El café **está frío**. *The coffee **is cold**.*
La sopa **está fría**. *The soup **is cold**.*
El café **está caliente**. *The coffee **is hot**.*
Las bebidas **están calientes**. *The beverages **are hot**.*

Ejercicio

Completa las oraciones con la forma correcta de **tener**, **hacer** o **estar**.

1. La temperatura está a 25 °F. Yo _____ frío.

2. En San Antonio _____ calor en agosto.

3. Las manos del bebé _____ frías.

4. El agua _____ caliente.

5. La temperatura está a 40 °C. Alicia _____ mucho calor.

6. No me gusta la comida. _____ fría.

Literatura 🌐 Almanaque de España, A-18

Juan Ramón Jiménez (1881–1958) es un poeta español de Moguer, Andalucía. Su obra *(work)* poética es muy numerosa. Tiene varios libros de poesía y también obra en prosa. En sus primeros libros de poemas hay influencia del modernismo (corriente literaria del poeta nicaragüense Rubén Darío). Un año importante y dramático para Jiménez es 1956: gana el Premio Nobel el 25 de octubre, y su esposa **muere** *(dies)* tres días después.

Su libro más famoso, *Platero y yo* (1917), describe la **vida cotidiana** *(daily life)* de Moguer con historias sencillas que **cubren** *(cover)* un año. (Platero es el burro del autor). El libro también describe las estaciones, la variedad de los trabajos, **según** *(according to)* la época del año y las fiestas. **Comienza** *(It begins)* una primavera y termina en la siguiente. Este pasaje corresponde al otoño:

LXXXV – "EL OTOÑO"

Ya el sol, Platero, empieza a sentir **pereza** *(laziness)* de salir de sus **sábanas** *(sheets)*, y los labradores **madrugan** *(wake up early)* más que él. Es verdad que está desnudo y que hace fresco.

¡Cómo **sopla** *(blows)* el Norte! Mira, por el **suelo** *(ground)*, las **ramitas caídas** *(little fallen branches)*; es el viento **tan agudo** *(strong)*, tan derecho, que están todas paralelas, apuntadas al Sur.

El **arado** *(plow)* va, como una **tosca** *(crude)* arma de guerra, a la labor alegre de la paz, Platero; y en la **ancha senda** *(wide path)* húmeda, los árboles amarillos, **seguros de verdecer** *(certain to turn green)*, **alumbran** *(illuminate)*, a un lado y otro, vivamente, como suaves **hogueras** *(bonfires)* de oro claro, nuestro rápido caminar.

¿Puedes encontrar en el texto frases equivalentes a las siguientes?

1. Hace mucho viento. _____

2. Los árboles cambiaron su color de primavera. _____

3. Amanece más tarde. _____

4. Los trabajadores se levantan cuando todavía es de noche. _____

✏️ **Study tip** Go to the SAM for extra vocabulary and grammar exercises for this module.

En acción

Conversaciones y más

5-13 ¿Quieres salir? Lee los diálogos y después contesta las preguntas con oraciones completas.

Diálogo 1

Ana María: ¿Bueno?

Luis Andrés: Hola, Ana María. ¿Quieres salir conmigo hoy en la noche?

Ana María: Hola, Luis Andrés. Me gustaría mucho, pero no puedo.

Luis Andrés: ¿Por qué no? Podemos ir al cine y regresar temprano.

Ana María: Estoy estudiando para un examen y también hace muy mal tiempo. Está haciendo mucho frío, 0 °C. Hace viento y está nevando.

Luis Andrés: Sí, pero el cine no está muy lejos, y creo que las calles no están muy mal.

Ana María: Sí, pero dicen en la radio que va a nevar toda la tarde, y ya están cerrando las calles y las carreteras.

Luis Andrés: Bueno, entonces, ¿puedo ir a tu casa? Puedo alquilar una película; así no tienes que salir.

Ana María: Me parece muy buena idea. ¿Por qué no vienes a las ocho?

Luis Andrés: ¡Cómo no! Hasta luego.

Ana María: Hasta luego.

Diálogo 2

Prof.: Buenos días, Mario. ¿Cómo estás?

Mario: Buenos días, profesor. No estoy muy bien. Tengo gripe. Estoy congestionado, no puedo respirar bien, tengo fiebre y me duele la garganta.

Prof.: Pues estás muy enfermo. ¿Por qué no vas a la enfermería o a ver a un doctor?

Mario: No es necesario. Estoy tomando unas pastillas para la garganta y un antibiótico para la gripe, pero no puedo ir a clase. Me siento mal.

Prof.: Yo también me siento mal. Creo que es porque el clima cambia de un momento a otro. Tengo tos y dolor de oídos.

Mario: Sí, el clima cambia tanto *(so much)*. En la mañana hace buen tiempo y hay sol, pero en la tarde llueve y hace frío.

Prof.: Los cambios de temperatura no son buenos para la salud.

Mario: No lo dudo. No me gusta el invierno. Prefiero el buen tiempo y el calor del verano.

Prof.: Eso decimos ahora porque está haciendo frío y mal tiempo, pero en verano cuando la temperatura está a 36 °C y hay mucha humedad, decimos que nos gusta el invierno.

Mario: Es cierto. Siempre nos quejamos *(complain)*. Bueno, hasta luego, profesor.

Prof.: Cuídate.

Diálogo 1

1. ¿Adónde invita Luis Andrés a Ana María?

_____

2. ¿Por qué no puede salir Ana María?

_____

3. ¿Qué dice Luis Andrés para tratar de convencer a Ana María de salir con él?

_____

4. ¿Qué dicen en la radio?

_____

5. ¿Van al cine Luis Andrés y Ana María? ¿Qué van a hacer?

_____

Diálogo 2

6. ¿Qué tiene Mario?

_____

7. ¿Qué medicina toma Mario?

_____

8. ¿Qué tiene el profesor?

_____

9. ¿Qué no es bueno para la salud?

_____

10. ¿Qué tipo de clima prefiere Mario?

_____

> **Nota cultural**
>
> **Los grados centígrados**
> In most countries in the world, temperature is measured in Celsius (Centigrade), and not in Fahrenheit. To convert from Celsius to Fahrenheit, multiply the Celsius degrees by 9, divide the answer by 5, and add 32. To convert from Fahrenheit to Celsius, subtract 32 from the Fahrenheit degrees, divide by 9, and multiply the answer by 5.

5-14 El clima Relaciona el estado del clima con la condición.

1. La temperatura está a 98 °F.   _____   a. Hace buen tiempo.

2. No hay sol. El cielo…   _____   b. está nublado.

3. Está tronando y hay…   _____   c. el arco iris

4. Es blanca y cae (falls) del cielo.   _____   d. está despejado.

5. La temperatura está a 30 °F.   _____   e. Hace calor.

6. No hay nubes. El cielo…   _____   f. la nieve

7. El día está muy bonito.   _____   g. relámpagos

8. Es de diferentes colores.   _____   h. Hace frío.

5-15 ¡Qué desorden! Con un/a compañero/a, ordena el diálogo.

Sara y Cecilia van de vacaciones

Sara:	Voy a San Juan, Puerto Rico. Tengo que comprar unos vestidos sin mangas, muy ligeros, y unas sandalias porque va a hacer calor.	_____
Cecilia:	Hola, Sara. ¿Cómo estás? ¿Adónde vas a ir de vacaciones?	_____
Sara:	Cecilia, ¿tú vas a salir de vacaciones también?	_____
Cecilia:	Para el calor, yo prefiero pantalones cortos y camisetas.	_____
Cecilia:	¿A qué parte? ¿Qué vas a comprar?	_____
Sara:	Muy bien, gracias. Voy a ir al Caribe. Tengo que ropa para el calor.	_____
Sara:	Adiós, Cecilia.	_____
Sara:	Oye, en Boston hace frío en primavera. Tienes que llevar calcetines de lana, guantes y una bufanda.	_____
Cecilia:	Sí, mis amigas y yo vamos a ir a Boston.	_____
Cecilia:	Sí, es necesario protegerse la cara porque el viento está muy frío y es horrible tener las manos frías o los pies fríos. Bueno, voy a una tienda de ropa. Adiós, Sara.	_____

5-16 Entrevista Hazle preguntas a un/a compañero/a y escribe sus respuestas. Incluye el siguiente vocabulario.

> estación favorita   el frío   el calor   la lluvia   actividades de verano
> actividades de invierno   colores de primavera   colores de otoño

Preguntas	Respuestas (explica por qué)

🔊 **5-17 El pronóstico del tiempo en América Latina** Escucha atentamente el pronóstico del tiempo, y escribe la información del tiempo correspondiente a las ciudades mencionadas.

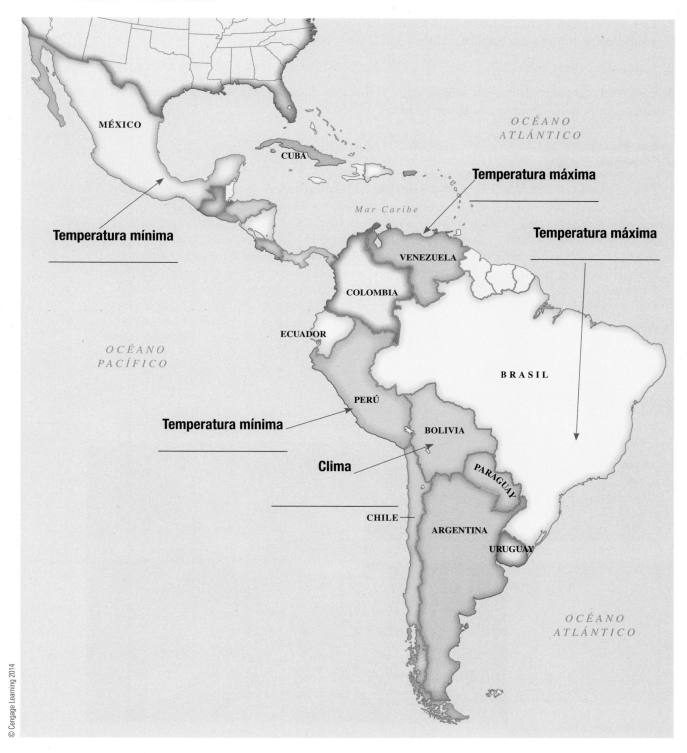

Ya puedes decirlo

 Study tip Go to the SAM for additional listening and pronunciation practice for this chapter.

5-18 El clima en mi ciudad

1. Describe el clima en tu ciudad en las diferentes estaciones del año. Incluye la temperatura máxima, la temperatura mínima, etc. Explica cuál estación te gusta más y por qué.

2. Compara el clima de tu ciudad con el clima de otra ciudad que conozcas *(that you know)*.

3. Con un/a compañero/a, haz un diálogo sobre el clima en alguna ciudad. Uno pide la información y el otro responde; después, cambien los papeles *(change roles)*.

Nota cultural

The seasons in the Northern and Southern Hemispheres The word *hemisphere* means "half a sphere" or "half a ball." The globe is divided into the Northern Hemisphere and the Southern Hemisphere, and the equator divides the two regions. The United States is in the Northern Hemisphere, and when it is winter there, it is summer in the Southern Hemisphere. When we are celebrating the New Year during the cold weather in the United States, people are enjoying summer in the southern part of the world. The continents of the Americas in the Northern Hemisphere are North America (Canada, the United States, and Mexico), Central America, and a small part of South America (Venezuela, parts of Colombia, and Ecuador). The South American countries that are entirely in the Southern Hemisphere are Argentina, Bolivia, Chile, Paraguay, Peru, and Uruguay. Most of Brazil and Ecuador are in the Southern Hemisphere, as is part of Colombia. Quito, the capital of Ecuador, is located about 25 km (15.5 miles) from the equator. About 10 km (6.2 miles) north of Quito is **Mitad del Mundo** *(Middle of the World)*, a town where there is a museum exactly on a line that represents the place where the equator crosses the country.

© Cengage Learning 2014

©Tom Whitby/Alamy

Antes de leer

Strategy: Getting the main idea of the paragraph by reading the topic sentence

A well-written paragraph should give the reader the main idea of the contents in the first sentence. Read the first line of the following two paragraphs and write a short sentence about what you anticipate you will learn in the rest of the reading.

Paragraph 1:

_____

_____

Paragraph 2:

_____

_____

Prevención de enfermedades en Guinea Ecuatorial 🌐 Almanaque de Guinea Ecuatorial, A-22

La República de Guinea Ecuatorial está en el costa occidental de África, entre Camerún y Gabón y el golfo de Guinea. Es un país un poco más pequeño que el estado de Maryland en EEUU, y tiene una población de 668.000 habitantes. La capital es Malabo, que está en la isla de Bioko. La página oficial del gobierno dice que el español es la lengua oficial administrativa y de la **enseñanza** *(education)*.

El gobierno cuida de la salud de los **ciudadanos** *(citizens)* y de los viajeros a este bello país con los requisitos y las **sugerencias** *(suggestions)* siguientes. Para entrar en el país se requiere un certificado de vacunación contra la fiebre amarilla para todos los viajeros que vienen de las zonas donde existe. Para los viajeros que llegan de zonas donde no existe, se recomienda la vacunación y medidas preventivas. La vacuna contra el cólera no es obligatoria, pero el cólera es un riesgo serio en este país y es esencial tomar precauciones. Hay riesgo de malaria durante todo el año en todo el país, y es necesario protegerse contra las **picaduras** *(stings)* de los mosquitos infectados. Se recomienda **hervir** *(boil)* y esterilizar el agua antes de beberla. La leche también debe hervirse. Las frutas deben consumirse preferiblemente **peladas** *(peeled)*.

Después de leer

Contesta en español con oraciones completas.

1. ¿En qué parte de África está Guinea Ecuatorial?

   _____

2. ¿Cuál es la capital y dónde está?

   _____

3. ¿Cuál es la lengua oficial?

   _____

4. ¿Qué es necesario para entrar en el país?

   _____

5. ¿Qué medida preventiva es necesaria para evitar el cólera?

   _____

6. ¿Cómo se puede contraer la malaria?

   _____

7. ¿Qué se recomienda hacer con el agua y la leche?

   _____

8. ¿Y con las frutas?

   _____

¡Vamos a escribir!

Find out which vaccinations are required or recommended before entering a country you would like to visit and how long before your visit you should get vaccinated. Write at least three lines in Spanish.

_____

_____

_____

_____

La naturaleza y la salud
Lee el texto, y contesta las preguntas sobre la naturaleza la salud.

http:// www.educacion_lasalud.com

La naturaleza y la salud

Escrito por el Dr. Juan A. Montemayor

Los cambios climatológicos afectan de manera directa la salud del ser humano. El calor excesivo ocasiona lo que se conoce como "golpe de calor" *(heat stroke)*, que consiste en un desequilibrio por pérdida de agua y electrolitos.

El efecto del frío excesivo fue estudiado en las tropas francesas que invadieron Rusia al mando de Napoleón. Se encontró un efecto negativo en los pies como consecuencia del congelamiento, lo que se conoce como "pie de trinchera" *(trench foot)*.

Las personas que viajan en avión a gran altura se exponen a cambios en la presión atmosférica. Estos pueden ocasionar un derrame en el oído medio, conocido como otitis media barotraumática, consecuencia de una disfunción de las trompas de Eustaquio.

Por eso, y por mucho más, la naturaleza nos muestra la vulnerabilidad del ser humano. Debemos tratar de convivir en armonía con ella y tomar las medidas necesarias para protegernos.

©Andi Berger/Shutterstock

1. **Contesta las preguntas con oraciones completas.**

- ¿Hace mucho calor donde vives?
- ¿Qué hacen las personas para evitar el sufrir un golpe de calor?
- ¿Hace mucho frío donde vives?
- ¿Qué precauciones se deben tomar para evitar el congelamiento?
- ¿Viajas mucho en avión?
- ¿Qué haces para evitar la otitis?

2. **Describe brevemente los problemas de salud relacionados con el clima que hay en tu comunidad. ¿Por qué existen?**

> **Nota lingüística** Much of the scientific terminology is easily recognized in most languages. The following are examples that appear in the reading:
> **electrolitos** = *electrolytes*
> **pie de trinchera** = *trench foot*
> **otitis media barotraumática** = *infection or inflammation of the middle ear caused by pressure*
> **trompas de Eustaquio** = *Eustachian tubes*

Aquí empieza tu futuro

Communication objectives

- Talking about class schedules
- Talking about the classroom
- Commenting about classes and professors
- Locating buildings, offices, and departments on campus
- Talking about careers and degree plans
- Commenting about campus life

Culture topics

- Universidad Autónoma de Santo Domingo
- Universidad de Alcalá Graduate Program in History
- Universidad de Chile School of Sciences
- Architecture: La Casona de San Marcos
- Literature: The Cervantes Prize
- Art: The UNAM Library Murals
- Music: Orquesta Sinfónica de Chile

¡Prepárate!

Study tip Study the **¡Prepárate!** section before coming to class. Review the vocabulary lists, read the grammar explanations, and do the practice exercises.

Vocabulario

 Study tip Access vocabulary flashcards at www.cengagebrain.com.

Clases	Classes		
álgebra *(m)*	algebra	geometría	geometry
anatomía	anatomy	historia	history
arquitectura	architecture	informática	computer science
arte *(m)*, artes *(f)*	art, arts	ingeniería	engineering
biología	biology	literatura	literature
cálculo	calculus	matemáticas	math
computación *(f)*	computer science	mercadotecnia	marketing
contabilidad *(f)*	accounting	música	music
economía	economics	psicología	psychology
estadística	statistics	química	chemistry
física	physics	sociología	sociology
geografía	geography	teatro	theater

Expresiones relacionadas	Related expressions		
calificación *(f)*	grade	nota	grade
error *(m)*	error, mistake	promedio	average
examen *(m)*	exam	prueba	test; quiz
clase *(f)* obligatoria	required subject	semestre *(m)*	semester
clase *(f)* optativa	elective	tarea	homework

Verbos relacionados	Related verbs		
aprobar (o>ue)	to pass	perder (e>ie)	to lose
asistir a	to attend	recomendar (e>ie)	to recommend
comenzar (e>ie)	to begin	recordar (e>ue)	to remember
conocer	to know; to meet	reprobar (o>ue)	to fail
dormir (o>ue)	to sleep	saber	to know
empezar (e>ie)	to begin, to start	sacar	to get (a grade)
enseñar	to teach; to show	terminar	to end, to finish
entender (e>ie)	to understand	transferir (e>ie)	to transfer
pensar (e>ie)	to think	volver (o>ue)	to return

Nota lingüística Notice that all infinitives with (**e>ie**) or (**o>ue**) indicate that the verbs are stem-changing; the **e** and the **o** of the stems change to **ie** and **ue**, respectively, except with the **nosotros** and **vosotros** pronouns. The infinitives that are not marked that way do not have a change in the stem. See **Gramática** section.

Expresiones con la hora	Time of day expressions		
¿A qué hora?	*At what time?*	**media hora**	*half an hour*
cuarto de hora	*quarter of an hour*	**medianoche (f)**	*midnight*
de la mañana	A.M.	**mediodía (m)**	*noon*
de la noche	P.M.	**minuto**	*minute*
de la tarde	P.M.	**¿Qué hora es?**	*What time is it?*
en punto	*on the dot, sharp*	**segundo**	*second*

Es la una.

Es (la) medianoche. Son las doce.

Son las cuatro y cuarto (quince).

Son las ocho y media (treinta).

Son las once y cuarenta. Son las doce menos veinte.

Illustrations © Cengage Learning 2014

Expresiones temporales	Time expressions		
a tiempo	*on time*	**por (en) la mañana**	*in the morning*
cada tercer día	*every other day*	**por (en) la noche**	*at night*
cita	*appointment; date*	**por (en) la tarde**	*in the afternoon*
de lunes a viernes	*from Monday to Friday*	**tarde (f)**	*afternoon; late (adv.)*
fin (m) de semana	*weekend*	**temprano**	*early*
hoy	*today*	**todo el día**	*all day*
mañana	*tomorrow*	**todos los días**	*every day*

El salón de clase	The classroom		
apuntes (m, pl.)	*class notes*	**puerta**	*door*
aula	*classroom*	**pupitre (m)**	*student desk*
computadora	*computer*	**reloj (m)**	*clock; watch*
escritorio	*desk*	**silla**	*chair*
mapa (m)	*map*	**tablón (m) de anuncios**	*bulletin board*
marcador	*marker*		
mesa	*table*	**proyector (m)**	*projector*
piso	*floor; story (of a building)*	**tiza**	*chalk*
pizarra	*chalkboard*	**ventana**	*window*

A Quiero ser arquitecto

> **Nota lingüística** **Aula** is a feminine word. However, it uses a masculine article in the singular form.
>
> **Ejemplos**   **el** aula pequeña   **un** aula pequeña
>
>   **las** aulas pequeñas   **unas** aulas pequeñas

🔊 **Así se pronuncia**   Escucha las siguientes conversaciones. Pon atención a la
1-37 pronunciación del vocabulario nuevo.

1. —¿Cuántas clases tienes este semestre?

—Tengo tres: estadística, química y física.

—Oye, son clases muy difíciles.

2. —¿Qué hora es?

—Son las ocho y cuarenta y cinco.

—Tengo prisa. Mi clase es a las nueve.

3. —¿Está dando Ud. la clase de Álgebra I?

—No, mi clase es Cálculo II.

—¿Quién es el profesor de Álgebra I?

—Es el Prof. García.

4. — Disculpe. ¿La clase de anatomía es en el Edificio González?

—No, es en el salón 144 del Edificio Jiménez.

—Muchas gracias.

Juegos de palabras

¿Qué hora es? Escribe en el cuadro el número correspondiente a la hora indicada en el reloj.

1. Son las cinco y media.

2. Es la una menos cuarto.
(Son las doce y cuarenta y cinco).

3. Son las dos y treinta y cinco.
(Son las tres menos veinticinco).

4. Son las diez en punto.

¿Para qué clase usamos un/a/os/as...? Relaciona los objetos o aparatos de la columna de la izquierda con las clases de la derecha.

Ejemplo

¿Para qué clase usamos un estetoscopio? *Usamos un estetoscopio para la clase de anatomía.*

1. microscopio   _____   **a.** cursos en línea

2. calculadora   _____   **b.** música

3. mapas   _____   **c.** fotografía

4. diccionario   _____   **d.** español

5. piano   _____   **e.** biología

6. computadora   _____   **f.** matemáticas

7. cámara   _____   **g.** geografía

Illustrations © Cengage Learning 2014

Gramática

Stem-changing verbs (e>ie, o>ue)

▶ Stem-changing verbs can be **-ar**, **-er**, and **-ir** verbs. In the present tense, some of these verbs have a change in the stem but endings that remain regular. The verbal forms for the **nosotros / nosotras**, **vosotros / vosotras** pronouns do not have a change in the stem. In Chapter 4 we studied the stem-changing verb **preferir** (**e>ie**), and in Chapter 5 we studied the stem-changing verbs **querer** (**e>ie**) and **poder** (**o>ue**). In this chapter we will study more examples of the verbs that change the **e** to **ie** and the verbs that change the **o** to **ue**.

	e > ie		
Sujeto	**empezar** *(to start, to begin)*	**entender** *(to understand)*	**transferir** *(to transfer)*
yo	empiezo	entiendo	transfiero
tú	empiezas	entiendes	transfieres
Ud. / él / ella	empieza	entiende	transfiere
nosotros / nosotras	empezamos	entendemos	transferimos
vosotros / vosotras	empezáis	entendéis	transferís
Uds. / ellos / ellas	empiezan	entienden	transfieren

	o > ue		
Sujeto	**aprobar** *(to pass a class)*	**volver** *(to return)*	**dormir** *(to sleep)*
yo	apruebo	vuelvo	duermo
tú	apruebas	vuelves	duermes
Ud. / él / ella	aprueba	vuelve	duerme
nosotros / nosotras	aprobamos	volvemos	dormimos
vosotros / vosotras	aprobáis	volvéis	dormís
Uds. / ellos / ellas	aprueban	vuelven	duermen

Ejemplos

¿A qué hora empieza la clase de español?

Yo duermo ocho horas todas las noches.

What time does Spanish class start?

I sleep eight hours every night.

Ejercicio

Llena los espacios en blanco con la forma correcta del verbo.

1. Pablo, ¿a qué hora (empezar) _____ la clase de español?

2. Yo siempre (aprobar) _____ todas mis clases.

3. Señorita, ¿qué (pensar) _____ hacer Ud. este fin de semana?

4. Elena (dormir) _____ solamente seis horas todas las noches.

5. Los alumnos no (recordar) _____ la respuesta correcta.

6. Marta y yo (recomendar) _____ al Prof. Zamora.

7. Juanito frecuentemente (perder) _____ sus apuntes.

8. Yo nunca (reprobar) _____ mis clases.

9. ¿A qué hora (volver) _____ Uds. a la residencia los domingos?

10. Juana no (entender) _____ a la profesora.

Querer, preferir, desear + *infinitive*

▶ Verbs such as **querer**, **preferir**, and **desear**, which express volition, can form verbal phrases with an infinitive as long as the subject of the two verbs is the same person. The subject is indicated when the first verb is conjugated. The second verb form is not conjugated.

Ejemplos

¿**Prefieres tomar** francés o español? [prefieres (tú), tomar (tú)]	Do **you prefer to take** French or Spanish?
¿**Quieres usar** mi computadora? [quieres (tú), usar (tú)]	Do **you want to use** my computer?
Deseo continuar en la clase. [deseo (yo), continuar (yo)]	**I wish to continue** with the class.

▶ There is no preposition between the conjugated verb and the infinitive in these phrases.

Ejemplos

Miguel **quiere tomar** una clase de francés.	Miguel **wants to take** a French class.
Preferimos tener clases de lunes a viernes.	**We prefer to have** classes from Monday to Friday.
Los profesores **desean llegar** al congreso.	The professors **want to arrive** at the conference.

Poder + *infinitive*

▶ These conjugated verb + infinitive combinations express permission or ability.

Ejemplos

Puedes tomar solo dos clases optativas.

Puedo llegar a clase a tiempo si salgo de casa a las siete.

You can take only two electives.

I can get to class (arrive) on time if I leave home at seven.

Deber, necesitar, tener que + *infinitive*

▶ These conjugated verb + infinitive combinations express necessity, obligation, and duty.

Ejemplos

Debes estudiar más si quieres aprobar el examen.

Necesitan llegar a clase a tiempo.

Tengo que sacar buenas notas en todas mis clases.

You ought to study more if you want to pass the exam.

You need to get to class on time.

I have to get good grades in all my classes.

Ejercicio

Escribe en el primer espacio **querer, preferir** o **desear** + *infinitivo* para expresar las preferencias de estos estudiantes. En el segundo espacio, escribe **deber, necesitar** o **tener que** + *infinitivo* para expresar sus obligaciones.

1. Yo _____ a clase quince minutos tarde, pero _____ siempre a tiempo.

2. Mis amigos _____ poco para los exámenes, pero _____ mucho para sacar A.

3. Nosotros _____ una fiesta todos los días, pero _____ fiestas solamente los sábados.

4. Beto _____ música toda la tarde, pero _____ dos capítulos del libro de historia.

5. Tú _____ la televisión varias horas, pero _____ al gimnasio.

6. Mi compañera de cuarto no _____, pero _____ porque el cuarto está muy sucio.

7. Ud. _____ la clase en la mañana, pero _____ de 8:00 A.M. a 5:00 P.M.

✎ **Study tip** Go to the SAM for extra vocabulary and grammar exercises for this module.

En acción
Conversaciones y más

6-1 La vida de estudiante Lee los diálogos y después escribe **C** si la oración es cierta o **F** si es falsa.

© Cengage Learning 2014

Diálogo 1: Entre estudiantes

Sara: Hola, José. ¿Cómo estás? ¿Te gustan tus clases este semestre?

José: Hola, Sara. Estoy bien. Mis clases… más o menos. Y a ti, ¿cómo te va?

Sara: Regular. Estoy preocupada por la clase de biología. Yo normalmente apruebo todas mis clases, pero esta clase es muy difícil. Y tú, ¿crees que vas a aprobar?

José: Creo que no. No entiendo las explicaciones del Prof. López. Son muy confusas, y cuando empiezo a leer en mi casa, me duermo.

Sara: ¡Ja, ja! Yo también creo que voy a reprobar esa clase. El Prof. López no es muy paciente, ¿verdad?

José: Exacto. El próximo semestre voy a buscar a otro profesor. ¿A quién recomiendas?

Sara: No sé. Voy a preguntar.

José: Bueno, y me dices para tomar la misma clase que tú.

Sara: ¡Pues, claro! Así volvemos a ser compañeros.

Diálogo 2: En la oficina de la Profa. Lara

Profa.: Buenos días.

Alfonso: Buenos días, profesora. Necesito su ayuda. Estoy preocupado porque tengo muchos problemas en mis clases, y no puedo reprobar ni una sola clase porque pierdo mi ayuda financiera.

Profa.: ¿En qué clases tiene problemas?

Alfonso: Tengo bajas calificaciones en todas mis clases. Estoy muy preocupado porque mi promedio en su clase es D.

Profa.: Lo siento, pero Ud. reprueba todos los exámenes de mi clase. Tiene D por tareas, cuaderno de trabajo, ejercicios de laboratorio y asistencia.

Alfonso: Profesora, la verdad, no entiendo muy bien las explicaciones ni los conceptos. Si repruebo, voy a perder la ayuda económica.

Profa.: Mire. Quiero ayudarlo. Puedo cambiar su calificación más baja por su calificación del examen final.

Alfonso: Gracias.

Profa.: Yo siempre recomiendo estudiar todos los días desde el principio del semestre. Muchos alumnos que esperan hasta el final reprueban.

Alfonso: Pero ahora es difícil, porque es casi el final del semestre y estoy muy ocupado.

Profa.: Si necesita mejor calificación, tiene que estudiar más.

Alfonso: Sí, entiendo mi error. Mejor vuelvo a tomar la clase.

Profa.: Pero necesita estudiar desde el principio.

Alfonso: Claro, profesora. Eso voy a hacer.

1. Sara va bien en todas sus clases. _____

2. José y Sara son amigos. _____

3. Las explicaciones del Prof. López son difíciles de entender. _____

4. Sara y José quieren cambiar de profesor. _____

5. Este semestre le va muy bien a Alfonso en sus clases. _____

6. Alfonso tiene malas calificaciones. _____

7. La profesora es muy impaciente. _____

8. La profesora no quiere hacer nada para mejorar la calificación. _____

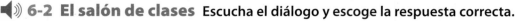

A Quiero ser arquitecto

🔊 **6-2 El salón de clases** Escucha el diálogo y escoge la respuesta correcta.
1-38

1. La profesora y la secretaria hablan de la clase de español…
    a. 1223.
    b. 2123.
    c. 2311.

2. La clase es en el salón…
    a. 552.
    b. 512.
    c. 502.

3. En el salón…
    a. no hay mapas.
    b. hay un mapa.
    c. hay varios mapas.

4. A la profesora no le gusta el salón porque…
    a. no hay proyector.
    b. no hay ventanas.
    c. el escritorio es muy pequeño.

5. La clase es a las…
    a. diez y treinta.
    b. diez y diez.
    c. tres y media.

6. ¿Qué hora es? Son las…
    a. 9:35.
    b. 10:15.
    c. 10:30.

7. La secretaria dice que…
    a. no hay otro salón.
    b. hay otro salón.
    c. no quiere cambiar la clase.

> **Nota lingüística** According to the RAE dictionary, **salón de clases** (*classroom*) is used in Mexico, Panama, Peru, Puerto Rico, and Uruguay as a synonym for **aula**.

▶ **Voces hispanas**

Mira el video y después escribe C si la oración es cierta o F si es falsa.

1. Todos los estudiantes entrevistados estudian humanidades.

2. Dayramir se especializa en música.

3. Sandra estudia en Berklee.

4. Un estudiante quiere ser ingeniero.

5. Dos estudiantes tienen carreras médicas.

© Cengage Learning 2014

6-3 ¡Qué desorden! Con un/a compañero/a, ordena los diálogos.

Los estudiantes hablan de sus clases

Diálogo 1

—¿Cuál es tu clase favorita este semestre? _____

—Sí. Hasta luego. _____

—A mí no me gusta. Yo prefiero historia o sociología. _____

—El Dr. García. Lo recomiendo mucho. Es excelente. _____

—Sí, es él. Y también es súper inteligente. Bueno, nos vemos. _____

—Me gustan todas, pero mi clase favorita es geografía. _____

—Voy a inscribirme con él. ¿Es uno delgado y canoso? _____

—Yo voy a tomar sociología el próximo semestre. ¿Quién es tu profesor? _____

Diálogo 2

—Yo también tengo que llegar al gimnasio antes de las siete para poder estar listo para mi clase de las nueve. Hasta luego, Pedro. _____

—Porque no puedo tomar clases por la tarde o por la noche. ¿Qué hora es? _____

—Yo voy al gimnasio. Voy a levantar pesas. ¿Por qué tienes clase tan temprano? _____

—Son casi las seis y cincuenta. _____

—Hola, Pedro. ¿Adónde vas tan temprano? _____

—Hola, Mario. Voy a mi clase de matemáticas que empieza a las siete. ¿Y tú? _____

—Ya es tarde *(It's late)*. Hasta luego. _____

—Nos vemos, Mario. _____

6-4 Quiero ser arquitecto Completa el correo electrónico de Beto con las palabras de la lista.

> hoy   estoy   gusta   mucho   bien   computadora   nuevos   doce   familia
> matemáticas   bonitas   ayudando   semana   universidad   están   libre

Hola:

¿Cómo (1) _____ todos? Yo estoy muy (2) _____. Me gusta muchísimo la

(3) _____, pero mi primer semestre es muy difícil. Los extraño (*I miss you*) y también a mi

(4) _____. No tengo mucho tiempo (5) _____ porque tengo que estudiar (6) _____.

También trabajo los fines de (7) _____. Tengo cuatro clases, un total de (8) _____ horas.

Estudio urbanización, diseño, computación y (9) _____. Me gusta la clase de computación y

(10) _____ aprendiendo mucho. Es súper útil. Siempre uso la (11) _____ en mi trabajo. Mis

compañeros de trabajo me están (12) _____ a usar programas (13) _____, y con el tiempo

voy a ser experto. Me encantan las clases. Definitivamente escogí (*I chose*) la carrera que me (14) _____.

Mi clase favorita es la clase de diseño. Además, hay algunas chicas muy (15) _____ en las clases, pero

todavía no conozco a ninguna. Bueno, es todo por (16) _____.

Hasta la próxima,

Beto

6-5 La profesora está en su salón
Con un/a compañero/a, describe el salón de clases.

_____

_____

_____

_____

_____

_____

_____

_____

_____

_____

_____

© Cengage Learning 2014

6-6 Entrevista Pregúntale a un/a compañero/a sobre sus clases, su horario (hora y días), sus profesores y compañeros. Cambien de papel. Al final, cada uno le presenta la información del otro a toda la clase. Usa las preguntas: **¿cuántos / cuántas?**, **¿cuál / cuáles?**, **¿qué?**, **¿a qué hora?**, **¿cuándo?**, **¿quién / quiénes?**, **¿cómo?**

Preguntas	Respuestas
clases	
horario (hora y días)	
profesores	
compañeros	

Arquitectura   🌐 Almanaque de Perú, A-34

La Casona de San Marcos La Universidad Nacional Mayor de San Marcos en Lima, Perú, fundada el 12 de mayo de 1551 con el nombre de Universidad de Lima, **marca el inicio** *(marks the beginning)* de la historia universitaria sudamericana. El símbolo arquitectónico de la universidad es la Casona de San Marcos. Aparece en los billetes actuales de 20 **soles** *(Peruvian currency)*.

© age fotostock/Super Stock

La Casona contiene varios estilos de arquitectura. La antigua **capilla** *(chapel)* de la Virgen de Loreto, por ejemplo representa el barroco y el rococó. Otras partes de la Casona reflejan la influencia republicana del siglo XIX. La construcción de la Casona empieza en 1605, y a lo largo de más de cuatro siglos **ha tenido** *(has had)* usos muy diversos: **noviciado** *(novitiate)* jesuita, colegio republicano y **sede** *(campus)* universitaria, entre otras. A principios del siglo XX, la Casona tiene cinco secciones: la Facultad *(School)* de Derecho en el Patio de los Maestros; el Patio de los **Naranjos** *(orange trees)*, ocupado por la Facultad de Letras y Educación; el Patio de los Chicos, por la Facultad de Ciencias, Química y Física; y el Patio de los Jazmines, por la Facultad de Jurisprudencia. El quinto patio **daba hacia la huerta** *(faced the orchard)*.

En 1991, empieza la restauración de este monumento arquitectónico gracias a la Universidad Mayor de San Marcos, la Agencia Española de Cooperación Internacional y el Instituto de Cultura que ahora se llama Centro Cultural San Marcos.

Ya puedes decirlo

6-7 La universidad no es como la escuela Haz un diálogo con un/a compañero/a que incluya las diferencias entre estudiar en la universidad y estudiar en la escuela (tipos de clases, actividades, la actitud y la motivación de los estudiantes, etc.).

¡Prepárate!

Study tip Study the **¡Prepárate!** section before coming to class. Review the vocabulary lists, read the grammar explanations, and do the practice exercises.

Vocabulario   **Study tip** Access vocabulary flashcards at www.cengagebrain.com.

El campus	The campus
biblioteca	library
cafetería	cafeteria
centro estudiantil	student center
departamento	department
edificio	building
estadio	stadium
Facultad (f) de Ciencias	School of Sciences
Facultad (f) de Derecho	School of Law
Facultad (f) de Filosofía y Letras	School of Humanities
Facultad (f) de Ingeniería	School of Engineering
Facultad (f) de Medicina	School of Medicine
gimnasio	gym
laboratorio	lab
laboratorio de lenguas	language lab
librería	bookstore
oficina de ayuda financiera	financial aid office
oficinas administrativas	administration
rectoría	president's or chancellor's office
residencia estudiantil	dormitory

Los números ordinales	Ordinal numbers
primero/a	first
segundo/a	second
tercero/a	third
cuarto/a	fourth
quinto/a	fifth
sexto/a	sixth
séptimo/a	seventh
octavo/a	eighth
noveno/a	ninth
décimo/a	tenth
undécimo/a	eleventh
duodécimo/a	twelfth

Útiles escolares	School supplies
bolígrafo	ballpoint pen
calculadora	calculator
calendario	calendar
cuaderno	notebook
diccionario	dictionary
lápiz (m)	pencil
libro	book
mochila	backpack
papel (m)	paper
pluma	pen
regla	ruler
tiza	chalk

Así se pronuncia Escucha las siguientes conversaciones. Pon atención a la pronunciación
1-39 del vocabulario nuevo.

1. —¿A qué hora es tu primera clase?

   —Es a las ocho.

   —¿Dónde es?

   —Hoy es en la Facultad de Medicina. Los martes y jueves tengo práctica
   en una clínica.

2. —¿Tienes otro lápiz?

   —En mi mochila tengo una pluma.

   —No, gracias; necesito un lápiz.

   —¡Mira! Vero tiene dos sobre el pupitre.

3. —Señorita, ¿sabe dónde está la librería?

   —Hay dos: una al lado del centro estudiantil y otra atrás del gimnasio.

   —¿Cuál es la más cerca?

   —La librería que está al lado del centro estudiantil.

4. —Disculpe, profesor, ¿dónde es su clase de español?

   —Es en el quinto piso de la Facultad de Filosofía y Letras, en el salón 523.

   —¿A qué hora?

   —A las nueve y quince de la mañana.

Juegos de palabras

Escoge el orden de las clases, de acuerdo con la hora. Escribe en el espacio la letra que corresponda a cada una.

1. español: 6:00 P.M.   _____   **a.** primera

2. álgebra: 2:00 P.M.   _____   **b.** segunda

3. inglés: 10:00 A.M.   _____   **c.** tercera

4. historia: 12:00 P.M.   _____   **d.** cuarta

5. biología: 8:00 A.M.   _____   **e.** quinta

Sopa de letras Encierra en un círculo las palabras referentes a útiles escolares (11 palabras).

c	e	r	p	i	z	a	r	r	a	t
y	u	l	i	b	r	o	u	g	i	b
o	c	a	l	e	n	d	a	r	i	o
p	a	p	d	s	l	f	g	h	j	l
l	z	i	c	e	v	n	t	b	m	í
q	w	z	p	t	r	y	u	i	o	g
p	s	a	d	f	e	n	g	h	z	r
j	p	l	z	c	g	v	o	n	m	a
m	o	c	h	i	l	a	r	q	i	f
e	p	l	u	m	a	o	y	p	m	o

Gramática

Saber and conocer *(to know)*

▶ The first-person singular of **saber** is **sé**, and the first-person singular of **conocer** is **conozco**. The other persons are regular. Both verbs have the regular **-er** verb endings. Both verbs mean *to know*, but they have very specific uses in Spanish and cannot be interchanged.

saber		conocer	
yo **sé**	nosotros **sabemos**	yo **conozco**	nosotros **conocemos**
tú **sabes**	vosotros **sabéis**	tú **conoces**	vosotros **conocéis**
Ud. / él / ella **sabe**	Uds. / ellos / ellas **saben**	Ud. / él / ella **conoce**	Uds. / ellos / ellas **conocen**

▶ The verb **saber** is used to express knowing facts and information and to express knowing how to do something (abilities and skills).

Ejemplos

Yo **sé** que mañana hay un examen.	*I **know** that tomorrow there is an exam.*
Fernando no **sabe** alemán.	*Fernando does not **know** German.*
Los alumnos **saben** que la clase es los lunes.	*The students **know** that the class is on Mondays.*
Yo **sé** usar la computadora.	*I **know** how to use the computer.*
¿**Saben** Uds. hablar francés?	*Do you **know** how to speak French?*

> **Nota lingüística** In sentences such as *I know how to use the computer*, the word *how* is not used in Spanish because the verb **saber** already conveys the meaning of ability or skill.

▶ The verb **conocer** is used to express knowing a person or a place.

Ejemplos

—¿**Conoces** al profesor?	*"Do you **know** the professor?"*
—Sí, lo **conozco**.	*"Yes, I **know** him."*
—¿**Conocen** Uds. a la nueva alumna?	*"Do you **know** the new student?"*
—No, no la **conocemos**.	*"No, we don't **know** her."*
—¿**Conoce** Ud. San Antonio?	*"Do you **know** San Antonio?"*
—Sí, **conozco** San Antonio bien.	*"Yes, I **know** San Antonio well."*
—¿**Conoces** el restaurante Taco Bonito?	*"Do you **know** the restaurant Taco Bonito?"*
—Sí, lo **conozco**.	*"Yes, I **know** it."*

> **Nota lingüística** Do not get confused between knowing where a place is (**saber**) and knowing the place—that is, being acquainted with it (**conocer**). Knowing where a place is indicates information, and being acquainted with it indicates familiarity. For example: **Sé dónde está la Universidad de Harvard** *(I know where Harvard University is located)* is different than **Conozco la Universidad de Harvard** *(I'm familiar with Harvard University. I've been there before).*

Ejercicio

Llena los espacios en blanco con la forma correcta de los verbos **saber** o **conocer**.

1. Tú _____ hablar muy bien el español.

2. Es mi primer semestre aquí, y yo no _____ el campus.

3. ¿_____ Ud. dónde está la Facultad de Medicina?

4. ¿_____ Uds. a la profesora de español?

5. Necesito un diccionario. Yo no _____ el significado (*meaning*) de esa palabra.

6. No todos los alumnos _____ el significado de esa palabra.

7. Tú _____ el campus muy bien, ¿verdad?

Study tip Go to the SAM for extra vocabulary and grammar exercises for this module.

Direct object pronouns

▶ The direct object pronouns are:

me	*me*	nos	*us*
te	*you* (informal)	os	*you* (plural)
lo	*you* (formal), *him, it*	los	*you* (plural), *them* (m)
la	*you* (formal), *her, it*	las	*you* (formal plural), *them* (f)

▶ Direct objects receive the action of the verb directly and answer the question *what* or *whom*.

Ejemplos

*I know the **answer**. Answer* is the direct object noun. (I know **what**?)

*I know your **brother**. Brother* is the direct object noun. (I know **whom**?)

▶ Direct object pronouns take the place of direct objects. The pronoun must be of the same gender and number as the direct object it replaces.

Ejemplos

Sé **la respuesta**. <u>La</u> sé.	*I know **the answer**. I know <u>it</u>.*
Conozco **a tu hermano**. <u>Lo</u> conozco.	*I know **your brother**. I know <u>him</u>.*
Siempre apruebo **mis clases**. Siempre <u>las</u> apruebo.	*I always pass **my classes**. I always pass <u>them</u>.*
Recomiendo **a los profesores**. <u>Los</u> recomiendo.	*I recommend the professors. I recommend <u>them</u>.*

▶ The personal **a** must be used if the direct object is a person. The personal **a** is not translatable to English.

Ejemplo

Conozco **a** María.

I know María.

▶ Direct object pronouns must be placed before the conjugated verb.

Ejemplos

Conozco **al decano de la universidad**.	*I know **the dean of the university**.*
Lo conozco muy bien.	*I know **him** well.*
No dejo **mis CDs** en el coche.	*I don't leave **my CDs** in the car.*
Los pongo en mi mochila.	*I put **them** in my backpack.*

▶ When there are two verbs in the sentence, the pronoun may be placed before the conjugated verb or attached directly to an infinitive or present participle. The pronoun is never placed between the two verbs. (A written accent must be placed over the stressed vowel when the option of attaching the direct object pronoun to the present participle is used.)

Ejemplos

¿Quieres conocer a **mi hermano**? Sí, **lo** quiero conocer. / Sí, quiero conocer**lo**.

¿Estás preparando **la tarea**? Sí, **la** estoy preparando. / Sí, estoy preparándo**la**.

Ejercicio

Responde a las preguntas, usando un pronombre de objeto directo (**me, te, nos, lo, la, los, las**) en tus respuestas.

1. ¿Conoces a la Profa. González?

_____

2. ¿Necesitamos terminar el examen antes de las 10:00?

_____

3. ¿Sabe Juan todas las palabras del vocabulario?

_____

4. ¿Me ayudas?

_____

5. ¿Necesitas tus notas?

_____

B Conozco el campus

Ordinal numbers

▶ The ordinal numbers precede the noun and must agree in gender and number with the noun they modify.

Ejemplos

Mi **primera clase** es la clase de matemáticas.

Estudiamos los números en el **segundo capítulo**.

Estudiamos los adjetivos en el **cuarto capítulo**.

Los **primeros días** de clases son muy importantes.

▶ The ordinal numbers *first* through *tenth* are used with the names of kings, queens, and popes in spoken language. In written language, they are represented as Roman numerals. From *eleventh* on, the cardinal numbers are frequently used.

Ejemplos

Isabel **I** (primera), Carlos **V** (quinto), Juan Pablo **II** (segundo),

Luis **XV** (quince), Juan **XXIII** (veintitrés)

▶ **Primero** becomes **primer** and **tercero** becomes **tercer** before a masculine singular noun.

Ejemplos

El **primer semestre** es el más difícil.

El laboratorio está en el **tercer piso**.

▶ When expressing the day of the month, the cardinal numbers (*two, three,* etc.) are used. Use the ordinal number **primero** only for the first day of the month.

Ejemplos

Hoy es el **primero** de enero.   *Today is the **first** of January.*

Mañana es el **treinta y uno** de julio.   *Tomorrow is the **thirty-first** of July. (literally, thirty-one of July)*

Ejercicio

Completa la oración con el número ordinal correcto.

1. Los (*first*) _____ capítulos del libro son muy interesantes.

2. El centro estudiantil está en el (*tenth*) _____ piso.

3. María es la (*second*) _____ estudiante de su clase.

4. ¡Es la (*fifth*) _____ vez que te repito lo mismo!

✎ **Study tip** Go to the SAM for extra vocabulary and grammar exercises for this module.

En acción

Conversaciones y más

6-8 Cosas perdidas el primer día de clases Relaciona las columnas. ¿A qué o a quién se refieren los pronombres de objeto directo subrayados?

Diálogo 1

Gloria: Mamá, ¿sabes dónde está mi libro de inglés?

Mamá: No, no lo sé. ¿Por qué no lo pones en tu mochila después de usarlo?

Gloria: Es una buena idea. Nunca recuerdo dónde pongo las cosas.

Mamá: Gloria, eres muy joven para tener tan mala memoria.

Gloria: ¿Y mi mochila? Siempre la pongo en mi recámara.

Mamá: Yo no la veo tampoco… Ah, ahí está en el sofá.

Gloria: Bueno, me voy. Solo necesito mis lentes.

Mamá: Gloria, los tienes en la cabeza.

Gloria: ¿Y mis llaves?

Mamá: Las tienes en la mano. ¡Qué niña!

1. Gloria debe <u>poner</u><u>lo</u> en la mochila. _____   **a.** llaves

2. Siempre <u>la</u> pone en la recámara. _____   **b.** libro

3. <u>Los</u> tiene en la cabeza. _____   **c.** mochila

4. <u>Las</u> tiene en la mano. _____   **d.** lentes

Diálogo 2

Lisa: Buenos días, profesor. Soy Lisa Ramírez. Tengo un problema.

Prof.: Buenos días, señorita. ¿Cuál es su problema?

Lisa: Quiero estar en su clase, pero no puedo tomarla porque está llena.

Prof.: No hay problema. La secretaria puede abrirla y ponerla en mi clase. Dígale que ya habló *(talked)* conmigo *(with me)*.

Lisa: Gracias, profesor. Los alumnos que lo conocen lo estiman mucho porque siempre trata de ayudarnos.

Prof.: No hay de qué. Hasta mañana.

5. No puede tomar<u>la</u>. _____   **a.** clase

6. La secretaria puede abrir<u>la</u>. _____   **b.** profesor

7. Puede poner<u>la</u> en la clase. _____   **c.** Lisa

8. <u>Lo</u> estiman mucho. _____

6-9 Diálogos en la universidad Con un/a compañero/a, busca las preguntas para cada respuesta en las 🗨.

> Lo pone en su página web y en el tablón de anuncios. ☐

> Sí, son las nueve y diez. ☐

> Los pone en su mochila. ☐

> Sí, lo conozco muy bien. ☐

> Las ponen en el piso, junto a su pupitre. ☐

> No, pero tengo clase en la noche, a las ocho. ☐

> Sí, la conozco. Es la Dra. Martínez. ☐

> A las nueve y media. ☐

> Sí, está enfrente de la cafetería. ☐

1. ¿Me das la hora, por favor?
2. ¿A qué hora tienes clase?
3. ¿Conoce Ud. el campus?
4. Profesor, ¿tiene clase en la tarde?
5. ¿Dónde pone María sus libros?
6. ¿Sabe Ud. dónde está la biblioteca?
7. ¿Conoces a la jefa del departamento?
8. ¿Dónde ponen las mochilas?
9. ¿Dónde pone el profesor el programa de estudio?

6-10 Nuevo semestre Con un/a compañero/a, completa el diálogo, usando la forma correcta de **saber** o **conocer.**

Fernando: Hola, José Luis. ¿Qué tal?

José Luis: Muy bien, ¿y tú?

Fernando: Bastante bien. Es un nuevo semestre, clases interesantes y chicas bonitas.

José Luis: Sí, es cierto. Oye, hay una chica muy guapa en mi clase de francés. Se llama Ana María Mireles. ¿La (1) _____?

Fernando: Yo (2) _____ quién es, pero no la (3) _____. (4) _____ a su hermano Jaime.

José Luis: ¡Qué bien! ¿(5) _____ si Ana María tiene novio?

Fernando: Eso no lo (6) _____, pero puedo preguntar. Pero ¿por qué tanto interés en ella? Tú (7) _____ a muchas chicas bonitas.

José Luis: Sí, pero ella es especial. Es guapísima, muy inteligente y (8) _____ hablar muy bien el francés.

Fernando: ¡Ah, ahora entiendo! Quieres (9) _____ porque ella (10) _____ francés muy bien y te puede ayudar con la tarea.

José Luis: Bueno, una chica bonita y muy inteligente… ¿qué más puedo querer?

6-11 Llamada a casa Arturo estudia administración de empresas en una universidad de Chile y como parte de su programa está estudiando un semestre en Alcalá, España. Él llama por teléfono a su familia y su mamá contesta el teléfono. Escucha el diálogo y completa la información en el cuadro.

1-40

días	clase	hora	calificación

> **Nota lingüística** **False cognates** The word **facultad** is used to mean *the school of…* For example, **la Facultad de Medicina** is *the School of Medicine. Faculty* is **el profesorado, el personal docente** or **el personal académico. Librería** is also a false cognate. It does not mean *library* but *bookstore. Library* is **biblioteca.**

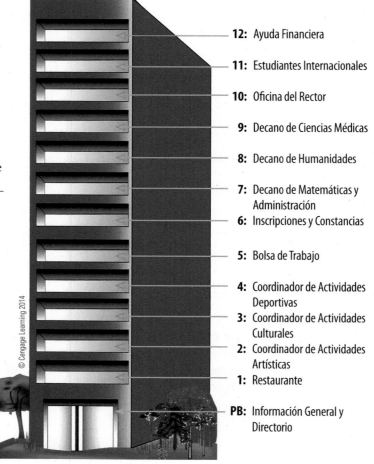

6-12 Las oficinas administrativas Con un/a compañero/a digan a qué piso tienen que ir las personas, de acuerdo con la descripción.

1. Yoko es una estudiante de Japón y necesita información.

_____

2. El director de la Facultad de Filosofía y Letras tiene que hablar con su jefe.

_____

3. Juan y María están buscando trabajo.

_____

4. Pedro no está en las listas de sus profesores.

_____

5. Un grupo de teatro quiere presentar una obra.

_____

6. Patricia no sabe dónde está el Departamento de Becas. _____

7. José Luis tiene hambre y sed*.

_____

8. Ana Elena quiere información de un programa de maestría en contabilidad.

_____

9. El equipo de básquetbol femenil quiere participar en una competencia estatal.

_____

10. Los profesores de literatura quieren hacer un congreso sobre las obras y la cultura rusa.

_____

11. Los estudiantes de medicina necesitan hacer una campaña de vacunación.

_____

12. Los profesores visitantes tienen una cita con la máxima autoridad de la universidad.

_____

12: Ayuda Financiera

11: Estudiantes Internacionales

10: Oficina del Rector

9: Decano de Ciencias Médicas

8: Decano de Humanidades

7: Decano de Matemáticas y Administración

6: Inscripciones y Constancias

5: Bolsa de Trabajo

4: Coordinador de Actividades Deportivas

3: Coordinador de Actividades Culturales

2: Coordinador de Actividades Artísticas

1: Restaurante

PB: Información General y Directorio

© Cengage Learning 2014

Nota lingüística Remember that the **planta baja** (**PB**) is not counted as the first floor—it is the street-level floor. What we in the United States call the second floor is known as the first floor in many countries.

Nota lingüística To express * *I am hungry* or *I am thirsty*, Spanish does not use the verb **ser** or **estar** with an adjective, but rather the verb **tener** plus a noun. **Tengo hambre** literally means *I have hunger*, and **Tengo sed** literally means *I have thirst*.

Literatura Almanaque de España, A-18

La Universidad de Alcalá y el Premio Cervantes La universidad está situada en la ciudad de Alcalá de Henares, a menos de 20 km de Madrid. El Cardenal Cisneros la funda en 1499, y durante los siglos XVI y XVII es el centro de excelencia académica en Europa y el modelo para las universidades del Nuevo Mundo. La universidad **se mueve** (*moves*) a Madrid a mediados del siglo XIX con el nombre de Universidad Complutense. En 1977 se abre nuevamente en Alcalá, y en 1998 la UNESCO la nombra Patrimonio de la Humanidad. Hoy tiene casi 30.000 estudiantes y más de 2.000 profesores. Uno de los eventos anuales más importantes de la Universidad de Alcalá es el **Premio Miguel de Cervantes**, nombrado por el autor de la novela y obra maestra ***Don Quijote de la Mancha***. Este honor es el máximo **reconocimiento** (*acknowledgement*) a la obra de escritores españoles e hispanoamericanos por su notable contribución al patrimonio literario en lengua española. Don Quijote y su **escudero** (*squire*) Sancho representan el idealismo y el materialismo, respectivamente. Desde 1976, escritores de España, Cuba, México, Argentina, Uruguay, Paraguay, Chile y Colombia **han ganado** (*have won*) el premio.

This image is in the Public Domain

Nota cultural Almanaque de Chile, A-6

Orquesta Sinfónica de Chile La Orquesta Sinfónica de Chile es un Patrimonio Nacional (*national heritage*). Su primer concierto fue el 7 de enero de 1941 y siempre ha mantenido su prestigio a nivel nacional e internacional. Con su gran calidad artística, presenta la música sinfónica chilena, clásica y contemporánea.

La forman 91 músicos del más alto nivel. Su extensa temporada de conciertos cuenta con más de 90 programas musicales en Santiago, la capital del país, y también en otras ciudades. La orquesta tiene un amplio repertorio que abarca (*spans*) desde el periodo barroco hasta el contemporáneo, pasando por los clásicos universales. Han tocado por primera vez prácticamente la totalidad de las obras chilenas sinfónicas y sinfónico-corales escritas en el país. La orquesta es un gran orgullo para la Universidad de Chile y para el país.

6-13 Lectura Contesta las preguntas de acuerdo con la información de la universidad.

Roberto quiere hacer una licenciatura en la Universidad de Alcalá. Esta es la información que obtuvo para el primer ciclo (tres años de un total de cinco).

Universidad de Alcalá

PLAN DE ESTUDIOS DE: LICENCIADO EN HISTORIA
CENTRO: FACULTAD DE FILOSOFÍA Y LETRAS

PRIMER CICLO

PRIMER CURSO

ANUAL
33284 Historia de Europa en la Edad Media
33279 Historia del Mundo Grecorromano
33297 Prehistoria, Protohistoria y Altas Culturas Americanas

PRIMER CUATRIMESTRE
33283 Historia de las Sociedades Peninsulares
33288 Prehistoria Antigua
33296 Arte Prehistórico

SEGUNDO CUATRIMESTRE
33280 Historia Antigua del Próximo Oriente
33287 Prehistoria Reciente

SEGUNDO CURSO

ANUAL
33286 Historia de España Moderna
33285 Historia Universal Moderna

PRIMER CUATRIMESTRE
33303 Historia de la Cultura Escrita

SEGUNDO CUATRIMESTRE
33298 Historia del Arte Antiguo y Medieval
33302 Historia del Pensamiento Político

TERCER CURSO

ANUAL
33282 Historia de España Contemporánea
33281 Historia Universal Contemporánea
33299 Historia del Arte Moderno y Contemporáneo

PRIMER CUATRIMESTRE
33301 Historia del Pensamiento Contemporáneo

ASIGNATURAS OPTATIVAS A CURSAR DURANTE EL PRIMER CICLO: El alumno deberá completar 30 Créditos, eligiendo cualquier asignatura relacionada a continuación.

PRIMER CUATRIMESTRE
33300 Arte Paleolítico de la Península Ibérica
33400 Egiptología
33406 Historia de la Filosofía Antigua
33411 Historia de las Ideas y de los Sistemas Políticos Contemporáneos
33402 Historia Económica y Social de la Edad Media
33431 Introducción a la Geografía de España
33404 Paleografía
33432 Introducción a la Geografía Humana

SEGUNDO CUATRIMESTRE
33398 Arte Postpaleolítico de la Península Ibérica (2)
33405 Escrituras Expuestas: Inscripciones y Graffiti
33410 Historia de la Ciencia y la Cultura Contemporánea
33403 Historia de las Instituciones Medievales
33413 Historia del Arte Español del Barroco
33412 Historia del Arte Español del Renacimiento
33407 Historia del Pensamiento Medieval
33417 Historia Económica de la Edad Contemporánea
33399 Indología
33401 Pueblos Antiguos de España

1. ¿Qué quiere estudiar Roberto en la Universidad de Alcalá? _____

2. ¿Dónde se imparten *(give)* todas estas clases? (edificio) _____

3. ¿Cuántas materias (clases) debe tomar en el primer año? _____

4. ¿Todas las clases tienen la misma duración?_____

5. Menciona una clase que debe tomar todo el año escolar durante el segundo año en la universidad.

_____

6. ¿Cuál es la palabra más repetida en este programa? _____

7. ¿Cuántos créditos en total pueden tomarse de materias optativas en el primer ciclo?

_____

Ya puedes decirlo

6-14 ¿Conoces el campus?

1. Describe el campus, los edificios y la localización de sitios importantes. (Usa expresiones como **junto a**, **a la derecha**, **a la izquierda**, etc.). Después, haz diálogos para localizar diferentes edificios en el plano.

2. Observa el plano del campus de tu universidad y localiza los sitios importantes. (Sigue las instrucciones del número 1).

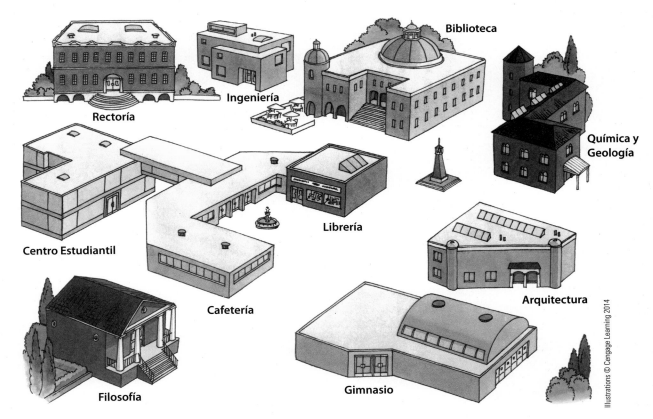

Biblioteca

Ingeniería

Rectoría

Química y Geología

Centro Estudiantil

Librería

Arquitectura

Cafetería

Filosofía

Gimnasio

Illustrations © Cengage Learning 2014

¡Prepárate!

Study tip Study the **¡Prepárate!** section before coming to class. Review the vocabulary lists, read the grammar explanations, and do the practice exercises.

Vocabulario 🌐 **Study tip** Access vocabulary flashcards at www.cengagebrain.com.

El personal de la universidad	University personnel
consejero/a	counselor
coordinador/a	coordinator
decano/a	dean
director/a	chairperson
profesor/a	professor
profesor/a visitante	visiting professor
rector/a	president; chancellor

Vocabulario relacionado	Related vocabulary		
alumno/a	student	exhibición (f)	exhibit
beca	scholarship	fútbol (m) americano	football
clase (f) en línea	online class	hermandades (f, pl.)	sororities; fraternities
clase (f) optativa	elective	investigación (f)	research
concurso	contest	lengua	language; tongue
conferencia	conference	licenciatura	bachelor's degree
director/a de tesis	thesis director	maestría	master's degree
doctorado	doctorate	materia obligatoria	required subject
educación (f) a distancia	distance education	partido de fútbol americano	football game
estudiante (m, f)	student	tesis (f)	thesis

Verbos relacionados	Related verbs		
conducir	to drive; to lead	poner	to put; to place
dar	to give	salir	to leave; to go out
hacer	to make; to do	traducir	to translate
manejar	to drive	traer	to bring
oír	to hear	ver	to see

Adjetivos demostrativos	Demonstrative adjectives				
este	this	ese	that	aquel	that
esta	this	esa	that	aquella	that
estos	these	esos	those	aquellos	those
estas	these	esas	those	aquellas	those

◀)) Así se pronuncia Escucha las siguientes conversaciones. Pon atención a la
1-41 pronunciación del vocabulario nuevo.

1. —¿Qué clases vas a tomar este semestre?

—No sé. Necesito hablar con un consejero.

— Date prisa *(Hurry)* porque las clases empiezan la próxima semana.

2. —¿Es el español una materia obligatoria?

—No estoy seguro. Es mejor hablar con el coordinador del Departamento de Idiomas. Su oficina es aquella que está al final del pasillo.

3. —Profesor, tengo que conducir 20 millas todos los días a la universidad y a veces no llego a tiempo.

—¿Por qué no toma esta clase por Internet?

—Gracias. Eso voy a hacer.

4. —Profa., solo necesito escribir la tesis para obtener mi maestría, pero no tengo director de tesis. ¿A quién me recomienda?

—El Prof. Zubieta es un buen director. Hable con él. Su oficina es esa.

Juegos de palabras

Relaciona las columnas.

1. lengua extranjera	_____	**a.** educación a distancia
2. estudiante	_____	**b.** director de tesis
3. clase por Internet	_____	**c.** oír
4. concierto	_____	**d.** historia
5. materia obligatoria	_____	**e.** alumno
6. doctorado	_____	**f.** traducir

Gramática

Irregular yo verbs

▶ There are several verbs in the present tense that are irregular only in first-person singular (**yo**) form. The other persons are regular.

1. The following verbs have a **g** in the stem of the first-person singular.

Sujeto	hacer (to do; to make)	poner (to put; to place)	salir (to leave; to go out)	traer (to bring)
yo	**hago**	**pongo**	**salgo**	**traigo**
tú	haces	pones	sales	traes
Ud. / él / ella	hace	pone	sale	trae
nosotros / nosotras	hacemos	ponemos	salimos	traemos
vosotros / vosotras	hacéis	ponéis	salís	traéis
Uds. / ellos / ellas	hacen	ponen	salen	traen

Note:

- **Traer** is irregular in the first-person singular because it has an **i** and a **g**.
- Use **de** with **salir** when the place that was left is mentioned.

Ejemplo

Salgo de casa a las siete de la mañana.   *I leave the house at 7:00 A.M.*

2. Remember that **ser, estar,** and **ir** have an **-oy** ending in the first-person singular. **Dar** also has the **-oy** ending in the first-person singular.

3. **Ver** is irregular in the first-person singular because the **e** of the infinitive ending **-er** is kept.

4. Verbs that end in **-ducir** have a **-zco** ending in the first-person singular.

Sujeto	dar (to give)	ver (to see)	conducir (to drive; to lead)	traducir (to translate)
yo	**doy**	**veo**	**conduzco**	**traduzco**
tú	das	ves	conduces	traduces
Ud. / él / ella	da	ve	conduce	traduce
nosotros / nosotras	damos	vemos	conducimos	traducimos
vosotros / vosotras	dais	veis	conducís	traducís
Uds. / ellos / ellas	dan	ven	conducen	traducen

5. The verb **oír** is irregular in all persons.

Sujeto	oír *(to hear)*
yo	oigo
tú	oyes
Ud. / él / ella	oye
nosotros / nosotras	oímos
vosotros / vosotras	oís
Uds. / ellos / ellas	oyen

Ejercicio

Llena los espacios en blanco con la forma correcta del verbo en paréntesis. Usa el verbo de la pregunta en la respuesta.

1. —¿A qué hora (salir) _____ Uds. de la residencia?

—_____ a las 7:30 de la mañana.

2. —Carlos, ¿(conducir) _____ a la universidad o caminas?

—_____. No me gusta caminar.

3. —Hay mucho ruido en el salón. Ana, ¿(oír) _____ al profesor?

—No, no _____ al profesor.

4. —¿Cuántas becas les (dar) _____ la universidad a los estudiantes extranjeros?

—Les _____ muchas.

5. —Señorita, Ud. está sentada muy lejos. ¿(Ver) _____ la pizarra?

—Sí, _____ la pizarra perfectamente bien.

6. —Gabriel, ¿(traducir) _____ las oraciones del español al inglés?

—Profesora, yo _____ las oraciones del inglés al español.

7. —Profesor, ¿(poner) _____ Ud. muchos verbos irregulares en los exámenes?

—Sí, generalmente _____ muchos.

8. —¿Siempre (conducir) _____ ustedes así?

—No, usualmente _____ más despacio, pero hoy tenemos prisa.

9. —¿Qué (hacer) _____ Felipe los fines de semana?

—Normalmente, Felipe _____ ejercicio en el gimnasio.

10. —¿A qué hora (salir) _____ de tu casa?

—_____ de mi casa a las 8.

Demonstrative adjectives

▶ Demonstrative adjectives agree in number and gender with the nouns that they modify. Demonstrative adjectives point out people and things, expressing the distance between the speaker and the object or person they are referring to.

These demonstrative adjectives point out something *near the speaker*.

Ejemplos

Este libro es excelente.	*This book (near me) is excellent.*
Esta computadora es nueva.	*This computer (near me) is new.*
Estos libros son excelentes.	*These books (near me) are excellent.*
Estas computadoras son nuevas.	*These computers (near me) are new.*

▶ These demonstrative adjectives point out something *not very far from the speaker*.

Ejemplos

Ese escritorio es del profesor.	*That desk (there) is the professor's.*
Esa silla es para la profesora.	*That chair (there) is for the professor.*
Esos escritorios son nuevos.	*Those desks (there) are new.*
Esas sillas son muy pequeñas.	*Those chairs (there) are very little.*

▶ These demonstrative adjectives point out something *way over there*, not near the speaker *or* the person spoken to.

Ejemplos

Aquel tablón de anuncios tiene información para la clase.	*That bulletin board (over there) has information for the class.*
Aquella ventana está quebrada.	*That window (over there) is broken.*
Aquellos edificios son nuevos.	*Those buildings (over there) are new.*
Aquellas puertas están cerradas.	*Those doors (over there) are closed.*

▶ The demonstrative adjectives also are used to refer to distance concerning time. **Este mes** and **este año**, for example, refer to this current month and this current year. **Ese semestre** refers to a previous semester, and **aquel año / mes / día**, **aquellos años**, etc., refer to the remote past.

Demonstrative pronouns

este	*this one*	**ese**	*that one*	**aquel**	*that one (over there)*
esta	*this one*	**esa**	*that one*	**aquella**	*that one*
estos	*these*	**esos**	*those*	**aquellos**	*those*
estas	*these*	**esas**	*those*	**aquellas**	*those*

▶ The demonstrative pronouns have the same form as the demonstrative adjectives. They take the place of nouns, so they have to match the number and gender of the nouns they replace.

Ejemplos

¿Quieres este bolígrafo o **este**?	*Do you want this pen or **this one**?*
Está bien esta mochila, pero prefiero **esa**.	*This backpack is OK, but I prefer **that one**.*
Estos edificios son modernos, pero **aquellos** son viejos.	*These buildings are modern, but **those** are old.*
Estas computadoras son viejas, pero **esas** son nuevas.	*These computers are old, but **those** are new.*

Ejercicio

Relaciona la pregunta con la respuesta, y escribe el adjetivo o pronombre demostrativo que corresponda.

1. ¿Tu clase es en este salón? _____
2. ¿Estos libros son tuyos? _____
3. ¿Tu carro es ese? _____
4. ¿Aquel chico es tu novio? _____
5. ¿Sabes de quién es esa mochila? _____
6. ¿La biblioteca es este edificio? _____

a. Sí, _____ que está lejos. Lleva camisa azul.
b. No lo sé. _____ es la mía.
c. No, es _____ que está ahí, el edificio de cuatro pisos.
d. No, es en _____. Es en el siguiente, en el 108.
e. No, es _____ que está aquí.
f. No, mis libros son _____ que están ahí.

¿Dónde está…? Escribe un adjetivo demostrativo. Toma como punto de referencia a Juan.

_____ edificio

_____ edificio

_____ edificio

_____ mesa

Juan

_____ alumnas

_____ alumnas

© Cengage Learning 2014

✎ **Study tip** Go to the SAM for extra vocabulary and grammar exercises for this module.

En acción
Conversaciones y más

6-15 Nueva alumna Lee el diálogo y después escribe **C** si la oración es cierta o **F** si es falsa.

Isabel es una nueva alumna y quiere información sobre las actividades de la universidad.

Isabel: Hola. Soy nueva en la universidad y no sé dónde hay información sobre las actividades culturales y deportivas.

José: Hola, yo soy José Salazar.

Isabel: Ay, perdón. Yo soy Isabel Lara.

José: Mucho gusto, Isabel. Bueno, estoy en el tercer año y conozco la universidad bastante bien. ¿Qué quieres saber exactamente?

Isabel: Quiero saber si hay actividades como ciclos de cine internacional, exposiciones o algo así…

José: Claro. Siempre hay teatro, cine, conferencias y exposiciones de arte. Si vives en la residencia estudiantil, no te vas a aburrir. Hay mucho que hacer los fines de semana.

Isabel: Gracias, pero ¿dónde puedo ver el horario de las actividades?

José: Puedes ir al tercer piso de la Facultad de Filosofía y Letras y ver en el tablón de anuncios o buscar en Internet. Siempre aparecen boletines informativos.

Isabel: No conozco el campus. ¿Dónde está la Facultad de Filosofía?

José: Es aquel edificio de 12 pisos.

Isabel: Gracias, José. Te lo agradezco mucho. Nos vemos.

José: Sí, ¿pero cuándo y dónde?

Isabel: Apunta mi teléfono y nos hablamos.

1. Isabel no está familiarizada con la universidad.　　　_____

2. José es un nuevo alumno.　　　_____

3. A Isabel le interesan la cultura y el arte.　　　_____

4. José dice que Isabel no puede ver toda la información en la computadora.　　　_____

5. El campus no es muy aburrido los sábados y los domingos.　　　_____

6. El edificio de la Facultad de Filosofía y Letras no es alto.　　　_____

7. José quiere conocer mejor a Isabel.　　　_____

◀⧻ 6-16 Por teléfono José habla por teléfono con Isabel. Escucha el diálogo y escribe las palabras que faltan.

1-42

Isabel: ¿Hola?

José: Hola, Isabel. Habla José. ¿Te acuerdas de mí?

Isabel: (1) _____. ¿Cómo estás?

José: Muy bien. Ya encontré varias actividades… (2) _____.

Isabel: ¿Cuáles son las opciones?

José: Bueno, hay un ciclo de (3) _____ todo el mes, y este (4) _____ hay una obra de teatro que dicen que es muy divertida. El jueves en la noche hay un evento especial (5) _____ porque va a haber un eclipse lunar.

Isabel: Pues todo suena muy bien.

José: Podemos ir al ciclo de cine (6) _____ y hasta ir al teatro… además unos amigos me invitaron (7) _____. Podemos ir después del teatro. ¿(8) _____?

Isabel: Me parece bien. ¿Y el eclipse?

José: ¿Quieres ir también?

Isabel: Sí, pero no estoy segura… creo que tengo (9) _____ el viernes.

José: Bueno, llámame mañana para estar seguros. De todos modos (10) _____ el sábado.

Isabel: Sí, ¿(11) _____ empieza la obra?

José: (12) _____. Entonces, ¿nos vemos a las siete?

Isabel: Muy bien. (13) _____.

● 6-17 ¡Qué desorden! Con un/a compañero/a, ordena el diálogo.

Raúl y Pablo hablan sobre la residencia estudiantil.

Raúl: Nos vemos luego. _____

Pablo: Es mejor así porque muchos compañeros que viven fuera de casa por primera vez hacen fiestas todos los días y por eso reprueban sus clases y después abandonan la universidad. _____

Raúl: Claro, yo les doy mucha importancia a mis estudios. No salgo con mis amigos todos los días; solo los fines de semana. _____

Pablo: Así es. Bueno, chao. _____

Raúl: Bastante bien. Tenemos más libertad aquí que en casa. _____

Pablo: ¿Cómo te va en la residencia estudiantil? _____

Pablo: Sí, es cierto, pero hay que tener cuidado de no abusar de esa libertad y descuidar las clases. _____

Raúl: Tienes razón. Esos estudiantes necesitan el control de la escuela. No están preparados para vivir solos. _____

6-18 ¿Es mejor vivir en la residencia estudiantil? Con un/a compañero/a, completa los párrafos, usando los verbos de las listas.

| gustar | traer | salir | oír | hacer | querer | encontrar | conducir | poner | llegar | ver |

Mi amiga Gabriela (1) _____ su carro a la universidad. (2) _____ de su casa a tiempo, pero (3) _____ tarde a la clase porque no (4) _____ estacionamiento (*parking*). En su carro siempre (5) _____ muchos discos compactos y los (6) _____ con mucho volumen. (7) _____ la música muy fuerte y las personas la (8) _____ y (9) _____ caras, pero a ella no le importa (*she doesn't care*); así prefiere manejar. No (10) _____ vivir en la residencia porque no le (11) _____ la comida de la cafetería.

| dar | gustar | vivir | ir | salir | oír | hacer | poder | conocer | poner | ver |

Yo (1) _____ muy bien la universidad porque (2) _____ en la residencia estudiantil. Solamente (3) _____ mis libros en mi mochila y (4) _____ rápidamente a mis clases. A veces (5) _____ un paseo por el campus mientras (6) _____ música. Es muy conveniente vivir en el campus porque (7) _____ asistir a los partidos de básquetbol, béisbol o fútbol. También me interesan las actividades académicas. (8) _____ a las conferencias de profesores visitantes, (9) _____ las exhibiciones de arte y (10) _____ la tarea en la biblioteca. Me (11) _____ mucho mi vida de estudiante.

Los murales de la Universidad Nacional Autónoma de México (UNAM)

La UNAM, fundada en 1551, en la actual Ciudad de México, es la tercera universidad más antigua de las Américas y una de las más importantes de Iberoamérica. Es reconocida por su prestigio académico y por la investigación que realiza *(conducts)* a nivel nacional e internacional. Actualmente tiene casi 320.000 estudiantes.

En 1952, Juan O'Gorman termina el mural *Representación histórica de la cultura*, hecho con piedras de colores en uno de los muros *(walls)* exteriores de la biblioteca central de la universidad. Es uno de los murales más grandes del mundo.

El Muro Norte de la biblioteca corresponde a la época prehispánica. En este muro está la representación de la dualidad de la vida y la muerte, con dioses mexicas, así como su calendario y la imagen de la fundación de México-Tenochtitlan, entre muchas imágenes de la vida diaria mexica.

En el Muro Sur está la época colonial y el carácter dual de la conquista: el aspecto **piadoso** *(devout)* y espiritual al lado de la conquista violenta por las armas. En el centro del muro hay un enorme **escudo** *(coat of arms)* de la casa de los Habsburgo, que **gobernaba** *(governed)* España en la época de la conquista de América. También están las fechas de inicio y terminación del virreinato *(rule of the viceroys)* en México (1521–1821).

En el Muro Oriente, el átomo en el centro de la nueva cosmovisión aparece como el principio generador de la energía vital de los vegetales, las aves, los peces, los reptiles y el hombre, y también de la energía potencial de los minerales. Aparece nuevamente la dualidad eterna, esta vez del Sol y la Luna. También hay otra dualidad: la ciudad y el campo.

El artista presenta una síntesis definitiva de la cultura nacional en el Muro Poniente *(Western)*. En el centro está el escudo de la UNAM y la actividad universitaria en la ciencia, la técnica y el deporte.

La biblioteca tiene alrededor de un millón y medio de visitantes al año —a veces hasta seis mil **usuarios** *(users)* por día— y una colección de alrededor de 500.000 volúmenes. Por todo esto la Biblioteca Central es un ícono de la Ciudad de México, y en el año 2007 la UNESCO la declara Patrimonio de la Humanidad.

© Shutterstock

6-19 Intercambio académico Completa el diálogo entre una estudiante y un profesor.

Estudiante: Buenos días profesor. Estoy interesada en un programa de intercambio en un país de habla hispana.

Profesor: Tenemos muchas opciones. ¿_____?

Estudiante: Prefiero ir a América del Sur.

Profesor: ¿_____?

Estudiante: Argentina, Uruguay o Chile.

Profesor: ¿_____?

Estudiante: Me gusta la música y apreciación musical.

Profesor: En ese caso, es mejor el programa que tenemos con la Universidad de Chile.

Estudiante: ¿_____?

Profesor: En la capital.

Estudiante: ¿_____?

Profesor: Sí, es una ciudad interesante y con mucha actividad artística y musical. ¿_____?

Estudiante: Toco el piano y el violín.

Profesor: Te va a gustar la universidad, y puedes ir a los conciertos de la filarmónica.

Estudiante: _____.

Profesor: Te voy a mandar los requisitos por correo, y entonces haces tu solicitud.

Estudiante: _____. Espero la información.

Profesor: Sí, hasta luego y suerte.

Ya puedes decirlo

6-20 Presentación oral

1. Habla de las actividades culturales (recitales de música, conferencias, proyecciones de cine internacional, etc.), sociales (fiestas, reuniones, hermandades) o deportivas (partidos de fútbol, básquetbol, etc.) de tu universidad.

2. Busca en Internet información sobre otra universidad, y describe las actividades culturales, sociales y deportivas. Haz comparaciones con tu universidad.

Study tip Go to the SAM for additional listening and pronunciation practice for this chapter.

Antes de leer

Strategy: Recognizing false cognates

Don't be misled by familiar-looking words. The title of the reading selection below, **La tuna universitaria**, might have you wondering what tuna fish has to do with a university. As you learned in Chapter 3, you can use your ability to recognize true cognates and skim to get the general idea of the story.

La tuna universitaria

La tradición de la tuna tiene su origen en el Siglo XII en España. Entre los primeros estudiantes, hay muchos pobres que se llaman "sopistas" porque comen sopa en los conventos de **caridad** *(charity)*. Van con su música por los conventos, las plazas y las calles, y a cambio reciben un plato de sopa y un poco de dinero para pagar sus estudios. Son como trovadores de la Edad Media. Hoy en día son estudiantes universitarios y no se parecen a sus antecesores. Las tunas modernas representan sus facultades: por ejemplo, la Facultad de Derecho, la Facultad de Medicina u otra facultad de su universidad. Los miembros del grupo se llaman tunos.

El color del traje de tuno representa la facultad o la universidad. La capa negra que llevan está adornada con escudos de las ciudades que visitan y con **cintas** *(ribbons)* que son recuerdos de novias, amigas o instituciones. También llevan una chaqueta negra, un pantalón negro corto y ancho, unas medias negras, unos zapatos negros, una camisa blanca y el "bicornio", o sombrero de dos picos. Sus instrumentos musicales originales son el **laúd** *(lute)*, la guitarra, la bandurria (guitarra pequeña de 12 cuerdas) y la **pandereta** *(tambourine)*.

Hay tunas en España y Latinoamérica, y también en Portugal, Bélgica, Holanda, Francia y Alemania. Una de las primeras canciones que cantan cuando van a una residencia de muchachas se llama "Estudiantina madrileña", y con esa invitación le piden a la muchacha que **salga** *(come out)* al balcón.

© Oso Media/Alamy

List five cognates and their meanings.

1. _____ _____

2. _____ _____

3. _____ _____

4. _____ _____

5. _____ _____

Después de leer

Contesta en español con oraciones completas.

1. ¿Por que se llaman "sopistas" los primeros tunos?

_____

2. ¿Qué representan las tunas?

_____

3. Menciona por lo menos cuatro artículos de ropa que llevan los estudiantes.

_____

4. ¿Qué instrumentos usan?

_____

¡Vamos a escribir!

Write two or three sentences in Spanish about a music-related topic at your school or university. You may want to describe one of your school's musical groups or bands, the official school song, a song played during sports events, or a fraternity or sorority song.

_____

_____

_____

_____

_____

_____

Un plan de estudios Estudia el siguiente plan de estudios de Biología de la Facultad de Ciencias de la Universidad de Chile, y compáralo con el plan de estudios de Biología de tu universidad. Escribe un párrafo sobre los dos planes, y después preséntaselo a la clase. Incluye las clases obligatorias, número de clases, número de semestres, clases optativas, etc.

Plan de Estudios en Biología

Facultad de Ciencias, Universidad de Chile

Primer año Primer semestre	Segundo semestre
Asignaturas y actividades curriculares	**Asignaturas y actividades curriculares**
Matemáticas I	Matemáticas II
Química General I	Química General II
Biología Celular	Introducción a la Mecánica
Zoología	Biología Vegetal

Segundo año Primer semestre	Segundo semestre
Asignaturas y actividades curriculares	**Asignaturas y actividades curriculares**
Álgebra Lineal y Cálculo Vectorial	Métodos y Aplicaciones de las Ecuaciones Diferenciales
Óptica y Electromagnetismo	Bioquímica
Química Orgánica	Termodinámica
Zoología Funcional	Curso de Formación General I

Tercer año Primer semestre	Segundo semestre
Asignaturas y actividades curriculares	**Asignaturas y actividades curriculares**
Genética	Biología Molecular
Microbiología	Biología del Desarrollo
Bioestadística	Ecología
Cinética y Electroquímica	Curso de Formación General II
	Inglés Científico I

Cuarto año Primer semestre	Segundo semestre
Asignaturas y actividades curriculares	**Asignaturas y actividades curriculares**
Fisiología General	Fisiología de Sistemas
Electivo Especialidad	Evolución
Unidad de Investigación	Fisiología Vegetal
Inglés Científico II	Historia y Filosofía de las Ciencias

Note: Semesters in most Latin American countries last five months. Notice that the elective classes are also related to the major, in this case Biology. Students begin to take classes in their major beginning with the first semester and do not have as many electives as in the United States.

Actividad 1 Escucha los diálogos siguientes y escribe **C** si la oración es cierta o **F** si es falsa.

Diálogo 1

1-43

1. _____ 2. _____ 3. _____ 4. _____ 5. _____

José: Hola, Lisa. ¿Qué hay de nuevo?

Lisa: Ay, estoy congestionada.

José: ¿También estornudas mucho?

Lisa: Sí, bastante. Siempre me enfermo así en primavera.

José: Tienes alergias. Necesitas ir al médico.

Lisa: Sí. Es buena idea. Voy mañana.

1. Lisa no está bien.

2. Lisa tiene dolor de estómago.

3. Lisa estornuda muy poco.

4. Es primavera.

5. Lisa va al doctor mañana.

Diálogo 2

1-44

1. _____ 2. _____ 3. _____ 4. _____ 5. _____

Juan Carlos: Buenos días, profesor. ¿Cómo está?

Profesor: Muy bien, gracias, ¿y Ud.?

Juan Carlos: Empiezo a comprender el material en su clase de física, pero tengo una calificación mala.

Profesor: ¿Estudia Ud. para mi clase todos los días?

Juan Carlos: No siempre, porque tengo otras clases y también trabajo.

Profesor: La clase de física es muy difícil y no debe trabajar muchas horas. Yo entiendo su situación y quiero ayudarlo.

Juan Carlos: Bueno, gracias profesor.

1. Juan Carlos no comprende nada en la clase del profesor.

2. Juan Carlos no tiene una calificación buena.

3. Juan Carlos siempre estudia mucho para la clase de física.

4. Juan Carlos no trabaja.

5. El profesor quiere ayudar a Juan Carlos.

Actividad 2 Completa con la palabra apropiada.

1. Respiramos con la _____.

2. Escuchamos con los _____.

3. Peso 300 libras. Necesito _____ de peso.

4. Me duele mucho la cabeza. Tengo _____.

5. Corremos con las _____.

Actividad 3 Completa con la palabra opuesta.

1. alto _____

2. joven _____

3. largo _____

4. mayor _____

5. más _____

Actividad 4 Relaciona las columnas.

1. 28 °F   _____   **a.** huracán

2. 98 °F   _____   **b.** arco iris

3. mucho viento   _____   **c.** frío

4. hace buen tiempo   _____   **d.** fresco

5. fenómeno multicolor _____   **e.** calor

Actividad 5 Marca la palabra que no corresponda.

1. a. álgebra   **b.** psicología   **c.** geometría   **d.** cálculo

2. a. calificación **b.** nota   **c.** semestre   **d.** examen

3. a. hora   **b.** minuto   **c.** segundo   **d.** aula

4. a. piso   **b.** mesa   **c.** pupitre   **d.** escritorio

5. a. temprano   **b.** tarde   **c.** cita   **d.** a tiempo

Actividad 6 Relaciona las columnas.

1. edificio   _____   **a.** libros

2. pluma   _____   **b.** el día primero

3. mochila   _____   **c.** residencia

4. calendario   _____   **d.** lenguas

5. laboratorio _____   **e.** bolígrafo

Actividad 7 Completa el diálogo (in)formal.

1-45

Juan: ¿Cuál es tu estación favorita?

Ana: Me gusta _____ porque _____ sol y calor.

Juan: Yo prefiero _____ porque me gusta esquiar.

Ana: ¿Hay montañas cerca de donde vives?

Juan: Sí, y _____ mucho desde noviembre hasta marzo.

Ana: ¿Qué _____ hace en tu ciudad en la primavera?

Juan: Hace _____ y me gusta más porque tenemos una semana de vacaciones.

Actividad 8 Completa el diálogo con formas formales.

Tere: Buenos días. ¿Es Ud. el profesor Lozano?

Prof.: Sí, ¿en qué puedo servirle?

Tere: Estoy en su clase de Español I pero no _____ dónde es.

Prof.: Generalmente tenemos clase en el _____ González, pero hoy tenemos clase en el _____ de lenguas.

Tere: ¿A qué hora _____ la clase.

Prof.: A las 10:00.

Tere: ¿A qué hora _____?

Prof.: A las 10:50.

Tere: Gracias, profesor.

Prof.: De nada.

Actividad 9 Completa las oraciones con la forma correcta del verbo en paréntesis.

1. María Teresa siempre (aprobar) _____ todas sus clases.

2. ¿(Entender) _____ Uds. al profesor cuando habla muy rápidamente?

3. Juan, ¿cuántas horas (dormir) _____ entresemana?

4. Los alumnos (pensar) _____ en español cuando hablan español.

5. Luis, ¿a quién (recomendar) _____ como profesor de español?

6. ¿(Oír) _____ Uds. al profesor?

7. Yo (hacer) _____ la tarea inmediatamente después de la clase.

8. Lisa, ¿a qué hora (salir) _____ de clase?

9. Yo (salir) _____ a las tres de la tarde.

10. ¿A qué hora (terminar) _____ la clase?

Actividad 10 Completa las oraciones con la forma correcta de **saber** o **conocer**.

1. Yo no _____ todo el vocabulario del capítulo 6.

2. ¿_____ Uds. al rector de la universidad?

3. Ana María _____ hablar español muy bien.

4. Es necesario _____ más de una lengua extranjera.

5. Yo no _____ a todos los alumnos de la clase.

Actividad 11 Responde a las preguntas usando la forma correcta del verbo y un pronombre de objeto directo (**me, te, lo, la, nos, los, las**) en tus respuestas.

1. ¿Habla tu padre español?

Sí, _____ muy bien.

2. ¿Contestas las preguntas del profesor en inglés o en español?

_____ siempre en español.

3. ¿Recomiendas a la profesora de español para el segundo nivel?

_____

4. ¿Me oyes?

_____

5. ¿Conoces a todos los profesores de la Facultad de Español?

_____

Actividad 12 Contesta las preguntas con oraciones completas.

1. ¿Qué partes del cuerpo usas para hablar? _____

2. ¿Tienes dolor de cabeza en este momento? _____

3. ¿Eres mayor o menor que tu profesor/a? _____

4. ¿Cómo es tu novio/a? _____

5. ¿Cuál es tu estación del año favorita? _____

6. ¿Es la clase de español obligatoria o es optativa? _____

7. ¿A qué hora es la clase de español? _____

8. ¿En qué piso está tu clase de español? _____

9. ¿Usas mucho el diccionario? _____

10. ¿Prefieres tener la clase de español en el salón o por Internet? _____

Las maravillas del mundo

Illustrations © Cengage Learning 2014

¡Prepárate!

Study tip Study the **¡Prepárate!** section before coming to class. Review the vocabulary lists, read the grammar explanations, and do the practice exercises.

Vocabulario

 Study tip Access vocabulary flashcards at www.cenegagebrain.com.

Medios de transporte	Means of transportation		
autobús *(m)*	bus	crucero	cruise ship
automóvil *(m)*	automobile	ferry *(m)*	ferry
avión *(m)*	airplane	helicóptero	helicopter
barco	boat	limusina	limousine
bicicleta	bicycle	motocicleta	motorcycle
camioneta	van; SUV; pickup truck	tren *(m)*	train
carro, coche *(m)*	car	velero	sailboat

Dinero	Money		
banco	bank	impuesto	tax
casa de cambio	currency exchange	libre de impuestos	duty-free
cheque *(m)* de viajero	traveler's check	mensualidad *(f)*	monthly wage; installment
¿Cuánto cuesta?	How much is it?	moneda extranjera	foreign currency
¿Cuánto cuestan?	How much are they?	moneda	currency; coin
cuenta	bill, check; account	oferta	sale; special
descuento	discount	peso	peso
dólar *(m)*	dollar	precio	price
efectivo	cash	propina	tip (gratuity)
euro	euro	tarjeta de crédito	credit card

Viajes	Traveling		
aeropuerto	airport	línea aérea	airline
agencia de viajes	travel agency	maleta	suitcase
agente *(m, f)* de viajes	travel agent	paquete *(m)*	package
asiento	seat	pasaporte *(m)*	passport
boleto	ticket	pasillo	aisle
carretera	highway	reservación *(f)*	reservation
demora	delay	sala de espera	waiting room
demorado/a	delayed	sin escalas	nonstop
equipaje *(m)*	luggage	sitio arqueológico	archaeological site
estación *(f)* de trenes	train station	sobrecargo *(m, f)*	flight attendant
excursión *(f)*	tour; trip	terminal de autobuses *(f)*	bus station
guía *(m, f)* de turistas, guía turístico	tourist guide	ventanilla	ticket window; airplane window
ida y vuelta	round-trip	visa	visa

Monetary units of Spanish-speaking countries Argentina, Chile, Colombia, Cuba, Dominican Republic, Mexico, and Uruguay use the **peso** as their monetary unit. Its rate of exchange compared to the dollar varies from country to country. Ecuador, El Salvador, and Puerto Rico use the U.S. dollar. The monetary units of other Spanish-speaking countries are as follows:

Courtesy of the authors

- **Balboa** and the U.S. dollar in Panama. **Vasco Núñez de Balboa** was the first European to see the eastern shore of the Pacific Ocean.

- **Bolívar** in Venezuela. It is named after **Simón Bolívar**, who won independence from Spain for Bolivia, Panama, Colombia, Ecuador, Peru, and Venezuela.

- **Boliviano** in Bolivia. Also named after Simón Bolívar.

- **CFA franc** in Equatorial Guinea.

- **Colón** in Costa Rica. Named after **Cristóbal Colón** (Christopher Columbus).

- **Quetzal** in Guatemala. The quetzal, considered the most beautiful bird in the Western Hemisphere, is the national symbol of Guatemala.

- **Lempira** in Honduras. Lempira was an Indian chief who organized Indian tribes against the conquering Spaniards.

- **Córdoba** in Nicaragua. Córdoba is a city in southern Spain.

- **Guaraní** in Paraguay. The Guaraní is a group of indigenous people.

- **Nuevo sol** in Peru. The **nuevo sol** replaced the **inti** and was introduced in 1991. Inti was the Sun god in Inca mythology. **Sol** is *sun* in Spanish, and therefore there is continuity in the naming of Peruvian currency.

- **Euro** in Spain. The **euro** is the official currency of seventeen European countries.

🔊 **Así se pronuncia** Escucha las siguientes conversaciones. Pon atención a la
2-2 pronunciación del vocabulario nuevo.

1. —¿Sabes dónde hay una casa de cambio?

—Sí, ¿por qué?

—Quiero cambiar pesos a dólares.

—Hay una cerca del aeropuerto y varias en el aeropuerto.

2. —Carlos, ¿por qué llevas equipaje? ¿Vas de viaje?

—Voy a la estación de trenes. Voy a Lima.

—¿Por qué no vas en avión?

—Es muy caro.

3. —Buenos días, señorita. ¿Cuánto cuesta un boleto de ida y vuelta a Madrid?

—En clase económica cuesta 1.200 dólares.

—Gracias. Muy amable.

4. —Señor, ¿necesito pasaporte para ir a Perú?

—Sí, y también una visa.

—Pero voy en coche.

—Es igual. Esos documentos son necesarios.

A Un viaje cultural

Medios de transporte Escribe la letra correcta en el dibujo correspondiente.

a. taxi

b. velero

c. automóvil

d. avión

e. bicicleta

f. limusina

g. motocicleta

h. autobús

i. camioneta

j. barco

k. helicóptero

l. crucero

Relaciona las columnas.

1. En la Unión Europea usan _____   a. propina.

2. La moneda en Estados Unidos es _____   b. cheques de viajero.

3. No necesitas dinero en efectivo. Pagas con una _____   c. tarjeta de crédito.

4. En muchos países latinoamericanos la moneda es _____   d. el euro.

5. Si necesito saber el precio, pregunto _____   e. descuento.

6. En vez de dinero, es más seguro llevar en los viajes _____   f. ¿Cuánto cuesta?

7. Está más barato. Tiene _____   g. el dólar.

8. Tenemos que darle al mesero una _____   h. el peso.

Illustrations © Cengage Learning 2014

Gramática

To express future events or plans

▶ As you learned in Chapter 4, one way to express actions in the future is to use a verbal phrase formed with the present tense of the verb **ir** plus the preposition **a** plus the *infinitive* of the main verb. For example: **Voy a viajar** (*I'm going to travel*). This verbal phrase is very common, mostly in spoken language. The second way is to use the future tense. For example: **Viajaré** (*I will travel*). This latter construction is mainly used in formal instances, as in written invitations, legal statements, business letters, etc.

Ir	+	a	+	infinitive	Future tense		
voy							é
vas				viajar	**viajar**		ás
va	+	a	+	comer	**comer**	+	á
vamos				vivir	**vivir**		emos
vais							éis
van							án

Ejemplos

Voy a viajar a Asunción en Navidad.

Vamos a comer en casa.

Ana **va a vivir** en España el próximo año.

Viajaré a Asunción en Navidad.

Comeremos en casa.

Ana **vivirá** en España el próximo año.

Nota lingüística The verb **ir** is a verb of motion and indicates movement away from the speaker. On the other hand, the verb **venir** indicates movement toward the speaker. By contrast, in English someone can ask, "Are you coming to the party on Saturday?" when the speaker is not at the location where the party will be held. In Spanish, that usage is possible only if the speaker is where the party will take place.

Ejemplos

¿Vas a ir a la fiesta? (*The speaker is not at the place where the party will take place.*)

¿Vas a venir a la fiesta? (*The speaker is at the location where the party will take place.*)

A Un viaje cultural

Ejercicio

Cambia el verbo subrayado del presente al futuro. Usa el tiempo futuro, no uses ir + a + infinitivo. *Use the future tense.*

1. El Departamento de Historia <u>organiza</u> un viaje a Yucatán. _____

2. Nosotros <u>vamos</u> en un viaje cultural el próximo verano. _____

3. Tú <u>asistes</u> a todas las reuniones informativas. _____

4. Yo <u>participo</u> en la organización. _____

5. Todos mis amigos <u>viajan</u> por avión. _____

6. ¿Ud. <u>da</u> la información necesaria? _____

7. La profesora <u>llama</u> a los estudiantes. _____

8. Pedro y yo <u>llevamos</u> tarjetas de crédito. _____

The preterite tense: Regular verbs

▶ One way to express past events is to use the *preterite* tense. The Spanish verbal system is based on sets of endings that agree with the subject, and each set of endings is particular to a specific tense. It is also very important to classify the verb in the right group: **-ar**, **-er**, or **-ir**. The preterite tense has two conjugation patterns—one for the verbs that end in **-ar** and one for those that end in **-er** and **-ir**. As always, to conjugate the regular verbs, the **-ar**, **-er**, and **-ir** are dropped and the endings of the corresponding tense are added.

-ar verb: **viajar**			-er and -ir verbs: **comer / escribir**		
		é			í
		aste			iste
viaj-	+	ó	com-	+	ió
		amos	escrib-		imos
		asteis			isteis
		aron			ieron

Ejemplos

Yo no **viajé** durante el verano.

¿A qué hora **comieron** Uds. en el hotel?

Juan, ¿**escribiste** a la agencia de viajes?

Irregular verbs **ir** *(to go)* and **ser** *(to be)* in the preterite tense

▶ One of the most used verbs in the preterite tense is the irregular verb **ir**. Irregular verbs do not follow the pattern of the regular verbs and must be studied separately.

yo **fui**	nosotros / nosotras **fuimos**
tú **fuiste**	vosotros / vosotras **fuisteis**
Ud. / él / ella **fue**	Uds. / ellos / ellas **fueron**

▶ It is important to note that the verbs **ir** and **ser** in the preterite tense have the same form. Context will clarify whether **ir** or **ser** is being used. Also note that the verb **ir** is a verb of motion and requires the preposition **a**.

Ejemplos

María **fue a** Argentina.   *María **went to** Argentina.*

Fue un viaje espectacular.   *It **was** a spectacular trip.*

> **Nota lingüística** The present tense of **haber** is **hay**—*there is, there are.* The preterite tense of **haber** is **hubo**—*there was, there were.*
>
> **Ejemplo**
>
> Esta mañana hubo un accidente en la carretera.   *This morning there was an accident on the highway.* Another way of translating the sentence is: *This morning an accident took place, an accident happened, or an accident occurred on the highway.*

Ejercicio

Llena los espacios en blanco con la forma correcta de los verbos. Usa el pretérito.

1. Antonio, ¿adónde (ir) _____ de vacaciones el verano pasado?

2. Durante las vacaciones mis amigos y yo (viajar) _____ a Monterrey.

3. ¿A qué hora (salir) _____ Uds. para el aeropuerto?

4. El viaje a las montañas (ser) _____ maravilloso.

5. Mi familia y yo (vivir) _____ en España dos años.

6. El viaje en avión (costar) _____ mucho dinero.

7. ¿(Comprar) _____ Uds. los boletos para el viaje?

8. El profesor (llevar) _____ a los alumnos de excursión a las montañas.

9. Yo (ir) _____ al aeropuerto en taxi.

10. ¿Qué (comer) _____ Uds. en el avión?

✎ **Study tip** Go to the SAM for extra vocabulary and grammar exercises for this module.

En acción
Conversaciones y más

7-1 Un viaje increíble Lee el diálogo y después completa el párrafo.

Una pareja *(couple)* hace planes para sus próximas vacaciones.

Miguel: ¿Qué vamos a hacer en las vacaciones?

Elisa: No estoy segura. ¿Adónde quieres ir tú?

Miguel: Tengo ganas de ver algo monumental, impresionante.

Elisa: Sí, yo también tengo ganas de hacer un viaje así. Me encantan los viajes culturales. Es la mejor manera de aprender geografía, historia, antropología, botánica…

Miguel: Claro, claro… y si además de apreciar la cultura podemos hacer otras actividades divertidas, pues todavía mejor, ¿no te parece?

Elisa: Por supuesto. Oye, podemos ir a conocer alguna de las nuevas maravillas del mundo moderno.

Miguel: Pues, la más cercana es Chichén Itzá y yo ya la conozco.

Elisa: Pero yo no. Dicen que es increíble. ¿Sabes algo del fenómeno que ocurre durante el equinoccio de primavera?

Miguel: Yo no fui ese día en particular, pero es un evento extraordinario. El reflejo de los rayos solares sobre la pirámide crea sombras *(shadows)* con la forma del cuerpo de una serpiente que va bajando, y como en la base de la pirámide está la cabeza, la figura queda completa.

Elisa: Oye, pues de verdad vale la pena ir.

Miguel: Sí, eso mismo piensan los miles de personas que se reúnen cada año para ver el descenso de Kukulkán*. Van personas de todas partes del mundo. ¿Quieres ir con toda esa gente?

Elisa: Por supuesto; ahora me interesa mucho más que antes.

Miguel: Está bien. Voy a hablar a una agencia de viajes para hacer las reservaciones.

*Kukulkan in Mayan culture is the name of the feathered serpent.

Miguel y Elisa quieren (1) _____. Prefieren un lugar con interés (2) _____ para poder aprender mucho. Elisa no conoce (3) _____ y tiene muchas ganas de* ir porque es (4) _____. Miguel ya fue, pero le gustaría volver durante el (5) _____, ya que en ese día se ve (6) _____ la sombra de los rayos del sol en la (7) _____ y es un espectáculo fascinante. Siempre hay (8) _____ de diferentes países, pero eso no es (9) _____. Miguel va (10) _____.

> **Nota lingüística** *Tener ganas de** + *infinitive* is an idiomatic expression that means *to feel like doing something.* For example: **Este verano, tengo ganas de hacer un viaje en crucero.** *(This summer I feel like taking a cruise.)* Be sure to use an infinitive after the preposition **de** and not a gerund (**haciendo**) as in English.

7-2 El siete del siete de 2007 Lee el artículo del periódico y contesta las preguntas.

lanacion·com
Sábado 7 de julio de 2007

El mundo escogió las siete nuevas maravillas

El Taj Mahal, Machu Picchu, la Gran Muralla china, el templo de Petra, el Cristo Redentor, la pirámide de Chichén Itzá y el Coliseo de Roma fueron las joyas elegidas.

LISBOA. – Bajo la atenta mirada de cientos de millones de personas se proclamaron las nuevas Siete Maravillas del Mundo. Los monumentos que sumaron la mayor cantidad de votos fueron: el Taj Mahal, en India; la pirámide de Chichén Itzá, en México; el Coliseo de Roma; la Gran Muralla china; las ruinas de Machu Picchu, en Perú; el templo de Petra, en Jordania, y el Cristo Redentor, en Brasil. Ahora serán consideradas las Siete Maravillas del Mundo Moderno, casi 2.200 años después de la lista original de los grandes monumentos clásicos.

La elección se realizó con votos espontáneos a través de Internet o de mensajes de texto y llegaron casi a los 100 millones. Probablemente es la **encuesta** *(survey)* global más grande de la historia, que se cerró ayer a la medianoche.

Los siete monumentos con más votos se suman así al único que aún sigue en pie del grupo original de las Siete Maravillas del Mundo Antiguo, las pirámides de Gizeh (Egipto). Las antiguas siete maravillas se encontraban todas en la región del Mediterráneo, y fueron seleccionadas por un solo hombre que, según muchos, fue el antiguo escritor griego Antipater de Sidón.

1. ¿Dónde y cuándo se anunciaron las siete nuevas maravillas?

_____

2. ¿Cuántas de las nuevas maravillas del mundo están en América Latina? ¿Cuáles son?

_____

3. ¿En qué países están?

_____

4. ¿Quiénes seleccionaron las maravillas del mundo moderno?

_____

5. ¿Cómo votaron las personas?

_____

6. ¿Cuál es la única maravilla del mundo antiguo que todavía sigue en la lista?

_____

7. ¿Cuántos años pasaron entre las maravillas del mundo antiguo y las modernas?

_____

Literatura

La creación del hombre según el *Popol Vuh*, libro sagrado de los mayas (fragmento adaptado)

Los Creadores y Formadores, que se llaman Tepeu y Gucumatz, **celebraron consejo** *(held a meeting)* en la oscuridad y en la noche; luego buscaron, discutieron, reflexionaron y pensaron. De esta manera salieron a luz claramente sus decisiones y encontraron y descubrieron lo que debía formar la carne del hombre.

Otro día, poco antes del **anochecer** *(nightfall)* llegaron cuatro animales: Yac Yac, el gato de monte, Utiú, el coyote, Quel, una **cotorra** *(parrot)* y Hoh, el **cuervo** *(raven)*. Estos cuatro animales les dieron a Tepeu y Gucumatz la noticia de las **mazorcas** *(ears of corn)* amarillas y las mazorcas blancas, les dijeron que **fueran** *(they go)* a Paxil y les enseñaron el camino de Paxil.

Y así encontraron los Creadores la comida y, según la leyenda, esta fue la que entró en la carne del hombre creado; esta fue su **sangre** *(blood)*, de esta **se hizo** *(was made)* la sangre del hombre. Así entró el maíz en la formación del hombre, por obra de los Progenitores Tepeu y Gucumatz. Únicamente masa de maíz entró en la carne de nuestros padres, los cuatro hombres que fueron creados.

© Cascarín/Carlos Carmona

🔊 **7-3 Las Siete Maravillas del Mundo Antiguo** Escucha la
2-3 información siguiente y llena el cuadro.

Maravilla	Año	País	Breve descripción
1. La Gran Pirámide de Gizeh			
2. Los Jardines Colgantes de Babilonia			
3. El Templo de Artemisa			
4. La Estatua de Zeus			
5. El Sepulcro de Mausolo			
6. El Coloso de Rodas			
7. El Faro de Alejandría			

7-4 ¡Qué desorden! Con un compañero/a, ordena el diálogo.

El Sr. Fernández habla a una línea aérea para pedir información.

—Normalmente, llega a las 8:10 de la noche, pero el vuelo está demorado. _____

—Aerolíneas Pájaros de Acero a sus órdenes… _____

—Entonces, ¿qué debo hacer? _____

—¿Demorado? ¿Por qué? ¿Cuántas horas? _____

—Hubo un problema técnico, pero ya están trabajando para solucionarlo y no sabemos exactamente cuántas horas está demorado. _____

—Disculpe. ¿A qué hora llega el vuelo 325 que viene de Montevideo y hace escala en Sao Paulo? _____

—Sí, eso voy a hacer. Muchas gracias. _____

—Llamar más tarde para ver si tenemos información más precisa. _____

—Gracias a Ud. Hasta luego y disculpe la demora. _____

7-5 Está incompleto Con un/a compañero/a, completa los diálogos.

Diálogo 1

Planes para las vacaciones

—¿Tienes planes para las vacaciones?

—Sí.

—¿_____?

—A Cancún.

—¿Con quién _____?

—Con _____.

—¿Cuánto _____?

—_____.

—Está a muy buen precio. ¿Cuándo _____?

—Nos vamos el _____ y regresamos el _____.

—Me parece muy bien.

Diálogo 2

El Lic. Mora llama a una agencia de viajes.

—Buenos _____. Quiero ir a _____.
Necesito _____.

—Mire, tenemos varias opciones: en primera clase cuesta _____, en _____ cuesta _____ y también tenemos un _____ con todo incluido.

—¿Qué incluye _____?

—_____.

—Prefiero un paquete con vuelo y hotel, sin comida.

—No hay problema. También tenemos ese paquete. _____ 2.500 dólares por persona.

—Voy a pensarlo y luego lo llamo. Gracias por la información.

—_____.

Cancún, México

© Chepe Nicoli/Shutterstock

7-6 Un viaje a Perú Lee las notas y narra el viaje que hizo Maricela a Perú. Usa la forma corrrecta del pretérito de los siguientes verbos:

> llegar   ir   visitar   conocer   desayunar   ver   cenar
> regresar   almorzar   tomar   pasar   recorrer

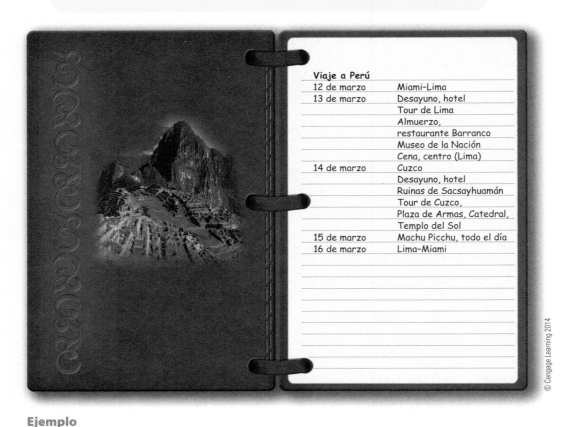

Viaje a Perú

12 de marzo	Miami–Lima
13 de marzo	Desayuno, hotel
	Tour de Lima
	Almuerzo,
	restaurante Barranco
	Museo de la Nación
	Cena, centro (Lima)
14 de marzo	Cuzco
	Desayuno, hotel
	Ruinas de Sacsayhuamán
	Tour de Cuzco,
	Plaza de Armas, Catedral,
	Templo del Sol
15 de marzo	Machu Picchu, todo el día
16 de marzo	Lima–Miami

© Cengage Learning 2014

Ejemplo

El 12 de marzo, Maricela viajó en avión de Miami, Florida, a Lima, Perú.

_____
_____
_____
_____
_____
_____

> **Nota lingüística** The stressed syllable has a very distinctive function. A clear example is seen in its use in the first- and third-person singular of the regular verbs of the preterite tense where the last syllable is stressed, as in **visité** and **visitó**. If the written accent is not placed on the last syllable, the stress would normally fall on the next-to-last syllable and there would be a change of meaning. **Visité** is *I visited*, and **visite** is the formal command *visit*. **Visitó** is *you / he / she visited*, and **visito** is *I visit*.

Almanaque de Perú, A-34

Machu Picchu, nueva maravilla del mundo Machu Picchu (pronounced *Machu Pichu*), Peru, has been designated one of the new Seven Wonders of the World. In Quechua, the official language of the Inca Empire, it means "Old Peak." The site is located in the Andes Mountains near the city of Cuzco in the Urubamba Valley. It is situated around 8,000 feet above sea level. It is called "The Lost City of the Incas" because its inhabitants left no written records and Spanish conquerors never mentioned having visited it. It was therefore "lost" until 1911, when it was discovered by Yale University professor Hiram Bingham. Most likely, it was a royal retreat and a religious site; Machu Picchu is made up of about 200 buildings in a five-square-mile area. One of its most interesting features is the **Intihuatana**, a rock or column carved out of granite. The word has several translations, among which are "hitching post of the sun," "for tying the sun," or "tie the sun." The sun god of the Incas was **Inti**, and because the Incas were astronomers and agriculturalists, they needed the god's help for determining planting times and prayed that the sun would not disappear. The Incas were known as "children of the sun."

© Thomas Barrat/Shutterstock

Música Almanaque de Ecuador (A-14), de Bolivia (A-4), de Colombia (A-8)

Música andina El concepto de **música andina** se refiere a la gran variedad de géneros musicales originados en los Andes, sobre todo en el área que ocupó el Imperio inca: el oeste de Bolivia, el norte de Chile, el norte de Argentina, las sierras de Ecuador, el suroeste de Colombia y la región del altiplano *(high plateau)* de Perú. Aunque hay muchos géneros, el más típico tiene mucha influencia de los aymaras y quechuas, entre otros grupos étnicos. Es un estilo con melodías nostálgicas y evocativas, interpretadas con **flautas de caña** *(reed flutes)* y charangos *(ten-stringed mandolins)*. En las regiones andinas de Argentina, Bolivia, Perú, Chile y Ecuador, los instrumentos más característicos son diferentes tipos de flautas, normalmente acompañadas de charango y de bombo *(type of drum)*.

La música del altiplano andino tuvo fama mundial en los años 60 y 70, gracias al movimiento de cantautores *(singer-songwriters)* de protesta —como los chilenos Víctor Jara, Quilapayún e Inti-Illimani— que se popularizó en la escena folk mundial e influyó a músicos de otras latitudes, como Simon & Garfunkel. Ejemplos de ello son la melodía de la canción "*The Sound of Silence*" y, sobre todo, la de "El cóndor pasa", **ambas** *(both)* del mencionado dúo.

© iStock

Ya puedes decirlo

7-7 Presentación oral Prepara una presentación oral sobre un viaje. Incluye fotografías, objetos, recuerdos, etcétera. Usa verbos en el pretérito y habla del costo, la duración, el itinerario, las actividades, etcétera.

¡Prepárate!

Study tip Study the **¡Prepárate!** section before coming to class. Review the vocabulary lists, read the grammar explanations, and do the practice exercises.

Vocabulario

 Study tip Access vocabulary flashcards at www.cengagebrain.com.

Alojamiento	Lodging		
agua caliente	hot water	cuarto doble	double room
aire acondicionado (m)	air conditioning	desayuno	breakfast
alberca	swimming pool	estacionamiento	parking
áreas verdes	green areas	habitación (f)	room
ascensor (m)	elevator	habitación doble (f)	double room
baño	bathroom	huésped (m, f)	guest
botones (m)	bellboy	luna de miel	honeymoon
cable (m)	cable	maletero	bellhop
calefacción (f)	heating system	piscina	swimming pool
camarera	hotel maid	recepción (f)	front desk
cama gemela	twin bed	recepcionista (m, f)	receptionist
cama matrimonial	double bed	sitio de interés	place of interest
comida	meal; food	turista (m, f)	tourist
cuarto	room		

> **Nota lingüística** The word for *swimming pool* has several translations in Spanish. Most often, the word **piscina** is used, but in Mexico *swimming pool* is **alberca** and in Argentina, Uruguay, and Bolivia it is **pileta**.

Adjetivos relacionados	Related adjectives		
amplio/a	spacious, roomy	increíble (m, f)	incredible
apestoso/a	foul-smelling	limpio/a	clean
barato/a	inexpensive	moderno/a	modern
caro/a	expensive	nuevo/a	new
cómodo/a	comfortable	precioso/a	pretty, lovely
elegante (m, f)	elegant	ruidoso/a	noisy
espacioso/a	spacious, roomy	sucio/a	dirty
horrible (m, f)	horrible	tranquilo	peaceful
incómodo/a	uncomfortable	viejo/a	old

◀)) **Así se pronuncia** Escucha las siguientes conversaciones. Pon atención a la pronunciación del
2-4 vocabulario nuevo.

1. —¿Sí?

—Habla Juan. Ya estoy en Mendoza.

—Hola, ¿qué tal? Yo también.

—Muy bien. Mi hotel es buenísimo. Tiene alberca, *jacuzzi* y un minibar completo.

—¡Qué envidia! El mío está horrible.

2. —Carlos, vamos a buscar un hotel cerca de los sitios de interés.

—Sí, uno con estacionamiento, gimnasio y ascensor.

—Estoy de acuerdo. Vamos.

3. —Señorita, necesito ayuda con mi equipaje.

—Sí, allí viene el botones.

—Buenos días, señores. ¿Cuál es su habitación?

—La mía es la 531.

—¿Y la suya, señorita?

—La mía es la 545. Estamos cerca.

4. —Señor, quiero hacer una reservación.

—¿Qué tipo de habitación desea?

—Una habitación con cama matrimonial, aire acondicionado y cable.

—Muy bien.

Juegos de palabras

Completa las oraciones.

1. Hace mucho frío y necesitamos un cuarto con _____.

2. Nunca voy a un hotel sin _____. No me gusta dejar mi carro en la calle.

3. No puedo llevar el equipaje. El _____ me va a ayudar.

4. ¿Dónde está el _____? Vamos al piso 12.

5. Llama a la _____. No hay toallas en el baño.

6. Está lleno el hotel. Hay muchos _____.

7. El precio incluye _____ y desayuno.

8. Los niños prefieren un hotel con _____. Les fascina nadar.

9. Me gustan los hoteles del centro porque están cerca de los _____.

10. Di en la _____ que necesitamos una habitación doble.

Gramática

The superlative ending -ísimo

▶ The superlative was studied in Chapter 5. Another way to express the most intense degree of the adjective is by using the ending **-ísimo**. The expressions **muy triste** and **tristísimo** technically mean the same thing, but **tristísimo** seems to have more impact on the listener. This is the reason the **-ísimo** ending is so common in ads and commercials. As with any adjective, those with **-ísimo** must agree in gender and number with the nouns they modify. There are four possible endings: **-ísimo, -ísima, -ísimos,** and **-ísimas**. If the adjective ends in a vowel or the diphthong **-io** or **-ia**, drop the vowel or diphthong and add **-ísimo**. If the adjective ends in a consonant, add **-ísimo** directly to it.

Ejemplos

Es un **hotel** *carísimo*. = Es un hotel muy caro.

México D.F. es una **ciudad** *grandísima*.

Esos **ascensores** son *modernísimos*.

Las **camas** son *comodísimas*.

Ejercicio

Cambia la expresión subrayada por un adjetivo que termine en **-ísimo / -ísima / -ísimos / -ísimas**.

Ejemplo

Es un hotel <u>muy viejo</u>.

Es un hotel **viejísimo**.

1. La comida del hotel es <u>muy buena</u>.

_____

2. Los cuartos son <u>muy amplios</u>.

_____

3. El hotel es <u>muy elegante</u>.

_____

4. Las habitaciones son <u>muy incómodas</u>.

_____

5. El desayuno es <u>muy barato</u>.

_____

The possessive pronouns

▶ In Chapter 3, we studied the possessive adjectives (**mi, mis; tu, tus; su, sus; nuestro / nuestra / nuestros / nuestras; vuestro / vuestra / vuestros / vuestras; su; sus**). Possessive adjectives modify nouns and are placed before the noun, as in **Mi habitación es muy cómoda** and **Mis maletas están en el hotel**. In contrast, possessive pronouns replace the nouns they modify and are placed after the verb **ser** or after a noun. They must agree in number and gender with the noun they replace, not with the possessor.

mío, mía, míos, mías	*mine, of mine*
tuyo, tuya, tuyos, tuyas	*yours, of yours*
suyo, suya, suyos, suyas	*his, of his; hers, of hers; yours, of yours*
nuestro, nuestra, nuestros, nuestras	*ours, of ours*
vuestro, vuestra, vuestros, vuestras	*yours, of yours*
suyo, suya, suyos, suyas	*theirs, of theirs; yours, of yours*

Ejemplos

La maleta negra es **mía**, y las maletas rojas son **tuyas**.

*The black suitcase is **mine**, and the red suitcases are **yours**.*

Mi amigo y una amiga **suya** están de vacaciones.

*My friend and a friend **of his** are on vacation.*

▶ Possessive pronouns are accompanied by definite articles when they are used alone. The definite article and the possessive pronoun must agree with the noun they replace.

Ejemplos

Tu hotel es muy moderno. El **mío** es muy viejo.

*Your hotel is very modern. **Mine** is very old.*

La habitación de mis padres tiene aire acondicionado. La **nuestra** no.

*My parents' room has air conditioning. **Ours** does not.*

Voces hispanas

Mira el video y después escribe C si la oración es cierta o F si es falsa.

1. Patricia tiene una cámara web.
2. Todos tienen un teléfono celular.
3. A Sergio le gusta más su reproductor MP3 porque puede chatear con sus amigos.
4. Para Nicole, el mayor beneficio de viajar es conocer a personas como ella.
5. Alex cree que es importante tener muchas experiences para ser un buen ser humano *(human being)*.

© Cengage Learning 2014

Ejercicio

Completa las oraciones. Usa pronombres posesivos como en el ejemplo.

Ejemplo

Estas sandalias negras: (yo) Son *mías*.

1. Los lentes de sol: (Juan) Son _____.

2. Esas maletas de piel: (tú) Son _____.

3. Esos cuatro boletos: (Julio y yo) Son _____.

4. El asiento 18 D: (Alicia) Es _____.

5. Ese hotel muy elegante: (Joel y Malú) Es _____.

6. Los paquetes de luna de miel: (ellos) Son _____.

7. El carro azul de dos puertas: (yo) Es _____.

8. La computadora portátil: (nosotros) Es _____.

9. Ese pasaporte: (tú) Es _____.

10. Las llaves que están en la mesa: (Ud.) Son _____.

The relative pronouns

▶ Relative pronouns are used to join two clauses or sentences that have a noun or pronoun in common. In English, the main relative pronouns are *that, which, who,* and *whom*. In Spanish, those four relative pronouns can be translated as **que**. It is the most common relative pronoun, because it can refer to people as well as things. Note that in English the relative pronoun *that* may sometimes be omitted, but **que** can never be omitted in Spanish.

Ejemplos

No me gusta el desayuno **que** sirven en el hotel.	*I don't like the breakfast (**that**) they serve at the hotel.*
La camarera **que** limpió la habitación es muy eficiente.	*The maid **who** cleaned the room is very efficient.*
El botones **que** me ayudó con las maletas es amabilísimo.	*The bellboy **who** helped me with the suitcases is very nice.*

▶ The relative pronoun **quien/es** *(who, whom)* refers to people and can be used alone or with prepositions.

Ejemplos

María Elena, **quien** es de San Diego, fue con nosotros a Barcelona.	*Maria Elena, **who** is from San Diego, went with us to Barcelona.*
La persona con **quien** fui de vacaciones es mi esposa.	*The person with **whom** I went on vacation is my wife.*
El huésped de **quien** hablo vive en Puerto Rico.	*The guest about **whom** I am speaking lives in Puerto Rico.*
Luis Miguel, a **quien** conozco desde niño, me acompañó en el viaje.	*Luis Miguel, **whom** I've known since he was a child, accompanied me on the trip.*

The relative pronoun **lo que** *(what, that which)* is neither masculine nor feminine. This invariable form refers to an idea or a situation.

Ejemplos

No me gusta **lo que** sirven de desayuno.	*I don't like **what** they serve for breakfast.*
No entiendo **lo que** dice la camarera porque no hablo inglés.	*I don't understand **what** the maid is saying because I don't speak English.*

The relative pronouns **el que, la que, los que, las que** *(the one who / that, the ones who / that)* must agree in gender and number with the nouns to which they refer.

Ejemplos

El boleto que yo compré costó $600.	*The ticket I bought cost $600.*
El que compró Laura costó $700.	*The one that Laura bought cost $700.*
Esta no es **la habitación** que reservé.	*This is not the room I reserved.*
La que yo reservé tiene cama matrimonial.	*The one I reserved has a double bed.*
Los cuartos que tú reservaste son carísimos.	*The rooms you reserved are very expensive.*
Los que yo reservé son baratos.	*The ones I reserved are inexpensive.*
Las camareras aquí son eficientes.	*The maids here are efficient.*
Las que trabajan en el otro hotel son desorganizadas.	*The ones that work at the other hotel are disorganized.*

Arquitectura 🌐 Almanaque de Panamá, A-30

Vanguardia arquitectónica en Panamá
En el año 2011, abrió sus puertas en Panamá el hotel Trump, el primero **fuera de** *(outside of)* América del Norte. Fue diseñado en forma de barco de vela por la firma de arquitectos Arias Serna Saravia.

Arias Serna Saravia es una de las firmas de arquitectura más importantes de Colombia. Su estilo pone mucha atención en el producto final. Los proyectos que diseñan y construyen cuidan del **entorno** *(environment)* natural y valoran el paisaje; por eso, su **lema** *(motto)* es "Arquitectura de Vida".

Associated Press/Alma Solís

Según la firma Arias Serna Saravia, el Trump Ocean Club es un ícono arquitectónico con un diseño vanguardista. Está localizado en Punta Pacífica, y tiene una vista sensacional del océano Pacífico y de la bahía de Panamá.

Ejercicio

Relaciona la columna de la derecha con la de la izquierda, según corresponda.

1. ¿Cuáles son los zapatos que quieres llevar? _____
2. ¿Cuál es el paquete que me recomiendas? _____
3. ¿Quién es el guía de turistas? _____
4. Ese hotel es excelente, pero… _____
5. Las camas de nuestro cuarto son matrimoniales. _____
6. ¿Cuál es la sala 19 A? _____
7. ¿Dónde están tus maletas? _____

a. Es el que está allá con un mapa en la mano.
b. Es la que está al final del pasillo.
c. Los que compré ayer.
d. Son las que están en la recepción del hotel.
e. El que no incluye comidas.
f. lo que no me gusta es que está en un lugar muy ruidoso.
g. ¿Ah, sí? Las que nosotros tenemos son gemelas.

The irregular verb **hacer** *(to do; to make)* in the preterite tense

▶ Unlike the regular **-er** verbs of the preterite tense, **hacer** has an unaccented **e** in the first-person singular and an unaccented **o** in the third-person singular. Also, in the third-person singular, it has an **i** in the stem and a **z** replaces the **c**.

	hacer
yo **hice**	nosotros / nosotras **hicimos**
tú **hiciste**	vosotros / vosotras **hicisteis**
Ud. / él / ella **hizo**	Uds. / ellos / ellas **hicieron**

Ejercicio

Cambia el verbo subrayado al pretérito.

1. Yo siempre <u>hago</u> las reservaciones.

   Ayer yo _____ las reservaciones.

2. Mi familia y yo <u>hacemos</u> un viaje todos los veranos.

   Mi familia y yo _____ un viaje a Madrid el verano pasado.

3. Miguel, ¿qué <u>haces</u> durante las vacaciones?

   Miguel, ¿qué _____ durante las vacaciones el año pasado?

4. Los alumnos siempre <u>hacen</u> presentaciones muy interesantes.

   Los alumnos _____ presentaciones muy interesantes el viernes.

5. La camarera <u>hace</u> la cama todos los días.

   La camarera no _____ la cama esta mañana.

Study tip Go to the SAM for extra vocabulary and grammar exercises for this module.

En acción

Conversaciones y más

7-8 Luna de miel Lee el diálogo y marca la respuesta correcta.

Agente: Viajes Alfombra Mágica a sus órdenes.

Mario: Buenos días, señor.

Agente: Buenos días. ¿En qué puedo servirle?

Mario: Necesito información sobre paquetes de luna de miel. Nos gustaría *(We would like)* hacer un viaje en crucero.

Agente: Muy bien. Tenemos muchos paquetes en oferta. ¿Cuándo desean viajar?

Mario: La boda es el 17 de diciembre por la noche, así que queremos salir el 18 por la mañana. ¿Me recomienda alguno en particular?

Agente: ¡Claro que sí! A mí me fascina el mar Caribe. Tenemos un recorrido formidable que sale de Miami y dura ocho días. Empieza con un día de navegación; luego visita San Juan, Santo Tomás y San Martín; y los dos últimos días de navegación son para regresar a Miami.

Mario: Ese recorrido me parece excelente. ¿Cuánto cuesta?

Agente: Depende del paquete. El que le describí tiene detalles especiales para recién casados.

Mario: Me parece bien. ¿Qué tipo de detalles tiene?

Agente: Champaña *(Champagne)*, rosas rojas en el camarote *(cabin)* y una cena con baile y música en vivo.

Mario: Ese me parece muy bien. Mi novia es súper romántica. ¿Cuánto cuesta?

Agente: El paquete todo incluido en oferta cuesta 1.600 dólares por persona. ¿Desea hacer una reservación?

Mario: No, gracias. ¡Está carísimo! Necesito hablar con mi novia.

Agente: Compare los precios con otros paquetes y verá que está baratísimo.

Mario: Tal vez para otros. Nosotros tenemos muchos gastos, pero quiero lo mejor para mi novia. Voy a llamar esta semana para confirmar.

Agente: Estamos para servirle. Espero su llamada.

Mario: Muchas gracias. Hasta luego.

1. Mario llama a una…
   a. amiga.
   b. novia.
   c. agencia de viajes.

2. Mario piensa viajar…
   a. con su novia.
   b. con su esposa.
   c. con una amiga.

3. Ellos van a pasar la Navidad…
   a. en un hotel.
   b. en un crucero.
   c. en la playa.

4. El paquete fue diseñado especialmente…
   a. para familias con niños.
   b. para familias.
   c. para enamorados.

5. A Mario el precio le parece…
   a. excesivo.
   b. económico.
   c. razonable.

6. El agente de ventas es…
   a. amable.
   b. poco cortés.
   c. descortés.

> **Nota lingüística** In Spanish, the adjective **súper** is used as a superlative in colloquial speech. **La alberca del hotel es súper grande.** *The pool at the hotel is huge / enormous.* **La comida en el hotel es súper cara.** *The food at the hotel is extremely expensive.*

7-9 Turismo Con un/a compañero/a, busca en las ⚲ la respuesta correcta a las preguntas.

1. ¿Los museos de arte están muy cerca del hotel?

2. ¿Hizo su reservación para dos personas?

3. ¿Compró el paquete todo incluido?

4. ¿Hay algún problema con sus habitaciones?

5. ¿Contestó el teléfono la recepcionista?

6. ¿Tienes el teléfono del hotel?

7. ¿Este hotel muy barato es el que busca?

☐ No, no es este. El que me recomendaron es carísimo. Es de cinco estrellas *(stars)*.

No lo sé, pero la que respondió era *(was)* una mujer. ☐

☐ Sí, el que compré incluye vuelo, transportación del aeropuerto al hotel, hospedaje y dos comidas al día.

No, los que están cerca son: el Museo de Historia Natural y el Jardín Botánico. ☐

☐ Sí, las que yo pedí deben tener camas matrimoniales y estas tienen camas gemelas.

Sí, está en mi bolsa. Es el que empieza con 5. ☐

☐ No, la que yo hice es para cuatro en dos cuartos dobles.

7-10 La piscina más grande del mundo Lee el artículo y complétalo con las palabras de la lista.

> Estados Unidos fundador millones Libro tecnología posible costó
> para hectáreas bioquímico artificial métodos cúbicos Mide
> proyectos diciembre piscinas grande compañía largo

Almanaque de
Chile, A-6

La piscina más grande del mundo está en Chile

Terminada en _____ de 2006, la laguna _____ de San Alfonso del Mar, en la localidad de Algarrobo en Chile, es oficialmente la piscina más _____ del mundo según el _____ Libro Guinness World Records. _____ más de un kilómetro de _____, cubre una superficie de ocho _____ y contiene más de 250.000 metros _____ de agua de mar, lo que equivale a más de 6.000 _____ residenciales. Se dice que su construcción _____ U.S. $200 millones y la manutención anual cuesta U.S. $4 _____, lo que supuestamente es una ganga *(bargain)* _____ desarrollos de esta magnitud.

La piscina es obra del _____ y empresario chileno Fernando Fischmann, _____ de la compañía Crystal Lagoons y creador de los _____ de diseño y construcción que hacen esto _____. Aparte de tres proyectos adicionales en Chile, la _____ de Fischmann actualmente está implementando _____ similares en Argentina, Panamá, España y Dubai. A finales de mes estará en Cityscape Dubai, donde revelará por primera vez detalles de esta _____ que promete "paraísos artificiales impresionantes, incluso en zonas inhóspitas".

Publicado el 10/10/2007 a las 11:59 a.m. por Leo Prieto (adaptado)

7-11 ¡Qué desorden! Con un/a compañero/a, ordena el diálogo.

Alfonso: La mía, sí. Por eso me gusta. Nos vemos. _____

Isabel: ¿La compañía va a pagarte el hotel? _____

Alfonso: Sí, y también prefiero aire acondicionado, cable, gimnasio, *jacuzzi* y minibar. _____

Isabel: Hola, Alfonso, ¿qué estás haciendo? _____

Alfonso: Claro, siempre me lo pagan cuando me mandan a congresos. También me pagan las comidas. _____

Alfonso: Hola, Isabel. Estoy buscando hoteles en Internet porque voy a Puerto Rico a un congreso. _____

Isabel: ¡Qué suerte! Mi compañía no paga ningún viaje. Bueno, hasta luego. _____

Isabel: ¿Para qué quieres *jacuzzi* y gimnasio si no vas a tener tiempo? _____

Isabel: Entonces, no hay problema. Busca un hotel con un cuarto cómodo y espacioso. _____

Alfonso: Es cierto; voy a estar muy ocupado. Mejor busco un hotel cómodo cerca de los sitios de interés. Además de asistir al congreso quiero conocer un poco. _____

7-12 El hotel Palacio Real Escucha la descripción del hotel
2-5   y escribe las palabras que faltan.

(1) _____ nuestros cuartos son comodísimos. Los

(2) _____ son muy amplios y (3) _____ productos

de cuidado personal de la (4) _____ calidad. El cuarto

doble con camas (5) _____ tiene descuento si su reservación

es de lunes a (6) _____. Nuestros huéspedes tienen

(7) _____ gratuito de Internet en las áreas comunes.

Además hay dos (8) _____ y canchas de (9) _____.

Las habitaciones (10) _____ con cama (11) _____

tienen balcón con una (12) _____ vista al mar, donde

puede disfrutar de un (13) _____ riquísimo en la

comodidad de su (14) _____. Si Ud. quiere dormir en un

(15) _____ elegantísimo pero no quiere pagar un

(16) _____ exagerado, le recomendamos nuestras súper

ofertas de (17) _____.

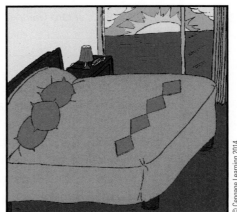

7-13 Todo lo contrario Con un/a compañero/a, forma pequeños diálogos, relacionando las frases de significado opuesto en las dos columnas.

1. Rentamos un carro que consume muchísima gasolina. _____

2. Nuestra habitación está muy limpia y cómoda, y además es muy barata. _____

3. Me pareció un viaje súper divertido. Todas las actividades me encantaron. _____

4. Los huéspedes de los otros cuartos son muy ruidosos y no puedo dormir. Me molesta la gente tan imprudente. _____

5. El hotel de Juan está en una calle con mucho tránsito, en el centro de la ciudad. _____

6. El vuelo de Alberto y Antonieta se demoró cuatro horas y no pudieron alcanzar el vuelo de conexión. ¡Pobres! _____

7. En su viaje de luna de miel, Arturo y Andrea estuvieron felices. Les fascinó el crucero. _____

a. Nosotros dormimos muy bien toda la noche. Los huéspedes fueron muy considerados y prudentes.

b. El nuestro está en las afueras de la ciudad, todo súper calmado.

c. El suyo no salió a tiempo, pero el nuestro salió a la hora exacta.

d. ¡Qué suerte! La mía está sucia, la cama durísima y, para colmo, muy cara.

e. En el suyo, Vero y Luis la pasaron muy mal porque se marearon en el crucero.

f. El que yo renté salió económico. Gastamos poquísimo y recorrimos muchos kilómetros.

g. A mí no me gustó. Yo prefiero hacer cosas de manera independiente y no actividades planeadas.

Ya puedes decirlo

7-14 Haz diálogos Con un/a compañero/a, haz diálogos para las siguientes situaciones.

1. Una pareja hace planes para el viaje de luna de miel.

2. Dos amigos van a una agencia de viajes para hacer planes para las vacaciones de primavera. Pidan *(Ask for)* información sobre costo, transportación, hotel, comidas, etc.

3. Una familia con dos hijos, de ocho años y seis años respectivamente, quiere ir de vacaciones. Los padres hacen planes para pasar unas vacaciones familiares en un lugar con muchas actividades para niños.

4. Un huésped se queja con el / la recepcionista del terrible servicio del hotel.

5. Dos amigos comentan las características ideales de alojamiento para cada uno de ellos.

¡Prepárate!

Study tip Study the **¡Prepárate!** section before coming to class. Review the vocabulary lists, read the grammar explanations, and do the practice exercises.

Vocabulario

 Study tip Access vocabulary flashcards at www.cengagebrain.com.

El Internet	The Internet		
archivo	file	logotipo	logo
buscador (*m*)	search engine	mensaje (*m*)	message
carpeta	folder	mensajero	messenger
computadora	computer	pantalla	screen
computadora portátil	laptop	programa (*m*)	program
contraseña	password	ratón (*m*)	mouse
correo electrónico	e-mail	respaldo	backup
correo no deseado	spam / junk mail	servidor (*m*)	server
cuarto de charla	chat room	sistema (*m*)	system
dirección electrónica (*f*)	e-mail address	sitio	site
enlace (*m*)	link	teclado	keyboard
ícono	icon	usuario	user
lista de contactos	contact list	virus (*m*)	virus

Verbos relacionados	Related verbs
archivar	to file
bloquear	to block
copiar	to copy
descargar	to download
enviar	to send
guardar	to save
pegar	to paste
pulsar	to click
recibir	to receive
reenviar	to resend; to forward

La ciudad	The city
concierto	concert
exhibición (*f*)	exhibit
mercado	market
metro	subway
museo	museum
parque (*m*)	park
plaza	(city) square

Nota lingüística As you learned in **Capítulo preliminar**, a loan word is a word borrowed from another language. We borrow many words from other languages in English, and many English words are used in Spanish—especially in the area of technology. The following words are just some examples: el iPhone, el iPad, el e-mail, el GPS, (hacer) clic, Twitter, Facebook, YouTube, el chat.

Las desventajas de la ciudad	The disadvantages of the city
alto costo de vida	high cost of living
basura	trash, garbage
contaminación (f)	pollution
embotellamiento	traffic jam
espacio limitado	limited space
inseguridad (f)	unsafe or dangerous condition
ruido	noise
tránsito	traffic
vendedor/a ambulante	street peddler

Verbos de opinión y emoción	Verbs of opinion and emotion
aburrir	to be boring; to bore
chocar	to be annoying
disgustar	to dislike
divertir (e>ie)	to amuse; to entertain
encantar	to love (something)
fascinar	to fascinate; to love (something)
interesar	to interest
molestar	to bother

© abalcazar/iStockphoto

🔊 **Así se pronuncia** Escucha las siguientes conversaciones. Pon atención a la pronunciación del vocabulario nuevo.

2-6

1. —¿Usas mucho el Internet?

—Sí, recibo correos electrónicos todos los días.

—¿Cuál es tu dirección electrónica?

—Es mtorres@mvp.com.

2. —Hombre, perdí un archivo importante.

—¿Cómo? ¿No tienes un respaldo?

—Desafortunadamente, no.

—Debes tener un respaldo de todos tus archivos y programas.

3. —¿Tiene información sobre los precios de las computadoras?

—No, pero aquí tiene el sitio web de una compañía muy buena. Solo tiene que pulsar en el enlace que dice "Precios".

4. —Señorita, tengo una computadora nueva y quiero saber si necesito un programa antivirus.

—Sí, es importantísimo, y también necesita crear una contraseña complicada.

Juegos de palabras

Selecciona la palabra que *no* pertenezca al grupo.

1.	**a.** museo	**b.** arte	**c.** exhibición	**d.** universidad
2.	**a.** lista de contactos	**b.** respaldo	**c.** contraseña	**d.** mensaje
3.	**a.** contaminación	**b.** inseguridad	**c.** concierto	**d.** embotellamiento
4.	**a.** encantar	**b.** molestar	**c.** chocar	**d.** disgustar
5.	**a.** logotipo	**b.** ratón	**c.** pulsar	**d.** teclado
6.	**a.** tienda	**b.** biblioteca	**c.** mercado	**d.** restaurante
7.	**a.** basura	**b.** costo de vida	**c.** ruido	**d.** pantalla
8.	**a.** plaza	**b.** parque	**c.** arquitectura	**d.** centro
9.	**a.** archivo	**b.** sistema	**c.** ícono	**d.** programa
10.	**a.** recibir	**b.** enviar	**c.** bloquear	**d.** reenviar

Relaciona las frases de significado opuesto en las dos columnas.

1. aburrir	_____		**a.** silencio
2. recibir	_____		**b.** interesar
3. encantar	_____		**c.** enviar
4. ruido	_____		**d.** borrar
5. guardar	_____		**e.** disgustar

Arte Almanaque de España, A-18

Goya en el Museo del Prado El Museo del Prado, en Madrid, tiene una colección impresionante de obras de arte, entre las que hay por lo menos 15 obras maestras. Una de ellas es *Los fusilamientos del 3 de mayo en la montaña del Príncipe Pío de Madrid* (1814), del gran artista español Francisco de Goya y Lucientes, reconocido como el Padre de la Pintura Moderna. Esta obra es uno de los más altos **logros** *(successes)* de la pintura española y uno de los cuadros de temática histórica más dramáticos de toda la historia del arte. Se sabe que Goya observó estos eventos desde su **quinta** *(country house)* y que de ahí proviene el extraordinario realismo de la escena. El Museo del Prado contiene 110 cuadros del artista.

© Gallery Collection/Corbis

Gramática

Verbs of opinion and emotion

▶ The verbs **aburrir, chocar, encantar, divertir, fascinar, interesar, and molestar** function in the same way as **gustar**. An indirect object pronoun that indicates the person who receives the action must be placed before the verb. The sentence **Me aburren los museos** means *Museums bore me*. The subject of the sentence is *museums*, and therefore the verb is plural. Similarly, in the sentence **Nos interesa la exhibición** *(The exhibit interests us)*, the verb is singular because the subject is *the exhibit*.

Indirect object	Verb	Subject
Me		
Te	aburre ⟶	el museo de arte.
Le		
Nos	aburren ⟶	los museos.
Os		
Les		

▶ In the sentence **Me fascina bailar**, *To dance* (the action) *fascinates me*, the subject is the infinitive of the verb, and therefore the verb is singular.

Ejemplos

Les choca manejar en las ciudades grandes.   *It annoys them to drive in large cities.*

Le molesta recibir tanto correo.   *It bothers him to receive so much mail.*

Nos encanta caminar en los parques.   *We love to walk in the parks.*

> **Nota lingüística** The verbs **aburrir** and **divertir** may be used reflexively—**aburrirse** and **divertirse**—and are conjugated as any other reflexive verb: **(Yo) me aburro en los museos**, *I get bored in museums*; or **Luis y yo nos divertimos en los parques**, *Luis and I enjoy ourselves in the parks.*

C Un viaje de negocios

Ejercicio

Usa la forma correcta del verbo entre paréntesis y el pronombre apropiado para completar las oraciones siguientes.

1. (aburrir) A Juan Carlos _____ _____ los museos de arte.

2. (chocar) A mí _____ _____ recibir muchos correos electrónicos.

3. (molestar) A los turistas _____ _____ los vendedores ambulantes.

4. (encantar) A mis amigos y a mí _____ _____ viajar.

5. (interesar) A la profesora _____ _____ las exhibiciones de arte.

6. (fascinar) A los alumnos _____ _____ los conciertos.

7. (molestar) Señorita, ¿a Ud. _____ _____ el ruido de los coches?

8. (disgustar) A Pedro y a Carla _____ _____ aprender nuevos programas.

The irregular preterite verbs estar, tener, and poder

estar		tener		poder	
estuve	estuvimos	tuve	tuvimos	pude	pudimos
estuviste	estuvisteis	tuviste	tuvisteis	pudiste	pudisteis
estuvo	estuvieron	tuvo	tuvieron	pudo	pudieron

▶ Unlike the endings of the regular preterite **-er** and **-ir** verbs, these verbs have an unstressed **e** in the first-person singular and an unstressed **o** in the third-person singular. The stress is on the next-to-last syllable: est**u**ve, t**u**ve, p**u**de, est**u**vo, t**u**vo, p**u**do. The other persons have the regular **-er** and **-ir** endings.

Ejercicio

Completa con la forma correcta del pretérito de los verbos **estar**, **tener** o **poder**.

1. Juan y Laura no _____ ir porque _____ que trabajar.

2. Todos nosotros _____ muy contentos.

3. El avión no _____ salir a tiempo por la lluvia.

4. El bebé _____ muy inquieto durante el vuelo.

5. Yo _____ mucha suerte porque _____ comprar los boletos a mitad de precio.

6. Después del viaje en crucero, tú _____ mareado por cinco días. ¡Qué horrible!

7. Ud. _____ en la sala de espera por dos horas.

8. Mis hermanas no _____ reunir el dinero para el viaje.

✎ **Study tip** Go to the SAM for extra vocabulary and grammar exercises for this module.

En acción

Conversaciones y más

7-15 Planes para un viaje de negocios Lee el diálogo y después relaciona las columnas.

Agente: Viajes Internacionales a sus órdenes.

Teresa: Buenas tardes. Necesito información sobre los vuelos de Houston a Buenos Aires.

Agente: Claro que sí… Mire… Tenemos uno en oferta. Está muy barato.

Teresa: ¿Cuánto cuesta?

Agente: Solamente 1.300 dólares ida y vuelta. Es un paquete que incluye seis noches en un hotel de tres estrellas en cuarto doble y bufet de desayuno.

Teresa: ¡Magnífico! Quiero hacer una reservación para dos personas, pero en cuartos separados. Somos compañeros de trabajo y tenemos un proyecto allá.

Agente: En ese caso, son 100 dólares más por persona.

Teresa: Bueno… Está bien.

Agente: ¿Para qué fechas?

Teresa: Queremos salir el 29 de julio y regresar el 6 de agosto.

Agente: También ofrecemos excursiones a Montevideo o a las cataratas de Iguazú.

Teresa: ¿Cuánto cuestan?

Agente: A Montevideo la excursión sale en la mañana y regresa el mismo día en la noche y cuesta 150 dólares. A Iguazú sale un día, pasa la noche allá y regresa al día siguiente. Cuesta 400 dólares.

Teresa: Bueno, preferimos la excursión a Montevideo, pero el sábado, porque los demás días tenemos que trabajar.

Agente: Déjeme buscar… Perfecto, tienen algunos lugares disponibles en la excursión del sábado… Muy bien. Ya está hecha su reservación. Son 1.550 dólares por persona.

Teresa: Gracias.

Agente: Para servirle. Hasta luego.

1. Teresa va a ir   _____   a. es de un día.

2. Teresa sale   _____   b. es más cara que la otra excursión.

3. Hay buenos precios   _____   c. de EEUU.

4. El paquete incluye   _____   d. más de mil dólares por persona.

5. El precio original del paquete   _____   e. vuelo, hotel y desayuno.

6. El viaje cuesta   _____   f. a Buenos Aires.

7. La excursión a Montevideo   _____   g. en verano en EEUU (invierno allá).

8. La excursión a Iguazú   _____   h. es para cuarto doble.

7-16 Teresa y Pedro van de viaje Escucha el diálogo y después responde **C** si la oración es cierta o **F** si es falsa.

2-7

1. Pedro descansa mucho durante el vuelo. _____

2. Teresa nunca usa la computadora durante los vuelos. _____

3. Teresa tiene todo preparado con anticipación. _____

4. A Teresa le gusta mucho trabajar en el avión. _____

5. Es un vuelo directo de Miami a Buenos Aires. _____

6. Hacen dos escalas. _____

7. Teresa y Pedro no conocen Buenos Aires. _____

8. Pedro necesita la ayuda de Teresa para mandar los correos. _____

© Cengage Learning 2014

7-17 ¡Está incompleto! Pedro le manda un correo electrónico al gerente de Buenos Aires. Accidentalmente se borraron *(erased)* algunas palabras. Con un/a compañero/a, complétalo con las palabras de la lista.

> treinta   mañana   confirmar   preguntas   libres   vender
> aeropuerto   internacional   presentación

| envíar | guardar | dirección | adjuntar | fuentes | colores | plantilla |

Mensaje sin título

Para Ing. Jaime Dolce

Cc

De Lic. Pedro Fernández

Adjuntos

Asunto Estrategias de mercadotecnia

Estimado Ing. Dolce:

Le envío este correo desde el _____ de Caracas. La Lic. Peña y yo estaremos _____ en Buenos Aires y queremos _____ la hora y el lugar de la _____ de estrategias de mercadotecnia para _____ sus productos a nivel _____ . Nuestra presentación durará aproximadamente _____ minutos y dejaremos otros treinta _____ para responder _____ o comentar las sugerencias *(suggestions)*.

Atentamente,

Lic. Pedro Fernández

© Cengage Learning 2014

7-18 ¡Qué desorden! Durante el vuelo, Teresa habla con Pedro de un viaje a España. Con un/a compañero/a, ordena el diálogo.

Pedro: ¿Te gustó? _____

Teresa: Fui al Jardín Botánico y también me fascinó. En Madrid puedes ir en metro a todos lados. _____

Pedro: ¡Qué bueno! Te gusta mucho hablar por teléfono. _____

Teresa: Solo tres días. Quiero ir otra vez. _____

Pedro: ¿Cuántos días estuviste en Sevilla? _____

Teresa: Muchísimo. Visité los museos más impresionantes que puedas imaginarte. Me fascinó el Museo del Prado. _____

Pedro: Además de los museos, ¿a qué otros lugares fuiste? _____

Teresa: Sí, fui el año pasado. _____

Pedro: Claro, es la manera más fácil y rápida de transportarse en ciudades grandes. _____

Teresa: No, no pude usar el mío. Compré una tarjeta muy barata para hablar de España a EEUU. _____

Pedro: ¿Conoces España, Tere? _____

Teresa: En Sevilla usamos autobuses o caminamos. _____

Pedro: Yo también. Oye, ¿pudiste usar tu celular? _____

7-19 ¿Quién lo dijo? Teresa piensa que vivir en una ciudad grande tiene muchas ventajas, pero Pedro piensa lo contrario. Marca **T** si las siguientes oraciones las dice Teresa o **P** si las dice Pedro.

☐ El ruido que hacen los camiones es terrible y, además, emiten sustancias tóxicas.

☐ Me fascina el arte. Siempre voy a las exhibiciones.

☐ Me molesta mucho el tráfico. Siempre llego tarde por los embotellamientos y nunca encuentro estacionamiento.

☐ La contaminación ambiental produce enfermedades respiratorias.

☐ La gente tiene una mentalidad más abierta y le interesa más la cultura.

☐ Me encanta el teatro. Hay una gran variedad de obras dramáticas, comedias y musicales.

☐ Los apartamentos son muy pequeños y muy caros, y la mayoría de las casas no tienen patio.

Ya puedes decirlo

7-20 Haz diálogos con un/a compañero/a sobre las siguientes situaciones.

1. Internet y la vida diaria: ¿Cuántos correos electrónicos mandas o recibes? ¿Para qué otras cosas usas Internet? ¿Cuántas horas al día lo usas?, etcétera.

2. Los teléfonos celulares y teléfonos computarizados (como *Blackberry* o *iPhone*): ¿Cuántas llamadas recibes? ¿cuántos mensajes de texto? ¿Aproximadamente por cuántos minutos usas tu teléfono al mes? ¿Cuál es el potencial de los teléfonos computarizados y su utilidad?, etcétera.

Study tip Go to the SAM for additional listening and pronunciation practice for this chapter.

Antes de leer

Strategy: Making predictions about the reading from the title

Read the title of the selection and recall how you prepared for your last trip. This will give you an idea about what to expect in this reading selection.

Usar Internet para planificar las vacaciones

En el pasado, antes de viajar a otro país, muchas personas **usaban** *(used to use)* mapas, libros, revistas o los servicios de un agente de viajes para planificar sus vacaciones. Hoy en día, Internet puede ayudarte con tus planes y ya no es necesario ir a una oficina de turismo, pero es importante estar preparado. Lo que tienes que hacer primero es decidir si vas en coche, avión o barco. Después, es necesario saber si necesitas pasaporte o visa para entrar al país que quieres visitar. Puedes obtener esa información en el sitio oficial de turismo de cada país o puedes consultar el sitio web del gobierno. Usa un buscador como *Google* para llegar a su página web. También es posible hacer reservaciones y ver fotos del hotel donde te vas a quedar, y puedes usar Internet para buscar información sobre la moneda del país, qué tarjetas de crédito son preferibles o si es mejor usar cheques de viajero. Otra información que puedes saber por medio de Internet es el clima de tu destino, para llevar la ropa adecuada. Es también de gran ayuda visitar el sitio web viajeros.com para ver las opiniones de personas que **han viajado** *(have traveled)* a tu destino. Ese sitio es una comunidad de viajeros de todas partes del mundo que comparten sus buenas y malas experiencias. Es un buen sitio para obtener información antes de viajar, durante el viaje y después de tu viaje. ¡Qué pases unas vacaciones muy felices!

Después de leer

Contesta en español con oraciones completas.

1. ¿En el pasado, qué usaban muchas personas para planificar sus vacaciones?

_____

_____

2. ¿Por qué ya no es necesario ir a una agencia de viajes antes de viajar?

_____

_____

3. ¿Dónde puedes encontrar información sobre visas o pasaportes?

_____

_____

4. ¿Qué más información puedes obtener usando Internet?

_____

_____

5. ¿Por qué es necesario saber algo del clima del país o ciudad que vas a visitar?

_____

_____

6. ¿Qué es viajeros.com?

_____

_____

¡Vamos a escribir!

Write a short paragraph about how you prepared for your last trip.

_____

_____

_____

_____

_____

_____

_____

Lee el texto y participa en un debate.

Preparación ¿Cuáles son las ventajas y desventajas de vivir en Buenos Aires? Con tus compañeros de clase, llena el cuadro con una lista de los aspectos positivos y una lista de los aspectos negativos de vivir en una ciudad grande como Buenos Aires. ¿Dónde prefieres vivir tú?

Debate Formen dos grupos; uno está a favor de vivir en una ciudad grande, y el otro está en contra. El grupo con mejores argumentos gana. Nombren un presidente de debates para concederles la palabra *(give the floor)* a los competidores.

Almanaque de
Argentina, A-2

© Cengage Learning 2014

Buenos Aires es la capital de Argentina, además de ser la ciudad y el puerto más grande del país. Está localizada frente al **Río de la Plata**, y sus habitantes se llaman **porteños** (gente del puerto). La ciudad tiene una población de aproximadamente 3 millones, y hay casi 12 millones y medio en el área metropolitana. Esto la convierte en una de las grandes aglomeraciones urbanas del mundo y la tercera en tamaño de América Latina, después de la Ciudad de México y de Sao Paulo.

Buenos Aires tiene una gran influencia europea, especialmente de España, Italia y Alemania. Es conocida como el "París de las Américas", y es una de las ciudades más sofisticadas de América Latina. Es mundialmente conocida por su arquitectura, sus actividades culturales y su vida nocturna.

Travelstock44/Alamy

Sin embargo, también tiene problemas: es una ciudad ruidosa, la cuarta después de Tokio, París y Nueva York, debido principalmente al tránsito. También hay problemas de contaminación del aire. La contaminación atmosférica es la amenaza ambiental más seria. Además, los ciudadanos están expuestos a sobreestimulación por la publicidad que invade muchos espacios públicos. Esta información excesiva crea mayor estrés.

© Les Torrens/Shutterstock

Definitivamente, vivir en ciudades grandes tiene ventajas y desventajas. ¿Dónde prefieres vivir tú?

La vida en la ciudad	
Aspectos positivos	**Aspectos negativos**

Mi ritmo de vida

Communication objectives

- Talking about daily routines
- Discussing important life events
- Talking about celebrations
- Describing past habits
- Describing in the past
- Talking about the different stages of life

Culture topics

- The tradition of *la siesta*
- The concept of time in the Spanish-speaking world
- Diego Rivera, Frida Kahlo, and the Coyoacán district
- The Three Wise Men and the nativity scene
- Art: Salvador Dalí
- Architecture: El Mesón de la Cava, República Dominicana
- Music: Gustavo Dudamel
- Literature: Mario Benedetti

Illustrations © Cengage Learning 2014

¡Prepárate!

Study tip Study the **¡Prepárate!** section before coming to class. Review the vocabulary lists, read the grammar explanations, and do the practice exercises.

Vocabulario

 Study tip Access vocabulary flashcards at www.cengagebrain.com.

Verbos reflexivos	*Reflexive verbs*		
acostarse (o>ue)	*to go to bed*	**levantarse**	*to get up; to stand up*
afeitarse	*to shave*	**maquillarse**	*to put on makeup*
bañarse	*to take a bath*	**peinarse**	*to comb one's hair*
cepillarse el pelo	*to brush one's hair*	**pintarse las uñas**	*to paint one's nails*
cepillarse los dientes	*to brush one's teeth*	**ponerse la ropa**	*to put on clothing*
despertarse (e>ie)	*to wake up*	**quitarse la ropa**	*to take off clothing*
dormirse	*to go to sleep*	**secarse**	*to dry oneself*
enfermarse	*to get sick*	**sentarse (e>ie)**	*to sit down*
enojarse	*to get angry*	**vestirse (e>i)**	*to get dressed*
lavarse	*to wash oneself*		

Verbos relacionados	*Related verbs*		
almorzar (o>ue)	*to eat (have) lunch*	**lavar**	*to wash*
cenar	*to eat (have) dinner*	**limpiar**	*to clean*
desayunar	*to eat (have) breakfast*	**merendar (e>ie)**	*to have a light afternoon snack*

Artículos de cuidado personal	*Personal care items*		
afeitadora	*razor*	**lápiz labial** *(m)*	*lipstick*
cepillo	*brush*	**loción** *(f)*	*lotion; cologne*
cepillo de dientes	*toothbrush*	**maquillaje** *(m)*	*makeup*
champú *(m)*	*shampoo*	**papel** *(m)* **de baño**	*toilet paper*
cortaúñas *(m)*	*nail clipper*	**pasta de dientes**	*toothpaste*
crema	*cream*	**peine** *(m)*	*comb*
crema de afeitar	*shaving cream*	**perfume** *(m)*	*perfume*
delineador *(m)*	*eyeliner*	**rasuradora**	*razor (Mex.)*
desodorante *(m)*	*deodorant*	**rímel** *(m)*	*mascara*
esmalte *(m)* **de uñas**	*nail polish*	**secadora de pelo**	*blow-dryer*
espejo	*mirror*	**sombra de ojos**	*eye shadow*
gotas para los ojos	*eye drops*	**talco**	*talcum powder*
hilo dental	*dental floss*	**toalla**	*towel*
jabón *(m)*	*soap*		

Preposiciones y frases prepositivas	Prepositions and prepositional phrases		
antes de	*before*	**en vez de**	*instead of*
al (*+ infinitivo*)	*on, upon* (+ -ing)	**sin**	*without*
después de	*after*		

Así se pronuncia   Escucha las siguientes conversaciones. Pon atención a la

2-8   pronunciación del vocabulario nuevo.

1. —¿A qué hora te levantas?

—Entresemana me levanto a las siete.

—¿A qué hora te acuestas?

—Me acuesto muy tarde, después de las doce.

2. —¿Duermes muy pocas horas?

—No, más o menos siete… de la una de la mañana hasta las ocho.

—Yo me acuesto a las diez, después de ver las noticias y leer un poco.

—¡Qué temprano!

3. —¿Se maquilla su hija?

—No, ella casi nunca se maquilla, pero yo me maquillo a diario.

—Yo también.

4. —¿Siempre se viste Ud. así?

—No. Me visto así para ir al trabajo. Los fines de semana casi siempre me pongo pantalones de mezclilla y camiseta.

Voces hispanas

Mira el video y después escribe C si la oración es cierta o F si es falsa.

1. Verónica usa el transporte público para ir a trabajar.

2. Verónica y Paola usan el metro.

3. A Paola le gusta ir al centro y a los parques.

4. Ricardo usa su patineta muy poco.

5. Ricardo va a la universidad en patineta.

Selecciona la palabra que *no* pertenezca al grupo.

1. a. cepillo	**b.** peine	**c.** lápiz labial	**d.** champú
2. a. rímel	**b.** maquillaje	**c.** sombra de ojos	**d.** cortaúñas
3. a. toalla	**b.** vestido	**c.** papel de baño	**d.** pasta de dientes
4. a. crema	**b.** delineador	**c.** rímel	**d.** sombra de ojos
5. a. hilo dental	**b.** pasta de dientes	**c.** cepillo de dientes	**d.** peine
6. a. lavar	**b.** almorzar	**c.** comer	**d.** cenar
7. a. loción	**b.** espejo	**c.** perfume	**d.** talco
8. a. dormirse	**b.** despertarse	**c.** acostarse	**d.** sentarse

Relaciona el verbo con el dibujo.

1. peinar

2. peinarse

3. despertar

4. despertarse

5. pintar

6. pintarse

Illustrations © Cengage Learning 2014

Gramática

Reflexive constructions

▶ In a reflexive construction, the person who performs the action also receives the action. In a nonreflexive construction, the subject performs an action and someone else or something else receives the action.

Ejemplos

<u>Yo</u> **me lavo** las manos.	*I **wash** my hands.* (I perform the action and also receive it.)
<u>Yo</u> **lavo** la ventana.	*I **wash** the window.* (I perform the action and the object receives it.)
<u>Ana</u> **se peina**.	*Ana **combs** her hair.* (Ana performs the action and receives it.)
<u>Laura</u> **peina** a su hermanita.	*Laura **combs** her little sister's hair.* (Laura performs the action and her little sister receives it.)

Reflexive pronouns and reflexive verbs

Subject pronouns	Reflexive pronouns
yo	**me** *(myself)*
tú *(informal)*	**te** *(yourself)*
Ud. *(formal)*	**se** *(yourself)*
él / ella	**se** *(himself / herself)*
nosotros / nosotras	**nos** *(ourselves)*
vosotros / vosotras	**os** *(yourselves)*
Uds.	**se** *(yourselves)*
ellos / ellas	**se** *(themselves)*

▶ Reflexive verbs can be **-ar, -er,** and **-ir** verbs. They may be regular, stem-changing, or irregular verbs. Reflexive pronouns <u>must</u> always be used with reflexive verbs. Subject pronouns may also be used with reflexive pronouns.

Ejemplos

acostarse: ¿A qué hora **te acuestas** <u>tú</u>? <u>Yo</u> **me acuesto** a las diez de la noche.

ponerse: <u>Los niños</u> **se ponen** los zapatos y salen a jugar.

vestirse: <u>Yo</u> **me visto** muy rápido por la mañana.

▶ As with direct object pronouns, reflexive pronouns must be placed before conjugated verbs and may be attached to infinitives and present participles.

Ejemplos

María Teresa **se maquilla** en la mañana.

Ella **se va a maquillar**. / Ella va a **maquillarse**.

Ella **se está maquillando**. / Ella está **maquillándose**.

▶ Remember that the reflexive pronouns must agree with the subject.

Ejemplos

Yo voy a levantar**me** a las ocho.

Tú vas a levantar**te** a las siete y media.

Ud. va a levantar**se** temprano.

Carlos va a levantar**se** tarde porque está cansado.

Marta va a levantar**se** a las seis.

Mi hermano y yo vamos a levantar**nos** a la misma hora.

Vosotros vais a levantar**os** muy tarde si no vais a la cama ahora.

Uds. van a levantar**se** tempranísimo.

Mis padres van a levantar**se** muy temprano porque van de viaje.

Mis hermanas van a levantar**se** pronto.

▶ Many Spanish verbs require the use of the reflexive pronouns even though the true reflexive nature is not evident. They indicate a physical or an emotional change.

Ejemplos

asustarse *(to get scared)*   **preocuparse** *(to get worried)*

enfermarse *(to get sick)*   **reunirse** *(to get together)*

enojarse *(to get angry)*   **sentarse** *(to sit down)*

levantarse *(to get up; to stand up)*   **sentirse** *(to feel well or bad)*

Me asusté cuando vi los relámpagos.

I got scared when I saw the lightning.

Juan **se enfermó** porque comió mucho.

Juan got sick because he ate too much.

El profesor **se enoja** cuando uso mi celular en la clase.

The professor gets angry when I use my cell phone in class.

Mis padres **se preocupan** cuando no llego a casa a tiempo.

My parents worry when I don't get home on time.

Toda la familia **se reúne** los domingos.

The entire family gets together on Sundays.

Esta mañana **me levanté** tarde.

*This morning **I got up** late.*

Carlos entró en el salón de clase y **se sentó** delante de mí.

*Carlos entered the classroom and **sat** in front of me.*

Hoy no voy a clase. **Me siento** mal.

*I'm not going to class today. **I feel** unwell.*

The verbs ir / irse and dormir / dormirse

▶ The verb **ir** means *to go*, whereas the verb **irse** means *to go away* or *to leave*. Similarly, the verb **dormir** means *to sleep*, and **dormirse** means *to fall asleep* or *to go to sleep*.

Ejemplos

Voy a clase.	*I am going to class.*
Ya es tarde. **Me voy**.	*It's late. **I'm leaving**.*
Miguel **duerme** cinco horas.	*Miguel **sleeps** five hours.*
Miguel **se duerme** en la clase.	*Miguel **falls asleep** in class.*

Ejercicio

Cambia el infinitivo a la forma correcta del tiempo presente.

1. Carla (lavarse) _____ las manos antes de comer.

2. Yo (bañarse) _____ por la mañana.

3. Los niños (acostarse) _____ muy temprano.

4. Juanito (dormirse) _____ en la clase de historia.

5. Ana María (ponerse) _____ crema en las manos.

6. Ya es muy tarde. Mónica y yo (irse) _____. Adiós.

7. Elena, ¿tú (maquillarse) _____ todos los días?

8. Los alumnos (levantarse) _____ tarde los domingos.

9. ¿(Secarse) _____ Uds. el pelo con una toalla o con una secadora de pelo?

10. Antonio no (afeitarse) _____ los fines de semana.

Ejercicio

Completa el párrafo. Elige la forma correcta del verbo.

Julio y yo no tenemos el mismo horario. Él (1) se levanta / levanta muy temprano, a las seis de la mañana, (2) se ducha / ducha y (3) se pone / pone ropa cómoda. A las siete (4) se despierta / despierta a los niños. Martita (5) se viste / viste sola, pero a Arturito (6) me viste / lo viste su papá porque todavía está chiquito. Desayunan y Julio (7) se lleva / los lleva a la escuela. Regresa a la casa, (8) se despierta / me despierta a las siete y media, y (9) se cambia / me cambia para ir a trabajar. Yo (10) me baño / baño y (11) me visto / visto, llevo una fruta para comer en el carro y salgo a las ocho y media porque entro a trabajar a las nueve.

Infinitives after prepositions

▶ Unlike English, in which gerunds (verbal form that ends in *-ing*) may be used after prepositions, infinitives must be used after prepositions in Spanish.

Ejemplos

Me lavo los dientes **antes de acostarme**.	*I brush my teeth **before going to bed**.*
Miguel se afeita **después de bañarse**.	*Miguel shaves **after taking a bath**.*
En vez de cenar, los niños se acostaron.	***Instead of eating dinner**, the children went to bed.*
Fuimos a clase **sin maquillarnos**.	*We went to class **without putting on makeup**.*
Al llegar a mi casa, reviso mi correo electrónico.	***On arriving** home, I check my e-mail.*

Ejercicio

Completa la idea de la izquierda con el segmento más lógico de la derecha.

1. Julio es muy cortés. _____
2. Laura reprobó porque… _____
3. Todos los días leo una hora… _____
4. Necesitas hacer más ejercicio… _____
5. Los sábados vamos al cine… _____
6. Ese muchacho es muy sucio. _____
7. Sam revisa la hora del vuelo… _____

a. antes de dormirme.
b. en vez de ver la televisión.
c. después de cenar.
d. presentó el examen sin estudiar.
e. Siempre saluda al llegar a un lugar.
f. antes de salir para el aeropuerto.
g. Sale de su casa sin bañarse.

Study tip Go to the SAM for extra vocabulary and grammar exercises for this module.

En acción

Conversaciones y más

8-1 Amor de lejos Lee el diálogo y después relaciona las columnas.

Dos amigas mexicanas conversan

Claudia: Hola, Guadalupe. ¿Cómo estás?

Guadalupe: No pude dormir, ¿y tú?

Claudia: Yo bien. ¿Por qué no dormiste? ¿Te acostaste muy tarde estudiando para un examen o qué?

Guadalupe: No, estudié en la tarde. Me acosté tardísimo por estar hablando en los cuartos de charla. Me encantan.

Claudia: ¡Qué bárbara! Yo siempre duermo bien. Siempre me duermo a las diez de la noche. Duermo ocho horas, me levanto a las seis de la mañana y hago una hora de ejercicio o salgo a correr. Estoy en la universidad toda la mañana, y en la tarde estudio…

Guadalupe: ¡Qué horror! Todos los días lo mismo… Yo tengo otro ritmo de vida, más emocionante, más espontáneo…

Claudia: Sí, por eso siempre llegas tarde a todos lados (*everywhere*).

Guadalupe: ¿Siempre? Claro que no… Solo a veces… Te quiero comentar que estoy muy contenta porque conocí ayer a un cuate muy buena onda.

Claudia: ¿Dónde vive?

Guadalupe: Súper lejos, en Montevideo, Uruguay.

Claudia: Amor de lejos es de cuatro.

Guadalupe: No estoy de acuerdo. Si el amor es verdadero, no importa la distancia.

Claudia: ¡Ay! No tienes remedio.

> **Nota lingüística**
> There is no better way to identify where someone is from than by the use of colloquial expressions. These expressions are not used in formal speech or writing and may vary from country to country or region to region. In Mexico, the word **cuate** can be used equivalently to the English colloquial term "guy" or to refer to a very close friend or twin brother. The expression **buena onda** can be used to describe someone as "a cool person."

1. No durmió bien. _____
2. Tiene mala opinión de los cuartos de charla. _____
3. Normalmente usa Internet. _____
4. Duerme poco porque estudia mucho. _____
5. Tiene una vida de rutinaria. _____
6. No es puntual. _____
7. Piensa que la distancia es un obstáculo para el amor. _____
8. Es muy romántica. _____

a. Claudia

b. Guadalupe

c. nadie

8-2 Tu horario Escribe el número en el dibujo correspondiente y el infinitivo del verbo subrayado.

1. <u>Me levanto</u> a las siete de la mañana. _____

2. <u>Navego</u> en Internet. _____

3. <u>Almuerzo</u> en la cafetería. _____

4. <u>Me seco</u> el pelo. _____

5. <u>Manejo</u> a mi casa después de trabajar. _____

6. <u>Trabajo</u> hasta las 5:30 P.M. _____

7. <u>Estoy</u> en la universidad. _____

Illustrations © Cengage Learning 2014

8-3 En el consultorio del Dr. Soto Completa el cuadro con la información del diálogo entre el Sr. López y el Dr. Soto.

Rutina	Hora
se acuesta	
	a las dos o tres de la mañana

Nota cultural

La siesta Until recently, the custom of taking a short nap (**siesta**) after the midday meal was very prevalent in the Spanish-speaking world. Most businesses were closed from 2:00 P.M. to 4:00 P.M. The word **siesta** comes from the Latin word *sexta*, which represents the sixth hour counting from dawn, when workers would pause to eat lunch and rest for a short time. However, business practices no longer allow for stores to close in the middle of the day, so the tradition of the **siesta** is disappearing, except in small towns.

8-4 ¡Qué desorden! Con un/a compañero/a, ordena los diálogos.

Diálogo 1

_____ No, más o menos siete horas. Es suficiente.

_____ Me acuesto muy tarde, después de las doce.

_____ ¿A qué hora te levantas?

_____ ¡A las doce! Oye, duermes muy pocas horas.

_____ Entresemana me levanto a las siete para ir a la universidad.

_____ ¡Qué temprano! Entonces, ¿a qué hora te acuestas?

_____ Yo me acuesto a las diez, después de ver mi programa favorito en la tele.

Diálogo 2

_____ Exacto, no sé qué hacer. Se levanta muy tarde, no tiene tiempo para bañarse y no desayuna…

_____ Hola, Mariana. ¿Cómo estás?

_____ Sí, es lo que le digo. Voy a hablar con un consejero. Hasta luego.

_____ Hola, Carlos. Estoy muy preocupada por mi hijo.

_____ Ah, es un problema para muchos jóvenes. Es como un vicio *(addiction)*.

_____ ¿Por qué? ¿Está enfermo?

_____ No, está bien de salud, pero anda mal *(he's doing poorly)* en la escuela porque se duerme en las clases.

_____ No es eso. No duerme porque pasa muchas horas en la computadora.

_____ Tal vez no puede dormir bien durante la noche.

_____ Pues, qué mal. No debe irse a la escuela sin desayunar.

A Todos los días lo mismo

8-5 Preguntas personales Con un/a compañero/a, busca las respuestas en las ◯.

1. ¿A qué hora se acuesta tu compañera de cuarto?

2. ¿Cuántas horas duermen tus hijos?

3. ¿Te enojas con frecuencia?

4. ¿Cuándo se lavan las manos Uds.?

5. ¿Vas a la universidad en la mañana?

6. ¿Siempre te pones desodorante?

☐ Nos lavamos las manos antes de comer.

☐ Se acuestan a las nueve y se despiertan a las seis.

☐ Normalmente a la medianoche. Se duerme tarde.

☐ No mucho, pero a veces me enojo por pequeños detalles.

☐ Claro, después de bañarme.

☐ Sí, siempre salgo de la casa a las ocho y llego a las ocho y media.

8-6 Juego De todos los artículos de cuidado personal, escoge solo cinco, en orden de importancia y / o necesidad. Fundamenta *(Give the basis of)* tus respuestas y compáralas con las de tus compañeros.

cepillo de dientes	champú	cortaúñas
crema	crema de afeitar	delineador
desodorante	espejo	gotas para los ojos
jabón	lápiz labial	loción
maquillaje	afeitadora (rasuradora)	pasta de dientes
peine	perfume	rímel
secadora de pelo	sombra de ojos	cepillo
talco	toalla	papel de baño

Illustrations © Cengage Learning 2014

Artículo de cuidado personal	¿Por qué?
1.	
2.	
3.	
4.	
5.	

Ya puedes decirlo

8-7 La rutina diaria

1. Haz una presentación oral sobre las actividades que haces en el transcurso de un día.

2. Haz un diálogo con un/a compañero/a para hablar sobre su rutina diaria. Usa expresiones como **yo tampoco**, **yo también**, etc. Incluye expresiones de tiempo y de lugar.

Nota cultural

The concept of time The perception of time in the Spanish-speaking world can differ from that in the United States. While punctuality is important in a business context, if a party is scheduled for 7:00 P.M., for example, it is not unusual for guests to arrive 30 minutes to an hour or more later. The feeling is that in informal situations, punctuality is not considered an essential trait or a virtue: *What's the rush? Is it really important for me to be there exactly at 7:00 P.M.*? In Hispanic culture, the concept of time is not considered constrictive by nature; it is not limiting, but rather more flexible and enjoyable. Interestingly, in Spanish **el reloj anda** (*the clock walks*), whereas in English *the clock runs*. Time is also lost (**tiempo perdido**) rather than wasted (**malgastado**). **Malgastado** is generally used to indicate wasted money or material things.

Arte Almanaque de España, A-18

Salvador Dalí: Una interpretación de las horas Salvador Dalí (1904–1989) era un pintor español, considerado el artista más importante del movimiento surrealista del arte. Fue uno de los artistas más **destacados** (*outstanding*) del siglo XX. Dalí era muy excéntrico; tenía unos bigotes largos y **engomados** (*waxed*) que le daban un toque especial. Su personalidad era controversial; algunos lo creían genio y otros, loco.

© Avalon/Alamy

Hacia (*Around*) 1929, Dalí ya tenía su estilo personal que lo hizo famoso: sus pinturas mostraban el inconsciente representado en los **sueños** (*dreams*). Las imágenes repetidas de jirafas ardientes (*burning giraffes*) y los relojes que se **derretían** (*melted*) se convirtieron en marcas registradas de este artista surrealista. Sus pinturas y esculturas con relojes recuerdan el paso imparable (*unstoppable*) del tiempo.

¿Qué significa para ti esta imagen?

Study tip Go to the SAM for additional listening and pronunciation practice for this chapter.

¡Prepárate!

Study tip Study the **¡Prepárate!** section before coming to class. Review the vocabulary lists, read the grammar explanations, and do the practice exercises.

Vocabulario

 Study tip Access vocabulary flashcards at www.cengagebrain.com.

Verbos recíprocos	Reciprocal verbs		
abrazarse	to hug each other	enamorarse	to fall in love
adorarse	to adore each other	encontrarse (o>ue)	to meet, to run into
amarse	to love one another	extrañarse	to miss one another
besarse	to kiss each other	odiarse	to hate each other
casarse	to get married	pelearse	to fight with each other
comprometerse	to get engaged	quererse (e>ie)	to love one another
conocerse	to know each other; to meet	reconciliarse	to reconcile, to make up
despedirse (e>i)	to say goodbye	saludarse	to greet each other
divorciarse	to get divorced	separarse	to separate

Cosas de la vida	Life situations		
accidente (m)	accident	graduación (f)	graduation
amistad (f)	friendship	llegada	arrival
amor (m)	love	matrimonio	marriage
boda	wedding	muerte (f)	death
celebración (f)	celebration	nacimiento	birth
celos	jealousy	premio	prize
desilusión (f)	disappointment	traición (f)	betrayal
envidia	envy		

Verbos relacionados	Related verbs
dar un paseo	to take a walk
hacer una fiesta	to have a party
ir al cine	to go to the movies
nacer	to be born
morir (o>ue)	to die
pasarla/lo bien	to have a good time
pedir (e>i) la mano de...	to ask for... hand (in marriage)

🔊 Así se pronuncia Escucha las siguientes conversaciones. Pon atención a la
2-10 pronunciación del vocabulario nuevo.

1. —Mónica, vamos a hacer una fiesta. Quiero invitarte.

—¿Cuál es la ocasión?

—Vamos a celebrar el nacimiento de mi nieta.

—¡Qué bonito es celebrar la llegada de un nuevo miembro a la familia!

2. —Hola, Miguel. ¿Qué hay de nuevo?

—Bastante. Me comprometí con María Teresa Solano.

—Hombre, felicidades.

—Sí, fue amor a primera vista.

—¡Qué envidia! Yo ni novia tengo.

3. —Sr. Gallardo, vengo a pedirle la mano de su hija.

—Bueno, veo que Uds. se aman mucho.

—Sí, somos novios desde hace tres años y nos queremos mucho.

—El matrimonio es un paso importante y parece que Uds. lo entienden.

4. —Sr. Salazar, le presento a la Srta. Amanda Mendoza.

—Pero ya nos conocemos, ¿no?

—Sí, creo que fue en la boda de mi hermana, Elena.

—Sí, fue una ceremonia fabulosa.

Juegos de palabras

Adivina el verbo en infinitivo Escribe en las líneas las letras que faltan.

1. Dos personas unen sus labios. __ __ _s_ __ __ __ __

2. Dos personas se rodean la una a la otra con sus brazos. _a_ __ __ __ __ __ __ __ __ __ __ _e_

3. Dos personas terminan su matrimonio. __ _i_ __ __ _r_ __ __ __ __ __ _e_

4. Dos personas tienen sentimientos de amor. __ __ __ _m_ __ __ _a_ __ __ __ __

5. Dos personas tienen sentimientos opuestos al amor. __ _d_ __ __ __ __ __

6. Dos personas se dicen "buenos días". __ __ __ __ _u_ __ __ _r_ __ __ __

7. Dos personas se ven accidentalmente. _e_ __ __ __ __ __ _t_ __ __ __ __ __ __

8. Dos personas firman un acta de matrimonio. __ __ _s_ __ __ __ _e_ __

Cosas de la vida Marca con + si es algo positivo y con – si es algo negativo.

1. amistad _____

2. enfermedad _____

3. desilusión _____

4. amor _____

5. graduación _____

6. envidia _____

7. luna de miel _____

8. celos _____

9. fama _____

10. premio _____

Gramática

Reciprocal actions

▶ To express reciprocal or mutual actions, Spanish uses the first-person plural, the second-person plural, and the third-person plural with reflexive pronouns.

Ejemplos

Mi novia y yo **nos llamamos** por teléfono todos los días.

Vosotros **os conocéis**, ¿verdad?

Carlos y Teresa **se quieren** mucho.

My girlfriend and I **call each other** *every day.*

You **know each other**, *right?*

Carlos and Teresa **love each other** *a lot.*

Ejercicio

Cambia el infinitivo a la forma correcta del tiempo pretérito.

Celia y Tomás (conocerse) (1) _____ en la universidad y (enamorarse) (2) _____ inmediatamente. Fue amor a primera vista. Después de seis meses (comprometerse) (3) _____, y tres meses más tarde (casarse) (4) _____. Fue una ceremonia muy bonita y hubo una fiesta fantástica. Al principio del matrimonio, todo iba muy bien, pero después de unos meses, empezaron los problemas y (separarse) (5) _____. ¡Qué triste! Vivieron separados seis meses. Fueron a un consejero matrimonial y poco después (reconciliarse) (6) _____ y ahora viven muy felices.

Preterite tense of the irregular verbs **venir** and **decir**

▶ As you learned in Chapter 7, the preterite tense is used to talk about actions or events that occurred and were completed in the past. Some Spanish verbs such as **venir** and **decir** have irregular verb stems in the preterite and their endings have no accent marks.

Subject	venir *(to come)*	decir *(to say; to tell)*
yo	vine	dije
tú	viniste	dijiste
Ud. / él / ella	vino	dijo
nosotros / nosotras	vinimos	dijimos
vosotros / vosotras	vinisteis	dijisteis
Uds. / ellos / ellas	vinieron	dijeron

Ejercicio

Completa las oraciones con el pretérito de los verbos **venir** o **decir**.

1. El agente me _____ el precio ayer.

2. Mis hijos no _____ hoy a comer.

3. Juan siempre viene a clases, pero hoy no _____.

4. ¿Por qué no le (tú) _____ la verdad?

5. Los estudiantes _____ que el viaje fue súper interesante.

6. ¿(Tú) _____ a trabajar ayer? No te vi.

7. Todos (nosotros) _____ unas palabras para felicitar al profesor.

8. Yo _____ a verte ayer, pero no te encontré.

Hace to express *ago*

▶ To express that an action happened some time *ago*, Spanish uses the following formula:

> *preterite* + **hace** + *time*

Ejemplos

Me casé **hace siete años**.   *I got married **seven years ago**.*

Carla se comprometió **hace tres meses**.   *Carla got engaged **three months ago**.*

▶ The same idea can be expressed by using the following word order:

> **hace** + *time* + **que** + *preterite*

Ejemplos

Hace dos semanas que celebramos nuestra boda.   *We celebrated our wedding **two weeks ago**.*

Hace cuatro años que mis hijas se graduaron de la universidad.   *My daughters graduated from college **four years ago**.*

▶ To ask a question using this construction, use the following formula:

> **¿Cuánto tiempo hace** + **que** + *preterite?*

Ejemplo

¿Cuánto tiempo hace que tuviste el accidente?   *How long ago did you have the accident?*

Ejercicio

Haz oraciones con la información siguiente. Usa las expresiones con **hace**.

Ejemplo

Son las ocho. / Llegamos al aeropuerto a las seis y media.

Hace una hora y media que llegamos al aeropuerto.

Llegamos al aeropuerto hace una hora y media.

 Study tip Go to the SAM for extra vocabulary and grammar exercises for this module.

1. Estamos en marzo. / Nos casamos en julio.

_____

_____

2. Hoy es el 12 de mayo. / Su cumpleaños es el 12 de abril.

_____

_____

3. Estamos en 2011. / Me mudé a Arizona en 2001.

_____

_____

4. Son las nueve y cuarto. / La clase empezó a las nueve.

_____

_____

5. Mi hija tiene 25 años. / Viajó a Guatemala a los 23 años.

_____

_____

6. Hoy es lunes. / Pedro fue al cine el sábado.

_____

_____

 Arquitectura Almanaque de República Dominicana, A-38

Boda excepcional en Santo Domingo Un lugar único para bodas, con un ambiente natural: El Mesón de la Cava. Este singular restaurante está en una caverna de **piedra caliza** *(limestone)*, **tallada** *(carved)* por las olas del mar durante millones de años. Cuando acondicionaron la cueva, la cual inauguraron como restaurante en 1967, se encontraron utensilios y armas de los piratas, bucaneros y guerrilleros que **se alojaron** *(took refuge)* allí a lo largo de la historia. Ahora forman parte de la decoración del restaurante.

© Otto Ricart/El Meson de la Cava

El acceso al restaurante-cueva se realiza por una gran **escalera de caracol** *(spiral staircase)*. Una vez en el interior de la caverna, el espacio es amplio y no da sensación de **asfixia** *(suffocation)*. Un ascensor inclinado lleva a los huéspedes desde la cueva hasta una terraza al aire libre. El restaurante El Mesón de la Cava ofrece una variedad de áreas para diferentes usos. Estos incluyen un lugar para bodas, un jardín y una sala donde puedes recibir a tus invitados o celebrar un **brindis** *(toast)*. Tiene también un café al aire libre en medio de un exuberante **ambiente** *(environment)* de vegetación y terrazas. Esta hermosa caverna es más que un restaurante; es un tesoro arqueológico y arquitectónico.

¿Te gustaría asistir a una boda o celebrar tu boda aquí?

En acción

Conversaciones y más

8-8 Vivir el momento Lee el diálogo. Después escribe **C** si la oración es cierta o **F** si es falsa.

Guadalupe: ¿Te acuerdas de Édgar, el muchacho que conocí por Internet?

Claudia: Sí, claro, el que es de Uruguay… El problema es que para conocerse, uno de Uds. tiene que cruzar TODO el continente.

Guadalupe: Pues, ¿qué crees? Vino la semana pasada.

Claudia: ¿Se conocieron solo hace un mes y pudo venir a México tan pronto?

Guadalupe: No, él ya tenía este viaje programado por su trabajo. Es periodista y tiene unos proyectos aquí. Por eso buscaba en el cuarto de charla a alguien de México.

Claudia: Mira, pues qué bien. Y luego… ¿qué pasó?

Guadalupe: Pues, nos encontramos en Coyoacán. Cuando nos vimos, nos abrazamos muy contentos. Fue amor a primera vista.

Claudia: Coyoacán es típico para enamorados, poetas, artistas y románticos. Me alegro por ti, pero la verdad, yo no creo mucho en eso. Pronto él va a regresar a su país…

Guadalupe: Tal vez. No quiero pensar en eso. Prefiero vivir el momento, y si después nos separamos, por lo menos vivimos la experiencia.

Claudia: Así eres tú. Ya sabes que yo soy menos soñadora.

Guadalupe: Por lo pronto, estoy feliz y ya veremos…

1. Guadalupe y el uruguayo se conocieron por una amiga. _____

2. Guadalupe y Édgar empezaron a hablar hace 30 días. _____

3. Claudia piensa que es muy difícil una relación a distancia. _____

4. El uruguayo fue a México porque conoció a Guadalupe. _____

5. Édgar corresponde el amor de Guadalupe. _____

6. Claudia es muy romántica. Le fascinan los sueños de su amiga. _____

7. Claudia piensa que Édgar y Guadalupe tendrán un amor duradero. _____

8. Guadalupe planifica cuidadosamente todos los detalles de su futuro. _____

Nota cultural Almanaque de México, A-26

Coyoacán One of Mexico City's most bohemian districts, Coyoacán, is located in the southern part of of the city and includes residential neighborhoods as well as cafés, bars, bookstores, and museums. It is also the site of artists Frida Kahlo and Diego Rivera's former home, **la Casa Azul**. La Casa Azul is open to the public as **el Museo Frida Kahlo** and contains many of the artist's personal items, giving visitors the impression that Kahlo still inhabits this colorful landmark. The museum also includes the works of both Rivera and Kahlo, as well as those of other famous Mexican artists. Diego Rivera also founded a museum in Coyoacán, named Anahuacalli, that houses more than 50,000 pieces from pre-Hispanic civilizations.

© Bettmann/Corbis

8-9 Amor artístico Completa el texto con palabras de la lista.

> divorcio   accidente   se reconciliaron   muerte   vida   traición
> dolorosos   se casaron   museo   nació

Los grandes pintores Diego Rivera y Frida Khalo formaron la pareja mexicana más famosa del siglo XX. Controversiales, tanto en su arte como en su (1) _____, tuvieron una atormentada y apasionada relación, llena de amor y a veces de (2) _____.

Frida Kahlo Calderón (3) _____ el 6 de julio de 1907. El 17 de septiembre de 1925 sufrió un terrible (4) _____ cuando el camión en el que viajaba con su novio chocó con un tranvía. Tuvo que usar aparatos ortopédicos y someterse a varias cirugías y tratamientos muy (5) _____. Durante su recuperación comenzó a pintar sus primeras obras. Frida fue a buscar al maestro muralista Diego Rivera para mostrarle algunas de sus obras y pedirle su opinión sincera. Lo invitó a visitar su casa, la Casa Azul, para ver el resto de sus pinturas. Frida y Diego se casaron el 21 de agosto de 1929. Ella tenía 22 años y él, 43.

Se separaron en 1935, pero su obsesionado amor se impuso y (6) _____ el mismo año. Sin embargo, los conflictos continuaron, y en el otoño de 1939 iniciaron los trámites de (7) _____. Se divorciaron en noviembre de ese año. A pesar de eso, Diego y Frida se mantuvieron en contacto. Diego seguía pendiente del estado de salud de Frida. El amor superó las dificultades, y el 8 de diciembre de 1940, Diego y Frida (8) _____ por segunda vez.

Continuaron juntos hasta la (9) _____ de Frida, el 13 de julio de 1954, a la edad de 47 años. La Casa Azul se transformó en (10) _____, en homenaje a la vida y la obra de Frida Kahlo, el 12 de julio de 1958.

8-10 Cosas de la vida Trabaja en grupos de tres. Clasifica estos momentos de la vida en orden de importancia para ti (del 0 al 4), y después compara y comenta tus respuestas con tus dos compañeros.

_____ **a.** enamorarse

_____ **b.** encontrar muchos *e-mails* cuando vuelves de las vacaciones

_____ **c.** escuchar tu canción favorita en la radio

_____ **d.** acostarte en tu cama y escuchar la lluvia

_____ **e.** mirar una puesta de sol

_____ **f.** aprobar tu último examen

_____ **g.** hacer nuevos amigos

_____ **h.** ser parte de un equipo

_____ **i.** pasar un rato con tus mejores amigos

_____ **j.** manejar por un lugar bonito

_____ **k.** encontrar dinero en un pantalón que no usabas desde el año pasado

_____ **l.** ver felices a las personas que quieres

_____ **m.** escuchar accidentalmente que alguien dice algo bueno de ti

_____ **n.** recordar el primer beso

0 — No es importante.

1 — Es un poco importante.

2 — Es importante.

3 — Es muy importante.

4 — Es súper importante.

8-11 Invitación a una boda Escucha el diálogo entre Alejandra y Claudia, y después escribe **C** si la oración es cierta o **F** si es falsa.

2-11

1. Guadalupe se casa con Fernando. _____

2. Guadalupe conoció a su novio por medio de la computadora. _____

3. Édgar habla español. _____

4. La boda civil es el 10 de agosto. _____

5. La boda es el sábado por la noche. _____

6. A Claudia no le gusta la hora de la boda. _____

7. Claudia no conoce la iglesia. _____

8. Claudia tiene ideas negativas sobre la recepción. _____

9. Alejandra recibió la invitación de Claudia por error. _____

10. Claudia no quiere ir a la boda. _____

© Cengage Learning 2014

8-12 Opinión Lee el poema y después haz lo que se pide a continuación.

Correo electrónico

1 Detente en mí y haz clic,
2 compañero del alma digital.
3 Ahí leerás mi alma.

4 No se te pierda este clip:
5 en Quicktime te adjunto
6 mi corazón.

7 Archívame en tu
8 carpeta particular
9 y no me borres de
10 tu buzón
11 ni me redirecciones
12 a otro.

13 Por favor, remíteme
14 una respuesta
15 ¡y no me borres nunca
16 dos veces!

Courtesy of Nancy Membrez

1. Subraya las palabras que se relacionan con el mundo cibernético.

2. Escríbelas y tradúcelas.

_____

_____

_____

3. ¿Cuál es la idea principal del poema?

_____

4. ¿Qué piensas de las parejas que se conocen por Internet?

_____

_____

5. ¿Compartes o entiendes los sentimientos que expresa la autora? ¿Por qué?

_____

_____

8-13 ¿Hace cuántos años? Escribe oraciones como el ejemplo. Usa expresiones con **hace.**

Ana Elena está hablando de algunas fechas importantes en su vida.

1989   1992   1996   2009   2011   2015

SERVICIOS ESCOLARES

Illustrations © Cengage Learning 2014

Ejemplo

Mis padres se casaron en 1989. Hace _____ años que se casaron mis padres.

(Mis padres se casaron hace _____ años.)

1. _____

_____

2. _____

_____

3. _____

_____

4. _____

_____

5. _____

_____

Ya puedes decirlo

8-14 Presentación oral

1. Escribe un párrafo sobre una historia de amor (real o ficticia). Preséntasela a la clase.

2. Haz un diálogo con un/a compañero/a sobre el / los evento/s más importante/s de tu vida y las repercusiones en el presente. Puedes incluir en el diálogo frases como: **Cuéntame de tu boda. ¿Cuándo te graduaste? ¿En qué año nació tu hijo?**, etc. Después, cambien de papel.

✏️ **Study tip** Go to the SAM for additional listening and pronunciation practice for this chapter.

¡Prepárate!

Study tip Study the **¡Prepárate!** section before coming to class. Review the vocabulary lists, read the grammar explanations, and do the practice exercises.

Vocabulario

 Study tip Access vocabulary flashcards at www.cengagebrain.com.

Indicadores temporales	Temporal markers		
a veces	sometimes	**finalmente**	finally
anoche	last night	**frecuentemente**	frequently
antes	before	**hasta**	until
año pasado	last year	**luego**	then
casi nunca	almost never	**mes (m) pasado**	last month
casi siempre	almost always	**nunca**	never
de vez en cuando	once in a while	**por último**	lastly
después	after	**primero**	first
durante	during	**semana pasada**	last week
entonces	then	**siempre**	always
esta noche	tonight	**todos los días**	every day

Etapas de la vida	Stages of life		
adolescencia	adolescence	**madurez (f)**	maturity
ancianidad (f)	old age	**pubertad (f)**	puberty
infancia	childhood	**vejez (f)**	old age
juventud (f)	youth		

🔊 **Así se pronuncia** Escucha las siguientes conversaciones. Pon atención a la
2-12 pronunciación del vocabulario nuevo.

1. —Cuando eras joven, ¿ibas mucho al cine?

   —Sí, pero a mis amigos y a mí nos gustaba ir a la última función y mi mamá se enojaba.

   —Yo hacía lo mismo y mi mamá se preocupaba mucho.

2. —Cuando era niña no me dolían las rodillas ni la espalda ni el cuello…

   —Pues sí, pero la vida cambia. Ahora tienes las ventajas de la madurez.

   —¿Como cuáles ventajas?

   —Estás en el mejor momento de tu carrera profesional. La vida empieza a los cuarenta.

3. —Doctor, ¿cuáles son los mayores conflictos de la adolescencia?

   —En realidad no son conflictos. Son cambios emocionales de transición a la vida adulta.

   —Tiene Ud. razón, doctor. Voy a ser paciente con mi hijo.

4. —Hay países en los que se respeta mucho a los ancianos.

   —Sí, porque se piensa que la vejez, y sobre todo la ancianidad, son símbolos de sabiduría.

   —Creo que tienen razón.

Indicadores temporales Numera, de acuerdo con la frecuencia, de mayor a menor.

a. siempre _____

b. de vez en cuando _____

c. nunca _____

d. frecuentemente _____

e. casi siempre _____

f. a veces _____

g. casi nunca _____

Relaciona las columnas.

1. Mi abuelita tiene 70 años. _____ **a.** infancia

2. Mi hermanito tiene 6 años. _____ **b.** adolescencia

3. Mi mejor amiga tiene 22 años. _____ **c.** pubertad

4. La hija de mi amiga tiene 15 años. _____ **d.** juventud

5. Mi profesora tiene 46 años. _____ **e.** madurez

6. Doña Juanita tiene 83 años. _____ **f.** vejez

7. Daniel tiene 12 años. _____ **g.** ancianidad

Música Almanaque de Venezuela, A-42

AFP/Getty

Gustavo Dudamel cambia la vida de los niños El venezolano Gustavo Adolfo Dudamel Ramírez nació en Barquisimeto el 26 de enero de 1981. En la actualidad, este joven músico es uno de los mejores directores de orquesta del mundo, y desempeña *(performs)* su arte a nivel internacional. Comenzó a estudiar música a los cuatro años, educándose **bajo** *(under)* el Sistema Nacional de Orquestas Juveniles e Infantiles de Venezuela, llamado popularmente El Sistema. Esta entidad fue creada en los años 70 para formar musicalmente a niños de **bajos recursos** *(low income)* y **a través de** *(through)* esta experiencia cambiar su vida.

Dudamel se siente orgulloso de ser el director de la Orquesta Sinfónica Juvenil Simón Bolívar, parte de El Sistema, en el cual se formó. En conciertos presentados en diversas ciudades de América y de Europa, él y su orquesta han sido aclamados con el entusiasmo y reconocimiento del público.

¿Qué opinas de este tipo de programas? ¿Realmente pueden cambiar la vida de los niños y jóvenes que participan?

Gramática

The imperfect tense of regular verbs

▶ In Chapter 7, we studied the preterite tense and saw that it is used to express actions that can be seen as having ended. It is a simple past tense, made up of only one word. The imperfect tense is also a simple past tense, but its uses are very different from those of the preterite.

▶ All **-ar** verbs are regular in the imperfect tense. The first-person singular and the third-person singular have the same endings, and the first-person plural has a written accent on the first **a** of the ending. The regular **-er** and **-ir** verbs share the same ending, which carries a written accent on the **i**.

Subject	**llegar** (to arrive)	**comer** (to eat)	**vivir** (to live)
yo	lleg**aba**	com**ía**	viv**ía**
tú	lleg**abas**	com**ías**	viv**ías**
Ud. / él / ella	lleg**aba**	com**ía**	viv**ía**
nosotros / nosotras	lleg**ábamos**	com**íamos**	viv**íamos**
vosotros / vosotras	lleg**abais**	com**íais**	viv**íais**
Uds. / ellos / ellas	lleg**aban**	com**ían**	viv**ían**

Yo llegaba can be translated as *I arrived, I used to arrive, I would arrive,* or *I was arriving.*

Yo comía can be translated as *I ate, I used to eat, I would eat,* or *I was eating.*

Yo vivía can be translated as *I lived, I used to live, I would live,* or *I was living.*

The irregular verbs in the imperfect tense

Subject	**ir** (to go)	**ser** (to be)	**ver** (to see)
yo	iba	era	veía
tú	ibas	eras	veías
Ud. / él / ella	iba	era	veía
nosotros / nosotras	íbamos	éramos	veíamos
vosotros / vosotras	ibais	erais	veíais
Uds. / ellos / ellas	iban	eran	veían

▶ The imperfect tense is the most regular tense in Spanish, as it has only three irregular verbs: **ir, ser,** and **ver.**

Yo iba can be translated as *I went, I used to go, I would go,* or *I was going.*

Yo era can be translated as *I was* or *I used to be.*

Yo veía can be translated as *I saw, I used to see, I would see,* or *I was seeing.*

Ejercicio

Cambia la oración del presente al imperfecto.

1. Miguel estudia español. _____

2. Carlos y yo somos amigos. _____

3. Celia y Paco creen en los Reyes Magos. _____

4. Yo me acuesto temprano. _____

5. ¿Comen Uds. en la cafetería? _____

6. Mi familia y yo vemos televisión. _____

7. ¿Vas tú al cine? _____

8. Los alumnos leen muchos libros. _____

9. Es un problema. _____

10. Nosotros vamos a hacer una fiesta. _____

The imperfect tense to express habitual actions

▶ The imperfect tense is used to express habitual or repeated past actions.

Ejemplos

En verano, **me levantaba** tarde todos los días.	*In the summer, I **got up** late every day.*
	*In the summer, I **used to get up** late every day.*
	*In the summer, I **would get up** late every day.*
Mis primos **iban** al cine todos los domingos.	*My cousins **went to** the movies every Sunday.*
	*My cousins **used to go to** the movies every Sunday.*
	*My cousins **would go to** the movies every Sunday.*

The imperfect tense with descriptions

▶ The imperfect tense is used to describe people and things in the past.

Ejemplos

El niño **estaba** muy feliz porque era su cumpleaños.	*The child **was** happy because it was his birthday.*
El problema **era** muy complicado.	*The problem **was** very complicated.*
En la mañana **hacía** mucho frío.	*In the morning **it was** very cold.*

Había *(There was, there were)*

▶ In Chapter 3, you studied the verbal form **hay** *(there is, there are)*. It expresses the existence of someone or something in the present time. In Chapter 7, you studied **hubo** *(there was, there were)*. Similar to these forms, the imperfect tense of **haber, había** *(there was, there were)*, is used to express the existence of someone or something in the past. It presents this existence as ongoing, with no implication of change or time limitation. In this case, **había** is used only in the singular form.

Ejemplos

Había solo una persona cuando llegué.   *There was only one person when I arrived.*

Había muchos niños en la fiesta.   *There were a lot of children at the party.*

Ejercicio

Completa la historia con la forma correcta de los verbos en imperfecto.

Hace muchos años en un lejano país, (haber) (1) _____ una princesa que (ser)

(2) _____ muy buena y hermosa. (Tener) (3) _____ una voz

encantadora y una cara de ángel, pero (vivir) (4) _____ muy sola en un castillo

muy grande. Todos los días los pajaritos la (despertar) (5) _____ y ella (hablar)

(6) _____ con ellos. En las tardes (salir) (7) _____ a caminar por el

bosque y todos los animalitos (correr) (8) _____ con ella. Y así (pasar)

(9) _____ el tiempo, hasta que un día… inventaron las computadoras y en un

cuarto de charla encontró a su príncipe azul *(Prince Charming)*.

 Study tip Go to the SAM for extra vocabulary and grammar exercises for this module.

Literatura 🌐 Almanaque de Uruguay, A-40

Toda una vida escribiendo El escritor uruguayo Mario Benedetti nació el 14 de septiembre de 1920. Publicó más de 80 libros, y su obra **se ha traducido** *(has been translated)* a más de 25 lenguas. Además de novelas, escribió poesía, **cuentos** *(short stories)*, ensayos y crítica literaria. Empezó desde muy joven: su primer libro de poemas se publicó cuando tenía unos 25 años. En 1949, Benedetti publicó su primer libro de cuentos *(**Esta mañana**)*, y en 1953 apareció su primera novela. Cuando tenía 40 años, logró fama internacional con su novela *La tregua (The Truce)*, que tuvo más de 100 ediciones y traducciones a 19 idiomas. Siguió escribiendo y **cosechando** *(reaping)* premios, homenajes y reconocimientos en todas las etapas de su vida de escritor. Su última novela se llama ***El porvenir de mi pasado***, y se publicó en 2003, ya en su ancianidad. Es el **orgullo** *(pride)* de Montevideo y de la literatura en español, y además se considera uno de los mejores escritores del siglo XX, Benedetti murió el 17 de mayo de 2009.

AFP/Getty

En acción

Conversaciones y más

8-15 Cuando era niño... Lee el diálogo y después contesta las preguntas con oraciones completas.

Vicente habla con su abuelito

Vicente: Abuelito, ¿cómo celebrabas tu cumpleaños cuando eras niño?

Abuelito: Cuando era niño, celebraba mi cumpleaños en casa con mi familia y mis amigos.

Vicente: ¿Y qué hacían?

Abuelito: Jugábamos al béisbol o al fútbol. Mi mamá preparaba un pastel muy rico, y también había muchos dulces, comida y refrescos.

Vicente: ¿Recibías muchos regalos?

Abuelito: No recibía muchos, pero estaba muy contento con los regalos que me daban mis padres y mis amigos.

Vicente: ¿Y cómo celebrabas la Navidad?

Abuelito: La Navidad era muy especial, pero no la celebrábamos como tus hermanos y tú. No recibíamos regalos el 25 de diciembre.

Vicente: ¿Entonces, no creías en Santa Claus?

Abuelito: Sabía quién era Santa Claus, pero él no nos llevaba los regalos. Los Reyes Magos nos llevaban los regalos el 6 de enero.

Vicente: ¿Quiénes eran los Reyes Magos?

Abuelito: Eran tres reyes que se llamaban Melchor, Gaspar y Baltasar. Melchor venía de Europa, Gaspar de Asia y Baltasar de África. Después de viajar 12 días, llegaron a Belén con regalos para el Niño Jesús.

Vicente: ¿Cómo sabían los Reyes qué regalos querías?

Abuelito: Unos días antes del 6 de enero, mis hermanos y yo les escribíamos cartas a los Reyes y les decíamos qué regalos queríamos. El 5 de enero, antes de acostarnos, poníamos nuestros zapatos debajo de la cama o en la sala donde los Reyes pondrían *(would place)* los regalos. También poníamos afuera heno *(hay)* y agua para los camellos *(camels)* en los que venían los Reyes. En la mañana cuando nos despertábamos, allí estaban los regalos.

Vicente: Abuelito, tengo una idea. Voy a decirles a mis papás que sería *(it would be)* buena idea celebrar el 25 de diciembre y también el 6 de enero.

Abuelito: Me parece muy buena idea.

> **Nota lingüística** In English, the three people who traveled from far away to worship the infant Jesus are called the Wise Men of the East, the Three Wise Men, the Three Kings of the Orient, or the Magi. The word *Magi* comes from the ancient Persian language. The English word "magic" comes from that root. In Spanish, the Three Wise Men are called **los Reyes Magos** *(the magic kings)*.

© Cengage Learning 2014

1. ¿Dónde celebraba su cumpleaños el abuelito?

_____

2. ¿Le gustaban los regalos al abuelito?

_____

3. ¿Quién le llevaba los regalos de Navidad al abuelito?

_____

4. ¿Qué día recibían los regalos los niños?

_____

5. ¿Cómo se llaman los Reyes Magos?

_____

6. ¿De dónde venían los Reyes Magos?

_____

7. ¿Cómo sabían los Reyes Magos qué regalos querían los niños?

_____

8. ¿Qué ponían afuera los niños antes de acostarse el 5 de enero?

_____

9. ¿Cuándo quiere celebrar la Navidad Vicente?

_____

Nota cultural

El nacimiento A nativity scene—which generally includes figurines of the baby Jesus in a crib, Joseph and Mary, angels, shepherds, and farm animals—is called a **nacimiento**. **Nacimientos** may be small in size for the home or larger for display in plazas or other public places. Although the Three Wise Men are also present, in some countries they are not added to the nativity scene until January 6th—the day they arrived in Bethlehem to honor the baby Jesus. The setting of the **nacimientos** is a barn or a cave. In Spain, the nativity scene is called **Belén** (Bethlehem). In Mexico and other Central American countries, they are built nine days before Christmas, on December 16th, which coincides with the first day of the **Posadas**. Generally, the nativity scenes are taken down on February 2nd, which is known as Candlemas Day. In the past, the Christmas season lasted 40 days for many people. Many of the **nacimientos** are truly a work of art, made mostly of wood and demonstrating the creativity of skilled artisans.

◀)) **8-16 ¡Qué bonitos recuerdos!** Escucha el diálogo y llena el
2-13   cuadro con datos sobre la vida de la abuelita de Luis.

Año	Actividad	Lugar
		Guadalajara
	fueron a vivir	
1949		

8-17 Antes y ahora Habla de situaciones que antes eran de una
manera y que ahora son de otra manera.

Antes Miguel y Sara se querían mucho.

Ahora siempre se pelean y a veces no se hablan.

(Mi mejor amiga)	
(Mis profesores)	
(Mi jefe)	
(Mis compañeros de clase)	

Illustrations © Cengage Learning 2014

8-18 ¿Recuerdas a los personajes de los cuentos? Describe a dos personajes
de tu cuento infantil favorito. Tus compañeros deben adivinar quiénes son.

Ejemplos

*La reina **era** muy vanidosa. **Quería** ser la más bella. **Tenía** las manos suaves con uñas muy largas y **bien** cuidadas;*
*sus ojos **brillaban** con la luz de la luna; **usaba** una capa y **tenía** un espejo mágico.*

¿Quién es?

8-19 Entrevista Hazle las siguientes preguntas a un/a compañero/a y viceversa. Después comenten las respuestas con el grupo.

© Cengage Learning 2014

Preguntas	Respuestas (con explicación)
¿Cuál es la mejor etapa de la vida?	
¿A qué edad es apropiado casarse?	
¿Cuál es la etapa más conflictiva de la vida?	
¿A qué edad está preparada una persona para ser padre o madre?	
¿En qué etapa de la vida necesitamos más la ayuda de otras personas?	
¿Qué significa ser viejo/a?	

Ya puedes decirlo

 Study tip Go to the SAM for additional listening and pronunciation practice for this chapter.

8-20 Recuerdo cuando...

1. Haz una presentación oral sobre un momento importante de tu vida. Cuenta una historia de algo increíble, misterioso, divertido, cómico, vergonzoso, etc.

2. Haz un diálogo con un/a compañero/a sobre tu niñez. Habla de las actividades que hacías habitualmente, y describe a las personas que eran importantes para ti en esa época.

Antes de leer

Strategy: Skimming and making predictions

Skim the following poem to get a general idea of its meaning. As you read through it, you will notice the many times the imperfect tense is used. Remember that the imperfect is a past tense used to describe people and things in the past and to tell what or how people or things used to be. The very first line recalls what things were like as a child. By keeping this in mind, you will be able to predict the content of this selection.

Pasatiempo

Mario Benedetti

Cuando éramos niños

los viejos tenían como treinta

un **charco** *(puddle)* era un océano

la muerte **lisa y llana** *(quite simply)*

no existía

luego cuando muchachos

los viejos eran gente de cuarenta

un **estanque** *(pond)* era océano

la muerte solamente

una palabra

ya cuando nos casamos

los ancianos estaban en cincuenta

un lago era un océano

la muerte era la muerte

de los otros

ahora veteranos

ya **le dimos alcance** *(we caught up)* a la verdad

el océano es por fin el océano

pero la muerte empieza a ser

la nuestra.

Después de leer

Traduce al inglés las frases siguientes.

1. cuando éramos niños

_____

2. los viejos tenían como treinta (años)

_____

3. un charco era un océano

_____

4. la muerte no existía

_____

5. cuando nos casamos

_____

6. los ancianos estaban en cincuenta

_____

7. le dimos alcance a la verdad

_____

¡Vamos a escribir!

En el poema, cada estrofa corresponde a cierta etapa de la vida. Usa el vocabulario de la lista siguiente para indicar cuál etapa de la vida va con cuál estrofa, y explica cómo llegaste a esa conclusión.

> la adolescencia   la ancianidad   la infancia   la juventud
> la madurez   la pubertad   la vejez

1. _____

_____

2. _____

_____

3. _____

_____

4. _____

_____

Lee el texto y después completa la información sobre tu rutina antes y después de las vacaciones. Compara y comenta con tus compañeros/as de clase.

Recuperar los buenos hábitos a la vuelta de las vacaciones

Regresar al trabajo y a la rutina diaria

Comienzan los horarios fijos, los niños vuelven a la escuela, los mayores a sus trabajos y de nuevo hay que poner el reloj despertador *(alarm clock)*. Por estas y otras razones, la vuelta de las vacaciones resulta difícil para muchas personas, sin embargo puede ser más fácil si se organiza bien desde el primer momento.

No hay comida

Al regresar a casa después de las vacaciones, es muy frecuente encontrar el refrigerador vacío, como lo dejamos. Por lo tanto, el primer trabajo es llenar de nuevo el refrigerador. Este es el momento apropiado para hacer una planificación de las comidas que se van a preparar esa semana. Planificar las comidas y las cenas nos va a ayudar a preparar la lista del supermercado y comprar solo lo necesario.

Adaptarse de nuevo a los horarios de comidas y trabajo

El verano trae libertad de horarios, planes espontáneos y en definitiva una escasa *(limited)* programación de las actividades. Durante las vacaciones, los horarios de las comidas se ven muy alterados porque nos levantamos y nos acostamos más tarde. Las horas de la comida y la merienda son muy variables, y las cenas, por lo general, tienden a ser más tarde de lo habitual. En definitiva, son los horarios del desayuno y de la cena los que sufren más cambios al volver a la vida cotidiana *(everyday)*. Antes de acostarse es muy útil dejar preparado el desayuno y el almuerzo del día siguiente, incluso en muchos casos la comida del mediodía.

Hay que volver a la rutina diaria

Retomar el ejercicio

El final de las vacaciones es un buen momento para volver a los buenos hábitos que se abandonaron durante el verano, entre ellos el ejercicio físico. No es necesario decidir ir al gimnasio o a caminar todos los días. Quizás sea mejor *(Maybe it's better)* comenzar con dos o tres días por semana. Además, los meses de otoño son la época ideal para hacer deporte al aire libre.

No olvidarse de mantener el cuerpo bien hidratado *(hydrated)*

Otro aspecto importante es la hidratación del organismo. Con el paso de los meses, las temperaturas van bajando progresivamente y disminuyen las ganas de beber líquidos. Por esto, es necesario hidratarse y reponer líquidos aun cuando no se tenga sed. Una alimentación ordenada, acompañada de ejercicio físico regular, va a compensar los posibles excesos de las vacaciones.

Adaptado de Recuperar los buenos hábitos a la vuelta de las vacaciones, *Eroski Consumer*, 5 de septiembre de 2006. Used with permission.

Mi rutina diaria durante las vacaciones	Mi rutina diaria después de las vacaciones	Sugerencias del artículo

Actividad 1 Escucha las oraciones siguientes y escribe
C si son ciertas o **F** si son falsas.

🔊 2-14

1. _____   4. _____

2. _____   5. _____

3. _____

Viaje a Costa Rica

Tere: Hola, Juan. ¿Qué haces?

Juan: Estoy buscando información sobre vuelos a Costa Rica en Internet.

Tere: ¿A qué ciudad vas?

Juan: Voy a la capital, San José.

Tere: ¿Cómo quieres ir? Me imagino que en clase turista.

Juan: Prefiero ir en primera clase porque el vuelo es muy largo, pero el boleto es muy caro.

Tere: ¿Cuánto cuesta un boleto de ida y vuelta?

Juan: Más o menos novecientos euros, pero si voy entresemana, es más barato.

Tere: ¿Es un vuelo sin escalas?

Juan: Sí, y por eso cuesta tanto el boleto en primera clase.

Tere: Pues, busca más en Internet. A ver si encuentras algo menos costoso.

Juan: Buena idea. Es lo que voy a hacer.

🔊 2-15

Actividad 2 Escucha las oraciones siguientes y escribe
C si son ciertas o **F** si son falsas.

1. _____   4. _____

2. _____   5. _____

3. _____

Problema con la novia

Jefe: ¿Qué le pasa, señor Linares? Lo veo muy preocupado. ¿Durmió bien anoche?

Sr. Linares: No, me acosté tarde y no dormí bien.

Jefe: ¿Tiene algún problema?

Sr. Linares: Sí, mi novia se enojó conmigo porque ella quería ir a un concierto y yo le dije que no quería ir.

Jefe: Eso no es problema para ustedes porque se quieren mucho y todo se va a resolver.

Sr. Linares: Sí, nos amamos y pensamos casarnos en el futuro.

Jefe: Bueno, estoy seguro que van a reconciliarse pronto.

Sr. Linares: Sí, yo también estoy seguro. Gracias por escuchar mis problemas.

Jefe: De nada. Hasta luego.

Sr. Linares: Sí, hasta luego.

Actividad 3 Marca la palabra que no corresponda.

1. **a.** avión **b.** autobús **c.** camioneta **d.** coche
2. **a.** barco **b.** velero **c.** bicicleta **d.** ferry
3. **a.** dólar **b.** cuenta **c.** euro **d.** peso
4. **a.** boleto **b.** ida y vuelta **c.** reservación **d.** paquete
5. **a.** guía **b.** aeropuerto **c.** avión **d.** sobrecargo

Actividad 4 Relaciona las palabras.

1. alberca _____ 4. matrimonio _____ **a.** estacionamiento **d.** piscina
2. cuarto _____ 5. espacioso _____ **b.** amplio **e.** habitación
3. coche _____ 6. nuevo _____ **c.** viejo **f.** luna de miel

Actividad 5 Completa con la palabra apropiada.

1. Guardo los archivos en una _____.

2. Para entrar en mi correo, necesito poner mi _____.

3. Todos mis amigos están en mi lista de _____.

4. La computadora no funciona bien. Creo que tiene un _____.

5. Los coches, los camiones y los autobuses causan la _____ del aire.

6. El tren subterráneo también se llama el _____.

7. Hay una _____ de arte en el Museo Alameda.

Actividad 6 Completa con la palabra apropiada.

1. Me lavo las manos con _____.

2. Me afeito con una _____.

3. Me seco el cuerpo con una _____.

4. Uso un _____ para mirarme.

5. Me pinto los labios con un _____.

6. Me lavo los dientes con _____.

Actividad 7 Marca la palabra que no corresponda.

1. **a.** amarse **b.** quererse **c.** besarse **d.** odiarse
2. **a.** premio **b.** amistad **c.** amor **d.** matrimonio
3. **a.** celebración **b.** celos **c.** envidia **d.** desilusión
4. **a.** siempre **b.** a veces **c.** anoche **d.** frecuentemente
5. **a.** anoche **b.** madurez **c.** antes **d.** semana pasada
6. **a.** infancia **b.** adolescencia **c.** vejez **d.** juventud

Actividad 8 Completa el diálogo con la palabra apropiada.

Beto: Hola, Ana. Mañana me voy de vacaciones.

Ana: ¡Qué bien! ¿_____ vas?

Beto: Voy a Panamá.

Ana: ¿Cómo vas?

Beto: Voy en _____. Ya tengo mi boleto de ida y _____.

Ana: ¡Qué envidia! Hace mucho _____ que no voy de vacaciones.

Beto: ¿Puedes llevarme al _____? No quiero dejar mi coche en el _____.

Ana: Sí, claro.

Beto: Gracias, Ana.

Actividad 9 Completa el diálogo con la palabra apropiada.

Gerente: Sr. Aranda, esta es la segunda vez esta semana que llega tarde al trabajo. ¿Quiere explicarme por qué?

Sr. Aranda: Sí, lo siento. Anoche me _____ temprano, pero no me _____ hasta las dos de la mañana.

Gerente: ¿Está enfermo?

Sr. Aranda: No, es que el domingo, mi novia y yo discutimos y _____ tres días que no la veo. La _____ mucho y la _____.

Gerente: No se preocupe. Todo se va a resolver.

Sr. Aranda: No sé. Espero que sí.

Actividad 10 Cambia los verbos subrayados a la forma correcta del tiempo futuro.

1. ¿Cuánto <u>va a costar</u> el viaje a Honduras?

_____

2. <u>Voy a necesitar</u> cheques de viajero.

_____

3. <u>Vamos a comprar</u> un boleto de ida y vuelta.

_____

4. Miguel <u>va a pedir</u> un pasaporte nuevo.

_____

5. Los muchachos <u>van a visitar</u> tres países.

_____

Actividad 11 Cambia los verbos entre paréntesis a la forma correcta del pretérito.

1. El año pasado, Luz y yo (ir) _____ de vacaciones a Puerto Vallarta.

2. Marta y yo (llegar) _____ tarde al aeropuerto.

3. (Ser) _____ un viaje muy bonito.

4. Mis amigos no (poder) _____ conseguir boletos.

5. Yo (tener) _____ que esperar por mucho tiempo mi pasaporte.

6. ¿(Hablar) _____ Uds. con el recepcionista del hotel?

7. Mis amigos y yo (estar) _____ en El Salvador tres semanas.

8. Yo (hacer) _____ los planes para el viaje hace mucho tiempo.

9. Adriana (sacar) _____ muchas fotos en la capital.

10. Juan y Teresa (aburrirse) _____ mucho en el aeropuerto.

Actividad 12 Completa las oraciones con la forma correcta del verbo entre paréntesis.

Tiempo presente:

1. A mí (encantar) _____ el hotel donde estamos, pero a mi esposa (molestar) _____ el ruido de los coches y de los camiones.

2. Todos los días, yo (levantarse) _____ temprano y (desayunar) _____ antes de ir a la universidad.

3. Teresa (peinar) _____ a su hija, y después ella (peinarse) _____.

4. La profesora nunca (maquillarse) _____.

5. Mis padres (quererse) _____ mucho.

Tiempo pretérito:

6. Carlos y Ana (conocerse) _____ en la universidad.

7. Anoche yo (acostarse) _____ tarde y no (despertarse) _____ hasta las diez de la mañana.

8. Esta mañana mi compañero de habitación (bañarse) _____ y (ponerse) _____ ropa limpia.

9. Mi hermano (casarse) _____ en junio.

Actividad 13 Completa las oraciones siguientes con la forma correcta del imperfecto del verbo entre paréntesis.

1. Cuando yo (ser) _____ niño, (vivir) _____ en Nuevo México.

2. Generalmente, mis hermanos y yo (ir) _____ a las montañas.

3. Frecuentemente, mi padre nos (hablar) _____ de su juventud.

4. Cuando Carlos y Juan (estar) _____ en el campo, ellos (comer) _____ al aire libre.

5. Antes, Blanca y José (quererse) _____ mucho.

6. Cuando yo (estar) _____ de vacaciones, (levantarme) _____ tarde todos los días.

Actividad 14 Contesta las preguntas con oraciones completas.

1. ¿Llevas mucho equipaje cuando viajas? _____

2. ¿Adónde fuiste de vacaciones de primavera? _____

3. ¿Cuánto cuesta una buena computadora portátil? _____

4. ¿A qué hora te levantaste esta mañana? _____

5. ¿Dónde naciste? _____

6. ¿Qué vas a hacer esta noche? _____

Mente sana en cuerpo sano

Communication objectives

- Talking about sports
- Talking about habits in the past (childhood and adolescence)
- Describing and narrating in the past
- Talking about personal skills and talents
- Talking about how you spend your free time

Culture topics

- The World Cup
- Baseball in Latin America; Hispanic NBA players
- The Olympic rings and the marathon
- Caribbean rhythms; the Paraguayan harp
- Bullfighting
- Architecture: Estadio Centenario
- Music: World Cup Themes
- Art: Liliana Segovia
- Literature: Pablo Antonio Cuadra

Illustrations © Cengage Learning 2014

¡Prepárate!

Study tip Study the **¡Prepárate!** section before coming to class. Review the vocabulary lists, read the grammar explanations, and do the practice exercises.

Vocabulario

Study tip Access vocabulary flashcards at www.cengagebrain.com.

Deportes	Sports		
atletismo	track and field	fútbol americano (m)	football
básquetbol (m)	basketball	golf (m)	golf
béisbol (m)	baseball	lucha	wrestling
boxeo	boxing	natación (f)	swimming
ciclismo	cycling	patinaje (m)	skating
esgrima	fencing	tenis (m)	tennis
esquí (m)	skiing	vólibol, vóleibol (m)	volleyball
fútbol (m)	soccer		

Vocabulario relacionado	Related vocabulary		
adversario/a	opponent	gol (m)	goal (soccer)
anotación (f)	score	guante (m)	glove
balón (m)	ball	juego	game
bate (m)	bat	jugador/a	player
bateador/a	batter	lanzador/a	pitcher
campeonato	championship	maratón (m)	marathon
campo de golf	golf course	meta	finish line
canasta	basket	palo de golf	golf club
cancha	court	pasto	grass
carrera	run; race	patines (m, pl.)	skates
casco	helmet	pelea	fight
competencia	competition	pelota	ball
contendiente (m, f)	opponent	portero/a	goalie, goalkeeper
corredor/a	runner	punto	point
empatado/a	tied (score)	red (f)	net
entrada	inning	rival (m, f)	rival
entrenador/a	coach	salida	start (of a race)
equipo	team; equipment	señal (f)	signal
florete (m)	foil (for fencing)	temporada	season

Verbos relacionados	Related verbs		luchar	to fight
anotar	to score		luchar	to fight
cansarse	to get tired		pegar	to hit
empatar	to tie		pelear	to fight
ganar	to win		perder (e>ie)	to lose
hacer ejercicio	to exercise		practicar	to practice
jugar (u>ue)	to play (sport)		tirar	to throw
lastimarse	to hurt oneself		vencer	to defeat, to beat
levantar pesas	to lift weights			

Más indicadores temporales	More temporal markers		por (en) la tarde	in the evening
generalmente	generally		por (en) la tarde	in the evening
muchas veces	many times		todos los años	every year
por (en) la mañana	in the morning		todos los sábados	every Saturday
por (en) la noche	at night		todos los veranos	every summer

🔊 **Así se pronuncia** Escucha las siguientes conversaciones. Pon atención a la
2-16 pronunciación del vocabulario nuevo.

1. —El sábado es el último juego, ¿no?

—Sí, ya está terminando la temporada.

—Jugamos muy bien. Ganamos 20 partidos y solo perdimos cinco.

—Sí, nuestro equipo es buenísimo.

2. —¿Qué deporte puedo practicar sin comprar mucho equipo?

—Para correr solo necesitas unos zapatos, pantalones cortos y camisetas.

—Sí, porque para jugar golf necesitas palos de golf, y para el tenis necesitas pelotas y una buena raqueta.

—También hay que pagar para practicar esos deportes.

3. —Señorita, quisiera reservar una cancha de tenis.

—Sí, claro. ¿Qué día y a qué hora?

—El lunes a las diez de la mañana.

—Muy bien. Tenemos raquetas y pelotas a muy buen precio en la tienda del club.

4. —¿Bueno? Club Deportivo Los Robles.

—Buenos días. ¿Ofrecen lecciones privadas de golf?

—Sí. Tenemos instructores expertos y un campo de golf excelente.

—Perfecto. Necesito hacer ejercicio y jugar golf me parece la solución perfecta.

—Claro, también tenemos un gimnasio bien equipado.

A ¿Te gusta el fútbol?

Completa el siguiente crucigrama.

1					2		3		4		5

(crucigrama)

6
7
8
9
10

Nota lingüística **Ni… ni** means *neither… nor.*

When **ni… ni** comes before the verb, the negative **no** is not used.

Ejemplos

Ayer en el partido de fútbol, **ni** ganamos **ni** perdimos; empatamos.

*At yesterday's soccer match, we **neither** won **nor** lost; we tied.*

When **ni… ni** follows the verb, the negative **no** is used before the verb and replaces **ni**.

Ejemplos

No juego al fútbol **ni** al básquetbol.

*I don't play soccer **or** basketball.*

Horizontales:

1. Deporte en el que juegan cinco jugadores por equipo
7. Final de la carrera
8. Ni perder ni empatar
9. Lugar donde empieza una carrera
10. Objeto para protegerse la cabeza

Verticales:

1. Deporte en el que juegan nueve jugadores por equipo
2. Deporte individual en el que usan floretes
3. Deporte individual en el que usan guantes para pelear
4. Deporte con dos modalidades: libre y grecorromana
5. Contendiente o rival a vencer
6. Deporte en el que usan raquetas y pelotas amarillas

Relaciona el equipo, el lugar o la ropa que se usa en cada deporte.

1. ciclismo	_____	**a.**	gorra, bate y guante
2. golf	_____	**b.**	traje de baño y una piscina
3. vólibol	_____	**c.**	pantalones cortos, balón y una cancha con dos canastas
4. esgrima	_____	**d.**	casco y patines
5. natación	_____	**e.**	cancha y red
6. esquí	_____	**f.**	palo de golf y pelotas
7. béisbol	_____	**g.**	bicicleta, casco y pista (*track*)
8. patinaje	_____	**h.**	florete
9. básquetbol	_____	**i.**	ropa térmica y esquíes
10. boxeo	_____	**j.**	guantes y pantalones cortos

Gramática

The past progressive

▶ In Chapter 5, you learned that the present progressive is used to express actions that *are happening* at the present time.

Ejemplo

Estoy preparando la lista de actividades.   *I am preparing the list of activities.*

Similarly, the past progressive is formed by using the imperfect tense of **estar** + *the present participle.*

Subject	estar	Present participle
yo	estaba	
tú	estabas	
Ud. / él / ella	estaba	jugando
nosotros / nosotras	estábamos	
vosotros / vosotras	estabais	
Uds. / ellos / ellas	estaban	

▶ The past progressive of the verb **jugar** can be translated as: *I was playing, you were playing, he was playing,* etc.

▶ The past progressive is used to express a past action that *was in progress* at a certain moment in the past. It emphasizes the continuity of the action.

Ejemplos

Estaba levantando pesas cuando llamaste.   *I was lifting weights when you called.*

Tú estabas jugando tenis cuando Ana llegó.   *You were playing tennis when Ana arrived.*

▶ The past progressive of the verbs **ir** and **venir** is not used. In these cases, the imperfect is used to indicate the idea of continuity in the past.

Ejemplos

Iba al gimnasio cuando vi a tu hermano.   *I was going to the gym when I saw your brother.*

Venía del gimnasio cuando vi a tu hermano.   *I was coming from the gym when I saw your brother.*

Ejercicio

Cambia el verbo del imperfecto al pasado progresivo.

1. Mi hermano jugaba béisbol de niño.

Mi hermano _____ béisbol cuando empezó a llover.

2. Los alumnos hacían ejercicio todas las tardes.

Los alumnos _____ ejercicio cuando llegué al gimnasio.

3. Yo practicaba tenis todos los sábados.

Yo _____ tenis cuando me llamaste.

4. Carlos y Teresa levantaban pesas en la universidad.

Carlos y Teresa _____ pesas cuando los vi.

5. Antonio se afeitaba todas las mañanas.

Antonio _____ cuando sonó el teléfono.

6. Llovía todos los días en la primavera.

_____ cuando salimos de clase.

7. Maite y yo corríamos los fines de semana.

Maite y yo _____ cuando vimos relámpagos.

The preterite and imperfect tenses contrasted

▶ The preterite tense is used:

a. To express a completed past action. The end of the action can be seen.

Ejemplos

Esta mañana Gabriel **corrió** cinco millas.

*This morning Gabriel **ran** five miles.*
(The act of running is over. He has stopped running.)

Este fin de semana nuestro equipo **ganó** el campeonato.

*This weekend our team **won** the championship.*
(The game is over. The act of playing has ended.)

b. To express length of time.

Ejemplos

Los muchachos **jugaron** toda la tarde.

*The boys **played** all afternoon.*
(At the end of the afternoon, they stopped playing.)

El equipo **practicó** toda la mañana.

*The team **practiced** all morning.*
(At the end of the morning, the team stopped practicing.)

c. To express point of termination.

Ejemplos

El partido **terminó** después de tres horas.

*The game **ended** after three hours.*
(We didn't play anymore after three hours.)

Jugamos fútbol hasta las nueve de la noche.

***We played** soccer until 9 P.M.*
(We stopped playing at 9 P.M.)

d. To express a sequence of actions that can be seen as ended. It answers the question "Then what happened?" Generally, these verbs are accompanied by expressions (such as *first*, *then*, *later*, *finally*, etc.) that indicate that the events do not overlap; one occurs and ends, then another action happens and it ends, and so on.

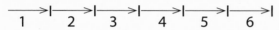

Ejemplos

Esta mañana **1. salí** de casa a las siete. **2. Caminé** tres millas y después **3. volví** a casa a las ocho. Luego **4. me bañé, 5. desayuné** y finalmente **6. manejé** a la universidad.

*This morning I **left** the house at 7:00. I **walked** three miles and then **returned** home at 8:00. Afterward I **took a bath, ate breakfast**, and finally **drove** to the university.*

e. To express sudden interruption of an action.

Ejemplos

Estábamos jugando tenis cuando **se apagaron** las luces.

*We were playing tennis when the lights **went out**.*

Yo estaba corriendo en el parque cuando **empezó** a llover.

*I was running in the park when **it started** to rain.*

f. To express a sudden change.

Ejemplos

Estaba muy tranquilo, pero **me asusté** cuando vi un perro enorme.

*I was very calm, but **I got scared** when I saw an enormous dog.*

Cuando el entrenador vio el resultado, **se alegró** mucho.

*When the coach saw the score, **he became very happy**.*

Voces hispanas

Mira el video y relaciona las columnas según las descripciones.

1. Tiene una vida muy poco activa.   **a.** Essdras
2. En sus ratos libres practica el yoga.   **b.** Nicole
3. Toma café con sus amigos.   **c.** Andrés
4. Hacen actividad física en sus ratos libres. **d.** nadie
5. Le gusta bailar y acampar.

▶ The imperfect tense is used to express:

a. Habitual or repeated past actions. Frequently, these verbs are accompanied with expressions such as: **todos los días, en / por las tardes, cada domingo, frecuentemente, muchas veces, los fines de semana**, etc.

> **Ejemplos**
>
> | | |
> |---|---|
> | Yo **corría** mucho **todos los días**. | *I ran / used to run / would run a lot every day.* |
> | Nosotros **íbamos** al gimnasio **los fines de semana**. | *We went / used to go / would go to the gym on the weekends.* |

b. To describe people, things, scenes, physical or emotional states, etc., in the past.

> **Ejemplos**
>
> | | |
> |---|---|
> | Carlos **estaba** muy contento porque su equipo ganó. | *Carlos was very happy because his team won.* |
> | El equipo **era** muy bueno. | *The team was very good.* |
> | Juan Antonio **estaba** en buena condición física. | *Juan Antonio was in good physical condition.* |

c. To express ongoing events.

> **Ejemplos**
>
> Los miembros del equipo **esperaban** ansiosamente el comienzo del partido. Unos **estaban** nerviosos, y otros **miraban** la televisión o **leían** revistas. De repente entró el técnico al gimnasio y anunció que ya era hora de ir al estadio.
>
> *The members of the team **were awaiting** anxiously the start of the game. Some **were** nervous, and others **were watching** TV or **reading** magazines. Suddenly, the coach entered the gym and announced that it was time to go to the stadium.*

d. To express what was happening when another action interrupted it.

> **Ejemplos**
>
> | | |
> |---|---|
> | Miguel **levantaba** pesas cuando **se lastimó** el brazo. | *Miguel was lifting weights when he hurt his arm.* |
> | Ellos **jugaban** tenis cuando **empezó** a llover. | *They were playing tennis when it began to rain.* |

e. To express time of day, time expressions, age, or stages of life in the past.

> **Ejemplos**
>
> | | |
> |---|---|
> | **Eran las diez** de la noche cuando terminó el partido. | *It was 10 P.M. when the game ended.* |
> | **Era tarde** cuando salí del gimnasio. | *It was late when I left the gym.* |
> | **Cuando era niño**, íbamos a la casa de mi abuelita todos los domingos. | *When I was a child, we would go to my grandmother's house every Sunday.* |
> | **Cuando tenía 15 años**, tomaba clases de tenis. | *When I was 15, I took (used to take) tennis classes.* |

f. To express days of the week, months, and dates.

> **Ejemplos**
>
> | | |
> |---|---|
> | **Era sábado, el 30 de mayo**, cuando ganamos el campeonato. | *It was Saturday, May 30, when we won the championship.* |

Ejercicio

El diario de Elena Completa el texto con la forma correcta del pretérito o del imperfecto de los verbos que están entre paréntesis.

Cuando yo (estar) (1) _____ en la escuela, (bailar) (2) _____ con el equipo de danza de la escuela. Todos los días mis compañeras y yo (practicar) (3) _____ mucho porque frecuentemente (ir) (4) _____ a competencias estatales y nacionales. Yo (ser) (5) _____ una de las líderes y también (ayudar) (6) _____ a la maestra con ideas para las coreografías.

Dos de mis amigas (ser) (7) _____ excelentes bailarinas, pero un día (lastimarse) (8) _____ las dos, Naty una rodilla y Rosita un codo. Después de seis meses (recuperarse) (9) _____ y (volver) (10) _____ al equipo.

En mi último año, nosotras (ir) (11) _____ a Orlando. (Estar) (12) _____ cuatro días allá y (competir) (13) _____ muchas veces. (Valer) (14) _____ la pena el esfuerzo porque (ganar) (15) _____ el primer lugar.

 Study tip Go to the SAM for extra vocabulary and grammar exercises for this module.

Arquitectura 🌐 Almanaque de Uruguay, A-40

El Estadio Centenario En Montevideo, Uruguay, ocurrió la primera **Copa Mundial de Fútbol** en 1930, del 13 al 30 de julio. Para este campeonato se construyó un estadio que llamaron Centenario porque la primera constitución nacional fue adoptada el 18 de julio de 1830, un siglo *(century)* antes. El Estadio Centenario fue diseñado por el arquitecto Juan Scasso, y el presidente de la FIFA, Jules Rimet, lo llamó el "templo del fútbol". En 1982 el Comité Ejecutivo de la FIFA lo declaró Monumento Histórico del Fútbol Mundial. Tiene una capacidad de 65.000 espectadores, aproximadamente.

El estadio además cuenta con un museo del fútbol. Otro símbolo es la torre de los **homenajes** *(tributes)*, la cual se puede ver claramente en la foto. Es el único monumento del fútbol mundial.

© Domino/Getty Images

Uruguay fue el país **anfitrión** *(host)* y también ganó la primera Copa Mundial en 1930. Espera ser la sede 100 años más tarde —en 2030, que sería *(would be)* el bicentenario— en el mismo estadio; y, por supuesto, con el **sueño** *(dream)* de repetir la **hazaña** *(achievement)*.

¿Has asistido como espectador a una competencia a nivel mundial? Describe el lugar, el evento y las personas que asistieron.

En acción

Conversaciones y más

9-1 Luis habla con su tío Antonio Lee el diálogo y después escribe C si la oración es cierta o F si es falsa.

Antonio: Luis, ¿qué deportes te gusta jugar?

Luis: Ahora en invierno me gusta jugar fútbol.

Antonio: Cuando yo era niño, vivía en San Antonio, Texas, y no jugaba fútbol porque ese deporte no era popular ahí.

Luis: Entonces, ¿qué jugabas?

Antonio: Jugaba fútbol americano en invierno.

Luis: ¿Y en primavera?

Antonio: En primavera prefería jugar béisbol y practicar atletismo.

Luis: ¿Eras buen atleta?

Antonio: Yo creo que sí. Sobre todo me gustaba correr.

Luis: ¿Corrías con el equipo de la escuela?

Antonio: Formaba parte del equipo y al principio no participaba en las competencias porque había muchos corredores mejores que yo. Pero un día, uno de los muchachos se lastimó y el entrenador me dio la oportunidad de correr con el primer equipo. Lo hice muy bien y me quedé allí.

Luis: ¡Qué suerte! ¿Ganaron muchas carreras?

Antonio: Sí, ganamos muchas carreras en la ciudad, pero no tuvimos la misma suerte contra los equipos grandes del estado.

Luis: De todos modos (*Anyway*), fue una gran experiencia, ¿verdad?

Antonio: Sí, fue una época inolvidable (*unforgettable*).

1. A Luis no le gusta el fútbol. _____

2. Antonio jugaba fútbol cuando era niño. _____

3. El fútbol era popular cuando Antonio era niño. _____

4. Antonio jugaba fútbol americano en primavera. _____

5. A Antonio le encantaba correr. _____

6. Antonio era el mejor corredor de su equipo. _____

7. Un día, Antonio tuvo la oportunidad de correr con el primer equipo. _____

8. El equipo de Antonio ganó muchas carreras localmente. _____

> **Nota lingüística** The names of sports that originated in English-speaking countries are spelled in Spanish in such a way that they resemble the sound of the English words. Examples: basketball = **básquetbol**; baseball = **béisbol**; golf = **golf**; tennis = **tenis**; volleyball = **vólibol / vóleibol**. The football that is played in the U.S. is called **fútbol americano** in Spanish. Soccer is called **fútbol**.

The World Cup The World Cup is soccer's culminating event. It is truly an international competition, composed of all-star players representing their countries. The first World Cup was played in Uruguay in 1930. Uruguay won the Cup that year, Argentina came in second, and the United States was third. The World Cup has been played every four years since 1930, with the exception of 1942 and 1946 because of World War II. The only Spanish-speaking countries to have won are Uruguay and Argentina—both two-time winners—and Spain, in 2010.

Música

La música del Mundial Con millones de espectadores de los 200 países que participan en la Copa Mundial, el evento ofrece la oportunidad de **ser visto** *(to be seen)* en todo el planeta. La cantante colombiana Shakira interpretó la canción oficial de Sudáfrica 2010, "Waka Waka," en las ceremonias de inauguración y de **clausura** *(closing)*. En la opinión del presidente de la FIFA, "Waka Waka" representa vida, **fuerza** *(strength)* y dinamismo, y nada refleja la alegría del fútbol mejor que la música. El video de Shakira **ha sido visto** *(has been seen)* por casi 600 millones de personas (tiene una versión en inglés y otra en español).

Associated Press

Otro hispano que interpretó una canción oficial en una Copa Mundial es el puertorriqueño Ricky Martin, con "La copa de la vida" en el campeonato de Francia 1998. Esta canción también es un himno alegre, con un ritmo contagioso. Sobre todo, las canciones del mundial representan, como dice el **lema** *(slogan)* de México 1986, "el mundo unido por un balón".

9-2 ¡Qué desorden! Con un/a compañero/a, ordena el diálogo.

Miguel fue a un juego de béisbol…

———— **Jaime:** ¿Qué equipos jugaron?

———— **Miguel:** Estuvo buenísimo. En la primera entrada, el lanzador de los Toros dio tres bases por bolas *(walked three batters).* Luego, el cuarto bateador pegó un jonrón y las Águilas estaban ganando cuatro a cero.

———— **Jaime:** Pero ¿cómo terminó el partido?

———— **Miguel:** El domingo pasado tuve la oportunidad de ver un partido de béisbol importantísimo en el estadio Siglo de Oro.

———— **Miguel:** En la parte baja de la novena entrada, después de dos *outs*, el bateador designado de los Toros, Jorge Macías, pegó un triple, y después el lanzador de las Águilas tiró un *wild pitch*. Así el jugador pudo anotar, y ganaron el partido.

———— **Miguel:** Eran las Águilas contra los Toros.

———— **Jaime:** Pues, muy buenos equipos. ¿Qué tal estuvo?

Nota lingüística There are no Spanish translations for some baseball vocabulary, because the words were created in English. Spanish borrowed the words, and they are adapted phonologically. That is why *homerun* is spelled and pronounced **jonrón** and *double* is spelled and pronounced **doble**, *triple* is spelled and pronounced **triple**. In other instances, the English spelling is used in Spanish, but with Spanish pronunciation: *strike*, *out*, *wild pitch*, *hit*, *balk*, etc. When speaking about the players, the same word is used for the feminine and masculine nouns; **beisbolista** can refer to a male or a female baseball player, and **basquetbolista** refers to either a male or female basketball player. This applies to the majority of sports: **tenista**, **golfista**, **ciclista**, **clavadista** *(diver)*, etc.

Nota cultural

Hispanics in Baseball For many years, Hispanics have starred in the Major League (**las Grandes Ligas**, or **las Ligas Mayores**). Today, more than 27 percent of major-league players and more than 42% of minor-league players are Hispanic. Even though soccer is the major sport in most countries in Latin America, baseball is a very popular sport in the Dominican Republic, Venezuela, Puerto Rico, Mexico, Cuba, and Panama. There are 13 Hispanics in baseball's Hall of Fame: Lefty Gómez, USA; Luis Aparicio, Venezuela; Alfonso López, USA; Martín Dihigo Llanas, Cuba; Orlando Cepeda, Puerto Rico; Roberto Clemente, Puerto Rico; Juan Marichal, Dominican Republic; Tony Pérez, Cuba; Rod Carew, Panamá; José Méndez, Cuba; Alejandro Pompez, USA; Roberto Alomar, Puerto Rico; Ron Santo, USA. Since 1965, there have been 13 Hispanic MVP players, with Juan González from Puerto Rico winning the award twice and Alex Rodríguez, whose parents were born in the Dominican Republic, winning three times. Hispanics also have been prominent among Cy Young winners in pitching: Pedro Martínez from the Dominican Republic has won the award three times, and Johan Santana from Venezuela, twice.

🔊 **9-3 Mis deportes favoritos** En cada foto escribe el número que corresponda a
2-17   las expresiones que dice Vicente.

All photos courtesy of the authors.

9-4 Está incompleto Con un/a compañero/a, completa el diálogo sobre un partido de básquetbol con el vocabulario siguiente:

> empatados   temporada   puntos   partido   contra   finales   ganar
> emocionantísimo   segundos   año   equipo   jugadores   balón   superior   decir   cuarto

Javier: Anoche fuimos a un (1) _____ de básquetbol y estuvo (2) _____. Jugaban los *Spurs* de San Antonio (3) _____ los *Mavericks* de Dallas.

Antonio: Este (4) _____ los dos tienen unos (5) _____ muy buenos, pero el (6) _____ de los *Mavericks* parece (7) _____.

Javier: Bueno, el partido empezó muy parejo *(even)*, pero poco a poco, en el tercer (8) _____, los *Spurs* lograron una ventaja *(advantage)* de 15 puntos y parecía que iban a (9) _____.

Antonio: Parece que me vas a (10) _____ que los *Mavericks* por fin alcanzaron a los *Spurs*.

Javier: Desafortunadamente, sí. Estaban (11) _____ y solo faltaban cuatro (12) _____ cuando el MVP de los *Mavericks* robó el (13) _____ y anotó tres (14) _____. Así ha pasado *(has happened)* durante toda la (15) _____.

Antonio: Hombre, ¡ánimo! Todavía falta mucho para las (16) _____.

Nota lingüística It is not uncommon in the United States to hear the names of some sports teams translated to Spanish. For example, the Chicago Cubs are **los Cachorros de Chicago**, the Dallas Cowboys are **los Vaqueros de Dallas**, the Pittsburg Steelers are **los Acereros de Pittsburg**, and the Boston Red Sox are **los Medias Rojas de Boston**.

Nota cultural

Outstanding Hispanic basketball players Once devoid of Hispanic players, today the NBA has players from Latin America and Spain on several of its teams. Emanuel "Manu" Ginóbili, an Olympic gold medalist from Argentina, is one of the outstanding Spanish-speaking players; he played on the San Antonio Spurs' championship teams of 2003, 2005, and 2007 and for Argentina in the 2012 Olympics. In addition, the Los Angeles Lakers' Pau Gasol (Spain) played in the 2008 NBA finals and was on the 2009 championship team. Gasol and his brother, Marc Gasol of the Memphis Grizzlies, both played for Spain in the 2012 Olympics. José Juan Barea, Puerto Rico, played on the 2011 Dallas Mavericks' championship team.

©IconSMI/Corbis

9-5 Antonio corrió el maratón Subraya el tiempo correcto del verbo.

En 1997 (1. corrí / corría) uno de los maratones más memorables de mi vida, el *Marine Corps Marathon* en Washington, D.C. La salida es en Arlington, Virginia, no muy lejos del Distrito de Columbia. Es muy interesante porque ahí es donde está el Monumento al Cuerpo de Marina de Guerra de Estados Unidos. Es un monumento dedicado a la batalla de Iwo Jima que (2. ocurrió / ocurría) en 1945. Recuerdo que en 1997 (3. participaron / participaban) más de 20.000 corredores en el maratón y que (4. hizo / hacía) mucho frío. Todos (5. esperamos / esperábamos) ansiosamente la señal para empezar el recorrido de 26,2 millas, y cuando por fin (6. oímos / oíamos) la señal, (7. empezamos / empezábamos) la larga carrera. Después de correr unas millas, (8. llegamos / llegábamos) a Georgetown, en el Distrito de Columbia. (9. Pasamos / Pasábamos) por el Centro Kennedy, y cuando (10. estuvimos / estábamos) corriendo por el *Mall* Nacional, (11. vimos / veíamos) varios monumentos, como los de Lincoln y FDR y también el Capitolio. (12. Hubo / Había) muchos voluntarios que nos (13. dieron / daban) agua cada dos millas y fruta cada cinco millas. Después de 15 millas, muchas personas (14. empezaron / empezaban) a caminar en vez de correr y otros (15. abandonaron / abandonaban) la carrera, pero los más persistentes (16. siguieron / seguían) el trayecto, decididos a completar los 42 kilómetros y 195 metros. (17. Volvimos / Volvíamos) otra vez a Virginia, (18. pasamos / pasábamos) por el Pentágono y (19. llegamos / llegábamos) a la meta en Arlington. Cuando yo (20. llegué / llegaba) a la meta, (21. estuve / estaba) cansadísimo pero lleno de satisfacción de haber corrido *(having run)* el "Maratón de los Monumentos".

Nota cultural

The Olympic rings and the marathon The five rings on the Olympic flag represent the five major regions of the world: Africa, the Americas, Asia, Europe, and Oceania. Every national flag in the world includes at least one of the five colors, which are (from left to right) blue, yellow, black, green, and red. The only two Spanish-speaking countries to host the Olympic games have been Mexico (1968) and Spain (1992). In the 2012 London Olympics, athletes from Colombia, Cuba, Dominican Republic, Guatemala, Puerto Rico, Mexico, Spain, and Venezuela won medals.

One of the most grueling of the Summer Olympic events is the marathon. This race commemorates the feat of an Athenian messenger named Phidippides. In 490 BCE, a battle between the Greeks and the Persians took place in the Greek village of Marathon. Even though the Greeks were greatly outnumbered, they won the battle, and Phidippides ran 24 miles to Athens without stopping, to give the news of the victory. It is said that after announcing the news, he collapsed dead from exhaustion. Since 1908, the marathon covers a distance of 26.2 miles.

9-6 Cuando era niño Antonio vivió toda su niñez en San Antonio, Texas. Escribió sus recuerdos en su diario. Lee el texto y después escribe **C** si la oración es cierta o **F** si es falsa.

Cuando yo era niño, jugaba muchos de los deportes que juegan ahora, pero había otros que no son tan populares hoy en día. Me gustaba el béisbol, y uno de los regalos que nuestros padres nos daban cuando ya podíamos correr era una pelota, un bate y un guante para jugar. Si no había un parque o un estadio cerca, jugábamos en la calle, cerca de la casa. Muchos niños ya no juegan en las calles como antes. Hoy en día juegan en estadios muy modernos.

También jugaba al fútbol americano. El fútbol (*soccer*) no era popular en esa época y los niños no lo jugaban. Muchos no sabían que existiera (*existed*) ese deporte. Mis padres no tenían coche y yo corría a todas partes. Corría a la escuela, a la iglesia, a la tienda y al cine. La escuela era pequeña, pero tenía un patio muy grande. Había solamente 100 estudiantes. Todos nos conocíamos muy bien. Correr a todas partes después me ayudó mucho, porque en la preparatoria participé en carreras con el equipo de atletismo de la escuela. Si el lugar adonde iba estaba muy lejos, iba en bicicleta.

En el verano, nadaba en las piscinas públicas con mi hermano y jugaba a las canicas (*marbles*) con mis amigos. En fin, practicaba deportes y juegos sencillos que no costaban mucho. No teníamos televisión y por supuesto (*of course*) no había computadoras. Siempre estábamos fuera de la casa jugando y respirando el aire puro.

1. Antonio vivía en México. _____

2. A Antonio no le gustaba el béisbol. _____

3. Cuando era niño, Antonio jugaba al béisbol en el parque. _____

4. Los niños no jugaban al fútbol. _____

5. A Antonio le gustaba correr. _____

6. La escuela de Antonio era pequeña y todos se conocían. _____

7. Los deportes que jugaban los niños costaban mucho. _____

8. A Antonio le gustaba jugar en la computadora. _____

Ya puedes decirlo

9-7 El mundo del deporte Haz diálogos con un/a compañero/a para las siguientes situaciones.

1. Experiencias muy emocionantes relacionadas con los deportes.

2. Descripción de un estadio, el ambiente de un evento deportivo o el ambiente de tu deporte favorito.

3. Descripción de un evento deportivo internacional.

¡Prepárate!

Study tip Study the **¡Prepárate!** section before coming to class. Review the vocabulary lists, read the grammar explanations, and do the practice exercises.

Vocabulario

Study tip Access vocabulary flashcards at www.cengagebrain.com.

Habilidades		Skills		
actuar		to act	esculpir	to sculpt
adivinar		to guess	hacer magia	to do magic
cantar		to sing	pintar	to paint
cocinar		to cook	tallar	to carve
contar (o>ue) chistes		to tell jokes	tocar	to play (an instrument)
dibujar		to draw	traducir	to translate
diseñar		to design		

Vocabulario relacionado	Related vocabulary		
bailarín / bailarina	dancer	mago/a	magician
bilingüe (m, f)	bilingual	monolingüe (m, f)	monolingual
cantante (m, f)	singer	músico/a	musician
conejo	rabbit	pincel (m)	paintbrush
fotógrafo/a	photographer	traductor(a)	translator
madera	wood	trilingüe (m, f)	trilingual

🔊 **Así se pronuncia** Escucha las siguientes conversaciones. Pon atención a la
2-18 pronunciación del vocabulario nuevo.

1. —Lucero, bailas muy bien.

   —Gracias. Mis padres bailan y cantan muy bien, y mi hermano es un cantante excelente. Parece que es algo de familia.

2. —¿No vas a estudiar ninguna lengua extranjera este semestre?

   —¿Para qué? Solo necesito hablar inglés.

   —Ser monolingüe te limita. Por lo menos debes ser bilingüe.

3. —Buenos días. Tengo un documento legal importante y necesito un traductor.

   —Muy bien, aquí somos expertos en traducción. Algunas personas en esta oficina hablan varios idiomas.

4. —Señorita, la boda de mi hija va a ser en un mes y necesito un fotógrafo.

   —No hay problema. Podemos sacar las fotos en la iglesia y en la recepción. También tenemos un artista que puede pintar el retrato de la novia.

Relaciona las columnas.

1. actuar _____ **a.** pinceles

2. adivinar _____ **b.** instrumentos musicales

3. bailar _____ **c.** conejo

4. cantar _____ **d.** obra de teatro

5. cocinar _____ **e.** madera

6. pintar _____ **f.** mambo y chachachá

7. hacer magia _____ **g.** bola de cristal

8. tallar _____ **h.** canciones románticas

9. tocar _____ **i.** comida española

Sopa de letras Encierra en un círculo los verbos referentes a habilidades (hay 9 palabras).

t	c	o	c	i	n	a	r	o	a	e
a	a	l	i	b	c	d	u	g	i	s
l	n	a	l	t	n	i	a	r	i	c
l	t	p	u	s	l	v	g	h	j	u
a	a	a	r	b	a	i	l	a	r	l
r	r	z	p	t	r	n	u	i	o	p
h	a	c	e	r	m	a	g	i	a	i
j	p	l	z	c	g	r	o	n	m	r
m	d	i	s	e	ñ	a	r	q	i	f
d	i	b	u	j	a	r	y	p	m	o

Gramática

Impersonal expressions with infinitives

▶ An impersonal expression is one where there is no specific subject for the action. In the first example below, the sentence does not state for whom it is important to exercise. In other words, the sentence does not say that it is important for you to exercise or for him / her to exercise. Instead, this sentence merely states that it is important to do so. Therefore, impersonal expressions are followed by infinitives in these cases.

Ejemplos

Es importante hacer ejercicio.	*It is important to* exercise.
Es necesario caminar todos los días.	*It is necessary to walk* every day.
Es difícil correr un maratón.	*It is difficult to run a* marathon.

Ejercicio

Traduce las oraciones del inglés al español.

1. It's impossible to guess the secret.

_____

2. It's important to be bilingual.

_____

3. It's difficult to play the piano.

_____

4. It's possible to dance without music.

_____

5. It's fun to cook.

_____

6. It's necessary to translate the sentence.

_____

7. It's good to have many skills.

_____

  Arte Almanaque de Paraguay, A-32

Liliana Segovia: La danza tradicional en la pintura En esta pintura, la artista paraguaya Liliana Segovia presenta una imagen de la mujer paraguaya alegre que baila la galopa en una fiesta tradicional. Es parte de un proyecto que tiene como objetivos **rescatar** *(rescue)* y revitalizar las tradiciones de la comunidad.

Liliana Segovia expone desde 1990 en **muestras** *(expositions)* individuales y colectivas. Es **socia fundadora** *(charter member)* y miembro de la asociación de artistas, críticos, docentes y promotores culturales Gente de Arte, Asociación para las Artes Visuales de Paraguay, que reúne a distintas generaciones de artistas con diversas posturas y tendencias. Representó a Paraguay de 1998 a 2001 en el *Latin American Art Museum*, con sede en Miami, EEUU, difundiendo y promocionando el arte paraguayo y sus artistas.

¿Cómo te imaginas la música que están bailando? ¿Por qué?

Reprinted by permission of Liliana Segovia.

Adverbs that end in -mente

▶ Adverbs modify verbs, adjectives, and other adverbs. Adverbs, unlike adjectives, do not have masculine or feminine forms, nor do they have singular or plural forms. Adverbs state how, how much, when, why, or where an action takes place. Many adverbs in Spanish end in **-mente,** which is equivalent to the English *-ly*. These are formed by changing the **o** of the masculine adjective to **a** and adding **-mente.** The ending **-mente** is added directly to adjectives that end in **e** or a consonant.

Ejemplos

claro → clar<u>a</u> → **claramente** = *clearly*

rápido → rápid<u>a</u> → **rápidamente** = *rapidly*

general → **generalmente** = *generally*

▶ When an adverb is made from adjectives that have a written accent, the written accent is retained.

Ejemplos

fácil → **fácilmente**

común → **comúnmente**

rápido → **rápidamente**

▶ When two **-mente** adverbs are used in a series, **-mente** is not used with the first adverb.

Ejemplo

Él habla **clara y lentamente**.

▶ The adverbs **despacio** *(slowly)* and **mal** *(badly)* do not take the ending **-mente**.

Ejercicio

Relaciona las columnas.

1. Gustavo llega a tiempo a todas sus citas. Llega… ——— **a.** inmediatamente.

2. María escribe con las ideas poco claras y los párrafos confusos. Escribe… ——— **b.** constantemente.

3. Una bailarina se cayó y no puede mover la pierna. Necesitamos una ambulancia… ——— **c.** puntualmente.

4. Ana y Sam abrieron un estudio de danza. No tienen jefes. Trabajan… ——— **d.** desorganizadamente.

5. Yo colecciono timbres *(stamps)*. Me encantan. Los busco… ——— **e.** independientemente.

Study tip Go to the SAM for extra vocabulary and grammar exercises for this module.

En acción

Conversaciones y más

9-8 ¡Qué bien bailas! Lee el diálogo y después escribe **C** si la oración es cierta o **F** si es falsa.

José: Pati, hay un baile en el club campestre el sábado. ¿Te gustaría ir conmigo?

Pati: Sí, pero me dicen que tú eres un bailarín excelente y yo no sé bailar los ritmos latinos.

José: No te preocupes. Yo te enseño. Si tienes ritmo, puedes aprender a bailar el merengue, la salsa, el chachachá y el reggaetón sin ninguna dificultad.

Pati: Pues, yo creo que bailo bien otro tipo de música, por ejemplo el *rock and roll*, y me imagino que con tus instrucciones puedo aprender los bailes latinos sin problema.

José: ¡Qué bien! Paso por ti a las ocho el sábado. Hasta entonces.

Pati: Nos vemos el sábado.

© Cengage Learning 2014

1. Hay un baile en la universidad el sábado.   _____

2. Pati acepta la invitación de José.   _____

3. Pati sabe bailar los bailes latinos.   _____

4. José ofrece enseñarle a bailar a Pati.   _____

5. Pati cree que va a tener problemas para aprender los bailes latinos.   _____

Nota cultural

Rhythms of the Caribbean Caribbean rhythms vary from island to island. One fundamental style of Cuban music is **son**, an Afro-Cuban musical style that features a combination of Spanish music and guitar and African instruments. Other Cuban music and dance styles include **danzón**, **rumba**, **mambo**, and **chachachá**. Besides the guitar, other instruments used with this music and dance are **claves**, **maracas**, **güiro** (*a gourd scraper*), the thumb piano, the cowbell, **bongos**, and **congas**. The **merengue** is considered the national dance of the Dominican Republic and today is very popular in clubs throughout the Hispanic world. Also very popular is **bachata** music and dance. Favorite styles in Puerto Rico are **danza**, **plena**, **bomba**, **salsa**, and, most recently, **reggaetón**. The main instruments of **plena** are three hand-held **panderetas** (*tambourines*) and the **güícharo**, a gourd scraper. It is said that **bomba** came from West Africa; it is basically accompaniment for dancers.

© Annett Vauteck/iStockphoto

9-9 ¡Qué desorden! Con un/a compañero/a, ordena los diálogos.

Diálogo 1

—No, ni sé lo que es paella. ¿Qué es? _____

—Me gustaría aprender a prepararla. _____

—¿Qué sabes hacer muy bien? _____

—Pues, es básicamente arroz *(rice)* con azafrán,
 mariscos *(seafood)* y otros ingredientes. _____

—Española. Es un plato muy popular allá. _____

—Sé cocinar. _____

—¿Sabes preparar paella? _____

—¿Qué tipo de comida es? _____

Diálogo 2

—Hablo dos perfectamente, pero puedo entender
 cuatro lenguas bastante bien. _____

—Sí, y además hablo inglés y francés. _____

—Así es, y Ud., ¿cuántas lenguas habla? _____

—Señorita, ¿sabe Ud. hablar español? _____

—Entonces Ud. es trilingüe. _____

9-10 Lupita es distraída Escucha el diálogo y corrige *(correct)* las notas de Lupita.

2-19

Fiesta de cumpleaños de Rosa María	Correcciones:
Javier Melódico puede ir a la fiesta del sábado, 31 de junio. →	_____ _____
Puede tocar tres horas, de siete a diez. →	_____ _____
Tocan solo música en español. →	_____ _____
Son cuatro músicos: dos hombres y dos mujeres. →	_____ _____
Con el descuento, el grupo de Javier cobra 100 dólares por hora. →	_____ _____

9-11 ¿Qué sabes hacer? Con un/a compañero/a relaciona las preguntas que están en las ⬭ con las respuestas de la lista.

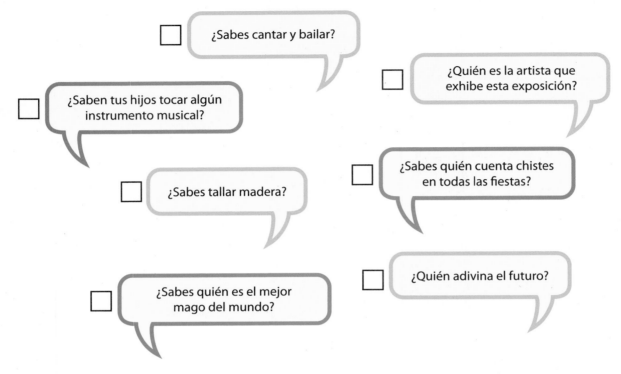

☐ ¿Sabes cantar y bailar?

☐ ¿Quién es la artista que exhibe esta exposición?

☐ ¿Saben tus hijos tocar algún instrumento musical?

☐ ¿Sabes quién cuenta chistes en todas las fiestas?

☐ ¿Sabes tallar madera?

☐ ¿Quién adivina el futuro?

☐ ¿Sabes quién es el mejor mago del mundo?

1. Claro. Tocan piano y guitarra. Han tomado clases muchos años.

2. La verdad, no canto muy bien, pero sé bailar. Estudio diferentes tipos de danza desde que era niña.

3. Nadie, pero algunos videntes *(psychics)* cobran mucho dinero por predecirte tu suerte.

4. Sí. Beto es muy gracioso. Siempre nos hace reír *(laugh)*.

5. Es Georgina Escotto, una fotógrafa excelente. Me gusta su trabajo.

6. Muchos piensan que es David Copperfield. Los actos de magia que presenta son realmente increíbles.

7. No sé. La verdad, me parece muy difícil.

Courtesy of the authors.

9-12 El instrumento musical símbolo de Paraguay Completa el texto con las palabras de la lista.

> República   instrumentos   originó   nacional   conquistadores
> repertorio   regiones   civilizaciones   humanidad   madera   españoles

Arpa paraguaya*

El arpa es uno de los (1) _____ más antiguos que
recuerda la historia de la (2) _____. Llegó a América
con los (3) _____, que se establecieron en distintas
(4) _____ del continente, una de las cuales sería *(would be)* con el tiempo la (5) _____ del Paraguay, poblada
por los indígenas carios, quienes recibieron amistosamente a los
(6) _____. El arpa paraguaya se (7) _____
en la fusión de estas dos (8) _____. Este instrumento fue
adoptado por los indígenas, quienes lo perfeccionaron a su manera,
haciéndolo de (9) _____ americana. Lograron una notable
estilización y crearon su propio (10) _____. El arpa paraguaya
es considerada el instrumento (11) _____ de Paraguay.

*Del libro *Mundo folclórico paraguayo* de Mauricio Cardozo Ocampo, editado por Editorial Cuadernos Republicanos, 1988, Asunción, Paraguay. Director: Dr. Lendro Prieto Yegros.

9-13 Entrevista Hazle las siguientes preguntas a un/a compañero/a y viceversa. Después, comenten las respuestas en grupo.

Preguntas	Respuestas (con explicación)
¿Qué tipo de música prefieres?	
¿Quién es tu cantante favorito/a?	
¿Te gustaba bailar en la secundaria?	
¿Fuiste a la ópera el mes / año pasado?	
¿Te gusta ir al teatro?	
¿Que hiciste el fin de semana pasado?	

Ya puedes decirlo

9-14 Invitaciones

1. Haz diálogos con un/a compañero/a para invitarlo/la a diferentes actividades de entretenimiento.

2. Invita a un/a compañero/a a un concierto. A él / ella no le gusta el plan, y tienen que cambiarlo varias veces (el tipo de actividad, la hora, el día, etc.) hasta que se ponen de acuerdo.

¡Prepárate!

Vocabulario

Aficiones y pasatiempos	Hobbies and pastimes		
ajedrez (m)	chess	fotografía	photography
ballet (m)	ballet	juego de mesa	board game
club de lectura (m)	book club	numismática	coin collecting
concierto	concert	numismático/a	coin collector
corrida de toros	bullfight	película	movie
costura	sewing	pintura	painting
crucigrama (m)	crossword puzzle	rompecabezas (m)	jigsaw puzzle
dominó	dominoes	timbre (m)	stamp
filatelia	stamp collecting	videojuego	videogame

Verbos relacionados	Related verbs		
coleccionar	to collect	jugar cartas	to play cards
coser	to sew	ir a la ópera	to go to the opera
dar gusto	to give pleasure	participar en grupos sociales en línea	to participate in online social groups
dar miedo	to frighten		
dar risa	to make laugh	prestar	to lend
dar tristeza	to make sad	tejer	to knit
decir adivinanzas	to tell riddles		

🔊 **Así se pronuncia**   Escucha las siguientes conversaciones. Pon atención a la
2-20 pronunciación del vocabulario nuevo.

1. —¿Cuál es tu pasatiempo favorito?

   —Me gusta coleccionar monedas. Soy numismático.

   —Es una afición muy cara. Yo prefiero jugar ajedrez. Me fascina.

2. —Francisco, ¿quieres ir a la ópera?

   —No, me aburre la ópera. Prefiero jugar cartas.

   —Hombre, debes hacer algo cultural de vez en cuando.

3. —Srta. Lerma, hay una exhibición de arte moderno en el Museo Metropolitano. ¿Le gustaría acompañarme?

   —Sí, me encanta el arte.

   —¡Qué bien! Me da mucho gusto.

4. —Prof. Lira, necesitamos una persona más para completar nuestro equipo de dominó. ¿Le gustaría jugar?

   —Lo siento. No sé jugar dominó. Prefiero los crucigramas o los rompecabezas.

Juegos de palabras

Relaciona las palabras con los dibujos.

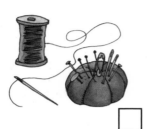

1. costura
2. rompecabezas
3. crucigrama
4. ajedrez
5. pintura
6. numismática
7. dominó
8. fotografía

Illustrations © Cengage Learning 2014

Relaciona el verbo con el sustantivo.

1. ir a la ópera _____ a. póquer
2. jugar las cartas _____ b. guitarra
3. coleccionar _____ c. suéter
4. dar tristeza _____ d. soprano
5. tocar _____ e. drama
6. tejer _____ f. timbres
7. dar risa _____ g. comedia

Gramática

Indirect object pronouns

Indirect object pronouns			
me	to / for me	**nos**	to / for us
te	to / for you (informal)	**os**	to / for you (informal pl.)
le	to / for you (formal sing.), him, her	**les**	to / for you (pl.), them

▶ Note that **le** and **les** refer to both masculine and feminine (**a Ud., a él, a ella,** or **a Uds., a ellos, a ellas**). We have used indirect object pronouns in Chapter 4 with the verb **gustar** and in Chapter 5 with the verb **doler**.

Ejemplos

A Carlos **le** gusta la astronomía.   *Carlos likes astronomy*

Me duele el brazo.   *My arm hurts.*

▶ The indirect object answers the question *to whom* or *for whom* the action of a verb is performed.

Ejemplos

Mis padres **me** hablan en español.   *My parents speak **to me** in Spanish.*

¿Qué **te** dijo el profesor?   *What did the professor say **to you?***

Mamá **nos** cocinó una comida riquísima.   *Mom cooked a very delicious meal **for us**.*

▶ Because **le** can mean *to you* (**Ud.**), *to him*, and *to her*, and **les** can mean *to you* (**Uds.**) and *to them*, an indirect object noun may be used in addition to the indirect object pronoun, to avoid ambiguity.

Ejemplos

Le mandé un correo electrónico **a mi profesor**.   *I sent an e-mail **to my professor**.*

Le presté el libro de español **a Adriana**.   *I lent the Spanish book **to Adriana**.*

Les hablo en español **a los alumnos**.   *I speak in Spanish to **the students**.*

Les regalo chocolates **a mis tías**.   *I give chocolates to **my aunts**.*

▶ A prepositional phrase (**a mí, a ti, a Ud., a él, a ella, a nosotros / nosotras, a vosotros / vosotras, a Uds., a ellos, a ellas**) may also be used for emphasis.

Ejemplos

Te estoy hablando **a ti**, no a tu amigo.   *I am talking **to you**, not to your friend.*

El profesor **me** dio el libro **a mí**, no a Carlos. *The professor gave the book **to me**, not to Carlos.*

Juan **nos** escribió **a nosotros**, pero no a ellos. *Juan wrote **to us** but not to them.*

▶ As with direct object pronouns, indirect object pronouns must precede a conjugated verb and may be attached to an infinitive or present participle.

Ejemplos

Le di un beso a mi novia.

Le voy a dar un regalo. / Voy a dar**le** un regalo.

Le estoy escribiendo. / Estoy escribiéndo**le**.

Ejercicio

Llena el espacio en blanco con el pronombre de objeto indirecto apropiado.

1. Yo _____ regalé a mis padres una pintura.

2. Mis amigos _____ dibujaron a Carlos y a mí un diseño muy bonito.

3. Como tú eres monolingüe, _____ voy a hablar solo en español.

4. _____ voy a preguntar al cantante si sabe una canción mexicana.

5. Miguel _____ contó a mí un chiste muy divertido.

Double object pronouns

Indirect object pronouns	Direct object pronouns
me	
te	lo
le ⟶ se	la
nos	+ los
os	las
les ⟶ se	

▶ When an indirect object pronoun and a direct object pronoun are used in the same sentence, the indirect object pronoun comes first.

Ejemplos

Mi hermano **me** prestó **el libro**. *My brother lent **me the book**.*

Mi hermano **me lo** prestó. *My brother lent **it to me**.*

Te voy a mostrar **la carta**. *I am going to show **you the letter**.*

Te la voy a mostrar. *I am going to show **it to you**.*

Voy a mostrar**te la carta**. *I am going to show **you the letter**.*

Voy a mostrár**tela**. *I am going to show **it to you**.*

C Disfruto mi tiempo libre

▶ In the case of double object pronouns in the third-person singular and plural, both **le** and **les** become **se**.

Ejemplos

Le escribí **un poema** a mi novia.

Se lo escribí en español.

Le compré **una camisa** a mi padre.

Se la compré porque era su cumpleaños.

Ayer le presté **20 euros** a mi hermano.

Se los presté porque no tenía dinero.

Les mandé **unas flores** a mis hermanas.

Se las mandé porque son muy buenas conmigo.

▶ Double object pronouns must precede a conjugated verb. In sentences with an infinitive or a present participle, pronouns may be placed before conjugated verbs or attached to the infinitive or present participle.

Ejemplos

Gabriel quería la foto y **se la mandé** inmediatamente.

Le voy a prestar mi coche a Miguel. **Se lo voy a prestar / Voy a prestárselo** este fin de semana.

Le estoy escribiendo una carta a Rosa. **Se la estoy escribiendo / Estoy escribiéndosela** en francés.

Ejercicio

Responde a las preguntas. Usa en las respuestas: pronombres de objeto directo **me**, **te**, **lo / la, nos, os, los / las**; pronombres de objeto indirecto **me**, **te**, **le (se)**, **nos, os, les (se)**.

Ejemplo

¿Quién le compró el regalo de bodas a Alberto?

Mi hermana *se lo compró*.

1. ¿Cuándo les trajiste dulces a los niños?

   _____

2. ¿Me prestas tu libro?

   _____

3. ¿A quién le mandaste esas películas?

   _____

4. ¿Quién va a darnos la información del curso?

   _____

5. ¿Cuándo le vas a entregar la tarea a la profesora?

   _____

Study tip Go to the SAM for extra vocabulary and grammar exercises for this module.

En acción

Conversaciones y más

9-15 Vamos al cine Lee el diálogo y después contesta las preguntas con oraciones completas.

María: José, ¿quieres ir al cine? Te invito.

José: ¡Cómo no! ¿Qué película quieres ver?

María: Generalmente me gustan las películas de ciencia ficción, pero hoy tengo ganas de ver una película romántica.

José: A mí me aburren esas películas. A Uds. les encantan las películas de ese tipo.

María: ¿A Uds.? ¿A quiénes?

José: A las mujeres.

María: No generalices. Yo no soy como las demás.

José: No te enojes. Es una broma. ¿Quieres ver *The Hunger Games*? Yo tengo el DVD. Me lo regalaron en Navidad.

María: ¿Te lo regalaron? Es una película para niños. Ya me la contó mi hermana y dice que es horrible. Solo quiero ver una película romántica.

José: Está bien… ¿Cuál?

María: No estoy segura. Vamos al cine, vemos la cartelera (*billboard*) y yo escojo. Otro día escoges tú.

José: Sí, pero recuerda que me lo dijiste tú.

1. ¿Quién invita a quién al cine?

_____

2. ¿Qué tipo de películas le gustan a María?

_____

3. ¿Qué tipo de película tiene ganas de ver hoy María?

_____

4. ¿Le gustan las películas románticas a José?

_____

5. ¿A quiénes se refiere José cuando dice "A Uds. les encantan las películas de ese tipo"?

_____

6. ¿Cómo reacciona María?

_____

7. Finalmente, ¿qué tipo de película van a ver María y José?

_____

C Disfruto mi tiempo libre

9-16 Pasatiempos Relaciona las respuestas que están en las ⬭ con las preguntas.

1. ¿Cuándo tienes tiempo libre?

2. ¿Qué piensa hacer Ud. hoy en la noche?

3. ¿Quieres salir conmigo hoy en la noche?

4. ¿Qué te gusta hacer en tu tiempo libre?

5. ¿Le interesa asistir a la ópera el sábado en la noche?

6. ¿Sabe Ud. tocar el piano?

☐ Hasta el momento no tengo planes. ¿Qué le gustaría hacer?

☐ Me gustaría pero no puedo. Tengo que estudiar.

☐ Sí, aprendí desde hace muchos años y siempre practico.

☐ Normalmente, los fines de semana: los viernes en la noche y los sábados.

☐ Me gusta leer y escuchar música. También me fascina ir al cine.

☐ Por supuesto. Soy admiradora de ese tenor.

🔊 **9-17 Los pasatiempos de Víctor** Relaciona cada dibujo con un número
2-21 del 0 al 5 para indicar la frecuencia con la que Víctor hace cada actividad
(0 para indicar menos frecuencia y así sucesivamente hasta llegar al 5).

Illustrations © Cengage Learning 2014

El encanto del teatro El teatro es el género literario que se crea para presentárselo al público; es decir, para ponerlo en **escena** *(stage)*. Se escribe en forma de diálogo, y generalmente **se apoya** *(support)* con **escenografía** *(set design)*, luces y música. Mueve a **risa** *(laughter)* (comedia), mueve al **llanto** *(weeping)* (tragedia) o a una combinación de ambos (tragicomedia). El teatro en español tiene una larga tradición, una gran cantidad de excelentes **dramaturgos** *(playwrights)* y una amplia temática. El encanto de ver a los actores en vivo no se compara con el cine. El 27 de marzo se celebra el Día Mundial del Teatro.

Por los caminos van los campesinos de Pablo Antonio Cuadra. Teatro de Investigación de Niquinohomo, 1993.

Un dramaturgo contemporáneo de gran importancia es el nicaragüense Pablo Antonio Cuadra (1912–2002), quien fue también un gran poeta y académico de la lengua española. Su obra de cuatro **cuadros** *(scenes)* y un epílogo, *Por los caminos van los campesinos*, estrenada en 1937, fue en su momento una denuncia del maltrato y del abuso a los campesinos y de la expropiación de sus tierras. Esta obra le dio al **habla popular** *(popular speech)* nicaragüense calidad estética y valor literario.

¿Te parece un tema de **actualidad** *(current)* después de tantos años? ¿Cuál es la situación hoy en día de los campesinos en otros países?

9-18 Faltan palabras Con un/a compañero/a, completa el diálogo.

Amanda: ¿(1) _____ es tu pasatiempo favorito?

Isabel: La (2) _____. Me (3) _____ coleccionar timbres.

Amanda: A mí en cambio me (4) _____ coser. Me encanta la (5) _____.

Isabel: ¡Qué práctico es eso! Así puedes (6) _____ tu propia (7) _____.

Amanda: Bueno, no soy una costurera *(seamstress)* experta. Y tú, ¿hace tiempo que (8) _____ timbres?

Isabel: Hace años, desde que era niña.

Amanda: Tu (9) _____ puede ser lucrativo. Algunos (10) _____ tienen mucho valor.

Isabel: Tienes razón, pero también lo hago para no estar (11) _____.

> **Nota lingüística** There are several ways to translate the word *stamp* in Spanish. In some countries, the word **timbre** is used; in others, **sello** is preferred; and elsewhere, **estampilla** is is commonly heard.

9-19 Entrevista Hazle las siguientes preguntas a un/a compañero/a y viceversa. Después comenten las respuestas con el grupo.

Preguntas	Respuestas (con explicación)
¿Cuál es tu pasatiempo favorito?	
¿Eres coleccionista de algo? ¿Qué coleccionas?	
¿Perteneces a un grupo de lectura, de danza, etc.?	
¿Con qué frecuencia vas al cine?	
¿Cuál es tu programa de televisión favorito?	

Ya puedes decirlo

9-20 Debate Las corridas de toros: ¿arte o tragedia? Formen dos grupos y escojan a un presidente de debates. Un grupo está a favor de las corridas de toros y otro está en contra. Gana el grupo que presente mejores argumentos.

Nota cultural Almanaque de España, A-18

© Matt Trommer/Shutterstock

Bullfighting Bullfighting has been a tradition in Spain for centuries. First performed on horseback for the aristocracy, it later became an event for commoners, who fought the bull on foot. The bulls are specially bred for fighting and weigh between 1,100 and 1,700 pounds. Bullfights begin with the **picador** (who rides on horseback) spearing the bull with a lance to weaken it and to evaluate its ferocity. Next, the assistants of the **matador** provoke the bull by inserting **banderillas**, or barbed darts, in its back. The **matador**, wearing his colorful **traje de luces** (*suit of lights*) then dedicates the death of the bull to a dignitary in the crowd. The bullfighter "receives" the bull, using a heavy cape called **el capote** to summon the animal. The third part of the bullfight consists of passes with the **muleta**, a red cape, and the death of the bull, **su muerte a estoque**.

Bullfighting has inspired painters such as Francisco de Goya, Pablo Picasso, Salvador Dalí, Julio Romero de Torres, and Fernando Botero. Writers inspired by bullfighting include Vicente Blasco Ibáñez, Ernest Hemingway, Federico García Lorca, and Gabriel García Márquez. Spanish filmmaker Pedro Almodóvar's filmography includes *Matador*. Bullfighting inspired Georges Bizet's opera *Carmen*.

Many people, including some of the artists mentioned above, consider this tradition an art rather than a sport, while many others see it as a tradition of tragedy.

 Study tip Go to the SAM for additional listening and pronunciation practice for this chapter.

Antes de leer

Strategy: Using background knowledge

Before reading, think about the subject based on the title and your own knowledge of the subject. Consider the popularity of hockey in the United States and how popular soccer has become. If you played soccer as a child, think about its popularity now compared with when you were younger. Before reading the selection, ask yourself whether soccer will overtake hockey as the fourth most popular sport in the United States.

¿Es el fútbol más popular que el hockey en Estados Unidos?

La población hispana en Estados Unidos creció de 35,3 millones en el año 2000 a 50,5 millones en el año 2010. Esto representa el 16,3% de la población estadounidense, según datos de la Oficina del Censo de este país. Este crecimiento no fue solo en los estados en la frontera con México, **sino también** *(but also)* en estados como Washington, donde la población hispana aumentó un 71%, y en Missouri, donde subió un 79%. La demografía cultural de Estados Unidos está cambiando, y no falta mucho tiempo para que esto **se refleje** *(is reflected)* en el mundo de los deportes. En el pasado, cuatro deportes profesionales dominaban en Estados Unidos: el fútbol americano (NFL), el básquetbol (NBA), el béisbol de las ligas mayores (MLB) y el hockey (NHL). Ahora, el fútbol profesional (MLS) **está por rebasar** *(is about to overtake)* al hockey en popularidad y ocupar el cuarto lugar de los deportes profesionales en Estados Unidos. En 2010, el promedio de espectadores de un partido de fútbol profesional era de 16.675, un aumento del 4% con respecto a 2009. El hockey **atrajo** *(attracted)* un promedio de 17.072 espectadores por partido, una disminución del 3% en comparación con el año anterior. Esta popularidad se debe en parte a que el 85% de la población hispana viene de países donde el fútbol es el deporte dominante, y por esto, en el futuro, los cuatro deportes más populares en Estados Unidos **serán** *(will be)* el fútbol americano, el béisbol, el básquetbol y el fútbol.

Rui Alexandre Araujo/Shutterstock

Después de leer

1. ¿Por cuántos millones aumentó la población hispana en Estados Unidos entre los años 2000 y 2010?

   _____

2. ¿Ocurrió el aumento de la población hispana solo en estados como California, Arizona, Nuevo México y Texas? Da ejemplos de lugares donde hubo un crecimiento significativo.

   _____

3. Hoy en día, ¿cuáles son los cuatro deportes más populares (en orden) en Estados Unidos?

   _____

4. ¿A qué se debe la popularidad del fútbol en Estados Unidos?

   _____

¡Vamos a escribir!

¿Qué opinas de la lectura? ¿Será el fútbol más popular que el hockey? ¿Por qué sí o por qué no? Escribe un párrafo corto sobre tu opinión.

_____

_____

_____

_____

_____

_____

_____

Lee el artículo del periódico de Nicaragua
El Nuevo Diario y después contesta las preguntas.

Salud y Sexualidad   EL NUEVO DIARIO
CON TODO EL PODER DE LA INFORMACION
Jueves 8 de enero de 2004 | Managua, Nicaragua

MENTE SANA EN CUERPO SANO
—Lic. Ledia Gutiérrez Lanzas— (adaptado)

Hace muchos siglos usamos esta expresión, pero la verdad, ¿qué tan cierto es que la ponemos en práctica, cuánto valor le damos?

Entender esto es muy complejo (*complex*). La mayoría de las personas cuidamos sólo lo físico, cuando tenemos un malestar insoportable (*unbearable*), que es de emergencia y vamos a ver al médico a que nos revise el corazón, la presión, la insoportable migraña, un derrame cerebrovascular (*cerebral hemorrhage*), etc.

La dicotomía mentecuerpo es una conexión notable. Una vez que nos damos cuenta de que todo lo que pasa en la mente pasa al cuerpo de manera casi directa, pero muy desconocida, preferimos ignorar, y no le damos crédito a esta verdad. Seguimos creyendo que son partes separadas; ¡qué absurdo!

Por ejemplo, ¿qué pasa con un individuo que está enamorado? Se altera todo su organismo, el sueño, el apetito, palpita (*beats*) el corazón más acelerado, transpira (*perspires*) copiosamente. ¿Y con alguien que ha sufrido una decepción amorosa? Cae en tal depresión, no tiene energía, etc.

Podemos reconstruir nuestras vidas, con una nueva oportunidad, con pensamientos positivos y actitudes positivas. Cambiar nuestra forma de vivir para mantenernos con salud física y mental. Tenemos que dar mucha importancia a la interacción mente-cuerpo, ya que **en mente sana, cuerpo sano.**

- ¿Estás de acuerdo con la frase "Mente sana en cuerpo sano"?
- ¿Te parece que la lectura lo demuestra?
- ¿Qué haces tú al respecto? Menciona algunos ejemplos de la conexión entre la mente y el cuerpo.
- ¿Qué es más importante: tener una mente sana o un cuerpo sano?

La madre naturaleza

© Buddy Mays/Alamy

Communication objectives
- Talking about animals and pets
- Talking about ecology and nature
- Describing the countryside
- Talking about natural phenomena
- Identifying minerals and metals
- Discussing the importance of the environment

Culture topics
- Quetzalcóatl
- Fauna and flora in Costa Rica
- The quetzal, symbol of Guatemala
- The geography of Chile; Colombian minerals
- The legend of El Dorado
- Art: Remedios Varo, surrealist painter
- Architecture: El Palacio de Sal, Bolivia
- Music: Ballads and boleros inspired by the sea
- Literature: Javier Abril Espinoza

Illustrations © Cengage Learning 2014

¡Prepárate!

Study tip Study the **¡Prepárate!** section before coming to class. Review the vocabulary lists, read the grammar explanations, and do the practice exercises.

Vocabulario

 Study tip Access vocabulary flashcards at www.cengagebrain.com.

Animales	*Animals*		
abeja	*bee*	**león** (*m*)	*lion*
águila	*eagle*	**llama**	*llama*
araña	*spider*	**lobo**	*wolf*
ave (*f*)	*bird*	**loro**	*parrot*
avispa	*wasp*	**mariposa**	*butterfly*
ballena	*whale*	**mosca**	*fly*
búho	*owl*	**oso**	*bear*
caballo	*horse*	**pájaro**	*bird*
cebra	*zebra*	**perro**	*dog*
cocodrilo	*crocodile*	**pez** (*m*)	*fish*
culebra	*snake*	**pollito**	*chick*
delfín (*m*)	*dolphin*	**rana**	*frog*
gallina	*chicken, hen*	**tiburón** (*m*)	*shark*
gallo	*rooster*	**tigre** (*m*)	*tiger*
gato	*cat*	**toro**	*bull*
hipopótamo	*hippopotamus*	**trucha**	*trout*
hormiga	*ant*	**víbora de cascabel**	*rattlesnake*
jirafa	*giraffe*	**zorro**	*fox*

Verbos relacionados	*Related verbs*		
atacar	*to attack*	**morder** (o>ue)	*to bite*
aullar	*to howl*	**mugir**	*to moo*
cazar	*to hunt*	**pelear**	*to fight*
defender (e>ie)	*to defend*	**picar**	*to sting*
esconderse	*to hide*	**proteger**	*to protect*
gruñir	*to growl*	**rugir**	*to roar*
ladrar	*to bark*	**saltar**	*to jump*
maullar	*to meow*	**volar** (o>ue)	*to fly*
montar a caballo	*to ride horseback*		

Expresiones afirmativas	Affirmative expressions		Expresiones negativas	Negative expressions
algo	something		nada	nothing, not anything
alguien	someone		nadie	nobody, no one
algún (alguno) / alguna / algunos / algunas	some, any		ningún (ninguno) / ninguna	none, no, not any
siempre	always		nunca, jamás	never
o, o… o…	or, either… or		ni… ni…	neither… nor…
también	also, too		tampoco	neither, not either

> **Nota lingüística** The negative expressions **ningún** and **ninguna** are not used in the plural, because both literally mean *not one.*
>
> **Ejemplos**
>
> **Ningún** oso entró en el campamento.   **No** bears came into the camp.
>
> **Ninguna** ballena vive en los ríos.   **No** whales live in rivers.

🔊 **Así se pronuncia**   Escucha las siguientes conversaciones. Pon atención a la
2-22 pronunciación del vocabulario nuevo.

1. —Mamá, hoy fuimos al zoológico con la clase.

   —¿Qué animales vieron?

   —No estuvimos mucho tiempo y solo vimos los animales grandes: los tigres, los leones, las jirafas, los hipopótamos, los osos y las cebras.

2. —Alberto, ¿alguna vez has montado a caballo?

   —No, nunca, ¿y tú?

   —Tampoco yo, pero algún día vamos a hacerlo. ¿Quieres?

   —Sí, siempre estoy listo para hacer algo nuevo.

   —Yo también.

3. —Doctora, me picó una avispa y me siento muy mal.

   —Le voy a dar un antihistamínico, y en el futuro tenga cuidado con las abejas, las arañas y las hormigas. Me parece que es alérgico.

   —Gracias, doctora. Eso voy a hacer.

4. —Fuimos a un acuario ayer.

   —Y, ¿les gustó?

   —Sí, había tiburones muy grandes.

   —¿Y había delfines también?

   —Sí, claro. Hicieron un espectáculo impresionante.

   —Voy a llevar a mi sobrinito.

¿Qué es? Un… Una… Escribe el nombre del animal en el dibujo correspondiente. Incluye el artículo indefinido correcto.

Illustrations © Cengage Learning 2014

_____

¿Cómo se mueven? ¿Qué sonido hacen? Relaciona las columnas.

1. perro	_____	**a.**	maullar
2. gato	_____	**b.**	saltar
3. pájaro	_____	**c.**	correr
4. toro	_____	**d.**	hablar
5. león	_____	**e.**	nadar
6. delfín	_____	**f.**	ladrar
7. abeja	_____	**g.**	rugir
8. rana	_____	**h.**	volar
9. caballo	_____	**i.**	cantar
10. loro	_____	**j.**	mugir

Nota lingüística The biological gender of some animals is communicated by the endings in their names: **el gato / la gata, el perro / la perra**. The names of other animals are different in the masculine and feminine: **caballo / yegua, toro / vaca**. In other cases, the name of the animal does not indicate whether it is masculine or feminine: **el avestruz, la ballena, la jirafa, la mariposa, la abeja, la rana, el pollito**.

Gramática

Affirmative and negative expressions

▶ These affirmative and negative expressions are better learned in pairs.

Ejemplos

Alguien mató al cocodrilo.	*Someone killed the crocodile.*
Nadie quería decir quién lo mató.	*Nobody wanted to say who killed it.*
Quiero comer **algo**.	*I want to eat something.*
No quiero comer **nada**.	*I don't want to eat anything.*
Algún animal me picó.	*Some animal stung me.*
Ningún animal me picó.	*No animal stung me.*
Siempre comemos pescado.	*We always eat fish.*
Nunca comemos carne roja.	*We never eat red meat.*
¿Te gustan los perros **o** los gatos?	*Do you like dogs or cats?*
No me gustan **ni** los perros **ni** los gatos.	*I don't like either dogs or cats.*
Yo **también** sé montar a caballo.	*I also know how to ride horseback.*
Yo **tampoco** sé montar a caballo.	*I don't know how to ride horseback either.*

> **Nota lingüística** **Ninguno** becomes **ningún** before a masculine singular noun. **Alguno** becomes **algún** before a masculine singular noun.

▶ In Spanish, two or more negative words can be used in the same sentence. If the word **no** is placed before the verb, the second negative word either follows the verb or appears at the end of the sentence.

Ejemplos

En nuestro viaje a Alaska, **no** vimos **ningún** oso.	*On our trip to Alaska, we didn't see any bears.*
No monto a caballo **nunca**.	*I never ride horseback.*
No tenemos **nada** preparado para el viaje.	*We don't have anything prepared for the trip.*
No vimos a **nadie*** en el bosque.	*We didn't see anybody in the forest.*

> **Nota lingüística** *The personal **a** is used with **alguien** and **nadie** when they are objects of the verb.
>
> **Ejemplos**
>
> | | |
> |---|---|
> | Vi **a alguien** en el agua. | *I saw somebody in the water.* |
> | No vi **a nadie** en el agua. | *I didn't see anybody in the water.* |

▶ However, an alternate construction can be made by placing the negative word before the verb. In this case, the word **no** is omitted.

Ejemplos

Nunca voy al monte solo.	*I **never go** to the woods by myself.*
Nada es más peligroso que la víbora de cascabel.	*Nothing is more dangerous than the rattlesnake.*
Nadie fue de viaje.	*Nobody went on a trip.*
Ningún animal es tan feroz como el león.	*No (Not one) animal is more ferocious than the lion.*
Ninguna ballena se acercó a nosotros.	*No (Not one) whale got near us.*

Ejercicio

Traduce las palabras entre paréntesis al español.

1. *(Some)* _____ día voy a viajar a un bosque tropical.

2. *(Nobody)* _____ fue de vacaciones este año.

3. *(Some)* _____ compañeros de clase fueron a las montañas.

4. *(No)* _____ león se acercó al campamento.

5. *(Someone)* _____ dijo que íbamos a montar a caballo mañana.

6. ¿Oyen Uds. *(something)* _____?

7. Yo no oigo *(nothing)* _____.

8. Había muchas avispas en el árbol, pero *(not one)* _____ me picó.

The subjunctive mood

▶ Up to this point, we have been studying verb tenses that are in the indicative mood—that is, tenses that express facts and reality, such as *I live* (**Vivo**) *in Montevideo, I am living* (**Estoy viviendo**)…, *I was living* (**Estaba viviendo**)…, *I lived* (**Viví**)…, *I used to live* (**Vivía**)… In this chapter, we will begin the study of the subjunctive mood, which among other concepts expresses desire, doubt, denial, uncertainty, disbelief, conjecture, emotion, willingness, or persuasion regarding others.

▶ The subjunctive mood comprises four tenses: the present, the imperfect, the present perfect, and the past perfect.

The present subjunctive of regular verbs

▶ The present subjunctive of regular verbs is formed by dropping the **-ar**, **-er**, or **-ir** of the infinitive and adding the appropriate endings.

Subject	visitar	comer	vivir
yo	visit**e**	com**a**	viv**a**
tú	visit**es**	com**as**	viv**as**
Ud. / él / ella	visit**e**	com**a**	viv**a**
nosotros / nosotras	visit**emos**	com**amos**	viv**amos**
vosotros / vosotras	visit**éis**	com**áis**	viv**áis**
Uds. / ellos / ellas	visit**en**	com**an**	viv**an**

The subjunctive with adjective clauses

▶ An adjective clause describes a noun. In the sentence "I like the birds that live in the tropical forest," the clause "that live in the tropical forest" describes the antecedent "the birds." When the antecedent is indefinite or uncertain, the subjunctive is used.

Ejemplos

Buscamos un perro que **sea** bueno con los niños.	*We are looking for a dog that **is** good with children.*
Prefiero una mascota que ya **esté** entrenada.	*I prefer a pet that **is** already trained.*
Mis niños quieren una mascota que **juegue** con ellos.	*My children want a pet that **plays** with them.*
El veterinario sugiere un perro que no **suelte** mucho pelo.	*The vet suggests a dog that does not **shed** a lot of hair.*
Necesitamos una mascota que no **sea** muy grande.	*We need a pet that **is** not very big.*

▶ In the examples above, by using the subjunctive we are stating that we don't have a pet with those qualities; rather, we are looking for a pet with those characteristics.

▶ The subjunctive mood is used when the antecedent clause expresses negation or nonexistence.

Ejemplos

No hay **nadie** que **pueda** ayudarte.	*There is **nobody** that **can** help you.*
No conozco a **nadie** que **coma** hormigas.	*I don't know **anyone** who **eats** ants.*
No hay **nada** que me **guste** más que viajar.	*There is **nothing** I **like** more than traveling.*

▶ The subjunctive mood is *not* used when the antecedent is definite, certain, or exists.

Tenemos un perro que **es** bueno con los niños.	*We have a dog that **is** good with children.*
Nuestro perro ya **está** entrenado.	*Our dog **is** already trained.*
El perro de los niños **juega** mucho con ellos.	*The children's dog **plays** a lot with them.*
Nuestro perro no **suelta** mucho pelo.	*Our dog does not **shed** a lot of hair.*
Nuestra mascota no **es** grande.	*Our pet **is** not large.*

Ejercicio

Escribe el verbo que está entre paréntesis en el presente del subjuntivo o en el presente del indicativo, según corresponda.

1. Mira esa víbora de cascabel que (medir) _____ más de dos metros.

2. La gatita que (tener) _____ un moño *(bow)* azul es la mía.

3. Mi hija quiere una mascota que (ser) _____ pequeña porque tiene una casa chica.

4. Necesitamos un veterinario que (trabajar) _____ los sábados y domingos.

5. Alquilaron un departamento en el que la administración no (permitir) _____ mascotas.

6. Quiero visitar un zoológico que no (estar) _____ muy lejos de aquí.

7. No hay ningún circo que me (gustar) _____ porque maltratan a los animales.

Arte

Remedios Varo: Imaginación, sueños y fantasías La naturaleza ha sido motivo de muchas expresiones artísticas; un ejemplo sorprendente es el cuadro de Remedios Varo llamado *La creación de las aves*.

Remedios Varo nació en 1908, en España. Durante la Guerra Civil Española (1936–1939) vivió en el exilio en París, donde participó en exhibiciones de estilo surrealista. En 1940 se mudó a México y tomó la nacionalidad mexicana. Murió en 1963 en México, a los 55 años. En los últimos diez años de su vida **logró** *(obtained)* el éxito y la fama mundial con un estilo personal de surrealismo espiritual con mucho simbolismo. El mundo de los sueños de Remedios Varo, con su magia y misterio, muestra el mundo interior de una mujer de gran **sensibilidad** *(sensitivity)*.

¿Puedes encontrar símbolos importantes en este cuadro? ¿Te parece interesante este tipo de arte?

Study tip Go to the SAM for extra vocabulary and grammar exercises for this module.

En acción

Conversaciones y más

10-1 La familia Campos visita el zoológico Lee el diálogo y después escoge a quién se refiere cada enunciado.

Madre: ¡Ya llegamos al zoológico! Este zoológico es uno de los mejores del mundo. Vamos a ver osos, leones, tigres, jirafas, cebras, camellos, elefantes, hipopótamos…

Rebeca: ¡A mí me encantan los hipopótamos! Yo quiero verlos.

Fernando: ¡Yo quiero ver monos! Me gustan los monos porque se parecen a nosotros y son muy divertidos. ¡Miren los flamencos!

Rebeca: ¡Qué bonitos! ¿Ven como las crías de los flamencos tienen el pico mucho más largo y delgado que los adultos?

Padre: Esas aves de color rojo brillante con el pico largo, delgado y arqueado hacia abajo no son flamencos pequeños. Son ibis escarlatas.

Fernando: Recuerdo que vimos ibis blancas cuando fuimos a Florida. ¿Dónde viven las ibis rojas?

Padre: Viven en el norte de América del Sur. Son comunes en Venezuela, donde las llaman corocoros. *(Siguen caminando).*

Madre: ¡Miren los hipopótamos! ¡Uno está comiendo, y hay dos en el agua!

Rebeca: ¡Qué grandes y gordos son y tienen la boca enorme! ¿Por qué no nos permiten acercarnos un poco más?

Madre: Porque aunque parecen animales inofensivos, yo leí que pueden ser peligrosos.

Padre: Sí, aunque son herbívoros, defienden su territorio ferozmente con sus enormes colmillos.

Fernando: ¡Por fin llegamos al área de los monos! Todos los animales me gustan, pero los monos son mis favoritos. ¡Miren esos monos carablanca!

Rebeca: ¡Usan la cola como otra mano para trepar rápidamente por los árboles! ¡Hasta se cuelgan de la cola!

Madre: ¿Son de África esos monos?

Fernando: No, todos los monos con cola prensil son de las Américas.

Madre: ¿Cómo sabes tú eso?

Fernando: Tenemos muchos libros de animales y yo los leí todos. Quiero ser biólogo.

Padre: Sí, tienes razón, hijo. No hay ningún mono en África ni en Asia que tenga la cola prensil. Quiero ver monos carablanca en Costa Rica el año próximo, en nuestras vacaciones.

Fernando: Yo tengo ganas de ir a Costa Rica para ver a los monos en la selva y no en el zoológico.

Rebeca: Yo también, pero no vamos a ver hipopótamos allí, ¿verdad?

Madre: No, pero con suerte vamos a ver tapires. En Costa Rica los llaman dantas, y son animales grandes y corpulentos que pasan mucho tiempo en el agua, como los hipopótamos. ¡Y no son peligrosos!

Rebeca: ¿Por qué tenemos que esperar hasta el año próximo para ir a Costa Rica? Yo quiero ver un danta.

Fernando: ¡Yo también! ¡Vamos en diciembre!

1. Se divierte(n) en el zoológico. _____
2. Confunde los flamencos pequeños con otra especie. _____
3. Tiene mucho interés en la biología. _____
4. Sabe dónde viven las ibis escarlatas. _____
5. No sabe que los hipopótamos son peligrosos. _____
6. Le gustan los libros de animales. _____
7. Describe los tapires. _____
8. Va(n) a ir a Costa Rica. _____

a. el padre
b. la madre
c. el hijo
d. la hija
e. toda la familia

© Cengage Learning 2014

10-2 Los animales Con un/a compañero/a, busca las respuestas en las 💬.

1. ¿Alguien quiere alimentar a los cocodrilos?
2. ¿Quiénes pueden ir a la excursión?
3. ¿Viste un animal extraño en el agua?
4. ¿Conoces a alguien que trabaje en el zoológico?
5. ¿Quiénes quieren ir al museo de historia natural?
6. ¿Hay algunos alumnos interesados en el viaje a Costa Rica?
7. ¿Conoce Ud. al profesor que va a ir a Costa Rica?

© Pailoolom/iStockphoto

☐ Sí, profesor, hay muchos. Ya tenemos lista de espera.

☐ Sí, claro, lo conozco muy bien. Se llama Guillermo Campos.

☐ No, nadie quiere. Todos tienen miedo.

☐ No, no vi nada.

☐ No, no conozco a nadie que trabaje ahí.

☐ Algunos alumnos pueden ir, pero prefieren ir al zoológico.

☐ Yo quiero ir y los niños también. Nos fascinan los museos.

10-3 La familia va a una tienda de mascotas

2-23

Escucha el diálogo y escribe C si la oración es cierta o F si es falsa.

1. Los niños quieren tener otra mascota. _____

2. El padre va a estar a cargo del animal. _____

3. Los niños prefieren un perrito que sea cariñoso y juguetón. _____

4. El perrito es de una raza pequeña. No va a crecer mucho. _____

5. En una película actuó un perro de esa raza. _____

6. Ese perro es de una raza que ataca a sus dueños. _____

7. La familia decide comprar la perrita. _____

8. A todos les gusta el cachorrito. _____

10-4 ¡Qué desorden! Con un/a compañero/a, ordena los diálogos.

Diálogo 1

—No, no conozco a nadie que sea tan valiente o tan tonto. _____

—A mí no me parecen bonitas. Me dan mucho miedo. Me gustan más los gatos y los conejos. _____

—¿Por qué dices eso? Muchas serpientes son muy dóciles y muy bonitas. _____

—Pues, a las serpientes también les encantan. _____

—¿Conoces a alguien que tenga una serpiente como mascota? _____

Diálogo 2

—Es bonito, pero vivimos en un apartamento y preferimos uno que no crezca mucho, que no suelte mucho pelo y que sea fuerte. _____

—Buenos días, señorita. Busco una mascota que no sea muy grande y que proteja a los niños. _____

—¿Qué le parece un bóxer? Es de tamaño mediano, de pelo liso y corto y, además, es un perro fuerte. _____

—Aquí hay un cachorro muy bonito. Es un pastor alemán. _____

—No conozco a nadie que tenga uno, pero me parece ideal. _____

10-5 Está incompleto Con un/a compañero/a, completa el diálogo.

Busco a mi perrito perdido.

Fernando: ¡Papá, papá! Mi amigo dejó la puerta abierta y Claude se escapó.

Padre: ¿Ya buscaron _____?

Rebeca: *(Llorando)* Sí, _____.

Madre: Pongan _____. Tal vez los vecinos _____.

Fernando: *(Escribiendo)* Buscamos a nuestro perro. _____ ojos cafés. _____ Claude, _____ 5 kilos y _____ de color café claro con una mancha blanca en el pecho.

Madre: Llama a la Sociedad Canófila para preguntar si alguien lo encontró y lo llevó ahí.

Fernando: _____.

Recepcionista: Sociedad Canófila. Buenos días.

Fernando: _____.

Recepcionista: ¿Cómo es?

Fernando: _____.

Recepcionista: No hemos recibido a ningún perro _____ esas características.

(Unos meses después, la Sociedad Canófila llama por teléfono a la familia Campos).

Recepcionista: Hace un tiempo una familia llamó para decir que estaban buscando a _____ y hoy nos trajeron uno.

Fernando: ¿Es Claude?

Recepcionista: No lo sé. No tiene su nombre en el collar. Pero es muy grande. Pesa como 50 kilos, tiene los ojos cafés y tiene una cara que asusta.

Fernando: _____.

(La familia llega a ver el perro).

Rebeca: Es él. _____. Ahora está enorme. *(Todos abrazan al perro).*

10-6 Seres fantásticos En muchas mitologías y cuentos hay animales y otros seres fantásticos. Uno de los más populares y conocidos es la sirena, mitad pez, mitad mujer. ¿Recuerdas otro ser fantástico? ¿Puedes crear uno? Haz una descripción.

_____

_____

_____

_____

_____

_____

_____

Nota cultural   Almanaque de México, A-26

Quetzalcóatl Quetzalcóatl was one of the main gods of many Mesoamerican civilizations. Quetzalcóatl means *feathered snake* in Náhuatl, the language of the Aztecs. The Maya called him Kukulkán. The Aztecs believed that Quetzalcóatl created the world and formed the first man with his breath. He taught his people art, literature, mathematics, science, agriculture, and astronomy. One account of his disappearance is that after he taught the people to live in peace, he went off across the sea; another story says that he was driven out by the god of war, Tezcatlipoca, in the year 987, but will return in the future. Some legends depict him as a pale-skinned, bearded human being, and for this reason, the Aztecs believed that Hernán Cortés was Quetzalcóatl when the Spaniards arrived in Mexico in 1519.

© Mark Zuk/Alamy

Ya puedes decirlo

10-7 Las mascotas

1. Haz una descripción llamada "Mi mascota favorita". Preséntasela a la clase, con fotografías u otros objetos relacionados.

2. Narra una historia sorprendente o emocionante sobre alguna mascota.

3. Haz un diálogo con un/a compañero/a. En una tienda de mascotas, uno es el vendedor y otro el cliente.

¡Prepárate!

Study tip Study the **¡Prepárate!** section before coming to class. Review the vocabulary lists, read the grammar explanations, and do the practice exercises.

Vocabulario

 Study tip Access vocabulary flashcards at www.cengagebrain.com.

Plantas	Plants		
árbol (*m*)	*tree*	margarita	*daisy*
clavel (*m*)	*carnation*	nogal	*walnut*
encino	*oak tree*	orquídea	*orchid*
especie (*f*)	*species*	pasto	*grass*
flor (*f*)	*flower*	pino	*pine tree*
flor silvestre (*f*)	*wild flower*	roble	*oak tree*
hoja	*leaf*	rosa	*rose*
lirio	*lily*		

La naturaleza	Nature		
arena	*sand*	lago	*lake*
arroyo	*stream, brook*	laguna	*lagoon*
bosque (*m*)	*forest*	lluvia	*rain*
brisa	*breeze*	luna	*moon*
cañón (*m*)	*canyon*	mina	*mine*
catarata	*waterfall*	montaña	*mountain*
cielo	*sky*	nube (*f*)	*cloud*
colina	*hill*	ola	*wave*
cordillera	*mountain range*	playa	*beach*
desierto	*desert*	río	*river*
espuma	*foam*	selva	*jungle*
estrella	*star*	sol (*m*)	*sun*
fauna	*fauna*	tormenta	*storm*
flora	*flora*	valle (*m*)	*valley*
fuego	*fire*	volcán (*m*)	*volcano*
isla	*island*		

El campo	The countryside		
campesino/a	*farmer, peasant*	granjero/a	*farmer*
campo	*field, country*	tienda de campaña	*tent*
granja	*farm*		

Verbos relacionados	Related verbs		
acampar	to camp	escalar	to climb
amanecer	to dawn	hacer un viaje	to take a trip
anochecer	to get dark (nightfall)	pasar	to spend (time)
atardecer	to get dark (dusk)	pescar	to fish
conservar	to conserve	retoñar	to sprout

🔊 **Así se pronuncia**   Escucha las siguientes conversaciones. Pon atención a la
2-24 pronunciación del vocabulario nuevo.

1. —¡Qué bonito está el campo en primavera!

—Sí, los árboles empiezan a retoñar y las flores silvestres de muchos colores se ven preciosas.

—Y después de la lluvia, el cielo está muy azul y queda un olor muy agradable.

2. —Carlos, ¿tienes una tienda de campaña?

—Sí, ¿para qué la necesitas?

—Vamos a pescar a un lago en el rancho de unos amigos y podemos acampar allá.

—Sí, claro. Te la presto. A mí también me gusta acampar.

3. —Profesor, ¿por qué no hacemos una excursión al campo con la clase?

—Sí, podemos ir a las montañas y ver la flora y la fauna.

—También se ven mejor las estrellas y la luna. Parece que están muy cerca.

4. —Señorita, ¿tiene información sobre excursiones al Gran Cañón?

—¡Cómo no! Es una de las maravillas naturales del mundo. Pueden hacer una caminata hasta el fondo del cañón y pasar el día allí en contacto directo con la naturaleza.

Música

El mar es una inspiración "En el mar, la vida es más sabrosa… en el mar todo es felicidad". Así dice una canción de cha cha chá que hizo famosa el argentino **Israel Vitenszteim Vurm (**1929–1991), famoso cantante de música tropical, conocido como Carlos Argentino.

"Cerca del mar yo me enamoré… el mar **nos arrulló** (lulled us to sleep) pensando en nuestro amor". Esta es la letra de un bolero que han cantado muchos intérpretes. El bolero se originó en Cuba, se popularizó en toda América Latina —especialmente con los tríos o cuartetos como Los Dandys en los años 50— y en la actualidad ha vuelto con cantantes como Luis Miguel.

"… mi niñez sigue jugando en tu playa… porque yo nací en el Mediterráneo". Esta balada pop es del español Joan Manuel Serrat, conocido como el poeta de la canción por la calidad y profundidad de su letra y porque ha musicalizado poemas de poetas famosos, entre ellos Antonio Machado y Miguel Hernández. "Mediterráneo" fue seleccionada como la canción más importante del siglo XX en España.

¿Te inspira el mar? ¿Recuerdas otras canciones relacionadas con el mar?

Juegos de palabras

Selecciona la palabra que no pertenece al grupo.

1. a. arroyo   **b.** catarata   **c.** río   **d.** nube

2. a. estrellas   **b.** granja   **c.** luna   **d.** nubes

3. a. montaña   **b.** volcán   **c.** colina   **d.** valle

4. a. ciudad   **b.** campo   **c.** acampar   **d.** campesino

5. a. árbol   **b.** fuego   **c.** pasto   **d.** flor

6. a. pino   **b.** rosa   **c.** clavel   **d.** margarita

7. a. acampar   **b.** atardecer   **c.** amanecer   **d.** anochecer

Relaciona las columnas.

1. El satélite de la Tierra.   _____   **a.** las nubes

2. Porción de tierra rodeada de agua.   _____   **b.** el desierto

3. La flor preferida de los enamorados.   _____   **c.** margarita

4. Brillan en el cielo, y algunas noches puedes ver muchas.   _____   **d.** granjeros

5. Se ven en el cielo, a veces blancas, a veces grises, y cuando hay tormenta, negras.   _____   **e.** la Luna

6. Es una flor, pero una bebida muy popular tiene el mismo nombre.   _____   **f.** fauna

7. En nuestro sistema, los planetas giran alrededor de él.   _____   **g.** rosa roja

8. Es muy seco. Hay mucha arena y muy poca agua.   _____   **h.** isla

9. Algunos hombres que no viven en las ciudades son…   _____   **i.** las estrellas

10. El conjunto de animales propios de una región.   _____   **j.** el Sol

Gramática

Past participles

▶ The regular past participles are formed by adding -**ado** to the stem of the -**ar** verbs and -**ido** to the stem of the -**er** and -**ir** verbs.

Ejemplos

viaj**ar** ⟶ viaj**ado** *(traveled)*

corr**er** ⟶ corr**ido** *(run)*

viv**ir** ⟶ viv**ido** *(lived)*

> **Nota lingüística** Some of the verbs that are irregular in other tenses have regular past participles.
>
> **Ejemplos**
> **ir / ido** *(gone)*; **ser / sido** *(been)*; **estar / estado** *(been)*
> **querer / querido** *(wanted; loved)*; **tener / tenido** *(had)*

▶ The past participles of **decir** and **hacer** are irregular. They end in -**cho**.

Ejemplos

decir / **dicho** *(said; told)*   hacer / **hecho** *(done; made)*

▶ The past participles of the following verbs are irregular. They end in -**to**.

Ejemplos

abrir / **abierto** *(opened)*   escribir / **escrito** *(written)*

morir / **muerto** *(died; dead)*   poner / **puesto** *(put; placed)*

romper / **roto** *(broken)*   ver / **visto** *(seen)*

volver / **vuelto** *(returned)*

Past participles as adjectives

▶ The past participle can be used as an adjective with the verb **estar**. When the past participles are used this way, they must agree in gender and number with the noun that they modify, like any other adjective.

Ejemplos

El **camino** al lago está **cerrado**.

La **carretera** a la montaña está **cerrada**.

Los **caminos** al lago están **cerrados**.

Las **carreteras** a las montañas están **cerradas**.

The present perfect indicative tense

▶ Even though the name of this tense is *present perfect*, it can sometimes refer to an event in the past, particularly in Spain, where it is used to express recently completed actions. In Latin America, it is also used to express that an action started in the past still continues in the present. Unlike the preterite and imperfect tenses, which are simple tenses (consisting of only one word), the present perfect is a compound tense (consisting of two words: the auxiliary verb **haber** and the past participle of the main verb).

Subject	haber (aux. verb in present tense)	Past participle (main verb)
yo	he	
tú	has	
Ud. / él / ella	ha	visitado
nosotros / nosotras	hemos	
vosotros / vosotras	habéis	
Uds. / ellos / ellas	han	

Ejemplos

Yo **he visitado** muchos países.   *I have visited* many countries.

Tú **has visitado** muchos países.   *You have visited* many countries.

▶ Direct object, indirect object, and reflexive pronouns precede the verb **haber**.

Ejemplos

—¿Alguna vez has visto monos carablanca?

—No, no los he visto nunca.

—¿Les has escrito a tus amigos en Costa Rica?

—Sí, les he escrito varias veces.

—¿Se han preparado Uds. bien para el viaje?

—Sí, nos hemos preparado bien.

Ejercicio

Cambia el verbo que está entre paréntesis al presente perfecto.

1. Yo fui a Costa Rica hace muchos años, y desde entonces no (volver) _____.

2. Carlos y yo (hacer) _____ muchos viajes a las montañas.

3. El perro (ladrar) _____ toda la noche y yo no (poder) _____ dormir.

4. ¿Alguna vez (pescar) _____ Ud. en ese lago?

5. Mis abuelos (vivir) _____ en el campo toda la vida.

The past perfect indicative tense

▶ The past perfect tense is used to describe what happened before another past event. It is used exactly as it is used in English.

Subject	haber (aux. verb in imperfect tense)	Past participle (main verb)
yo	había	
tú	habías	
Ud. / él / ella	había	preparado
nosotros / nosotras	habíamos	
vosotros / vosotras	habíais	
Uds. / ellos / ellas	habían	

Ejemplos

Yo ya **había preparado** el desayuno cuando llegó Felipe.

I had already *prepared* breakfast when *Felipe arrived.*

Tú ya **habías preparado** el desayuno cuando llegó Felipe.

You had already *prepared* breakfast *when Felipe arrived.*

Ejercicio

Forma oraciones compuestas como en el ejemplo. El primer verbo debe representar una acción anterior a la acción expresada en el segundo verbo.

Ejemplo

Yo ya <u>estudiar</u> biología cuando (yo) <u>entrar</u> a esta universidad.

Yo ya <u>había estudiado</u> biología cuando entré a esta universidad.

1. El espectáculo de los delfines ya <u>terminar</u> cuando nosotros <u>llegar</u>.

_____

2. Todos mis amigos ya <u>ver</u> *La marcha de los pingüinos* cuando yo <u>verla</u>.

_____

3. La conferencia sobre tiburones ya <u>empezar</u> cuando los presentadores <u>tener</u> un problema técnico.

_____

4. Julio ya <u>explorar</u> esa mina cinco veces cuando mi hermano <u>ir</u> por primera vez.

_____

5. Yo ya <u>comprar</u> los boletos para el zoológico cuando (yo) <u>saber</u> del cupón de descuento.

_____

Study tip Go to the SAM for extra vocabulary and grammar exercises for this module.

En acción

Conversaciones y más

10-8 ¿Por qué no organizamos una excursión a Costa Rica?  Almanaque de Costa Rica, A-10

Lee el diálogo y después escribe C si la oración es cierta o F si es falsa.

Un profesor de español (Guillermo Campos) y un profesor de biología (John Fardal) hablan en la cafetería.

Campos: Varios estudiantes han expresado interés en una clase de español que incluya un viaje a un país extranjero.

Fardal: En mis clases de biología también hay muchos estudiantes que tienen interés en viajar a Sudamérica o Centroamérica para estudiar los ecosistemas tropicales y su gran biodiversidad.

Campos: Podemos crear un programa que incluya el estudio de español y también de la flora y fauna de las regiones tropicales de la América Central. Al terminar el semestre, podemos hacer una excursión a Costa Rica. Los estudiantes podrán practicar español, apreciar la cultura costarricense y aprender más sobre la flora y la fauna de las regiones tropicales.

Fardal: ¡Me gusta la idea! Yo puedo ofrecer una clase sobre la biodiversidad de los bosques tropicales, y tú puedes dar una clase de español con énfasis en la cultura de los costarricenses.

Campos: Estoy seguro de que la administración nos apoyará, y es posible que la Oficina de Estudios Internacionales les ofrezca becas a los alumnos que tengan excelentes calificaciones.

Fardal: Creo que los estudiantes deben tomar ambas clases para poder participar en el programa.

Campos: Sí, también me parece que debemos aceptar un máximo de dieciocho estudiantes para poder darles la atención necesaria y para no complicar demasiado la organización del viaje, el hospedaje y la organización del viaje.

Fardal: Estoy de acuerdo. Para evitar problemas, podemos entrevistar a los estudiantes y así escoger a los que realmente tengan interés en ambas materias.

Volcán Poás

Catarata en La Paz

Campos: Sí, es buena idea. Les tenemos que decir que los bosques tropicales son calurosos y tienen lluvias frecuentes. También, los participantes deben estar en buenas condiciones físicas para caminar por la selva.

Fardal: Has estado en Costa Rica varias veces, ¿verdad? ¿Cuáles son las regiones que recomiendas para el viaje?

Campos: Bueno, en Costa Rica hay muchos lugares interesantísimos, pero vamos a estar allí solo dos semanas. Yo recomiendo pasar la primera noche en Escazú, en las afueras de San José. De allí nos podemos ir un poco al norte de la capital para ver el volcán Poás y las hermosas cataratas de La Paz. Luego podemos pasar un día fuera de Fortuna, cerca del volcán Arenal, y un par de días en Caño Negro. Después, cuatro días en Santa Elena o en Monteverde, donde hay muchísimo que hacer, y dos días en Montezuma o Cabuya en el sur de la península de Nicoya. Podemos pasar los últimos dos días en Escazú antes de regresar a Estados Unidos.

Fardal: ¡Será una experiencia fantástica para los estudiantes y para mí también! ¡Vamos a proponérselo a los administradores!

1. Los profesores quieren combinar un estudio científico con una lengua extranjera. _____

2. Al terminar las clases, los alumnos van a hacer un viaje. _____

3. No es posible que los alumnos reciban un tipo de ayuda económica. _____

4. Ambos profesores creen que, tanto los estudiantes como los administradores tendrán interés en el proyecto y en el viaje. _____

5. Cualquier (Any) estudiante puede participar. No hay restricciones. _____

6. Este programa de estudios coordinados ha durado varios años. _____

7. El Prof. Campos conoce Costa Rica y tiene muchas ideas sobre las actividades que pueden realizar. _____

▶ Voces hispanas

Mira el video y después escribe C si es cierto o F si es falso.

1. A Connie le gustan más las playas del Caribe que las del Océano Pacífico.

2. Tayrona es un parque con selva pero sin playa.

3. A Andrea le encantan las playas de Costa Rica.

4. Según Gonzalo hay poca gente en la playas de Colombia.

5. Andrew va a la playa para mirar el agua.

© Cengage Learning 2014

10-9 ¡Qué interesante! Con un/a compañero/a, escribe en las 💬 el número de la respuesta que corresponda a la pregunta.

☐ ¿Te imaginabas así el bosque de nubes antes de conocerlo?

☐ ¿Has buscado más información sobre los monos carablanca?

☐ ¿Alguna vez has ido a un parque ecológico?

☐ ¿Vieron las exhibiciones de animales prehistóricos en el museo?

☐ ¿Habías viajado a un país hispano antes de tu viaje a Costa Rica?

☐ ¿Alguna vez has visto un quetzal?

1. Sí, había ido a México antes, pero no en un viaje educativo.

2. Es muy difícil verlos, pero la primera vez que vi uno fue en Costa Rica.

3. No, cuando llegamos ya habían cerrado y no pudimos verlas.

4. No, nunca he ido, pero me encantaría conocer un lugar así.

5. Sí, he encontrado datos muy interesantes sobre ellos.

6. No. Estar en un lugar así es realmente impresionante. Nunca había visto nada así.

10-10 ¡Queremos inscribirnos en su clase! Escucha el diálogo entre un profesor de español y sus estudiantes, y llena el cuadro.

2-25

Datos	Respuestas
Viaje a	
Número de alumnos	
Requisitos	
Objetivos (de los alumnos)	
Fechas	
Costo del viaje	
Beca	

10-11 ¿Te interesa la naturaleza? Lee el artículo que el Prof. Campos escribió para los alumnos interesados en el programa, y responde a las preguntas.

Oso hormiguero

Si te interesa la naturaleza, el lugar ideal es Costa Rica. Es un país pequeño, pero tiene una biodiversidad extraordinaria.

Sus costas en el Caribe y el Atlántico y sus cordilleras montañosas tienen una variedad de microclimas donde se han desarrollado una flora y fauna de gran diversidad. Para protegerlas, los costarricenses han establecido parques nacionales y muchas reservas privadas que protegen más del 25 por ciento del territorio nacional. El ecoturismo que se ha desarrollado a consecuencia de esas acciones ha llegado a ser muy importante para la economía costarricense.

Mono carablanca

La **meseta** (plateau) central del país tiene un clima muy agradable, y es allí donde vive la gran mayoría de la gente. Hay varios volcanes impresionantes en la meseta y también en las cordilleras montañosas. El volcán Arenal es el más conocido por sus frecuentes erupciones, que empezaron hace 40 años. Las partes más elevadas de las montañas tienen **bosques nubosos** (cloud forests) de clima húmedo y fresco. Ahí, los árboles están cubiertos de plantas. En esos bosques se encuentra el quetzal, al que muchos consideran el ave más bella del mundo.

Mono congo

Guanacaste, en el noroeste del país, es una región muy calurosa y seca desde diciembre hasta abril. Muchos árboles del bosque tropical de esa área pierden sus hojas durante la temporada seca. A pesar de la poca lluvia y el calor extremo, hay una gran abundancia de aves, insectos y **mamíferos** (mammals) que son relativamente fáciles de ver porque la vegetación es mucho menos **espesa** (thick) que en las otras áreas del país. En el parque nacional Santa Rosa, que está en el extremo noroeste de Guanacaste, cerca de la frontera con Nicaragua, es común ver muchas aves interesantes. Si uno camina por los **senderos** (trails) del parque, es posible ver **venados** (deer), pizotes, guatusas, osos hormigueros, saínos, tolomucos, tres tipos de mono —el mono araña, el mono congo y el mono carablanca— y otros mamíferos interesantes.

En el parque Corcovado, hay más de 4.000 especies de plantas, 400 especies de aves, 117 especies de reptiles y anfibios, y 124 especies de mamíferos. El parque está ubicado en la península de Osa, en el sur de la costa del Pacífico, y protege el área de mayor biodiversidad de la América Central. ¿Cuándo vas a Costa Rica?

Animales que puedes ver en Costa Rica:

- pizote / *coati*
- guatusa / *agouti*
- oso hormiguero / *northern tamandua*
- saíno / *collared peccary*

- tolomuco / *tayra*
- mono araña / *spider monkey*
- mono congo / *howler monkey*
- mono carablanca / *white-faced capuchin monkey*

1. ¿Qué han hecho en Costa Rica respecto a la flora y fauna?

_____

2. ¿Cómo beneficia al país tener parques ecológicos?

_____

3. ¿Dónde hay bosques nubosos?

_____

4. ¿Por qué en Guanacaste se pueden ver mejor los animales?

_____

5. ¿Qué tipos de animales podemos ver en el parque Corcovado?

_____

10-12 El símbolo de Guatemala **Completa el texto con las palabras de la lista.**

> españoles   vivir   volaba   leyenda   avanzada   incomparable   blanca   Guatemala
> libertad   ciento   verde   ejército   nacional   largas   pecho   bosques   símbolos   ave

El quetzal, símbolo de Guatemala

El quetzal resplandeciente es un (1) _____ que vive en los

(2) _____ de nubes de Centroamérica. Es uno de los

(3) _____ sagrados de una civilización mesoamericana muy

(4) _____, los mayas, **cuyos** (whose) descendientes representan el

80 por (5) _____ de la población de (6) _____.

Es el ave (7) _____, y aparece en la **franja** (stripe)

(8) _____ de la bandera. Simboliza la (9) _____ porque

muere de tristeza al ser **enjaulada** (caged). No puede (10) _____

en **cautiverio** (captivity).

La **belleza** (beauty) del ave es (11) _____.

El **plumaje** (plumage) del **macho** (male) es de color

(12) _____ intenso, con el pecho rojo y

(13) _____ **plumas** (feathers) verdes en la cola.

Según una (14) _____ guatemalteca, el rey

quiché, Tecun Uman, junto con su (15) _____,

luchaba contra los (16) _____ cuando fue

herido por una **espada** (sword). Un quetzal que

(17) _____ por ahí le cubrió la herida y desde entonces

conserva (retains) el color rojo en el (18) _____.

Illustrations © Cengage Learning 2014

Almanaque de
Guatemala, A-20

10-13 ¿Conoces la naturaleza? Entrevista a un/a compañero/a, toma notas y después presenta la información a la clase.

Preguntas	Respuestas (con explicación)
¿Alguna vez has visto de cerca un volcán? ¿Dónde? ¿Estaba activo?	
¿Has escalado una montaña? ¿Cuándo? ¿Con quién?	
¿Has pescado en un río? ¿Cuántas veces? ¿En qué río?	
¿Has caminado en un bosque? ¿Te gustó? ¿Por qué?	
¿Alguna vez has estado en un desierto? ¿En cuál?	
¿Has sentido una emoción especial al ver un paisaje? ¿Por qué? ¿Alguna vez has entrado a una mina?	

Ya puedes decirlo

10-14 Un viaje maravilloso

1. Narra un viaje real o imaginario a un lugar de impresionante belleza natural. (Trae fotografías o ilustraciones.)

2. Haz un diálogo con un/a compañero/a para hacer planes de un viaje a un lugar natural. Ejemplos: una playa, una montaña, un volcán, un río, un lago, un cañón, etc.

Arquitectura   Almanaque de Bolivia, A-4

Donde siempre hay sal en la mesa El Palacio de Sal (construido en 1998) fue el primer hotel hecho de sal; sal en las paredes, los **techos** *(ceilings)*, las mesas, las sillas y muchos otros muebles. Juan Quesada Valda fue el que inició este tipo de construcciones y tuvo esta idea con el propósito de estar en equilibrio con la naturaleza y el paisaje. En el año 2004, el hotel Palacio de Sal se trasladó a orillas del Salar de Uyuni *(Uyuni Salt Flat)* en Bolivia, con todas las **comodidades** *(comforts)* de la hotelería contemporánea. Las habitaciones, hechas de bloques de sal, parecen hechas de hielo y los espacios exteriores son majestuosos. La arquitectura de este hotel es un ejemplo de

El Palacio de Sal

© John Elk III/Alamy

belleza natural. El salar de Uyuni ocupa 12.000 kilómetros cuadrados y está a una altura de 3.660 metros sobre el nivel del mar. Tiene un espesor de 120 metros y, con 11 estratos de dos a veinte metros, La superficie del Salar forma el **espejo** *(mirror)* de sal más grande del mundo.

¿Te gustaría ir?

¡Prepárate!

Study tip Study the **¡Prepárate!** section before coming to class. Review the vocabulary lists, read the grammar explanations, and do the practice exercises.

Vocabulario

 Study tip Access vocabulary flashcards at www.cengagebrain.com.

Fenómenos de la naturaleza	Natural phenomena		
calentamiento global	global warming	marea	tide
ciclón (m)	cyclone	maremoto	seaquake
desastre natural	natural disaster	relámpago	lightning
eclipse (m)	eclipse	sequía	drought
equinoccio	equinox	solsticio	solstice
erosión (f)	erosion	temblor	earthquake
erupción (f)	eruption	terremoto	earthquake
granizo	hail	tormenta	storm
huracán (m)	hurricane	tormenta de arena	sand storm
inundación (f)	flood	tornado	tornado

Gemas y metales	Gems and metals		
carbón (m)	coal	perla	pearl
cuarzo	quartz	piedra preciosa	precious stone
diamante (m)	diamond	piedra semipreciosa	semi-precious stone
esmeralda	emerald	plata	silver
ópalo	opal	rubí (m)	ruby
oro	gold	zafiro	sapphire

🔊)) **Así se pronuncia** Escucha las siguientes conversaciones. Pon atención a la pronunciación del vocabulario nuevo.

2-26

1. —¿Sabías que hubo un terremoto ayer en Nicaragua?

   —Sí, ¡qué horrible! Murieron varias personas y hubo muchos daños.

   —Ojalá que las réplicas (*aftershocks*) no sean fuertes.

2. —¿Es más caro el diamante o la esmeralda?

   —Generalmente, es más caro el diamante, pero depende de la claridad de la piedra.

   —Y, ¿qué sabes de las perlas?

   —Las perlas negras son raras y muy valiosas.

3. —Señorita, ¿cuál es el pronóstico meteorológico para hoy?

   —En la mañana, cielos nublados, y por la tarde se espera una fuerte tormenta con granizo.

4. —Señorita, busco un anillo de compromiso.

   —¿Prefiere un diamante solitario en oro blanco?

   —Prefiero que no sea de oro blanco, sino dorado.

   —Tenemos unos preciosos.

Relaciona la naturaleza con los conceptos Comenta con tus compañeros las respuestas. (Consulta el diccionario si es necesario).

1. volcán _____
2. zorro _____
3. búho _____
4. ojos azules _____
5. hormiga _____
6. león _____
7. luna llena _____
8. conejo _____
9. gallo _____
10. gato negro _____

a. amanecer
b. hombre lobo
c. pasión
d. mala suerte
e. fertilidad
f. cielo
g. astucia
h. realeza
i. sabiduría
j. trabajo

Sopa de letras Busca palabras que expresen fenómenos de la naturaleza (hay 10 palabras).

p	e	e	r	u	p	c	i	ó	n
e	r	c	o	y	u	p	c	t	s
s	o	l	s	t	i	c	i	o	h
o	s	i	o	o	m	c	c	r	u
r	i	p	d	a	d	n	l	n	r
r	ó	s	r	n	u	e	ó	a	a
i	n	e	s	s	d	f	n	d	c
b	a	e	n	o	t	a	y	o	á
l	t	o	r	m	e	n	t	a	n
e	q	u	i	n	o	c	c	i	o

Gramática

Irregular verbs in the present subjunctive

▶ Stem-changing verbs in the present indicative are also stem-changing in the present subjunctive. As in the present indicative, the **ie** and the **ue** change does not apply to the **nosotros** / **nosotras** and **vosotros** / **vosotras** forms.

	cerrar	poder	pedir
yo	cierre	pueda	pida
tú	cierres	puedas	pidas
Ud. / él / ella	cierre	pueda	pida
nosotros / nosotras	cerremos	podamos	pidamos
vosotros / vosotras	cerréis	podáis	pidáis
Uds. / ellos / ellas	cierren	puedan	pidan

▶ The present subjunctive of the following verbs is formed by dropping the **-o** of the *first-person singular* indicative (**yo**) and adding the appropriate subjunctive endings.

Verb	Indicative *yo* forms	Subjunctive endings
hacer	hago	**-a** (yo)
poner	pongo	
traer	traigo	**-as** (tú)
salir	salgo	
tener	tengo	**-a** (Ud. / él / ella)
venir	vengo	
decir	digo	**-amos** (nosotros / nosotras)
oír	oigo	
conocer	conozco	**-áis** (vosotros / vosotras)
producir	produzco	
traducir	traduzco	**-an** (Uds. / ellos / ellas)

Ejemplo

hag- ⟶ haga, hagas, haga, hagamos, hagáis, hagan

▶ The verbs below have irregular forms in the present subjunctive, but they still follow these rules: verbs ending in **-ar** have **-e** endings; verbs ending in **-er** and **-ir** have **-a** endings. Note the written accents with **dar** and **estar**.

Subject	dar	estar	saber	ser	ir	haber
yo	dé	esté	sepa	sea	vaya	haya
tú	des	estés	sepas	seas	vayas	hayas
Ud. / él / ella	dé	esté	sepa	sea	vaya	haya
nosotros / nosotras	demos	estemos	sepamos	seamos	vayamos	hayamos
vosotros / vosotras	deis	estéis	sepáis	seáis	vayáis	hayáis
Uds. / ellos / ellas	den	estén	sepan	sean	vayan	hayan

▶ As we already know, the present indicative of *there is / there are* is **hay**. Likewise, in the present subjunctive, *there is / there are* is **haya**.

Ejercicio

Completa las oraciones siguientes con el infinitivo o con la forma correcta del presente del indicativo o del subjuntivo.

1. No hay nadie que (saber) _____ más de ecología que la Profa. Sáenz.

2. Mi novia quiere que yo le (dar) _____ un collar de perlas.

3. Yo tengo una mascota que (ser) _____ buena con los adultos pero busco una que (ser) _____ buena con los niños.

4. Los amigos de Teresa quieren que ella (ir) _____ a la playa con ellos, pero ella prefiere (ir) _____ a las montañas.

5. No hay nada del campo que le (gustar) _____ a Miguel.

6. Yo conozco a muchas personas que (vivir) _____ en el campo, pero no conozco a nadie que (poder) _____ vivir en el desierto mucho tiempo.

7. Sugiero que Uds. (tener) _____ mucho cuidado. Viene una tormenta.

8. Yo sé que no (ser) _____ posible (ir) _____ de vacaciones este año, pero sugiero que nosotros (hacer) _____ planes para el año que viene.

The present subjunctive with impersonal expressions

▶ As you learned in Chapter 9, the subject of an impersonal expression does not involve a person or an animate being. In the example below, the subject of the sentence is **conservar los parques**, which is a concept.

Ejemplo

Es necesario conservar los parques.   *It is necessary to conserve the parks.*

▶ When an impersonal expression is followed by the word **que** and the subject is specific, the second verb has to be in the subjunctive. In addition, when the impersonal expression implies that someone is influencing someone else to do something, or when there is uncertainty, doubt, disbelief, or emotion, the second verb must be in the subjunctive.

Ejemplos

Es necesario que **conservemos** los parques.

Es importante que **visites** el bosque tropical.

Es aconsejable que **acampen** aquí.

Es urgente que **viajes** a la selva.

Es posible que Luis **escale** la cordillera.

Es probable que no **pesquemos** nada.

Es ridículo que no **vayas** con nosotros.

▶ The subjunctive is *not* used when these impersonal expressions denote certainty.

Ejemplos

Es verdad que la selva **es** enorme.

Es cierto que el hipopótamo **es** muy peligroso.

Es evidente que la desforestación **afecta** negativamente al medio ambiente.

Es obvio que **existe** el calentamiento global.

No hay duda de que el agua **está** contaminada.

Ejercicio

Haz oraciones compuestas con las siguientes expresiones impersonales. Usa el infinitivo, el presente del indicativo o el presente del subjuntivo, según corresponda.

1. Es fundamental / cuidar

_____

2. Es cierto que / contaminar

_____

3. Es increíble que / tirar basura

_____

4. Es dudoso que / existir

_____

5. Es importante que / hacer

_____

Por and para

▶ Although in English they both can mean *for*, the prepositions **por** and **para** have different uses in Spanish. In many cases, one easy way to distinguish between **por** and **para** is to think about them as being "opposite." **Por** can convey the meaning of cause, reason, or motive, while **para** can convey the meaning of purpose, objective, or goal.

← **por**	**para** →
CAUSA Estoy preocupado **por** el examen.	**FINALIDAD** Estoy preparado **para** el examen.

▶ **¿Por qué?** asks about the cause, and the answer is **porque**, *because.*

¿Para qué? asks about the purpose, and the answer is **para** (**que**), *so that.*

▶ In addition, **por** is used to convey the meaning of *for* in the following cases:

por	
Usage	**Examples**
duration of time	Nadé **por** una hora. *(I swam **for** one hour.)*
substitution (in place / on behalf of someone)	Pepe no pudo ir. Yo fui **por** él. *(Pepe couldn't go. I went **for** him / in his place.)*
exchange	Pagué $60 **por** el pasaje. *(I paid $60 **for** the ticket.)*
thanks	Gracias **por** la mochila. *(Thanks **for** the backpack.)*

▶ **Por** is also used in the following situations:

por	
Usage	**Examples**
through, along, by a place	Caminamos **por** el bosque. *(We walked **through** the forest.)* Corrimos **por** la playa. *(We ran **along** the beach.)* Caminamos **por** el río. *(We walked by the river.)*
per	Manejé a 100 km **por** hora. *(I drove at 100 km **per** hour.)*
× in multiplication, and %	Dos **por** dos son cuatro. *(Two times two equals four.)*
	Veinte **por** ciento de 25 es 5. *(Twenty percent of 25 is 5.)*
by (means of transportation and communication)	Fuimos **por** avión. *(We went **by** plane.)* Mandé la información **por** fax. *(I sent the information **by** fax.)*
in (with a nonspecified time)	Salí muy temprano **por** la mañana. *(I left very early **in** the morning.)*

C En contacto con la naturaleza

▶ **Por** is also used in many idiomatic expressions. Some examples include the following:

por ejemplo	*for example*	**por lo menos**	*at least*
por favor	*please*	**por lo visto**	*apparently*
por fin	*finally*	**por supuesto**	*of course*
por lo general	*generally*		

▶ **Para** is used to convey the meaning of the English word *for* when it is used to indicate recipients, destinations, and employment. **Para** can also be used to convey the meaning of the English word *by* (a certain time in the future) and the English expression *in order to*.

para	
To indicate	**Examples**
the recipient	Esta cámara es **para** ti. (*This camera is **for** you.*)
destination	Mañana salimos **para** las montañas. (*Tomorrow we are leaving **for** the mountains.*)
employment	Su padre trabaja **para** una compañía petrolera. (*His father works **for** an oil company.*)
considering the fact that	**Para** ser extranjero, habla el idioma muy bien. (***For** being [considering the fact that he is] a foreigner, he speaks the language very well.*)
specific time or date in the future	Tengo que estar en casa **para** el 11 de febrero. (*I have to be home **by** February 11.*)
purpose, goal, objective	Es necesario limitar el uso del carbón **para** tener aire puro. (*It's necessary to limit the use of coal (in order) **to** have clean air.*)

Ejercicio

Completa las oraciones con **por** o **para**, según corresponda.

1. Gracias _____ todo lo que hiciste.

2. Te busqué _____ todo el zoológico.

3. Compré un regalito en el acuario _____ mi amiga.

4. Jaimito sabe mucho de animales _____ su edad.

5. _____ supuesto, la contaminación es un problema muy grave.

6. _____ llegar tarde, no vi el principio de la película.

7. _____ mí, la clase de biología es muy interesante.

8. Le dieron solamente 10 dólares _____ su libro.

Study tip Go to the SAM for extra vocabulary and grammar exercises for this module.

En acción

Conversaciones y más

10-15 Cielo nublado Lee el diálogo y después escribe C si la oración es cierta o F si es falsa.

Juan: Oye, ¿cómo te fue en Costa Rica? ¿Me recomiendas el programa?

Luis: Me fue muy bien. Estuvo fantástico. Te aconsejo que vayas el año que viene. Oye, ¡qué nublado está hoy!

Juan: Sí, hombre. Dicen los meteorólogos que es probable que llueva más hoy.

Luis: Sí, y con tanta lluvia, es importante que estemos atentos a los avisos que pasan por la televisión y la radio.

Juan: Es cierto. Afortunadamente, hoy en día, los medios de comunicación nos avisan con bastante anticipación si va a haber tornados o tormentas.

Luis: Aún así, es una lástima que muchas personas no pongan atención y no tomen las precauciones necesarias para evitar daños y pérdidas físicas o materiales. Yo sí respeto la naturaleza y entiendo su poder.

Juan: Sí, en casos de inundación, es aconsejable no manejar, o si tenemos que hacerlo, no debemos pasar las barreras que pone la policía en las calles donde hay agua acumulada.

¿Cierto o falso?

1. Los meteorólogos son expertos en metales. _____

2. Sabemos inmediatamente que habrá tornados o tormentas por los periódicos. _____

3. Hay muchas personas que no ponen atención a las advertencias de los medios. _____

4. Una camioneta puede pasar sin problema por las calles inundadas. _____

5. La policía trata de protegernos cuando hay peligro. _____

🔊 10-16 La geografía de Chile Escucha la información sobre Chile y después marca la respuesta correcta.

2-27

1. Chile está al… de Perú, entre los Andes y el océano…

   a. norte, Atlántico   **b.** sur, Pacífico   **c.** este, Atlántico   **d.** oeste, Pacífico

2. Es el país más largo del mundo. Tiene… millas de longitud.

   a. 2.880   **b.** 28.080   **c.** 2.080   **d.** 8.280

3. En el norte está el… de Atacama, el lugar más árido del mundo.

   a. valle   **b.** región   **c.** centro   **d.** desierto

4. Santiago, la…, es la ciudad más grande del país.

   a. región   **b.** capital   **c.** mayoría   **d.** población

5. La economía de Chile está basada en…

   a. los metales.   **b.** las perlas.   **c.** el petróleo.   **d.** los glaciares.

10-17 El poder de la naturaleza Escribe en las ⭕ el número de la respuesta que corresponda a la pregunta.

1. Un volcán hizo erupción y cubrió la capital de ceniza.

2. En Colombia. Es un país con gran riqueza mineral.

3. Es de oro blanco. Tiene un diamante de medio quilate y dos rubíes.

4. Ahora no, pero antes vivía en la Ciudad de México, y por ahí pasa la falla de San Andrés, la misma que afecta a California.

5. Por las tormentas eléctricas. Los relámpagos son muy peligrosos para los aviones y hay poca visibilidad.

6. Ponemos madera en todas las ventanas, y también han construido diques *(sea walls)* altos en la playa.

¿Cómo es el anillo? ☐

¿Dónde hay minas de oro y de esmeraldas? ☐

¿Por qué cancelaron los vuelos? ☐

¿Qué hacen para protegerse de los huracanes? ☐

¿Vives en zona de terremotos? ☐

¿Qué pasó en Alaska? ☐

Nota cultural 🌐 Almanaque de Colombia, A-8

Colombia's abundance of minerals Colombia has always been gold country and has attracted people searching for the precious metal, based on legend or fact. Gold was used by the pre-Hispanic cultures of Colombia to make tools such as fishhooks, as well as ornaments and art pieces. To preserve the Colombian archeological heritage, the Colombian government created the **Museo del Oro** in 1939 in the capital city of Bogotá. The museum has a collection of more than 33,000 objects of gold and emeralds in addition to other precious metals.

Colombian emeralds are known for their high quality. The finest emeralds can be even more valuable than diamonds. Some of the rarest and most expensive emeralds in the world come from three mining areas in Colombia: Chivor, Coscuez, and Muzo. Many gold items in the **Museo del Oro** are encrusted with emeralds.

10-18 ¿Quién es El Dorado? Numera los párrafos en el orden lógico para saberlo. (Basado en *Leyendas populares colombianas* de Javier Ocampo López)

© AFP/Getty Images

Por sus profecías, la convirtieron en la diosa de la laguna, venerada en el famoso rito de El Dorado, que se hacía con la participación del **cacique** *(chief)* de Guatavita. _____

La ceremonia alcanzaba su plenitud cuando el cacique llegaba al centro de la laguna y **lanzaba** *(threw)* ofrendas de oro y esmeraldas **para** la diosa, y luego se sumergía. La gente también tiraba al agua sus ofrendas. _____

El **amante** *(lover)* fue ejecutado. La desesperación y la deshonra intensificaron el dolor de la cacica, **por** lo que huyó **para** la laguna con su única hija recién nacida. Cuando llegó, se lanzó al agua y las dos se **ahogaron** *(drowned)*. _____

Años después, los conquistadores españoles, al saber esta leyenda y tocados **por** la **codicia** *(greed)*, se lanzaron a la laguna **para** buscar los tesoros. Desde entonces y hasta ahora siguen buscándolos. _____

La cacica de Guatavita, que vivía con su esposo en las **riberas** *(shores)* de la laguna Guatavita, tenía fama por su belleza. Ella le fue **infiel** *(unfaithful)* a su esposo. **Para** él, la infidelidad era un **delito** *(crime)* imperdonable, y de acuerdo con las leyes **chibchas** *(of the Chibcha tribe)*, esto se pagaba con la muerte y la deshonra. _____

El cacique, **abrumado** *(overwhelmed)* **por** la desgracia, envió a sus hombres a **rescatar** *(rescue)* los cuerpos. Muchos buscaron inútilmente, pero uno de ellos dijo que la cacica y la niña estaban vivas y que tenían un palacio bajo el lago. _____

Para realizar el rito, el cacique se ponía **resina** *(resin)* en el cuerpo y luego se cubría de polvo de oro; después navegaba por la laguna en una balsa, acompañado de algunos sacerdotes. El pueblo cantaba himnos religiosos y oraba. _____

Por consiguiente, concluyeron que la cacica estaba viva y que ella intervenía **para** solucionar los problemas del pueblo. **Por** eso le llevaban ofrendas de oro y esmeraldas. Decían que, a veces, la cacica aparecía en medio de las aguas y profetizaba el futuro. _____

Adaptado de "La cacica Guatavita: La leyenda de 'El Dorado' en la laguna de Guatavita", Leyendas populares colombianas. Autor: JAVIER OCAMPO LÓPEZ. Editorial: PLAZA & JANÉS EDITORES COLOMBIA S.A. Used with permission.

10-19 Entrevista Entrevista a uno/a de tus compañeros/as y después él / ella te entrevista a ti.

Preguntas	Respuestas (con explicación)
¿Es importante que todos reciclemos los plásticos?	**Sí / No, porque**…
¿Es necesario que ahorremos energía?	
¿Es urgente que hagamos algo para prevenir el calentamiento global?	
¿Es imposible que podamos limpiar los océanos, los ríos y los lagos?	
¿Es bueno que protejamos los bosques?	
¿Es aconsejable que limitemos el uso del petróleo?	

Literatura Almanaque de Honduras, A-24

Un ángel atrapado en el huracán Este es el título del libro de ocho cuentos del escritor hondureño Javier Abril Espinoza. Son cuentos de ficción con un tema central: la tragedia que provocó el huracán Mitch en su país en 1998. El libro incluye personajes y situaciones que muestran cómo vivía la gente antes y después del desastre natural. Este libro es el más conocido de la obra de Javier Abril Espinoza en español. Él también escribe en alemán. Actualmente vive en Suiza donde escribe para el diario *El Heraldo de Honduras*. También contribuye a revistas literarias de América Latina y de Europa Central.

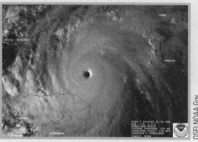

Fragmento del cuento "En el jardín de tus ojos, **haciendo pastar conejitos de azúcar**" *(making sugar bunnies graze)*:

Otra vez me pareció ver a la mujer de ojos de jardín. Fue en un **albergue** *(shelter)*. De esos en donde la gente y sus familias **damnificadas** *(affected)*, cuentan las horas de atrás para adelante y de adelante para atrás: Yo no diría que cuenten mal el tiempo, sino más bien que el tiempo ha dejado de contar con ellos. Mas, como ya cualquiera podría imaginar, al final descubrí que sólo era otra mujer.

A partir de este fragmento, ¿cuál crees tú que es el tema principal del cuento?

Ya puedes decirlo

10-20 La naturaleza y tú

1. Habla con un/a compañero/a de tus experiencias con desastres naturales. ¿Has vivido un desastre natural? ¿De qué tipo? Presenta tus experiencias en clase y haz comentarios sobre las experiencias de tus compañeros.

2. Haz un diálogo con un/a compañero/a sobre los minerales. ¿Has estado en una caverna o en una mina? ¿Te gustan las piedras preciosas? ¿Cuáles?

Study tip Go to the SAM for additional listening and pronunciation practice for this chapter.

Antes de leer

¡Vamos a leer!

Strategy: Relating previously presented material to understand a new topic

In Chapter 7, you read about **Las nuevas siete maravillas del mundo moderno** and **Las siete maravillas del mundo antiguo**. Recall that information to help you understand this chapter's reading selection.

Las nuevas siete maravillas naturales del mundo

A diferencia de las maravillas mencionadas en *Strategy*, que son obras arquitectónicas construidas por seres humanos, estas maravillas fueron formadas naturalmente, y por eso llevan el nombre de *maravillas naturales*. El 11 de noviembre de 2011 salió la lista de las siete elegidas provisionalmente. Son la montaña de la Mesa en Sudáfrica, la bahía de Ha-Long en Vietnam, la isla Jeju en Corea del Sur, el parque nacional de Komodo en Indonesia, el río subterráneo de Puerto Princesa en Filipinas más dos atracciones naturales en América del Sur. Estas últimas son: las cataratas del Iguazú, que están en la frontera entre Argentina, Brasil y Paraguay; y la Amazonia, que se comparte entre nueve países (Bolivia, Brasil, Colombia, Ecuador, Guayana Francesa, Guyana, Perú, Surinam y Venezuela).

Gary Yim/Shutterstock

El Parque Nacional Iguazú, donde están las cataratas, fue declarado **Patrimonio de la Humanidad** (*World Heritage Site*) por UNESCO en 1984, con el objetivo de conservar las cataratas. Entre la riqueza natural del parque se puede encontrar una flora con más de 2.000 especies, 450 especies de aves y 80 especies de mamíferos. Las cataratas están formadas por 275 **saltos** (*waterfalls*) alimentados por el río Iguazú. La **Garganta del Diablo**, con más de 70 metros de altura, es el salto más imponente y el de mayor altura.

La Amazonia es el bosque tropical más grande del mundo, comprendiendo 6 millones de kilómetros cuadrados, área que comparten nueve países. Brasil y Perú poseen la mayor parte de la Amazonia. Es una de las ecorregiones con mayor biodiversidad del mundo.

Después de leer

Contesta las preguntas con oraciones completas.

1. ¿Cuáles son las tres divisiones de las maravillas del mundo?

_____

_____

2. ¿Por qué se llaman maravillas naturales?

_____

3. ¿Cuáles son las dos maravillas localizadas en América del Sur, y cuáles son los países que las comparten?

_____

_____

4. ¿Cuál es el propósito de nombrar al Parque Nacional Iguazú Patrimonio de la Humanidad?

_____

5. ¿Cuál es la riqueza natural del parque?

_____

_____

6. ¿Cómo se llama el salto que tiene más altura?

_____

7. ¿Qué es la Amazonia y de cuántos países forma parte?

_____

¡Vamos a escribir!

Escribe un párrafo para comparar las cataratas del Niágara con las cataratas del Iguazú.

Puedes usar las comparaciones siguientes que aprendiste en el Capítulo 5.

tan + adjetivo + como; más + adjetivo + que; menos + adjetivo + que; bueno, mejor, malo, peor; el, la, los, las + más + adjetivo + de; el, la, los, las + menos + adjetivo + de. No es necesario usar todas las expresiones.

_____

_____

_____

_____

_____

_____

Lee las tres fábulas sobre animales y relaciónalas con las moralejas. Después comenta con la clase el valor de estos consejos, y da ejemplos de situaciones donde se puedan aplicar.

El león y los tres bueyes (oxen)

Pastaban (Were grazing) juntos siempre tres bueyes.

Un león quería devorarlos, pero como estaban juntos los tres no podía hacerlo, pues **luchar** (to fight) contra los tres a la vez lo ponía en desventaja.

Entonces con **astucia** (cleverness), **logró** (he succeeded) enojarlos entre sí con mentiras terribles, separándolos a unos de los otros.

Y así, por no estar unidos, los devoró tranquilamente, uno a uno.

El perro y su reflejo

Un perro que llevaba en su **hocico** (snout) un sabroso pedazo de carne se acercó a un río.

Vio su propio reflejo en el agua del río y creyó que aquel reflejo era en realidad otro perro que llevaba un pedazo de carne mayor que el suyo. Y deseando obtener el pedazo ajeno, soltó el suyo para **arrebatar** (to grab) el trozo al otro perro.

Pero el resultado fue que se quedó sin el **propio** (his own) y sin el **ajeno** (the other one): éste porque no existía, sólo era un reflejo, y el otro, el verdadero, porque se lo llevó la corriente.

La rana médico

Gritaba un día una rana desde su **pantano** (swamp) a los demás animales:

—¡Soy médico y conozco muy bien todos los remedios para todos los males!

La oyó un zorro y le reclamó:

—¿**Cómo te atreves** (How dare you) a anunciar ayudar a los demás, cuando tú **cojeas** (limp) y no te sabes curar?

Las fábulas de Esopo, trans. by Jorge Renato Rodríguez. Adapted from http://www.eibyd.com.

Moralejas

El león y los tres bueyes _____

La rana médico _____

El perro y su reflejo _____

a. Nunca proclames ser lo que no puedes demostrar con el ejemplo.

b. Nunca **codicies** (envy) el bien ajeno, pues puedes perder lo que ya has adquirido con tu **esfuerzo** (effort).

c. Si permites que **deshagan** (undo) tu unidad con los tuyos, más fácil será que te hagan **daño** (harm you).

¡Vamos a revisar!

🔊 Actividad 1 Escucha las oraciones siguientes y escribe
2-28 **C si son ciertas o F si son falsas.**

1. _____ 2. _____ 3. _____ 4. _____ 5. _____

Laura: Juan, de todos los deportes, ¿cuál es el que cuesta menos jugar? Quiero hacer ejercicio.

Juan: No es fácil contestar tu pregunta, porque el equipo que es necesario para jugar casi todos los deportes es caro.

Laura: Yo pensaba que correr no costaba mucho.

Juan: Es posible, pero un par de tenis buenos puede costar cien dólares o más.

Laura: No quiero correr un maratón, solo hacer ejercicio.

Juan: En ese caso, no necesitas unos zapatos tan caros, pero sí deben ser buenos. Puedes comprar unos sin tener que pagar mucho dinero.

🔊 Actividad 2 Escucha las oraciones siguientes y escribe C
2-29 **si son ciertas o F si son falsas.**

1. _____ 2. _____ 3. _____ 4. _____ 5. _____

Sr. Ayala: Buenos días, señorita. Me voy a casar en unos meses y busco un anillo para mi novia.

Dependienta: Tenemos muchos. Es posible que tengamos uno que le guste.

Sr. Ayala: No hay duda. Muchas personas me han recomendado esta joyería.

Dependienta: ¡Qué bueno! Mire, aquí tenemos una selección de muchos estilos.

Sr. Ayala: Ya veo. Voy a verlos, pero no tengo mucha prisa.

Dependienta: Sí, es aconsejable que tome su tiempo.

Sr. Ayala: Es verdad. Gracias.

Actividad 3 Marca la palabra que no corresponda.

1. **a.** básquetbol   **b.** béisbol   **c.** lucha   **d.** golf

2. **a.** competencia   **b.** adversario   **c.** rival   **d.** guante

3. **a.** correr   **b.** gol   **c.** carrera   **d.** maratón

4. **a.** tirar   **b.** luchar   **c.** pegar   **d.** pelear

5. **a.** cancha   **b.** fútbol   **c.** raqueta   **d.** gol

Actividad 4 Relaciona las palabras.

1. hacer magia _____ **4.** tallar _____ **a.** madera **d.** traductor

2. bilingüe _____ **5.** músico _____ **b.** tocar **e.** pincel

3. pintar _____ **c.** conejo

Actividad 5 Completa con la palabra apropiada.

1. Coleccionar timbres es la _____.

2. Una forma de hacer ropa es _____.

3. Lo opuesto de dar risa es dar _____.

4. Un género de baile es el _____.

5. Hay una _____ de Picasso en el Museo Nacional de Arte.

Actividad 6 Marca la palabra que no corresponda.

1. **a.** abeja **b.** ave **c.** avispa **d.** ballena

2. **a.** gallina **b.** delfín **c.** pez **d.** tiburón

3. **a.** caballo **b.** cebra **c.** hormiga **d.** toro

4. **a.** ladrar **b.** pelear **c.** maullar **d.** mugir

Actividad 7 Relaciona las palabras.

1. árbol _____ **4.** nube _____ **a.** cielo **d.** fuego

2. flor _____ **5.** volcán _____ **b.** hoja **e.** desierto

3. arena _____ **6.** montaña _____ **c.** cordillera **f.** margarita

Actividad 8 Completa con la palabra apropiada.

1. Una piedra preciosa verde es la _____.

2. Un fenómeno que ocurre con la Luna y el Sol es el _____.

3. Una gema blanca o negra es la _____.

4. El _____ es más caro que la plata.

5. La _____ es un fenómeno que ocurre en los océanos en la mañana y en la noche.

Actividad 9 Cambia los verbos del presente progresivo al pasado progresivo.

1. Estoy haciendo ejercicio.

_____ ejercicio cuando llegaste.

2. Los muchachos están jugando al tenis.

Los muchachos _____ al tenis cuando empezó a llover.

3. María y yo estamos levantando pesas.

María y yo _____ pesas cuando yo me lastimé el brazo.

Actividad 10 Completa el texto con la forma correcta del pretérito o del imperfecto de los verbos entre paréntesis.

Cuando yo (1. vivir) _____ en Colorado, (2. gustar) me _____ mucho el ciclismo. (3. Haber) _____ muchos lugares donde mis amigos y yo (4. poder) _____ practicar ese deporte, especialmente en los caminos de las montañas. Un día, nosotros (5. salir) _____ muy temprano porque (6. querer) _____ participar en una carrera de 30 millas. (7. Ser) _____ un día muy bonito y (8. estar) _____ muy emocionados, pero cuando nosotros (9. llegar) _____ a la salida, (10. empezar) _____ a llover muy fuertemente y los organizadores (11. cancelar) _____ la carrera.

Actividad 11 Llena el espacio en blanco con el pronombre de objeto indirecto apropiado.

1. Miguel _____ escribió un poema a su novia.

2. Mi tío _____ cocinó a nosotros una cena estupenda.

3. Yo _____ hablo a mis amigos en español.

4. ¿Quién _____ diseñó a ti la casa nueva?

Actividad 12 Responde a las preguntas, usando en las respuestas pronombres de objeto indirecto y pronombres de objeto directo.

> **Ejemplo**
>
> ¿Quién te regaló ese cuadro?
>
> Mi padre me lo regaló.

1. ¿Le diste la cámara a Laura?

_____

2. ¿Cuando vas a regalarle las monedas a Juan?

_____

3. ¿Me das unos timbres?

_____

4. ¿Nos vas a dar a nosotros los boletos?

_____

5. ¿Le compraste el regalo de cumpleaños a tu mamá?

_____

Actividad 13 Escribe el verbo entre paréntesis en la forma correcta del presente del subjuntivo o del presente del indicativo o deja en el infinitivo, según corresponda.

1. Prefiero (ir) _____ al campo en vez de ir a la playa.

2. Anita busca un perro que no (ser) _____ muy grande.

3. ¿Hay un parque que no (estar) _____ muy lejos de la universidad?

4. Hay muchos parques que (estar) _____ cerca de la universidad.

5. Mis hijos quieren que yo les (comprar) _____ un gatito.

6. Yo (querer) _____ un perro.

7. No conozco a nadie que (tener) _____ más mascotas que tú.

8. El profesor sugiere que nosotros (ir) _____ de vacaciones a las montañas.

9. Es necesario (cuidar) _____ a las mascotas.

10. Es verdad que (llover) _____ mucho en la primavera.

Actividad 14   Cambia el verbo entre paréntesis al participio pasado.

1. Los perros están (dormir) _____.

2. La víbora está (morir) _____.

3. Las carreteras a la montaña están (cerrar) _____.

4. El tigre está (enojar) _____.

Actividad 15   Cambia el verbo entre paréntesis a la forma correcta del presente perfecto.

1. Yo (viajar) _____ a muchos países de América del Sur.

2. Tú (estar) _____ alguna vez en las cataratas de Iguazú?

3. Mi hermano y yo (hacer) _____ varios viajes a la selva tropical.

4. (Llover) _____ toda la noche.

5. Los ciudadanos (conservar) _____ los recursos naturales de su pueblo.

Actividad 16   Cambia el verbo entre paréntesis al pasado perfecto.

1. Antes de salir de viaje, yo ya (hacer) _____ las reservaciones.

2. Teresa me dijo que (ir) _____ a ver las cataratas dos veces.

3. Mis amigos ya (poner) _____ la tienda de campaña cuando yo llegué.

4. Mis amigos y yo ya (preparar) _____ los planes del viaje cuando tú llamaste.

5. ¿Tú ya (ver) _____ el bosque tropical?

Actividad 17

1. ¿Adónde ibas de vacaciones cuando eras niño/a?

_____

2. ¿Qué hiciste ayer?

_____

3. ¿Es posible que vayas a América Central algún día?

_____

4. ¿Qué sugieres que haga el gobierno para controlar la contaminación del aire?

_____

5. ¿A qué países de habla española has ido?

_____

6. ¿Habías estudiado algo de América del Sur antes de tomar esta clase?

_____

¡Qué sabroso!

Communication objectives

- Advising on eating habits
- Giving opinions on diets
- Giving cooking instructions
- Expressing preferences about food and drinks
- Ordering in a restaurant

Culture topics

- Liters and kilograms
- Hispanic markets and supermarkets
- The culinary art of Chile
- Yerba mate; Argentinean barbecue
- Art: Angelina Quic Ixtamer
- Literature: Rafael Pombo
- Music and food: Identity symbols
- Architecture: Spanish kitchens, then and now

Illustrations © Cengage Learning 2014

¡Prepárate!

Study tip Study the **¡Prepárate!** section before coming to class. Review the vocabulary lists, read the grammar explanations, and do the practice exercises.

Vocabulario

 Study tip Access vocabulary flashcards at www.cengagebrain.com.

Cereales y grasas	Grains and fats		
aceite (m)	oil	manteca	lard
de maíz	corn oil	mantequilla	butter
de oliva	olive oil	pan (m)	bread
arroz (m)	rice	blanco	white bread
avena	oatmeal	de trigo	wheat bread
grasa saturada	saturated fat	de trigo integral	whole wheat bread
maíz (m)	corn		

Carnes	Meat		
carnes frías (f)	cold cuts	pavo	turkey
cerdo	pork	pollo	chicken
chuletas	chops	res (f)	beef
filete (m)	steak	tocino	bacon
jamón (m)	ham		

Mariscos y pescados	Shellfish and fish		
atún (m)	tuna	ostiones (f, pl.)	oysters
calamares (m, pl.)	squid	salmón (m)	salmon
camarón (m)	shrimp	tilapia	tilapia
cangrejo	crab	trucha	trout
langosta	lobster		

Frutas	Fruits		
aguacate (m)	avocado	naranja	orange
albaricoque (m)	apricot	pera	pear
coco	coconut	plátano	banana
durazno	peach	piña	pineapple
fresa	strawberry	sandía	watermelon
limón (m)	lemon	tomate (m)	tomato
manzana	apple	toronja	grapefruit
melón (m)	cantaloupe	uva	grape

Verduras	Vegetables		judías verdes (f, pl.)	green beans
ajo	garlic		judías verdes (f, pl.)	green beans
calabaza	pumpkin		lechuga	lettuce
cebolla	onion		papa	potato
champiñón (m)	mushroom		pepino	cucumber
chile (m)	hot pepper		perejil (m)	parsley
espinacas	spinach		remolacha	beet
frijoles (m, pl.)	beans		zanahoria	carrot
guisantes (m, pl.)	peas			

Bebidas	Drinks		limonada	lemonade
agua	water		limonada	lemonade
café (m)	coffee		refresco	soda
cerveza	beer		té (m)	tea
jugo	juice		vino blanco	white wine
leche (f)	milk		vino tinto	red wine

Nota lingüística The names of certain foods may vary from country to country. And there may also be differences in shape and size, but they are essentially the same food. The following pairs (or more words) are examples of these differences.

chabacano	albaricoque	ostiones	ostras
maní	cacahuate / cacahuete	papas	patatas
camarones	gambas	banana	plátano
carnes frías	fiambres	betabel	remolacha
durazno	melocotón	jitomate	tomate
hongos	champiñones	toronja	pomelo

arvejas / chícharos / guisantes = peas

caraotas / frijoles / habichuelas / judías pintas / porotos = beans

Así se pronuncia   Escucha las siguientes conversaciones. Pon atención a la
2-30   pronunciación del vocabulario nuevo.

1. —Carlos, ¿no vas a desayunar?

—No, no tengo mucha hambre.

—Por lo menos debes comer un plátano o una manzana.

—No gracias. Solo voy a tomar un poco de jugo de naranja.

2. —Voy al supermercado. ¿Necesitas algo?

—Sí, necesito una lechuga, dos tomates y dos zanahorias.

—No hay problema. Vuelvo en 20 minutos.

—Me olvidaba. ¿Puedes comprar también café?

—Por supuesto.

3. —¿Está listo para pedir?

—Sí, un sándwich de atún, por favor.

—Muy bien. ¿Con pan blanco o pan de trigo?

—Pan de trigo tostado, por favor, y para tomar, una limonada.

4. —Señor, ¿qué pescado recomienda?

—El salmón está muy bueno.

—¿Y la trucha?

—También está excelente.

—Bueno, quiero la trucha con verduras.

A Una dieta saludable

Clasifica las palabras como verdura, fruta, carne o marisco.

1. cebolla _____

2. fresa _____

3. langosta _____

4. pollo _____

5. durazno _____

6. espinacas _____

7. pavo _____

8. naranja _____

9. zanahoria _____

10. sandía _____

¿Que son? Escribe el nombre de la fruta o de la verdura en el dibujo correspondiente. Incluye el artículo indefinido correcto (**un, una, unos, unas**).

_____

espinacas   melón
guisantes   piña
zanahorias   fresas
cebolla   durazno
chiles   manzana

_____

_____

_____

Gramática

Regular affirmative **tú** commands

▶ These are commands or instructions that you would give to people that you know on a first-name basis. These commands have the same form as the third-person singular of the present indicative tense.

Verb	3rd-person sing.	*Tú* command
preparar	prepara	**prepara**
comer	come	**come**
abrir	abre	**abre**

▶ The word *command* is a grammatical term, and it does not have to be considered as an order. One's intonation can make the "command" sound more like a suggestion, advice, or a request.

Ejemplos

Mamá, **prepara** la carne con champiñones. Es deliciosa.

*Mom, **prepare** the meat with mushrooms. It's delicious.*

Carlitos, **come** todas las verduras.

*Carlitos, **eat** all the vegetables.*

Juan, **abre** esta lata, por favor.

*Juan, **open** this can, please.*

Irregular affirmative **tú** commands of **poner, salir, tener,** and **venir**

▶ These commands are made by dropping the **-er** or the **-ir** ending.

Verb	*Tú* command	Example
poner	**pon**	Miguel, **pon** los platos en la mesa, por favor.
		*Miguel, **put** the plates on the table, please.*
salir	**sal**	Ana, **sal** con tu hermana mayor.
		*Ana, **go out** with your older sister.*
tener	**ten**	Ramón, **ten** cuidado*. El plato está caliente.
		*Ramón, **be** careful. The plate is hot.*
venir	**ven**	Papá, **ven**. Es hora de cenar.
		*Dad, **come**. It's dinnertime.*

> **Nota lingüística** The expression **tener cuidado** literally means *to have care*. The translation is *to be careful.*

A Una dieta saludable

Irregular affirmative **tú** commands of **decir, hacer, ir,** and **ser**

Verb	*Tú* command	Example
decir	**di**	Teresa, **di** la verdad. ¿Te gusta la sopa o no? *Teresa, **tell** the truth. Do you like the soup or not?*
hacer	**haz**	Javier, **haz** el jugo con naranjas frescas. *Javier, **make** the juice with fresh oranges.*
ir	**ve**	Andrés, **ve** al súper por aceite de oliva. *Andrés, **go** to the supermarket for olive oil.*
ser	**sé**	Carla, **sé** moderada con el uso de la sal. *Carla, **be** moderate with your use of salt.*

Ejercicio

Cambia el infinitivo a un mandato afirmativo informal (**tú**).

1. Tomás, (usar) _____ aceite de oliva en vez de manteca.

2. Miguel, (comer) _____ más pescado y menos carne.

3. Carla, (hacer) _____ una lista de las cosas que necesitamos del súper.

4. Juanito, (ir) _____ al mercado. Necesitamos limones.

5. María, (poner) _____ limón y no sal en la comida. Es mejor para la salud.

6. Carlos, (tomar) _____ por lo menos ocho vasos de agua todos los días.

Negative **tú** commands

▶ The negative **tú** commands have the same form as the second-person singular of the present subjunctive.

Verb	Present subjunctive (tú)	Negative *tú* command
preparar	prepares	**no prepares**
comer	comas	**no comas**
abrir	abras	**no abras**

Ejemplos

Juana, **no prepares** la comida con aceite de coco.

Pepito, **no comas** con la boca abierta.

Laura, **no abras** el refrigerador cada dos minutos.

Cristina, **no vayas** a la escuela sin desayunar.

Mamá, **no hagas mucha** comida. Ya comí.

Juana, ***don't prepare*** *the food with coconut oil.*

Pepito, ***don't eat*** *with your mouth open.*

Laura, ***don't open*** *the refrigerator every two minutes.*

Cristina, ***don't go*** *to school without eating breakfast.*

Mom, ***don't make*** *a lot of food. I already ate.*

Ejercicio

La mamá de estos niños les ordena una cosa y su papá lo opuesto. Cambia las oraciones al mandato negativo, y si es necesario cambia el final.

Ejemplo

Manuel, lleva comida a la escuela.

Manuel, no lleves comida a la escuela. Almuerza en la cafetería.

1. Ema, desayuna en la sala.

_____

2. Juanito, come tres tacos.

_____

3. Vero, pon la mesa, por favor.

_____

4. Arturo, ven a cenar. Ya todo está listo.

_____

5. Paula, haz el desayuno para seis personas.

_____

Position of pronouns with commands

▶ Direct object pronouns, indirect object pronouns, and reflexive pronouns must be attached to affirmative commands. The affirmative commands are the only conjugated verbs that form a word with these pronouns. The pronouns may also be attached to infinitives or present participles, but these are not conjugated verb forms. The pronouns must be placed *before* the negative commands.

Ejemplos

Antonio, **ayúdame** con los platos, por favor.	*Antonio, **help me** with the dishes, please.*
¿Los camarones? **Prepáralos** a la parrilla.	*The shrimp? **Prepare them** on the grill.*
Beto, **no te sientes** en esa silla. Está rota.	*Beto, **don't sit** in that chair. It's broken.*
¿Las fresas? **No las pongas** en el refrigerador.	*The strawberries? **Don't put them** in the refrigerator.*

Ejercicio

Responde a las preguntas con un mandato informal (**tú**). Usa pronombres de objeto directo y / o indirecto como en el ejemplo.

Ejemplo

¿Pongo la mesa? Sí, *ponla, por favor.* (No, *no la pongas. Vamos a comer en el patio.*)

1. ¿Te hago un café? Sí, _____

2. ¿Le caliento la leche al bebé? No, _____

3. Niños, ¿les preparo una limonada? Sí, _____

4. ¿Abro la lata de duraznos? No, _____

✏️ **Study tip** Go to the SAM for extra vocabulary and grammar exercises for this module.

En acción

Conversaciones y más

11-1 Come más fruta y verdura Lee el diálogo y después escribe **C** si la oración es cierta o **F** si es falsa.

Juan: No sé qué hacer. Tengo la presión y el colesterol muy altos. Soy muy joven para tener esos problemas.

Laura: En primer lugar, elimina el uso de la sal y no comas comida frita.

Juan: La comida no tiene sabor si no le pongo sal.

Laura: Usa limón y pronto te acostumbrarás a no usar sal.

Juan: ¿Qué más puedo hacer?

Laura: Come más verduras y fruta, y prepara la comida con aceite de oliva.

Juan: Pero como en restaurantes todos los días, y la comida normalmente tiene mucha grasa y sodio. Algunos usan manteca de cerdo, que tiene mucho colesterol.

Laura: No vayas a esos restaurantes, o haz la comida en casa y llévala al trabajo.

Juan: ¿Qué más me sugieres?

Laura: No tomes bebidas alcohólicas porque te hacen daño. Toma agua.

Juan: No te preocupes por eso. No me gustan las bebidas alcohólicas.

Laura: Y una cosa muy importante. Haz ejercicio todos los días; corre, camina, nada o juega al tenis. Sé más activo. No solo mires la televisión.

Juan: Gracias, Laura. Voy a tratar de seguir tus consejos.

© Cengage Learning 2014

1. La sal y la comida frita no afectan la salud. _____

2. Se puede usar el limón como sustituto de la sal. _____

3. El aceite de oliva es mejor para la salud que la manteca. _____

4. En casa se puede controlar mejor la calidad de la comida. _____

5. Es mejor tomar bebidas alcohólicas con un poco de agua. _____

6. Es muy importante ser activo para mantener buena salud. _____

7. Juan está seguro de que va a seguir las recomendaciones de Laura. _____

> **Nota lingüística** The **tú** commands are the only verb forms that change depending on whether the sentence is affirmative or negative: **toma**, **no tomes**; **come**, **no comas**; **haz**, **no hagas**, etc. The negative **tú** commands have the same form as the present subjunctive, but that is not the case with the affirmative **tú** commands.

11-2 Una buena dieta Escribe el número de la pregunta que corresponda a cada respuesta.

1. Dime la verdad. ¿Te gustó la cena que te preparé?

2. ¿Cuánta agua debo tomar diariamente?

3. ¿Qué aceite es recomendable?

4. ¿Qué fruta no contiene muchas calorías?

5. ¿Qué bebida contiene muchas calorías?

6. ¿Qué sirvo con el pollo?

7. ¿Qué hago con los limones?

_____ Dicen que es preferible que tomes ocho vasos.

_____ La cerveza. No tomes mucha.

_____ Te aconsejo que uses el de oliva.

_____ Sí, me encantó.

_____ Come manzanas. Son deliciosas y saludables.

_____ Haz limonada y ponle mucho hielo.

_____ Prepara una ensalada César y unas verduras al vapor.

Arte Almanaque de Guatemala, A-20

El mercado: Lleno de color, sabor y tradición

El arte de la guatemalteca Angelina Quic Ixtamer (San Juan La Laguna, 1972) es absolutamente fascinante. Nació de la necesidad de colaborar con la economía del hogar y la llevó a encontrar un estilo muy personal. Quic Ixtamer ha desarrollado una técnica "a vista de pájaro" para pintar escenas diarias de su pueblo. En sus cuadros la perspectiva del espectador está sobre la escena; es decir, desde arriba. Esta técnica le ha dado un toque personal a la obra de Quic Ixtamer. En los cuadros de esta artista podemos ver escenas de la vida rural y actividades como ir al mercado, tejer y vender flores. Quic Ixtamer forma parte de una **corriente** (movement) artística llamada primitivismo, un estilo **vinculado** (linked) a la vida y tradiciones de la comunidad a través de imágenes coloridas e ingenuas.

Reprinted by permission of Angelina Ixtamer/Terra Experience.

¿Te gusta este estilo? ¿Puedes reconocer algunos de los productos que venden en el mercado? ¿Cuáles son?

11-3 Los mercados Completa el texto con las palabras de la lista.

> sábados   palabra   rebaja   inglés   frescas   país   modernas
> mundo   tejidos   agricultores   mercancía   indígenas   dinero   sombreros
> supermercados   artesanías   conversa   comprar   precio   baratos

En las ciudades (1) _____ casi todos están familiarizados con los (2) _____ donde sin necesidad de decir una (3) _____ uno escoge lo que quiere (4) _____, paga y se va. Por el contrario, en los mercados (5) _____, la gente se saluda, (6) _____ y hasta "regatea"; es decir, que pide una (7) _____ para obtener una mercancía a un (8) _____ más bajo.

Originalmente, los mercados empezaron porque la gente no usaba (9) _____ e intercambiaba mercancía que sobraba *(was left over)* por algo que se necesitaba. Hay mercados en todos los países, y entre los más conocidos en el (10) _____ de habla hispana se encuentran el Rastro de Madrid, España, la Lagunilla en la Ciudad de México y San Telmo en Buenos Aires, Argentina. En Estados Unidos hay "mercados de pulgas" y puestos donde los (11) _____ venden sus productos. Por lo general, son más (12) _____ que en los supermercados, y las frutas y verduras son más (13) _____.

En Ecuador sobresalen *(stand out)* los mercados indígenas, y uno de los más grandes del (14) _____ está en la ciudad de Otavalo. El mercado está abierto todos los días, pero los (15) _____ es cuando hay más vendedores y mejor selección de productos. Los mercados ya no existen para intercambiar (16) _____, sino para exhibir y vender (17) _____, ropa, muebles, joyas, instrumentos musicales, (18) _____ y plantas medicinales. También se pueden comprar los famosos (19) _____ de Jipijapa que en (20) _____ se llaman *Panama hats*.

◀)) 11-4 Sandra va a ir al supermercado Escucha el diálogo de Sandra y Lila,
2-31 y completa la información del cuadro.

Ventajas del mercado	Ventajas del supermercado

Nota lingüística A *gross* equals 12 dozen (144 items). **Marchante (m)**
or **marchanta (f)** is the vendor. Also, two expressions that are commonly
used at the market when talking about the goods are **al menudeo** *(retail)* or
al mayoreo *(wholesale)*.

Nota cultural

Liters and kilograms If you go grocery shopping or fill up your tank at a gas station in a Spanish-
speaking country, you will notice that a different system is used to measure volume and weight. In the
metric system, the liter is the basic unit for measuring an amount of liquid. Four liters are approximately one
gallon (1.056 gallons). The kilogram is the basic unit of mass. One kilogram is 2.2 pounds.

11-5 ¿Mito o verdad? A continuación están los consejos que
Laura le dio a su hermana. Responde: 4 si crees que es totalmente
cierto; 3 si crees que es parcialmente cierto; 2 si crees que es variable
según la persona; 1 si es falso en la mayoría de los casos; 0 si crees
que es completamente falso.

1. Es importante que tomes ocho vasos de agua al día. _____

2. Es mucho mejor que no cenes. Solo come dos veces. _____

3. Es necesario que hagas, por lo menos, media hora de ejercicio al día. _____

4. Te sugiero que no desayunes. _____

5. Para bajar el colesterol, lo mejor es el ajo. Te aconsejo que comas mucho ajo. _____

6. Si tomas vino, es mejor que tomes vino tinto. _____

7. Corre todos los días y es posible que bajes de peso. _____

8. Comer pan blanco es mejor para la salud que el pan de trigo integral. _____

9. Es importante limitar el uso de la sal. _____

10. Toma té verde. Es bueno para la salud. _____

11-6 Recomendaciones para estar en buena forma Lee la lectura siguiente y después escribe **C** si la oración es cierta o **F** si es falsa.

> ¡Baja de peso!   ¡Usa nuestros productos!
>
> ¡Toma nuestras pastillas maravillosas!
>
> ¡No pierdas tiempo!   ¡No esperes!   ¡Llama hoy!

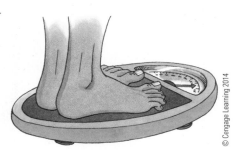

Hoy en día hay una gran preocupación por adelgazar y bajar de peso. Hay innumerables productos "milagrosos" *(miraculous)* que prometen ayudarnos a tener un cuerpo como los atletas o las estrellas de cine y de la televisión. Los anuncios garantizan hacernos bajar diez kilos muy rápidamente sin tener que hacer ejercicio si tomamos ciertos líquidos, pastillas o si usamos ciertos aparatos. Pero no existe una solución rápida, y seguir algunas recomendaciones que se anuncian en la televisión puede ser hasta peligroso *(dangerous)*.

Entonces, ¿cómo podemos estar en buena forma? ¿Qué debemos hacer para bajar de peso de manera saludable? Es evidente que no es posible hacerlo en poco tiempo. Lo que es recomendable es comer comida saludable *(healthy)*: verduras, fruta, pollo, pescado y carne que no contenga mucha grasa. No se debe comer nada frito y, además de seguir una dieta adecuada, hay que estar activo. Así que duerme lo suficiente, come bien, toma bastante agua, limita el uso de las bebidas alcohólicas, no fumes, corre, camina, nada, juega al tenis o al fútbol o practica cualquier deporte, ve al gimnasio, levanta pesas. En resumen, sigue un régimen saludable y sé activo.

1. Hay muchos anuncios en la televisión que promueven productos para bajar de peso.   _____

2. Es posible que algunos productos para bajar de peso sean peligrosos.   _____

3. No se puede estar en buena forma en poco tiempo.   _____

4. Comer comida frita nos ayuda a bajar de peso.   _____

5. No dormir bien no afecta mucho nuestra salud.   _____

6. Se recomienda estar a dieta todos los días.   _____

Ya puedes decirlo

11-7 La dieta, la salud y la belleza

1. Haz un diálogo para la siguiente situación: Alguien tiene un problema de salud. Quiere mejorar su condición física y le pide consejos a un/a amigo/a.

2. Opinión y comentario: Habla con tus compañeros sobre diferentes tipos de dietas y sobre las consecuencias positivas o negativas de cada una de ellas.

3. Discusión de grupo: Trabaja con dos o tres compañeros/as en un grupo para comentar sobre los estereotipos de belleza respecto al peso en diferentes épocas y / o culturas.

 Literatura Almanaque de Colombia, A-8

Cuentos escritos en verso

Rafael Pombo (Bogotá, Colombia, 1833-1912) fue poeta, escritor, fabulista, periodista, académico de la lengua, traductor y diplomático. Durante los 17 años que vivió en Estados Unidos, escribió sus mejores poemas. Probablemente su obra se hizo más universal por el contacto con otra lengua y otra cultura. Pombo es uno de los representantes más **destacados** *(outstanding)* de la corriente literaria conocida como romanticismo, y en 1912 fue nombrado "Gloria de las letras colombianas". Dentro de su obra, lo más conocido y transmitido de una generación a otra son sus cuentos en verso, clasificados como poesía infantil pero que se pueden analizar con profundidad adulta. Uno de los más notables es el siguiente:

La pobre viejecita

érase una viejecita
sin nadita que comer
sino carnes, frutas, dulces,
tortas, huevos, pan y pez
bebía caldo, chocolate,
leche, vino, té y café,
y la pobre no encontraba
qué comer ni qué beber.
Y esta vieja no tenía
ni un ranchito en que vivir
fuera de una casa grande
con su huerta y su jardín.

© Elena Schweitzer/Shutterstock

¿Cómo crees que termina el cuento? ¿Cuál es la idea principal?

Rafael Pombo, "La pobre viejecita," from *Fábulas y verdades*. Ministerio de Educacion Nacional. Ediciones de la Revista Bolivar, 1916.

¡Prepárate!

Study tip Study the **¡Prepárate!** section before coming to class. Review the vocabulary lists, read the grammar explanations, and do the practice exercises.

Vocabulario   🌐   **Study tip** Access vocabulary flashcards at www.cengagebrain.com.

Formas de cocinar	Cooking methods		
ahumar	*to smoke*	enfriar	*to cool*
asar	*to grill*	freír	*to fry*
batir	*to beat, to whisk*	hervir (e>ie)	*to boil*
cocer (o>ue)	*to cook*	hornear	*to bake*
cocer al vapor	*to steam*	sazonar	*to season*
empanizar	*to coat with breadcrumbs*		

Comidas	Meals		
almuerzo	*lunch, noontime meal*	desayuno	*breakfast*
cena	*dinner*	merienda	*afternoon snack*
comida	*lunch, noontime meal*		

Platillos / Platos y postres	Dishes and desserts		
caldo de pollo, de camarón, de pescado, de res	*chicken (shrimp, fish, beef) soup/broth*	huevos revueltos	*scrambled eggs*
ensalada	*salad*	natilla	*custard*
flan *(m)*	*egg custard*	papa horneada	*baked potato*
galleta	*cookie*	papas fritas	*French fries*
gelatina	*gelatin*	pasta	*pasta*
guisado	*stew*	pastel *(m)*	*cake*
hamburguesa	*hamburger*	pollo frito	*fried chicken*
helado	*ice cream*	puré *(m)* de papas	*mashed potatoes*
huevos con jamón	*ham and eggs*	sopa	*soup*
huevos con tocino	*bacon and eggs*		

🔊 **Así se pronuncia**   Escucha las siguientes conversaciones. Pon atención a la
2-32 pronunciación del vocabulario nuevo.

1. —¿Cómo te gusta el pollo?

   —Me gusta frito, ¿y a ti?

   —Prefiero el pollo ahumado o asado.

   —¿Y las papas?

   —Me gustan horneadas.

2. —¿Qué vas a desayunar?

   —Un par de huevos con tocino, y voy a tomar un vaso de leche.

   —Yo necesito bajar de peso, así que solo voy a comer cereal y tomar agua.

3. —Buenos días. ¿Qué desea tomar?

—Jugo de naranja, y ya estoy listo para pedir el desayuno.

—Muy bien. ¿Qué va a desayunar?

—Bueno. Quiero unos huevos con jamón.

—Enseguida vuelvo con su comida.

4. —Doctor, ¿cómo puedo bajar de peso?

—No coma nada grasoso.

—Pero sí puedo comer postre, ¿no?

—Bueno, algo dulce de vez en cuando no le va a perjudicar. Pero solo coma la carne hervida u horneada.

Juegos de palabras

¿Cómo se prepara? ¿Cómo se llama el platillo o el postre? Completa las oraciones con la palabra que corresponda.

1. Poner algo en aceite caliente es…
_ _ e _ _

2. Prender carbón (charcoal) y poner algo a la parrilla (grill) es…
a _ _ _ _

3. No me gustan los huevos…
_ _ _ _ e _ _ _ _

4. Con lechuga, tomate y pepino hago una…
_ _ _ a _ _ _ _

5. La comida ligera (light) entre el almuerzo y la cena se llama…
_ _ r _ _ _ _ _

6. Con agua, verduras y pollo voy a preparar un…
_ _ _ _ o

7. Cocer algo en agua es…
_ e _ _ _ _

8. Hoy hace calor. Quiero un…
_ _ _ _ d _

9. Cubrir la carne con pan molido (breadcrumbs) es…
_ m _ _ _ _ _ _ _

10. Un pastel se debe…
_ _ _ _ _ a _

Relaciona las columnas con la respuesta más lógica.

1. cereal _____ **a.** desayuno

2. caldo de pollo _____ **b.** almuerzo

3. carne asada _____ **c.** cena

4. vino _____

5. ensalada _____

6. huevos revueltos _____

7. puré de papas _____

8. jugo de naranja _____

9. pollo frito _____

10. pescado _____

Gramática

The subjunctive with verbs of volition

▶ The subjunctive is used to express a wish, a desire, a preference, or a recommendation that *someone else* do something. If there is no change of subject, the infinitive is used. The following verbs are ones of volition but will not take the subjunctive if there is no change of subject: **decir, desear, exigir, insistir en, mandar, pedir, preferir, prohibir, querer, recomendar, requerir, sugerir.**

No change of subject: Subjunctive is NOT used

▶ In the statement *I prefer to do the work*, *I* is the subject of both verbs, and the subject is not expressing influence over anyone. The subjunctive mood is not used, and the infinitive is used just as in English. The same thing occurs with the rest of the subjects.

Examples	First subject		Second subject
Prefiero *hacer* el trabajo.	yo	=	yo
Antonio y yo **preferimos** *hacer* el trabajo.	nosotros (Antonio y yo)	=	nosotros (Antonio y yo)
Ana **prefiere** *hacer* el trabajo.	ella (Ana)	=	ella (Ana)

Change of subject: Subjunctive is used

▶ In the statement, *I prefer that María cook*, there are two different subjects—*María* and *I*—and the subject is expressing a preference that María cook. The present tense subjunctive mood is used in this situation.

Examples	First subject		Second subject
Yo **prefiero** que María *cocine*.	yo	≠	ella (María)
Recomendamos que (Uds.) no *coman* mucho.	nosotros	≠	Uds.
Mi esposa **quiere** que mis compañeros *vengan* a cenar.	ella (mi esposa)	≠	ellos (mis compañeros)
Gloria **insiste** en que *vayamos* a ese restaurante.	ella (Gloria)	≠	nosotros

Ejercicio

Cambia el verbo entre paréntesis al presente del subjuntivo cuando sea necesario.

1. Mi mamá prefiere que nosotros (tomar) _____ más leche y jugo.

2. María, ¿quieres que Juanito (ir) _____ al súper o quieres (ir) _____ tú?

3. Teresa, ¿dónde sugieres que yo (poner) _____ las verduras?

4. Recomiendo que Uds. no (hacer) _____ tanta comida. Solo vienen cuatro invitados.

5. El doctor prohíbe que nosotros (cocinar) _____ con grasa saturada.

6. Mis padres insisten en que los niños (comer) _____ frutas y verduras todos los días.

7. Juan, ¿qué quieres (cenar) _____ esta noche?

8. María, ¿qué sugieres que yo (preparar) _____ para la cena?

9. Adriana, ¿qué prefieres (beber) _____ con el desayuno?

10. Gloria no desea (desayunar) _____ hoy.

The subjunctive with **ojalá** or **ojalá que**

▶ There are several interpretations of the meaning of **ojalá** or **ojalá que**. It is a loan word from Arabic that came into use during the Arab domination of Spain (711 AD–1492 AD) and over the centuries has come to mean one of the following: *God willing, If it's God's will, May Allah grant, I wish that, I hope that, Hopefully, If only.* The subjunctive is used with **ojalá** or **ojalá que** because it is an expression of hope, desire, or emotion.

Ejemplos

Ojalá que la cena **esté** buena.	*I hope that the dinner is good.*
Ojalá que **puedas** seguir la dieta.	*I hope that you can continue with the diet.*

Ejercicio

Escribe en presente del subjuntivo el verbo entre paréntesis.

1. Ojalá que las cerezas (estar) _____ sabrosas.

2. Ojalá esta dieta (ser) _____ efectiva.

3. Ojalá que Carmen no (preparar) _____ nada frito para la cena.

4. Ojalá que mis hermanas me (ayudar) _____ a cocinar.

5. Ojalá (yo, poder) _____ comprar verduras frescas en esa tienda.

The passive **se** and the impersonal **se**

▶ In the active voice, the subject performs the action, as in **Miguel preparó la cena**. In the passive voice, the subject is acted upon, as in **La cena fue preparada por Miguel**. If the doer of the action is not mentioned or implied, and the subject is a thing, then the pronoun **se** may be used with the third-person singular or plural as a substitute for the passive voice.

Ejemplos

Se prepara el pollo a fuego lento.	Chicken **is prepared** over low heat.
Se preparan las papas en el horno.	The potatoes **are prepared** in the oven.
Se usa una olla para hervir el agua.	A pot **is used** to boil the water.
Se usan pinzas para dar vuelta a la carne.	Tongs **are used** to turn over the meat.

▶ **Se** can also be used to convey an indefinite meaning—that is, when nobody in particular is specified. In this construction, only the third-person singular is used.

Se dice que el desayuno es muy importante.	**They / People say** that breakfast is very important.
Se ve que la comida les gustó a los invitados.	**You/One can see** that the guests liked the meal.
No se fuma en los restaurantes.	**You/People do not smoke** in restaurants.

Ejercicio

Forma oraciones con **se**, siguiendo el ejemplo.

 Study tip Go to the SAM for extra vocabulary and grammar exercises for this module.

Ejemplo

comer bien en ese restaurante

Se come bien en ese restaurante.

1. cortar los tomates _____.

2. freír el pollo _____.

3. hornear las papas _____.

4. poner las bebidas en la mesa _____.

◀◎▶ Música

Símbolos de identidad: música y comida

La comida es una expresión de identidad, origen, clase social, religión e ideología, entre otros aspectos. La música es otra expresión de identidad importante. Con el propósito de mostrar lo típico de un país o región, se ha hecho muy común ofrecer cena y espectáculo de música y baile.

En Panamá, por ejemplo, se puede disfrutar de los platillos típicos y de los bailes folclóricos en el restaurante El Tambor de la Alegría. El espectáculo cuenta la historia de los diferentes grupos étnicos del país. En Buenos Aires, en el Complejo Tango, se presentan bailarines profesionales y cantores dignos de la capital del tango. En muchas ciudades de España hay restaurantes que incluyen un espectáculo de flamenco. Del mismo modo pasa en otros lugares del variado mundo hispano.

Espectáculo de baile

© Gary Cook/Alamy

¿Has estado en algún restaurante con este concepto? ¿Qué opinas de esta manera de cenar?

En acción

Conversaciones y más

11-8 Mi clase de cocina Lee el diálogo entre Juan y Elena, y después contesta las preguntas con oraciones completas.

Elena: Hola, Juan. ¿Qué hay de nuevo?

Juan: Nada, todo igual y tú, ¿qué tal?

Elena: Muy bien. ¿Qué crees? Estoy tomando clases de cocina.

Juan: ¡Qué bien! ¿Qué tipo de comida quieres aprender a preparar?

Elena: El instructor, que es un chef muy reconocido, sugiere que aprenda diferentes recetas que tengan mis ingredientes favoritos.

Juan: Claro, es mejor que cocines platillos que tú también quieras comer.

Elena: Por supuesto, es fundamental que yo disfrute lo que prepare.

Juan: ¿Qué te gusta más?

Elena: Mira, yo casi nunca como carne roja porque no me gusta. Prefiero comer pescado y mariscos. También me encantan las ensaladas. El chef recomienda que haga platillos chilenos porque muchos de ellos tienen mariscos. También quiere que cocine con ingredientes de la mejor calidad.

Juan: Me parece muy bien. Ojalá que me invites para que te dé mi opinión. Ya sabes que me fascina probar platillos de diferentes países.

Elena: Claro, te invito y tú limpias la cocina después. No, hombre… ¡es broma!

1. ¿Qué hay de nuevo con Elena?

_____

2. ¿Qué sugiere el chef que aprenda Elena?

_____

3. ¿Por qué es importante que Elena cocine con sus ingredientes favoritos?

_____

4. ¿Qué le recomienda el chef a Elena?

_____

5. ¿Qué espera Juan?

_____

6. ¿Cuál es la condición (supuestamente) para invitarlo?

_____

11-9 Geografía y cocina de Chile
Lee el texto y completa las oraciones.

El arte culinario de Chile

por Santiago Daydí-Tolson

La extrema longitud del territorio chileno, que se extiende desde las regiones subtropicales hasta las antárticas, provee al país una gran riqueza y variedad de productos marinos. Estos influyen en la dieta nacional y el arte culinario de las diversas regiones del país. A la variedad de mariscos y pescados que se consumen en el **litoral** *(coast)* se añaden varios tipos de **algas marinas** *(seaweed)* que le dan a la cocina chilena una peculiar originalidad. El mar provee a la mesa de Chile de un sinnúmero de mariscos y pescados que se comen, ya sea **crudos** *(raw)*, en ceviche, o cocidos de muy diversas maneras. Pablo Neruda ha expresado en su "Oda al caldillo de congrio" las **alabanzas** *(praises)* de una simple y deliciosa sopa basada en el **congrio**, un tipo de **anguila** *(eel)* enorme que se come también frita, como la mayoría de los pescados. Es lo habitual acompañar el pescado frito con papas fritas o con una ensalada de lechuga bien **aliñada** *(seasoned)* con sal, pimienta y limón. La lechuga y la papa son, con el tomate y la **palta** (aguacate), alimentos de la tierra que no pueden faltar en la mesa chilena.

Con mariscos crudos se preparan **pailas** *(large pots)* o mariscales que combinan los sabores del mar con la cebolla cruda, el perejil, el cilantro, el limón y un toque de **ají** (chile) picante. Una palta rellena de langostinos puede ser una buena entrada, o si no una **jaiba** *(crab)* cocida o unas **machas** *(type of shellfish)* parmesanas. Un buen acompañamiento de los mariscos y pescados son los pebres (salsas frías hechas de cebolla, perejil, cilantro, limón, aceite y ají de color). Un plato especialmente apreciado viene de la región del sur y consiste en un cocido de mariscos, pescados, pollo, cerdo, longaniza, chorizo y papas, que se cuece durante horas en un **hoyo** *(hole)* con piedras **calientes** *(hot stones)* cubiertas con las grandes **hojas** *(leaves)* de unas **matas** *(shrubs)* naturales del bosque frío.

Obviamente, tantos mariscos y pescados requieren de buenas bebidas que los complementen. En Chile hay excelentes vinos, pero también se acompañan con cerveza, **chicha** *(type of alcoholic drink)* de uva o de manzana, dependiendo de la región, y el licor preferido, el pisco, que tiene sus mejores manifestaciones en las regiones del norte.

Almanaque de
Chile, A-6

1. Por la geografía de Chile hay…

_____

2. La cocina chilena debe su originalidad a que…

_____

3. Los pescados y mariscos se comen…

_____

4. El autor chileno que escribió poemas sobre la comida es…

_____

5. El congrio es…

_____

6. En Chile al aguacate le llaman…

_____

7. Los ingredientes de los mariscales son…

_____

8. Los pebres son…

_____

9. Es típico acompañar los mariscos con bebidas como…

_____

10. El mejor pisco viene de…

_____

🔊 **11-10 Consejos del padre** Escucha el diálogo entre padre
2-33 e hijo, y después contesta las preguntas con oraciones
completas.

1. ¿Qué no quiere el padre que coma Pepe en el desayuno?

_____

2. ¿Qué recomienda el padre que desayune Pepe?

_____

3. ¿Qué prefiere el padre que lleve Pepe para el almuerzo?

_____

4. ¿Qué recomienda el padre que coma Pepe de postre?

_____

5. ¿Qué espera el padre que haga Pepe?

_____

11-11 ¿Cómo lo preparo? Busca las respuestas en las ⬭ y escribe en el cuadro el número de la pregunta que corresponda.

1. ¿Cómo quieres que prepare las verduras?

2. ¿Le gusta el filete frito?

3. ¿Cómo prefieres la carne?

4. ¿Qué hago con el pastel de fresas?

5. ¿Está listo para pedir?

6. ¿Le traigo pan?

7. ¿Pongo la mesa?

☐ Guárdalo en el refrigerador porque hoy hace mucho calor.

☐ No, hornéelo, por favor.

☐ No, no he visto el menú. Tráigamelo, por favor.

☐ Sí, ponla, por favor. Pronto van a llegar los invitados.

☐ La quiero asada.

☐ Sí, deme el de trigo y un poco de mantequilla.

☐ Hazlas al vapor. Ponles un poquito de sal.

Voces hispanas

Relaciona las columnas.

1. Siempre come en restaurantes latinoamericanos.

2. Le gusta la comida de un país en Europa.

3. Le gusta mucho un tipo de restaurante donde sirven carnes.

4. Come comida de un país en Asia.

5. Le gustan los restaurantes que sirven pastas.

a. Michelle

b. Mariana

c. Christy

d. ninguna de las tres

© Cengage Learning 2014

11-12 La yerba mate levanta el espíritu
Identifica los párrafos de la lectura con estas ideas principales. Escribe en los espacios el número que corresponda.

1. Ritual para tomarlo
2. Lugares donde se consume
3. Estadísticas y datos científicos
4. Uso de la bombilla

5. Beneficios para la salud
6. Definición de mate
7. Manera de prepararse

_____ **El mate** es una bebida que se prepara con las hojas secas de la **yerba** *(herb)* que tiene el mismo nombre. El origen del nombre es la palabra quechua "mati" *(gourd)*, que es el recipiente que tradicionalmente se usa para preparar la infusión.

Courtesy of the authors.

_____ La yerba mate es una planta típica de la región del Alto Paraná, Alto Uruguay y el noreste argentino. Es una planta tropical o subtropical que se desarrolla en lugares muy calurosos y con alta humedad, por lo que requiere mucha lluvia. En promedio se producen unas 300.000 toneladas de mate anualmente.

_____ Es muy sencillo preparar **la infusión**. Solo se pone agua caliente en el recipiente con la yerba, pero los expertos dicen que el mate debe acomodarse de cierta forma en el recipiente para tener mejores resultados. Dicen que el agua no debe estar hirviendo porque **quema** *(burns)* la yerba y así no tiene buen sabor.

Courtesy of Nancy Membrez

_____ Para succionar el líquido se usa un tipo de **popote metálico** *(metal straw)* que se llama **bombilla**, la cual tiene pequeños orificios y sirve como **coladera** *(strainer)* para no dejar pasar las partículas de yerba.

_____ El mate es muy popular fundamentalmente en Paraguay, Uruguay y Argentina. Se considera un símbolo de identidad cultural. Sin embargo, es muy interesante notar que a pesar de su tremenda popularidad, no se vende en cafeterías o restaurantes, ya que tomar mate es algo personal e íntimo.

_____ Una persona comparte su mate cuando hay una relación de amistad cercana o de amor. Es una muestra de aceptación mutua participar en este acto en el que las personas toman, usando la misma bombilla.

_____ Se le atribuyen muchas propiedades curativas y dietéticas. Además se considera una fuente de energía que calma los nervios y aclara la mente. El mate "**levanta el espíritu**" *(lifts the spirits)*.

Translated and adapted with permission from www.nativayerbamate.com.

11-13 Una receta nueva Elena le da una receta a su amiga Tere. Completa la receta, cambiando el infinitivo de los verbos entre paréntesis por una frase con **se** impersonal o pasivo.

Sopa de estrellitas con tomate

Ingredientes	Cantidades
tomates	2 grandes (aprox. medio kg.)
cebolla	un pedazo
ajo	dos dientes (*cloves*)
cilantro	dos o tres ramitas bien picadas
aguacate	uno pequeño
queso rallado	aprox. 200 gramos
pasta de estrellitas	250 gramos
aceite de maíz o de oliva	2 cucharaditas
caldo de pollo en polvo	al gusto

Preparación (para seis porciones):

En la licuadora (poner) (1) _____ los tomates, el ajo y la cebolla para hacer la salsa.

Cuando la salsa ya esté lista, en una cacerola mediana (freír) (2) _____ la pasta hasta

que esté doradita. Luego (poner) (3) _____ la salsa y el caldo de pollo. Después

(agregar) (4) _____ un litro de agua. (Revolver) (5) _____ la mezcla y

(dejar) (6) _____ hervir aproximadamente 1 minuto. (Reducir) (7) _____

la temperatura y (cocer) (8) _____ a fuego lento durante 10 minutos, revolviendo de

vez en cuando. (Decorar) (9) _____ con cilantro fresco picado, aguacate cortado en

cubitos y queso rallado. Es facilísima y queda deliciosa. (Servir) (10) _____ caliente.

> **Nota lingüística** In Latin American Spanish, the verbs *cocer* and *coser* are homophones; that is, they are pronounced the same way but have very different meanings. **Cocer** is *to cook* and **coser** is *to sew*. **Cocer** is a stem-changing verb (**o>ue**), and **coser** does not have a stem change. In Spain, the two words are distinguished by the pronunciation of the interdental phoneme (with the tip of the tongue between the teeth).

Ya puedes decirlo

11-14 Mi receta favorita

1. Presentación oral: Preséntales a tus compañeros una de tus recetas favoritas. Incluye los ingredientes y la manera de prepararla.

2. Habla con tus compañeros de platillos de diferentes culturas que te parezcan raros, exóticos, deliciosos, etc.

3. Haz un diálogo con un/a compañero/a para la siguiente situación: Un/a amigo/a y tú van a preparar un platillo (¿dónde?, ¿cómo?, ¿qué ingredientes?, etc.).

Arquitectura Almanaque de España, A-18

© Mario Metassa/Alamy

© Trisha/Shutterstock

Las cocinas españolas, antes y ahora

Las posibilidades de diseño han cambiado **a través** *(throughout)* de los años. La necesidad de contar en las casas con un sitio para preparar los alimentos ha dado también la oportunidad de crear espacios armoniosos y artísticos. Sin embargo, una gran diferencia entre el pasado y el presente es la **creciente** *(growing)* preocupación por el medio ambiente y las maneras de protegerlo. Varias firmas se especializan en la fabricación de muebles de cocina que, además de estéticos, elegantes y funcionales, respetan el medio ambiente ya que en todos los procesos de fabricación minimizan las emisiones y los residuos tóxicos. Ojalá que aún más compañías sigan este ejemplo.

¡Prepárate!

Study tip Study the **¡Prepárate!** section before coming to class. Review the vocabulary lists, read the grammar explanations, and do the practice exercises.

Vocabulario

 Study tip Access vocabulary flashcards at www.cengagebrain.com.

En el restaurante	At the restaurant		
aperitivo	appetizer	pimienta	pepper
azúcar *(m)*	sugar	plato principal	main dish
¡Buen provecho!	Bon appétit!	propina	tip
champaña	champagne	reservación *(f)*	reservation
cuenta	bill	sal	salt
mantel *(m)*	tablecloth	servilleta	napkin
menú *(m)*	menu	vegetariano/a	vegetarian
mesero/a	waiter		

Utensilios y vajilla	Cookware and tableware		
abrelatas *(m, sing.)*	can opener	plato	plate
copa	cup; goblet	plato hondo	bowl
cuchara	spoon	sartén *(m, f)*	skillet
cuchillo	knife	taza	cup
olla	pot, kettle	tenedor *(m)*	fork
pinzas	tongs	vaso	drinking glass

◀))) Así se pronuncia   Escucha las siguientes conversaciones. Pon atención a la pronunciación del
2-34   vocabulario nuevo.

1. —¿Qué buscas?

   —Quiero abrir esta lata de atún y necesito un abrelatas.

   —¿Quieres bajar de peso?

   —Sí. Por eso voy a comer el atún que viene en agua y no en aceite.

2. —Isabel, por favor, ayúdame a poner la mesa.

   —Vamos a necesitar otro mantel. Este está sucio.

   —Bueno, pon otro y también usa las servilletas nuevas, y pon los platos y los **cubiertos** (*cutlery*).

3. —Sí, señor. ¿Necesita algo?

   —La comida parece riquísima, la carne y la ensalada, pero no puedo comerlas.

   —¿Por qué no?

   —Porque no tengo cubiertos. No tengo ni tenedor, ni cuchillo, ni cuchara, ni nada.

4. —Buenos días, ¿tiene reservación?

   —Sí, para dos personas.

   —Muy bien. ¿Qué les parece esta mesa?

   —Está muy bien, gracias.

   —Bueno, aquí está el menú. Díganme cuando estén listos para pedir.

Subraya la palabra que no pertenezca al grupo.

1. a. plátanos	**b.** fresas	**c.** frijoles	**d.** duraznos
2. a. cebolla	**b.** calabaza	**c.** zanahoria	**d.** sandía
3. a. café	**b.** limonada	**c.** jugo de naranja	**d.** refresco
4. a. chuletas	**b.** hamburguesas	**c.** tocino	**d.** jamón
5. a. tilapia	**b.** camarones	**c.** atún	**d.** salmón
6. a. desayuno	**b.** mesero	**c.** propina	**d.** cuenta
7. a. pastel	**b.** sopa	**c.** galletas	**d.** helado
8. a. comer	**b.** asar	**c.** freír	**d.** empanizar
9. a. merienda	**b.** desayuno	**c.** restaurante	**d.** cena
10. a. copa	**b.** vaso	**c.** taza	**d.** plato

Una cena argentina Escribe la palabra correspondiente en las ⬭.

Courtesy of the authors.

Nota cultural

 Almanaque de Argentina, A-2

Asado en Argentina Argentina is known for beef. Many Argentineans eat beef several times a week at home or in **parrillas**, which are barbecue restaurants. They eat more beef per capita than any other country in the world. The **asado**, or Argentinean barbecue, is the preferred way to prepare beef. It can include sausages, steaks, ribs, and sweetbreads and other organs, which are grilled on a huge spit over a pit full of hot coals. The meat for an **asado** is not marinated, and the only spice used is salt. Another famous meat dish is the **matambre**, which is derived from the expression **mata hambre** (hunger killer). The dish consists of flank steak stuffed with fresh spinach, carrots, hard-boiled eggs, onions, and parsley.

Gramática

Ud. and Uds. commands

▶ All of the **Ud.** and **Uds.** commands, affirmative and negative, have the same form as the third-person present tense of the subjunctive. However, unlike the present subjunctive, the direct, indirect, and reflexive pronouns must be attached to the affirmative commands and must be placed before the verb in the negative commands.

Ejemplos

Sugiero que **coma** más frutas y verduras.

Cómalas todos los días.

Es necesario que **Uds. hagan** una reservación.

Háganla para las ocho.

Ojalá que **prepare** la comida sin sal.

Por favor, no **la prepare** con sal.

Espero que no **cocinen** el pescado en el horno.

No **lo cocinen** en el horno, por favor.

Prefiero que **traiga** el café después del postre.

Por favor, **tráigalo** después del postre.

Ejercicio

Contesta con el mandato formal singular (**Ud.**). Usa pronombres de objeto directo cuando sea apropiado.

Ejemplo

¿Preparo el desayuno?

Sí, prepárelo. / No, no lo prepare.

1. ¿Hago la cena? _____

2. ¿Pongo el jugo en la mesa? _____

3. ¿Lavo los platos? _____

4. ¿Vengo a las siete? _____

5. ¿Voy al súper? _____

6. ¿Cierro la puerta? _____

7. ¿Pido postre? _____

8. ¿Traigo las verduras? _____

Ejercicio

Contesta con el mandato plural (**Uds.**). Usa pronombres de objeto directo cuando sea apropiado.

Ejemplo

¿Preparamos el desayuno?

Sí, prepárenlo. No, no lo preparen.

1. ¿Hacemos el desayuno? _____

2. ¿Ponemos los platos en la mesa? _____

3. ¿Lavamos la fruta? _____

4. ¿Venimos a las siete? _____

5. ¿Vamos al súper? _____

6. ¿Cerramos las puertas? _____

7. ¿Ordenamos vino? _____

8. ¿Traemos el postre? _____

The subjunctive in adverbial clauses

▶ The following conjunctions are followed by the subjunctive in the dependent clauses because they express uncertainty, doubt, purpose, anticipation, or condition.

a menos (de) que	*unless*	**en caso de que**	*in case; in the event that*
antes (de) que	*before*	**para que**	*so that*
con tal (de) que	*provided that*	**sin que**	*without*

Ejemplos

Es necesario desayunar **para que tengas** energía.

*It's necessary to eat breakfast **so that you will have** energy.*

No tomes el agua, **a menos que esté** embotellada.

*Don't drink the water **unless it is** bottled.*

Como el pollo, **con tal que no esté** frito.

*I will eat the chicken **provided that it is not** fried.*

Sustituye el azúcar **sin que sepa** Juan.

*Substitute the sugar **without** Juan **knowing**.*

▶ Some conjunctions can be followed by either the subjunctive or the indicative. The subjunctive follows these types of conjunctions when the verb refers to an action that has not occurred yet. If the action is habitual or has already ended, the indicative is used.

así que	*as soon as*	**en cuanto**	*as soon as*
cuando	*when*	**hasta que**	*until*
después (de) que	*after*	**tan pronto como**	*as soon as*

Ejemplos

Toma mucha agua **cuando llegues** a casa.	*Drink a lot of water **when (whenever) you get** home.*
Siempre tomo mucha agua **cuando llego** a casa.	*I always drink a lot of water **when I get** home.*
Pon la mesa **después de que prepares** la cena.	*Set the table **after you prepare** dinner.*
Rita puso la mesa **después de que preparé** la cena.	*Rita set the table **after I prepared** dinner.*
Invitaré a Teresa **tan pronto como hagas** la reservación.	*I will invite Teresa **as soon as you make** the reservation.*
Invité a Teresa **tan pronto como hice** la reservación.	*I invited Teresa **as soon as I made** the reservation.*
No salgas a jugar **hasta que termines** de comer.	*Don't go out to play **until you finish** eating.*
No salí a jugar **hasta que terminé** de comer.	*I didn't go out to play **until I finished** eating.*

Ejercicio

Completa las oraciones. Usa el infinitivo, o la forma correcta del presente del indicativo o del subjuntivo, según corresponda.

1. No vas a sentirte mejor a menos que _____.

2. Siempre lávate las manos antes de _____.

3. Lleva mucha agua al día de campo para que _____.

4. Es necesario hacer la cena en cuanto _____.

5. Esperé media hora en el restaurante hasta que _____.

6. ¿Vas a cenar en el restaurante Botín cuando _____?

7. Después de _____, normalmente salimos a cenar.

✎ **Study tip** Go to the SAM for extra vocabulary and grammar exercises for this module.

En acción

Conversaciones y más

11-15 Te invito a cenar Lee el diálogo y después lee los comentarios de Josefina. Corrige la información, de acuerdo con el diálogo.

Juan invita a Silvia a un restaurante muy elegante.

Recepcionista: Buenas noches. ¿Tienen reservación?

Juan: Sí, a nombre de Juan Montemayor para dos personas.

Recepcionista: Aquí está. Le voy a mostrar su mesa.

Juan: Gracias.

(Llega la mesera.)

Mesera: Buenas noches. ¿Qué les gustaría tomar?

Juan: Buenas noches. *(Dirigiéndose a Silvia)* ¿Quieres vino, corazón? ¿Tienes alguna preferencia? Pide el que quieras.

Silvia: La verdad, prefiero una limonada.

Juan: Pues yo sí voy a tomar vino. *(Dirigiéndose a la mesera)* Una copa del vino tinto de la casa, por favor.

Mesera: Entonces una copa de vino tinto y una limonada. Enseguida se los traigo.

(La mesera trae las bebidas.)

Mesera: ¿Están listos para pedir? También tenemos los platillos especiales que el chef preparó para hoy.

Silvia: No, gracias, ya tenemos nuestros platillos favoritos en este restaurante. Yo quiero crema de zanahoria, ensalada de espinaca con champiñones y langosta a la parrilla. ¿Me podría traer el **aderezo** *(dressing)* para la ensalada aparte?

Mesera: Por supuesto.

Juan: Perdone, ¿cuál es la sopa del día?

Mesera: Crema de tomate. Le recomiendo que la pruebe. Es una de nuestras especialidades.

Juan: Bueno, está bien… la sopa del día, filete a la pimienta con verduras al vapor y una ensalada César.

Mesera: Muy bien. Les traigo su orden tan pronto como sea posible.

(Después de comer)

Mesera: ¿Les gustaría ver la **charola** *(tray)* de postres?

Silvia: Para mí no. Yo solamente quiero un café.

Juan: Sí. Voy a ver qué postres tienen.

Mesera: Sí, ¡cómo no! *(Unos minutos después…)* Aquí está.

Juan: Todos se ven deliciosos. ¿Cuál me recomienda?

Mesera: El pastel de chocolate.

Juan: Está bien, tráigamelo.

(Después del postre)

Juan:	Prueba un poquito.
Silvia:	Mmmmm. Está buenísimo.
Mesera:	¿Desean algo más?
Juan:	No, gracias. La cuenta, por favor.
Silvia:	Gracias, mi amor. La cena estuvo deliciosa.
Juan:	Me alegro de que te haya gustado.

> **Nota lingüística** The conditional tense, used in place of the direct command, can express courtesy, a wish, or a request: **¿Podría…?** *(Could you…?)*, **Me gustaría…** *(I would like…)*, **¿Sería tan amable…?** *(Would you be so kind… ?)*, etc.

Josefina es muy mentirosa y le contó esta historia a otra amiga. Haz las correcciones necesarias para que el párrafo sea verdadero.

Ayer en la tarde vi a Juan y a Silvia en un restaurante de comida rápida. Ella estaba tomando varias copas de vino y comiendo comida muy grasosa. A Juan no le gusta gastar dinero y solo pidió una sopa. Tampoco quiso pedir postre, para no gastar. Ambos estaban de mal humor.

_____

_____

_____

_____

🔊 **11-16 Cena de aniversario** Escucha la conversación y después marca la respuesta correcta.
2-35

1. Guadalupe y Édgar piden…

   a. vino   **b.** cerveza   **c.** champaña   **d.** agua

2. La pareja celebra su… aniversario de casados.

   a. primer   **b.** segundo   **c.** tercer   **d.** cuarto

3. Guadalupe dice que Édgar es…

   a. celoso   **b.** aburrido   **c.** nervioso   **d.** impulsivo

4. Guadalupe pide…

   a. pescado   **b.** pollo   **c.** mariscos   **d.** carne

5. Édgar pide…

   a. camarones   **b.** salmón   **c.** cangrejo   **d.** langosta

6. La cena fue…

   a. regular   **b.** inolvidable   **c.** malísima   **d.** económica

11-17 Toda una tradición Completa el correo electrónico con la información del menú.

Hola, Antonio:

Para tu próximo viaje te recomiendo mucho que

(1) _____ al restaurante (2) _____

que está en (3) _____ en la ciudad de

(4) _____, en (5) _____. Es muy

famoso porque fue fundado en (6) _____ y se

considera el (7) _____. Cuando

(8) _____ en Madrid, no dejes de ir. Es muy

(9) _____ y la comida es muy sabrosa.

Y además los precios (10) _____ razonables, o

sea que no pagas más que en otros lugares menos

(11) _____. Si quieres obtener más

información, envía un e-mail a (12) _____

o llama al (13) _____. Te sugiero que

(14) _____ porque siempre está lleno.

Restaurante
BOTÍN
casa fundada en 1725
RESTAURANTE MÁS
ANTIGUO DEL MUNDO
(Según el libro
Guinness de los Récords)

CALLE DE CUCHILLEROS, 17 - MADRID
TELS: 91 366 42 17 - 91 366 30 26
FAX: 91 366 84 94
E-mail: botin@restaurantebotin.com
www.botin.es

11-18 Faltan palabras Completa el diálogo con un/a compañero/a de clase.

Mesero: Buenas noches. ¿_____?

Cliente: Buenas noches. _____.

Mesero/a: ¿Con crema?

Cliente: _____.

(Unos minutos después)

Mesero/a: ¿Está listo(a) _____?

Cliente: Sí, ¿me podría traer _____?

Mesero/a: Sí, ¿no le gustaría también una _____?

Cliente: _____.

(Al terminar de comer)

Mesero/a: ¿Desea _____?

Cliente: No, gracias. Tráigame la _____.

Mesero/a: _____.

Cliente: Gracias, hasta luego.

Mesero/a: Hasta luego.

11-19 Entrevista Entrevista a uno de tus compañeros y escribe notas sobre sus respuestas para luego presentarlas a la clase.

Preguntas	Respuestas
¿Cuál es tu comida favorita? Normalmente, ¿dónde la comes? ¿La puedes preparar en tu casa?	
¿Hay alguna comida que no puedas comer? ¿Por qué?	
¿Hay en tu familia platillos tradicionales para diferentes celebraciones? ¿Cuáles?	
¿Cuál es tu restaurante favorito? ¿Por qué?	
¿Has tenido malas experiencias en algún / algunos restaurante/s? ¿Qué pasó?	
¿Prefieres los restaurantes de comida rápida? ¿Cuáles? ¿Por qué?	
¿De qué manera lo que come una persona refleja su identidad, religión, ideología, condición física, etcétera?	

Ya puedes decirlo

 11-20 Haz diálogos con un/a compañero/a para las siguientes situaciones.

1. Una pareja celebra su aniversario con una cena especial.

2. Un/a compañero/a y tú organizan una comida para celebrar el aniversario de la compañía donde trabajan (¿dónde?, ¿cuándo?, ¿cómo?).

3. Un/a amigo/a y tú salen a mediodía a comer algo rápido porque solo tienen media hora disponible. Comenten sus preferencias.

4. Haz un diálogo con un compañero/a en el que uno representa el papel del mesero y otro el del cliente en una taquería.

Study tip Go to the SAM for additional listening and pronunciation practice for this chapter.

Antes de leer

Strategy: Predicting content from the title

Before reading, think about the subject based on the title. Make predictions about the text you are about to read based on the title. After reading, see if your predictions were accurate.

La leyenda de la vainilla

La vainilla es originalmente de México, del estado de Veracruz, y por muchos años solamente se producía en ese país. A principios del siglo XVI, los españoles la llevaron a España y ahora varios países producen vainilla: Indonesia, Tahití, Tonga, Madagascar y China. Hay varias versiones del origen de esta planta y la siguiente es una leyenda mexicana.

Leyenda mexicana (adaptada)

Cuentan que la princesa totonaca Xanath era muy bella y que vivía en un palacio cerca del Tajín, una ciudad precolombina en el estado de Veracruz. Un día encontró a Tzarahuín, que significa **jilguero** (*goldfinch*), y fue amor a primera vista. Sin embargo, el romance tenía dificultades porque Tzarahuín era pobre y vivía en una **choza** (*hut*) humilde. A pesar de la diferencia de clases, los enamorados se amaban cada vez más.

Un día el dios de la felicidad vio a Xanath y se enamoró de ella, y desde entonces se dedicó a cortejarla. Cuando le comunicó sus sentimientos, ella lo **rechazó** (*rejected*). El dios la amenazó con **desatar la furia** (*to unleash the fury*) de Tajín si no lo aceptaba. Xanath tenía miedo, pero no traicionó a Tzarahuín.

El padre de Xanath confió en el astuto dios y le dio todo el apoyo para casarse con su hija. Su padre la obligó a aceptar una cita con el dios y ella volvió a rechazarlo. El dios, furioso, lanzó un **conjuro** (*spell*) sobre la doncella y la convirtió en una planta débil, de flores blancas y exquisito aroma: la vainilla.

Y si bien el dios quería castigarla, él quedó en el **olvido** (*oblivion*), pero tenemos muy presente en nuestros días a la planta orquidácea cuya esencia es muy apreciada en la cocina y la pastelería de muchas partes del mundo.

Después de leer

Contesta las preguntas siguientes con oraciones completas.

1. ¿De dónde es la vainilla originalmente?

_____

2. ¿Cómo llegó la vainilla a otros países?

_____

3. ¿Por qué era muy difícil la relación entre Xanath y Tzarahuín?

_____

4. Qué pasó cuando el dios de la felicidad vio a Xanath?

_____

5. ¿Qué hizo el padre de Xanath para ayudar al dios de la felicidad?

_____

6. ¿Qué le hizo el dios de la felicidad a Xanath cuando ella lo rechazó otra vez?

_____

7. ¿Cómo terminaron el dios de la felicidad y Xanath?

_____

¡Vamos a escribir!

Escribe un párrafo sobre un ejemplo de amor imposible en la literatura o, si prefieres, sobre uno en tu vida personal o en la vida de un amigo o de un conocido.

_____

_____

_____

_____

_____

_____

1. Lee el texto y compara los horarios y costumbres sobre la comida con los de tu país. Habla de los platillos que se mencionan, si los conoces, si los has probado, de qué país son típicos, etcétera.

Las costumbres de la comida en el mundo hispano

El desayuno

En muchos países de habla hispana, el desayuno es una comida ligera que frecuentemente consiste en pan con mantequilla, mermelada y café o chocolate; a veces se incluye jugo o fruta. Generalmente, el desayuno es entre las 8:00 y las 10:00 de la mañana.

El almuerzo

El almuerzo es la comida principal y es normalmente entre las 2:00 y las 4:00 de la tarde. Las comidas se consideran actividades de ocio entre familiares y amigos, y muchas personas prefieren pasar mucho tiempo en el almuerzo y trabajar más horas en la tarde. Al terminar de comer, es común quedarse en la mesa conversando. Esto se conoce como la sobremesa. Desafortunadamente, el exceso de trabajo ha dado como resultado que esta costumbre ya no se observe con la frecuencia del pasado.

La cena

La cena es una comida más ligera que el almuerzo y es entre las 8:00 y las 10:00 de la noche. No es una comida pesada debido a la hora en que se consume.

Los modales

Los **modales** *(manners)* o las costumbres en relación a las comidas también son diferentes a los de los Estados Unidos. Por ejemplo, se considera de buenos modales mantener las dos manos en la mesa. En Estados Unidos, la manera en la que se corta la comida es diferente, ya que en los países hispanos, y en casi todos los países del mundo, se corta la comida con la mano derecha pero se lleva la comida a la boca con la mano izquierda.

Comida típica

Los platillos también varían de país a país. Casi siempre, cada país o región tiene su plato típico. A veces esos platos son desconocidos para las personas que no viven en ese país. Por ejemplo, la tortilla española se prepara con papas, cebolla, aceite de oliva y huevos. No es como la tortilla de harina o de maíz de México y Centroamérica.

2. **¿Has comido alguno de estos platillos?** Busca información en Internet sobre ellos.

> baleada   ropa vieja   arroz con gandules   fiambre   tapas   caldo de patas
> chipa guazú   chairo   la bandera   gallo pinto   pupusas   chinchulines   arepas
> sancocho   anticuchos   pozole   fricasé   ojo de bife

- ¿De qué país son?
- ¿Cuáles son los ingredientes?
- ¿Cuándo se comen? ¿Cómo los sirven?

Por amor al arte

Communication objectives

- Expressing opinions and preferences about art styles, literature, and movies
- Describing art
- Talking about handcrafts
- Talking about architecture and dwellings
- Making hypotheses

Culture topics

- Folk art / *Molas*
- Stuntman Wilebaldo Bucio
- Art: Mexican muralists; Salvadoran muralist Isaías Mata
- Architecture: Baroque cathedrals in Latin America
- Literature: Gabriel García Márquez
- Music: Jorge Drexler

Illustrations © Cengage Learning 2014

¡Prepárate!

Study tip Study the **¡Prepárate!** section before coming to class. Review the vocabulary lists, read the grammar explanations, and do the practice exercises.

Vocabulario

 Study tip Access vocabulary flashcards at www.cengagebrain.com.

Artes gráficas	Graphic arts		
anuncio	*announcement; ad*	folleto	*brochure*
diseñador/a gráfico/a	*graphic designer*	imagen (*f*)	*image*
diseñar	*to design*	impresora	*printer*
diseño	*design*	imprimir	*to print*
encabezado	*heading*	publicidad (*f*)	*advertising*

Estilos de arte	Art styles		
abstracto	*abstract*	modernismo	*modernism*
cubismo	*cubism*	realismo	*realism*
expresionismo	*expressionism*	surrealismo	*surrealism*

Arte / Arte popular	Art / Folk art		
acuarela	*watercolor*	marco	*frame*
arte textil	*textile art*	mosaico	*mosaic*
artesanía	*crafts*	muestra	*example; sample*
artesano/a	*craftsperson*	mural (*m*)	*mural*
artista (*m, f*)	*artist*	muralista (*m, f*)	*muralist*
autorretrato	*self-portrait*	obra (de arte)	*work (of art)*
azulejo	*tile*	obra maestra	*masterpiece*
bosquejo	*sketch*	óleo	*oil painting*
caballete (*m*)	*easel*	paleta	*palette*
cerámica	*ceramics*	patrocinador/a	*sponsor*
crayola (*f*)	*crayon*	pieza	*piece*
cuadro	*painting*	pintor/a	*painter*
exhibición (*f*)	*exhibition*	pintura	*paint; painting*
escultura	*sculpture*	de aceite	*oil paint*
lápices (*m, pl.*) de colores	*colored pencils*	de agua	*watercolor paint*
lápiz (*m*) de cera	*crayon*	retrato	*portrait*
logotipo	*logo*	taller (*m*)	*workshop; studio*

Nota lingüística The word **arte** can be masculine or feminine in gender. The masculine article is used with singular nouns, and the feminine article is used with the plural forms. For instance, **Me gusta el arte de Picasso** and **Me gustan las artes gráficas**.

Nota lingüística The word Crayola® is a registered trademark for the Crayola company's crayons. In some Spanish-speaking countries such as Cuba, Honduras, Puerto Rico, and Uruguay, it is used to refer to *crayon*. Other countries use **lápiz de cera**, **crayón**, or **cera**.

Así se pronuncia Escucha las siguientes conversaciones. Pon atención a la
2-36 pronunciación del vocabulario nuevo.

1. —¿Qué estilo de arte te gusta?

—Me fascina el arte abstracto.

—A mí no. Yo prefiero el realismo.

2. —¡Qué interesante es ese mural!

—Sí, es un mosaico. Las figuras
están formadas con pedazos de azulejos
o piedras de diferentes colores.

3. —Señorita, ¿recomienda que le ponga cristal
a este cuadro?

—Absolutamente no. Es un óleo.

4. —Es fascinante como Ud. usa los colores
para dibujar.

—¿Quiere que le haga su retrato?

—Sí, si no se tarda mucho.

Arte Almanaque de
El Salvador, A-16

El arte público

El arte mural tiene una gran **trascendencia**
(importance) en el mundo hispano. El gran muralista
y antropólogo salvadoreño Isaías Mata (1956) es un
artista extraordinario. Ha hecho murales en edificios
públicos, escuelas, hospitales y museos, dentro y fuera
de El Salvador. Su obra mural es muy extensa. Ha
participado en **congresos** *(conferences)* y encuentros
sobre el muralismo y el arte público en diferentes
países. En 2011 pintó un mural en acrílico que se llama
Herencia del sur del maíz y del jaguar. La obra tiene 20
metros de largo por tres de ancho. Tiene el propósito
de expresar là identidad y el orgullo salvadoreños.
El mural está en el consulado de su país en Boston,
Estados Unidos.

¿Hay en tu ciudad pintura mural? ¿Cuál es la que más te
ha gustado?

Robert Fried/Alamy

Juegos de palabras

El artista y su arte Completa las oraciones.

1. Un artista que hace pinturas es un _____.

2. Un cuadro hecho con pinturas de agua es una _____.

3. Hizo los primeros trazos *(strokes)* de la pintura. Hizo un _____.

4. La presentación de las obras de un artista al público es una _____.

5. Crear un símbolo para representar un concepto es hacer un _____.

6. El arte manual que se crea como una tradición es una _____.

7. El hombre que elabora artesanías es un _____.

8. Una pieza de arte que se hace con muchas piedritas de colores es un _____.

9. El lugar donde trabaja el artista es un _____.

10. Necesitamos crear un concepto para el folleto. Contrata a un _____.

¿Qué es? ¿Qué son? ¿Quién es? Relaciona el número con el dibujo.

1. pinturas de agua
2. pinturas de aceite
3. pintora
4. mural
5. caballete

6. pincel
7. marco
8. paleta
9. lápices de cera (crayolas)
10. lápices de colores

Gramática

The conditional tense

▶ Generally, in English *would* + verb indicates that the conditional tense should be used. For example: *I would go to the museum, but I don't have time.* In this example, the condition involved is that you would go to the museum if you were to have the time. This is the hypothetical aspect of the conditional tense.

▶ When *would* means "used to," the imperfect indicative tense is used as opposed to the conditional tense. In this case, *would* + verb represents a repeated action that occurred in the past when no condition is involved. For example: *I would go to the museum every weekend when I lived in Madrid.* **Iba al museo todos los fines de semana cuando vivía en Madrid.**

The conditional tense of regular verbs

▶ The conditional tense of the regular verbs **-ar**, **-er**, and **-ir** is formed by adding the following endings to the *infinitive*: **-ía, -ías, -ía, -íamos, -íais, -ían.** Note that every ending has a written accent and the first-person singular and the third-person singular have the same endings.

Subject	pintar	vender	imprimir
yo	pintar**ía**	vender**ía**	imprimir**ía**
tú	pintar**ías**	vender**ías**	imprimir**ías**
Ud. / él / ella	pintar**ía**	vender**ía**	imprimir**ía**
nosotros / nosotras	pintar**íamos**	vender**íamos**	imprimir**íamos**
vosotros / vosotras	pintar**íais**	vender**íais**	imprimir**íais**
Uds. / ellos / ellas	pintar**ían**	vender**ían**	imprimir**ían**

▶ Some verbs that are usually irregular are regular in the conditional tense.

ir	yo ir**ía**	*I would go*
ser	yo ser**ía**	*I would be*
estar	yo estar**ía**	*I would be*

The conditional tense of irregular verbs

▶ The conditional tense of the following verbs is formed by dropping the **e** of the infinitive ending and adding **-ía**, **-ías**, **-ía**, **-íamos**, **-íais**, or **-ían**.

caber	yo cab**ría**	*I would fit*
haber	yo hab**ría**	*I would have*
poder	yo pod**ría**	*I would be able*
querer	yo quer**ría**	*I would want*
saber	yo sab**ría**	*I would know*

▶ The conditional tense of the following verbs is formed by replacing the **i** or the **e** of the infinitive ending with a **d** and adding **-ía**, **-ías**, **-ía**, **-íamos**, **-íais**, or **-ían**.

salir	yo sald**ría**	*I would leave*
valer	yo vald**ría**	*I would be worth*
venir	yo vend**ría**	*I would come*

▶ The conditional tense of **decir** and **hacer** is also irregular. The irregular stems for the conditional tense **dir-** and **har-** can then be conjugated by adding **-ía**, **-ías**, **-ía**, **-íamos**, **-íais**, or **-ían**.

decir	yo dir**ía**	*I would say, tell*
hacer	yo har**ía**	*I would do; I would make*

Uses of the conditional tense

▶ The conditional tense describes what *would* happen and is used in a dependent clause when the main verb is in the past tense.

Ejemplos

Carlos <u>dijo</u> que me **llevaría** al museo. *Carlos <u>said</u> that he **would take** me to the museum.*

Yo <u>sabía</u> que él me **invitaría**. *I <u>knew</u> that he **would invite** me.*

▶ However, if the main verb is in the present tense, the future tense is used.

Ejemplo

Carlos <u>dice</u> que me **llevará** al museo. *Carlos <u>says</u> that he **will take** me to the museum.*

Remember that the future tense of the regular verbs, studied in Chapter 7, is formed by adding the following endings to the infinitive: **-é**, **-ás**, **-á**, **-emos**, **-éis**, **-án**. In addition, the same verbs that are irregular in the future tense are also irregular in the conditional tense.

▶ The conditional tense is used to express wonderment or the probability of something occurring in the past.

Ejemplos

¿Quién **pintaría** eso?   *I wonder who **painted** that.*

No sé. **Sería** Picasso.   *I don't know. **It was probably** Picasso.*

▶ It is also possible to use the future perfect tense to express wonderment or the probability of something occurring in the past.

Ejemplos

¿Quién **habrá pintado** eso?   *I wonder who **painted** that.*

No lo sé. Lo **habrá pintado** Picasso.   *I don't know. **It was probably** Picasso.*

> **Nota lingüística** The future tense is used to express wonderment or the probability of something occurring in the present.
>
> **Ejemplos**
> ¿Qué estilo de arte **será** ese cuadro?   *I wonder what style of art that painting is.*
> No lo sé. **Será** cubismo.   *I don't know. It is probably cubism.*

▶ The conditional tense is used to express an action that is contrary to fact.

Ejemplo

Si tuviera tiempo, **iría** a la nueva exposición de arte.   *If I had time, **I would go** to the new art exhibit.*

▶ The conditional tense is used to make polite requests or to soften commands.

Ejemplo

¿Me **podría** decir, por favor, quién pintó ese cuadro?   ***Would** you tell me, please, who painted that painting?*

Ejercicio

Completa las oraciones con el verbo de la lista que corresponda. Usa el condicional.

> romper   gustar   ser   ir   participar   donar   poner

1. ¿ _____ Ud. tan amable de comunicarme con el doctor?

2. Los actores anunciaron que _____ en esa película.

3. Si pudiera, (yo) _____ a esa exhibición, pero no tengo tiempo.

4. ¿Quién _____ la escultura? ¡Qué barbaridad!

5. Ese cuadro se ve mal ahí. Yo no lo _____ en ese lugar.

6. El artista dijo que _____ unas obras al museo.

7. Me _____ conocer en persona al director de la película.

✎ **Study tip** Go to the SAM for extra vocabulary and grammar exercises for this module.

A A todo color

En acción

Conversaciones y más

12-1 Inauguración Lee el diálogo y después escribe **C** si la oración es cierta o **F** si es falsa.

Una pareja habla durante la inauguración de una exhibición.

Antonio: ¿Quién va a inaugurar la exhibición?

Norma: En el periódico aseguraron que el gobernador lo haría y que después él y su esposa asistirían a una cena de gala para los patrocinadores del museo… Pero acabo de escuchar que él no va a poder venir.

Antonio: Sinceramente, debería hacer todo lo posible por venir después de tantos preparativos en su honor y de tanta gente que trabajó para organizar el evento.

Norma: Pues sí, sería una descortesía para los organizadores, pero la verdad, a mí lo que me interesa es ver la exhibición y no me importa mucho quien corte el **listón** *(ribbon)*.

Antonio: Pues claro, igual a mí… Mira, ahí viene el gobernador finalmente. Decidió venir porque sabía que lo criticarían mucho.

Norma: Claro. Costó mucho traer esta exhibición.

Antonio: Mira. Ya va a empezar la ceremonia.

Norma: Ojalá que termine rápido.

(Después de la ceremonia, los asistentes pasan a las salas del museo).

Norma: Todas las piezas que trajeron me encantaron. ¿Y a ti?

Antonio: Sí, hay muchos cuadros que nunca había visto. ¿Te diste cuenta de que la mayoría son de colecciones privadas?

Norma: No, no lo sabía. Me gustaría también ver algo de la obra mural del artista. Es para toda la gente. No tenemos que esperar a que la presten los coleccionistas privados. Ahora que me acuerdo, siempre he querido ver los murales de Diego Rivera de la Universidad de Chapingo. Está cerca del Distrito Federal en México.

Antonio: Estaría bien, y si vamos a la Ciudad de México, podríamos ver otros murales impresionantes y también museos.

Norma: Desde hace mucho he querido hacer un viaje para recorrer los museos del D.F.

Antonio: Bueno, vamos a organizarlo.

1. El gobernador llega puntualmente a la inauguración. _____

2. El gobernador viene con su esposa. _____

3. La organización de la inauguración fue muy simple. _____

4. A Norma le parece muy importante la ceremonia de inauguración. _____

5. A Antonio le interesó poco la exhibición. _____

6. Muchas obras son parte de la colección permanente del museo. _____

7. Antonio y Norma tienen interés en los murales. _____

8. La exhibición los motivó a viajar. _____

 Nota cultural   Almanaque de México, A-26

Mexican muralists A mural is a piece of artwork that is painted on a wall, either on the inside or outside of a building. The greatest of the Mexican muralist painters are Diego Rivera, José Clemente Orozco, and David Alfaro Siqueiros. These three artists painted the history and soul of the Mexican people. Diego Rivera painted murals about the struggle of Mexicans throughout history and his hopes for the future of the country. His favorite subject to paint was indigenous people, but his work also includes a variety of topics such as the land, workers on the land, and costumes. David Alfaro Siqueiros' mural art is dynamic, very large, and reflects social protest, including that against U.S. imperialism. José Clemente Orozco's murals portray the great pre-Hispanic civilizations, the Spanish conquest, and the political events of the Mexican Revolution.

© Colman Lerner Gerardo/Shutterstock

Diego Rivera, *La historia de México*

12-2 La vida de Jesse Treviño Escucha la entrevista
2-37　　y contesta las preguntas.

1. ¿Quién es Jesse Treviño?

_____

2. ¿Qué le pasó en Vietnam?

_____

3. ¿Qué tipo de cuadros ha pintado?

_____

4. Además de pintar cuadros, ¿qué otro medio artístico usa para expresar su arte?

_____

5. Para Jesse Treviño, ¿cuál ha sido su mejor obra?

_____

6. ¿Cuáles son los temas recurrentes de su obra?

_____

7. ¿Qué planes tiene el artista para el futuro?

_____

Nota cultural　　Almanaque de Los Latinos en los Estados Unidos, A-44

Jesse Treviño Following the artistic traditions of Mexico, the Mexican American community has expressed its cultural identity, social issues, and local customs through mural art in cities such as Los Angeles, California, and San Antonio, Texas. In San Antonio, local artist Jesse Treviño has excelled in this art medium. One of his best works is *Spirit of Healing*, a 90-foot-tall mosaic made of 15,000 pieces of hand-cut ceramic tile in 70 different tile colors, displayed on the façade of Christus Santa Rosa Children's Hospital in downtown San Antonio. Besides being a renowned muralist, Treviño has two paintings, *Mis hermanos* and *Tienda de Elizondo*, in the collection of the Smithsonian's American Art Museum in Washington, DC.

John Mitchell/Alamy

12-3 Visita al museo Con un/a compañero/a, ordena los diálogos.

Diálogo 1 *(Juan y Elena esperan a Alicia para ir al Museo de Artes Populares).*

Juan: ¿No contesta? Déjale un mensaje y dile que nos vemos en el museo. _____

Elena: No, no sé por qué. Ella me dijo que llegaría a las seis. _____

Juan: No te preocupes. Allá la vemos. _____

Elena: ¿Quién sabe? Voy a hablarle al celular. _____

Juan: ¿No ha llegado Alicia? _____

Elena: Me gustaría esperarla. Pobre, va a ir solita. _____

Juan: Bueno, ya dejaste el mensaje. Vámonos. _____

Elena: *(Hablando por teléfono)* Alicia, te esperamos 20 minutos, pero ya nos vamos. Nos vemos en la entrada de la exhibición de arte textil de Panamá. _____

Juan: Pues, ya son las seis y veinte. ¿Qué le pasaría? _____

Diálogo 2 *(Juan, Elena y Alicia en el museo)*

Alicia: Están baratas. Normalmente el artesano cobra por su trabajo mucho menos que el valor real de la obra. _____

Juan: Ah sí, allá están. Ven, Elena. Vamos a verlas. Quiero comprar una para mi mamá, que le fascina el arte popular. _____

Alicia: Sí, trajeron muestras muy elaboradas y con mucho color. Hay artesanos vendiendo algunas. ¿Ya las vieron? _____

Juan: Está increíble la exhibición de molas, ¿no creen? _____

Elena: Yo también quiero una. Ojalá que no estén muy caras. _____

Juan: Y, para **colmo** *(to top it off)*, hay gente que regatea con ellos. Me gustaría preguntarles si no aprecian todo el trabajo o qué… _____

Alicia: Allá al final del pasillo en la salida al jardín exterior. _____

Elena: No las he visto. ¿Dónde las están vendiendo? _____

Alicia: Los artesanos están acostumbrados a eso; por eso siempre piden un poco más, para bajar el precio después. _____

Nota cultural 🌐 Almanaque de Panamá, A-30

Molas The **mola** is a textile art form made by the Kuna Indians of Panama and Colombia. **Mola** is the Kuna Indian word for *blouse*, but it has come to represent beautifully elaborate cloth panels that make up the front and back of the blouses of the Kuna women. **Molas** consist of layers of different colored cloth sewn together, and the design is made by cutting away parts of each layer. The colors are therefore revealed beneath the layers. Geometric designs are used in the most traditional **molas**, and the traditional colors are red, black, and orange. Other designs can include shapes of animals or plants.

© Danny Lehman/Corbis

A A todo color

12-4 Proceso para elaborar un anuncio Una diseñadora gráfica, Maricela Ramón, está explicando el proceso para elaborar un anuncio. Con un/a compañero/a, busca las respuestas en las ⬭ y escribe el número de la pregunta que corresponde.

1. ¿Cuál es la primera etapa del diseño?

2. ¿El diseñador gráfico se encarga de todo el proceso?

3. ¿Qué tipo de servicios ofrecen?

4. ¿Qué tipo de colores o diseños prefiere Ud.?

5. ¿Qué pasa cuando quedan dos o tres diseños como los mejores?

6. ¿El folleto se imprime siempre de la misma manera?

No, básicamente es un trabajo de equipo. Una sola persona no podría hacerlo. Cada persona tiene una tarea. El diseñador es parte del grupo creativo.

No, la calidad de la impresión varía mucho de una impresora a otra. Algunas imprimen colores nítidos y detalles muy precisos. También influye el tipo de papel.

Toda clase de anuncios en revistas y periódicos, diseños de folletos y publicidad en las calles.

Eso depende en muchos casos del cliente. Hay compañías que ya tienen ciertos colores con los que se identifican.

Poner en papel muchas ideas diferentes y después desarrollar algunas en la computadora.

El director de arte decide cuál se va a usar, de acuerdo con las necesidades del cliente y del mercado.

12-5 Un anuncio Escribe un anuncio para vender un producto conocido en el mercado o uno inventado por ti mismo/a. Recuerda usar muchos adjetivos. Debe tener un encabezado que llame la atención. (Puedes incluir imágenes, fotografías, diseños y logotipos).

12-6 Arte popular Completa el texto con las palabras de la lista.

> valor estilos mano valores únicas tradición
> serie semanas originalidad representa
> materiales generación cantidad desarrollo popular

El arte (1) _____, es decir el arte del pueblo, (2) _____ un

aspecto de gran importancia en el (3) _____ y la aceptación de la identidad

cultural, por tratarse de una (4) _____ que se transmite de generación en

(5) _____. También refleja un sistema de (6) _____ y costumbres

arraigados *(deeply rooted)*.

La (7) _____ es fundamental en este tipo de arte hecho a (8) _____,

a diferencia del producto que se fabrica en (9) _____, en el cual lo primordial

es la (10) _____. El artesano trabaja piezas (11) _____; algunas

representan varias (12) _____ de intenso trabajo creativo.

Hay una rica variedad de (13) _____. Las

diferencias son evidentes entre un país y otro, e incluso entre

una región y otra. La habilidad con la que se trabajan diversos

(14) _____ es sorprendente: cuero, cerámica, metal,

papel, plumas, hojas de maíz, madera, etcétera. Indudablemente,

el (15) _____ del trabajo artesanal no tiene precio.

© Claudio Sacllerini/Shutterstock

Ya puedes decirlo

12-7 Las artes

1. Haz una presentación oral sobre un mural y descríbelo usando tus propias palabras. Incluye información básica: autor, localización y propósito. Comenta también los aspectos del mural que te gustan y los que no te gustan.

2. Trae a la clase uno o varios objetos de arte popular y habla sobre su origen y estilo. Comenta también la razón por la que trajiste (compraste) ese objeto.

3. Haz un diálogo con un/a compañero/a en el que uno invita al otro a un evento artístico (museo, inauguración de una exhibición, taller de arte popular, etc.). Él / ella no puede ir ese día y además sugiere otro evento. Finalmente, ambos se ponen de acuerdo.

¡Prepárate!

Study tip Study the **¡Prepárate!** section before coming to class. Review the vocabulary lists, read the grammar explanations, and do the practice exercises.

Vocabulario

 Study tip Access vocabulary flashcards at www.cengagebrain.com.

Arquitectura	Architecture		
arco	arch	iglesia	church
barroco/a	Baroque	monumento	monument
basílica	basilica	neoclásico/a	neoclassical
castillo	castle	palacio	palace
catedral (f)	cathedral	plano	plan; map
columna	column	plaza	town square
condominio	condominium	puente (m)	bridge
convento	convent	rascacielos (m. sing.)	skyscraper
gótico/a	Gothic	torre (f)	tower

Vocabulario relacionado con la vivienda	Vocabulary related to dwellings		
ático	attic	mármol (m)	marble
balcón (m)	balcony	pared (f)	wall
barrio	neighborhood	patio	courtyard
bienes raíces (m)	real estate	piso	floor
concreto	concrete	reja	window grill
fachada	façade	sótano	basement
fuente (f)	fountain	tabique (m)	partition wall
granito	granite	techo	roof; ceiling
jardín (m)	garden; yard	tejado	roof
ladrillo	brick	terreno	land; plot

🔊 **Así se pronuncia** Escucha las siguientes conversaciones. Pon atención a la pronunciación del vocabulario nuevo.

2-38

1. —Vamos a poner un piso nuevo en el baño.

—¿Qué material van a usar?

—Vamos a usar mármol o losetas *(floor tiles)*.

2. —¡Qué bonita residencia!

—Sí, me gusta la fachada.

—Y las columnas la hacen muy elegante.

—¿Será muy cara?

3. —Señorita, ¿tiene sótano la casa?

—No. En esta parte del país las casas se construyen sin sótano, pero sí tiene ático.

4. —¿Sabe Ud. si hay catedrales góticas en esta ciudad?

—Sí, hay un ejemplo magnífico cerca de la plaza.

—Gracias por la información.

Sopa de letras Encierra en un círculo las palabras relacionadas con la arquitectura (hay ocho palabras).

c	a	t	e	d	r	a	l	c	a	e
a	a	l	i	b	c	d	o	a	i	s
l	d	c	l	t	n	c	a	s	i	c
t	t	o	u	s	r	v	g	t	j	f
e	a	l	b	a	s	í	l	i	c	a
c	r	u	p	e	r	n	u	l	o	c
h	a	m	e	r	m	a	g	l	a	h
o	p	n	z	m	á	r	m	o	l	a
m	d	a	s	e	ñ	a	r	q	i	d
m	o	n	u	m	e	n	t	o	m	a

¿Dónde vive…?

1. un esquimal	_____	**a.** en una casita en un árbol
2. una reina	_____	**b.** en una casita de palos
3. Tarzán	_____	**c.** en un convento
4. un hombre prehistórico	_____	**d.** en un palacio acuático
5. una monja	_____	**e.** en un condominio de **lujo** (*luxury*)
6. uno de los tres cerditos	_____	**f.** en una tienda de campaña
7. Tritón	_____	**g.** en un iglú
8. un actor	_____	**h.** en un castillo
9. un explorador	_____	**i.** en un apartamento
10. una estudiante	_____	**j.** en una **cueva** (*cave*)

Gramática

The imperfect (past) subjunctive

▶ The imperfect subjunctive of all verbs, whether they are regular or irregular, is formed by dropping the **-ron** ending of the third-person plural of the preterite tense and adding the following endings: **-ra**, **-ras**, **-ra**, **-ramos**, **-rais**, **-ran**.

Ejemplos

usar ⟶ ellos usaron:	usa**ra**	usá**ramos**
	usa**ras**	usa**rais**
	usa**ra**	usa**ran**
tener ⟶ ellos tuvieron:	tuvie**ra**	tuvié**ramos**
	tuvie**ras**	tuvie**rais**
	tuvie**ra**	tuvie**ran**
construir ⟶ ellos construyeron:	construye**ra**	construyé**ramos**
	construye**ras**	construye**rais**
	construye**ra**	construye**ran**
ser / ir ⟶ ellos fueron:	fue**ra**	fué**ramos**
	fue**ras**	fue**rais**
	fue**ra**	fue**ran**

Nota lingüística The imperfect subjunctive has another set of endings: usa**se**, usa**ses**, usa**se**, usá**semos**, usa**seis**, usa**sen**. These endings are not as common.

Ejercicio

Cambia el verbo que está en infinitivo a la forma correcta del imperfecto del subjuntivo.

1. Mis hijos querían que yo (comprar) _____ una casa nueva.

2. El agente de bienes raíces dudaba que nos (gustar) _____ la casa.

3. Carla insistía en que nosotros (vivir) _____ en otro barrio.

4. Quería que los trabajadores (hacer) _____ el piso de mármol.

5. Dudaba que la catedral (ser) _____ gótica.

6. No era posible que el condominio (costar) _____ tanto.

7. Quería ir a la plaza antes de que (ser) _____ muy tarde.

8. Preferí comprar el terreno antes de que ella (buscar) _____ una casa.

9. El agente no creía que tú (poder) _____ pagar una casa tan lujosa.

10. No era cierto que el patio (ser) _____ muy pequeño.

Uses of the imperfect subjunctive

▶ The imperfect subjunctive is used for the same reasons as the present subjunctive (with verbs of volition, emotion, doubt, etc.) but in relation to the past.

▶ When the verb of the main clause that requires the subjunctive is in the past tense, the imperfect subjunctive is used.

Ejemplos

Luis quería que **visitáramos** las catedrales góticas.
*Luis wanted us **to visit** the Gothic cathedrals.*

El ingeniero recomendó que **estudiara** los planos.
*The engineer recommended that I **study** the plans.*

Buscábamos una casa que **tuviera** pisos de madera.
*We were looking for a house that **had** wood floors.*

▶ The imperfect subjunctive is used in *if*-clauses that are contrary to fact, hypothetical, or nonexistent. In this construction, the imperfect subjunctive follows the word *if*, while the conditional tense is used in the result clause.

Ejemplos

Si vivieras en un apartamento, te aburrirías.
***If you lived** in an apartment, you would get bored.*

(You do not live in an apartment, but if you were to live in one, the result is that you would get bored.)

Si tuviera dinero, construiría una casa muy elegante.
***If I had** money, I would build a very elegant house.*

(I don't have the money, but if I were to have it, the result would be that I would build a very elegant house.)

▶ The imperfect subjunctive is used after **como si** *(as if)*.

Ejemplos

Quiero que el arquitecto construya la casa **como si fuera** suya.
*I want the architect to build the house **as if it were** his.*

(The house does not belong to the architect, but I want him to build it as if it did belong to him.)

Carlos habla **como si supiera** mucho de bienes raíces.
*Carlos talks **as if he knew** a lot about real estate.*

(Carlos does not know about real estate, but he talks as if he did know a lot about it.)

Ejercicio

Relaciona las columnas.

1. Tendría un condominio en la playa _____   **a.** revisaran el diseño.

2. Arturo te sugirió que _____   **b.** te cambiarías de casa.

3. Colaboró en el diseño _____   **c.** si pudiera comprarlo.

4. Era necesario que Uds. _____   **d.** escribiéramos una opinión sobre la obra de Gaudí.

5. El profesor nos pidió que _____   **e.** como si fuera arquitecto profesional.

6. Si pudieras, _____   **f.** compraras esa casa.

✎ **Study tip** Go to the SAM for extra vocabulary and grammar exercises for this module.

En acción
Conversaciones y más

12-8 Barrio gótico Lee el diálogo y después escribe **C** si la oración es cierta o **F** si es falsa.

(Un joven matrimonio madrileño llega al Museo Picasso en el barrio Gótico de Barcelona. Miran un letrero).

Julián: ¿Tancat? ¿Qué quiere decir "tancat"?

Almudena: No lo sé. Pronto nos vamos a enterar. Espérame.

(Almudena se acerca a una joven que pasa al lado de ellos).

Almudena: Hola, ¿sabes qué quiere decir "tancat"?

Montse: Quiere decir "cerrado" en catalán. Todos los museos cierran los lunes.

Almudena: Ah, claro, es así en toda España. Con el **trajín** *(bustle)* del viaje en el AVE desde Madrid no nos fijamos.

Julián: Vaya, y con las ganas que teníamos de ver el museo…

Montse: No os preocupéis. Si vais caminando, podréis disfrutar de la arquitectura más variada de los barrios que hay en este puerto.

Almudena: Como nos alojamos en una pensión de la vía Layetana, ya hemos recorrido el barrio Gótico, que realmente es una maravilla, y queríamos variar con algo más moderno. Por eso hemos llegado hasta el Museo Picasso.

Julián: ¿Qué nos recomiendas?

Montse: El "Quadrant d'Or". Dos de las obras más importantes de Gaudí se encuentran ahí: La Pedrera y la Casa Batlló. Tampoco queda lejos la iglesia de la Sagrada Familia, que sigue en obras. ¡Ah! Y no os perdáis el Parc Güell de Gaudí que está en lo alto como si estuviera sobre la ciudad.

Almudena: ¿Cómo se llega a ese parque? No estará cerrado, ¿verdad?

Montse: No, no. Es un buen día para aprovechar la vista de Barcelona desde el parque. Se llega rápido en el metro y luego hay una escalera automática para llevaros hasta el parque.

Julián: Perdona que no nos hayamos presentado. Soy Julián y te presento a mi mujer, Almudena.

Montse: Mucho gusto en conoceros. Me llamo Montserrat, pero mis amigos me llaman Montse.

(Se dan la mano).

Almudena: Ah, por supuesto. Montserrat es una santa catalana.

Montse: Así es.

Julián: Oye, Montse. ¿Te gustaría tomar algo con nosotros? Nos puedes enseñar otras palabras catalanas.

Almudena: Sí, sí, acompáñanos.

Montse: Gracias, muy amables. Hoy es un día libre para mí, y ya he hecho la compra… Claro que sí, vamos a tomar algo. Hay un bar típico cerca. La primera palabra catalana que os voy a enseñar es "obert".

Almudena: ¡Abierto!

Montse: ¡Muy bien!

> **Nota lingüística** Notice that Montse, who is from Barcelona, uses the **vosotros** form when talking to Julián and Almudena: **No os preocupéis**, **vais**, **podréis**, **no perdáis**, **llevaros**, and **conoceros**. This form is used in most regions in Spain but rarely heard in the other Spanish-speaking countries, where the **Uds.** form is used for both informal and formal plural.

1. En Barcelona hablan solamente español. _____

2. El diálogo tiene lugar un lunes en Madrid. _____

3. Hay mucho que ver en Barcelona. _____

4. En Barcelona hay un parque muy famoso. _____

5. Julián, Almudena y Montse son buenos amigos. _____

6. Está nublado y pronto va a llover cuando hablan. _____

7. Hay que subir mucho para llegar al parque Güell. _____

12-9 Gaudí Almudena y Julián están fascinados con la obra de Gaudí. Encontraron este artículo. Léelo y después relaciona las columnas.

Joyas arquitectónicas catalanas Almanaque de España, A-18

por Nancy Membrez

Antoni Gaudí fue un arquitecto y diseñador catalán tan excéntrico como original, cuyas controvertidas obras se encuentran principalmente en Barcelona, la capital de Cataluña. Principal exponente del movimiento modernista del "Arte nuevo" que arraigó en la década de 1890 y duró más o menos hasta 1920, Gaudí se inspiró en la naturaleza para crear edificios "orgánicos" con curvas en lugar de ángulos rectos. En cuanto a la decoración, Gaudí necesitaba materiales baratos para adornar sus obras, por lo cual se llevó azulejos rotos, **desperdiciados** *(discarded)* y amontonados por las grandes fábricas de azulejos que había en la zona. Al utilizar los fragmentos para formar mosaicos en sus obras, Gaudí rompió con los cuadrados perfectos del azulejo tradicional y les dio dinamismo. El efecto es espectacular.

Casa Milà

La Casa Milà o La Pedrera La Pedrera parece representar cuevas habitables para el **troglodita** *(cave-dweller)* urbano, amontonadas en un edificio de unos seis pisos. Cada habitación tiene paredes que son curvas **polimorfas** *(of many shapes)* y un balcón con rejas de hierro "vegetales". El tejado ostenta chimeneas cubiertas de fragmentos de azulejos blancos que parecen guerreros **encascados** *(helmeted)*. Desde 1976 es un museo. La Pedrera es una de las estrellas de la zona modernista de Barcelona conocida como el "Quadrant d'Or".

La Casa Batlló La Casa Batlló parece un castillo fantástico adornado con detalles que celebran la mitología medieval catalana. La fachada del edificio es de porcelana verde y azul. El tejado imita el **lomo** *(back)* del dragón que San Jorge mató para rescatar a una princesa que era prisionera del dragón. Donde cayó la sangre del dragón, creció un rosal como signo de amor y amistad entre ellos. Los balcones tienen los cascos de todos los caballeros que murieron en la lucha con el dragón. La torre de la casa parece un bulbo. De noche la Casa Batlló, ubicada en el "Quantrat d'Or", se ve desde lejos como una joya azul celeste.

La iglesia de la Sagrada Familia Gaudí comenzó a construir la iglesia de la Sagrada Familia en 1881, pero pensó que nunca vería su inauguración, y así ocurrió porque murió en 1926. Al observar las primeras torres, los barceloneses no la comprendían. Gaudí se inspiró en los altares populares "orgánicos" y en las formas que los altos cirios de Semana Santa tienen cuando se **derriten** *(melt)*. Así creó su obra maestra. Las torres parecen enormes velas que se derriten.

El parque Güell El parque Güell se construyó en lo alto de una **colina** *(hill),* detrás de la ciudad. Otro lugar de grandes vuelos de fantasía, el parque **abarca** *(includes)* una casa "orgánica" en la que vivió Gaudí. Está llena de azulejos fragmentados que **serpentean** *(wind)* por todo un patio amplio con vista a la ciudad y al mar Mediterráneo. Tiene una enorme fuente con una escultura de un reptil de mosaicos coloridos, el símbolo del parque.

Casa Batlló

La iglesia de la Sagrada Familia

1. Salvó a una princesa de un dragón. _____
2. Inspiración de las obras de Gaudí. _____
3. Material que le dio dinamismo a las obras. _____
4. Parecen guerreros encascados. _____
5. Era una casa y hoy es museo. _____
6. Se ve preciosa de noche. _____
7. Está en lo alto de una colina. _____

a. azulejos rotos
b. las chimeneas cubiertas de azulejos blancos
c. la Casa Batlló
d. San Jorge
e. el parque Güell
f. la naturaleza
g. La Pedrera

Parque Güell

12-10 ¡Qué desorden! Ordena los diálogos.

Diálogo 1

—Cómo me gustaría conocer Granada. Dicen que tiene una
arquitectura maravillosa. _____

—Si tuviera dinero, organizaría un viaje para el próximo verano. _____

—Bueno, ojalá que podamos ir. _____

—Claro, a mí también. Dicen que es increíble. _____

—Voy a empezar a buscar desde hoy. Un amigo me dijo que
buscara hostales y cosas así. _____

—Sí, los hostales son una solución para viajar más económicamente. _____

—¿Por qué no buscas un paquete en Internet? A veces están más
baratos de lo que se cree, y si encontraras un paquete más o
menos de mil dólares, yo iría contigo. _____

Diálogo 2

—Pues Ud. se preocupa mucho por el perro. Hay gente que tiene
a sus perros en departamentos sin jardín ni patio y solamente
los sacan a caminar. _____

—He buscado una casa para cambiarme desde hace mucho y no
puedo encontrar una que me guste. _____

—¿Por qué? ¿Cómo la quiere? _____

—¡Pobres animalitos! Yo no haría eso tampoco. Ojalá que
consiga la casa que quiere. _____

—Quiero una con tres recámaras y un estudio, dos baños
completos, una cocina amplia y un patio grande para
que corra el perro. _____

—En ese caso, es mejor que no tenga mascota para no hacerla
sufrir encerrada. _____

—Ese es el problema. Ahora ya casi todas las casas tienen
patio pequeño porque el terreno es muy caro. _____

—Gracias. Seguiré buscando. _____

—Pues aunque no sea muy grande, quiero que tenga un
poco de espacio afuera. _____

12-11 Las catedrales barrocas Lee la información sobre la arquitectura barroca, y con un/a compañero/a busca las respuestas y escribe en las ◯ el número de la pregunta.

Arquitectura

Catedrales Barrocas en América Latina El barroco es un estilo arquitectónico que **floreció** (*flourished*) en los siglos XVII y XVIII y se caracterizaba por formas muy adornadas y de diseño complejo. El barroco del Nuevo Mundo del siglo XVII siguió un modelo similar al de España. Entre los centros más reconocidos en América Latina se encuentran los de Perú (Cuzco y Lima), Guatemala (especialmente la ciudad de Antigua), y México (especialmente el D.F. y Puebla). Ejemplos son la iglesia jesuita Compañía de Jesús en la Plaza de Armas en Cuzco, Perú, y el Convento de San Francisco, en Lima. La ciudad de Antigua tiene los mejores ejemplos arquitectónicos del barroco colonial español, y como testimonio, en 1979 UNESCO la designó Patrimonio Cultural de la Humanidad y Tributo a las Américas por la arquitectura de su iglesia y sus edificios públicos. En México, la Catedral Metropolitana en el D.F., es una de las catedrales más grandes del Hemisferio Occidental. Se construyó al estilo español. Tiene dos torres neoclásicas de una altura entre 64 y 67 metros. Anexo a la catedral está el Sagrario Metropolitano que representa el **apogeo** (*height*) de la arquitectura barroca. Sin embargo, los mejores ejemplos del barroco mexicano están en la ciudad de Puebla. Muestras **sobresalientes** (*outstanding*) de este estilo de arquitectura son la iglesia de Santo Domingo y su capilla del Rosario, construida en 1690.

1. ¿Cómo se caracteriza la arquitectura barroca?

2. ¿Cuál es el mejor ejemplo del estilo barroco en la Ciudad de México?

3. ¿Cuáles son dos ejemplos de arquitectura barroca en Perú?

4. En cuanto a la arquitectura, ¿por qué es famosa Antigua, Guatemala?

5. ¿Cuál es una de las catedrales más grandes de estilo barroco en América?

6. En México, ¿qué ciudad es la capital de la arquitectura barroca?

Tiene mucha decoración, formas curvas y un diseño magnífico. ☐

☐ Tiene los mejores ejemplos de arquitectura barroca colonial española. En 1979 la UNESCO la declaró Patrimonio Cultural de la Humanidad.

☐ En el país hay numerosos ejemplos de este estilo, pero en Puebla se encuentran los más sobresalientes de este tipo de arquitectura. ☐

☐ El Sagrario Metropolitano es una iglesia al lado de la catedral y representa la culminación del estilo barroco.

☐ La Catedral Metropolitana en la Ciudad de México que incluye dos torres neoclásicas de 64 metros cada una.

Entre los ejemplos más representativos están la iglesia de la Compañía de Jesús y el Convento de San Francisco. ☐

2-39

12-12 Busco una casa La Sra. García va con su agente de bienes raíces a ver varias casas. Escucha el diálogo y responde las preguntas.

1. ¿Por qué no le gusta la primera casa a la Sra. García?

_____

2. ¿Cuál es el inconveniente de la segunda casa?

_____

3. ¿Cuáles son las características positivas de la tercera casa?

_____

4. ¿Bajo qué condición compraría la cuarta casa?

_____

5. ¿Le gusta la quinta casa?

_____

12-13 Soñar no cuesta nada Completa las hipótesis. Comenta y compara tus respuestas con las de tus compañeros.

Condición (Si...)	Resultado
Si tuviera mucho dinero para comprar una casa nueva…	
	subiría al mirador del rascacielos más alto del país.
Si fuera el presidente del país…	
	sería absolutamente feliz.
Si estuviera en mis manos solucionar un grave problema de la humanidad…	
	me casaría con… (mi actor / actriz favorito/a).

Ya puedes decirlo

12-14 ¡Qué increíble diseño!

1. Haz una presentación oral sobre una casa real o imaginaria que tenga todo lo que siempre has soñado.

2. Haz un diálogo con un/a compañero/a sobre ciudades con diseños arquitectónicos originales, grandiosos, históricos, antiguos o modernos.

¡Prepárate!

Study tip Study the **¡Prepárate!** section before coming to class. Review the vocabulary lists, read the grammar explanations, and do the practice exercises.

Vocabulario

 Study tip Access vocabulary flashcards at www.cengagebrain.com.

Literatura	Literature		
cita textual	quotation	personaje *(m)*	character
cuento	short story	poema *(m)*	poem
ensayo	essay	poesía	poetry
escritor/a	writer	rima *(f)*	rhyme
lector/a	reader	tema *(m)*	theme; topic
moraleja	moral	trama *(f)*	plot
novela	novel		

Cinematografía	Filmmaking		
acomodador/a	usher	guión *(m)*	script
camarógrafo/a	cameraman / camerawoman	palomitas	popcorn
cartelera	movie section	pantalla	screen
cine *(m)* mudo	silent movie	película	movie
doblaje *(m)*	dubbing	productor/a	producer
doble *(m, f)*	stunt person	protagonista *(m, f)*	main character
elenco	cast	subtítulos	subtitles
escena	scene	(en) tercera dimensión	three-dimensional (3-D)
espectador/a	spectator	videograbadora	video recorder
estrella	star	villano/a	villain

🔊 **Así se pronuncia** Escucha las siguientes conversaciones. Pon atención a la pronunciación
2-40 del vocabulario nuevo.

1. —¿Terminaste de leer la novela que nos asignó la profesora?

   —Sí. ¡Qué entretenida! ¿Verdad?

   —De acuerdo, y me encantaron los personajes.

   —Y también la trama.

2. —¿Te gustan las películas extranjeras?

   —Sí, pero no me gusta tener que leer los subtítulos.

   —A mí tampoco, pero es mejor que el doblaje.

3. —Señorita, ¿leyó el poema que le puse de tarea?

   —No lo terminé, profesor. A mí me resultó muy difícil.

   —El tema es complicado pero no imposible de entender.

4. —¿Ha seleccionado Ud. el elenco para la película?

   —Sí, son unos actores fantásticos.

   —Ud. escribió el guión, ¿verdad?

   —No, lo escribió el director.

Relaciona las columnas.

1. En estas películas no se escucha lo que los personajes dicen.   _____   **a.** lector

2. Es la actriz más importante del elenco.   _____   **b.** subtítulos

3. Es la enseñanza o consejo de las fábulas.   _____   **c.** estrella

4. Algunas películas están en una lengua extranjera, pero puedes leer lo que dicen en tu lengua.   _____   **d.** rima

5. Es el malo de la película.   _____   **e.** director

6. Los sonidos al final de los versos se parecen.   _____   **f.** protagonista

7. Quiero mencionar exactamente lo que un autor dijo.   _____   **g.** moraleja

8. Les dice a los actores lo que deben hacer.   _____   **h.** cine mudo

9. Se dice de un actor muy famoso y popular.   _____   **i.** villano

10. La persona con quien el escritor se quiere comunicar.   _____   **j.** cita textual

Relaciona las palabras con los dibujos.

1. acomodador
2. espectadores
3. tercera dimensión
4. camarógrafo
5. protagonistas
6. película
7. palomitas
8. pantalla
9. videograbadora

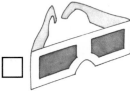

Gramática

The compound tenses of the subjunctive

▶ The verbal form **hay** *(there is, there are)* was presented in Chapter 3. **Hay** is the impersonal form of **haber** in the present indicative. The subjunctive counterpart of **hay** is **haya**. **Haya** also means *there is / there are*, but it is used when the sentence requires the subjunctive.

Ejemplos

Ojalá que todavía **haya** boletos para esa película. *I hope that **there are** still tickets for that movie.*

Dudo que **haya** un solo boleto. *I doubt that **there is** even one single ticket left.*

▶ **Haber** is used as the auxiliary verb with compound tenses. The present perfect indicative and the past perfect indicative tenses were presented in Chapter 10. The present perfect subjunctive is formed by using the present subjunctive of **haber** and a past participle. It is used with verbs that require the subjunctive in the dependent clause.

Present perfect subjunctive	
El profesor espera que...	*The professor hopes that...*
yo **haya leído** el poema.	*I **have read** the poem.*
tú **hayas leído** el poema.	*you **have read** the poem.*
Ud. / él / ella **haya leído** el poema.	*you **have read** the poem.* *he / she **has read** the poem.*
nosotros / nosotras **hayamos leído** el poema.	*we **have read** the poem.*
vosotros / vosotras **hayáis leído** el poema.	*you **have read** the poem.*
Uds. / ellos / ellas **hayan leído** el poema.	*you / they **have read** the poem.*

Note: In English, **he leído** and **haya leído** both translate as *I have read*; therefore, it is very important to be aware of the usage of the subjunctive in Spanish.

Voces hispanas

Completa las frases con las palabras que correspondan con el video.

1. David prefiere los _____ que tengan una historia _____ y va al teatro con _____ frecuencia.

2. Ana quiere _____ en el teatro. Por eso, le gustan las _____. Va al teatro _____ veces.

3. Juan Carlos va _____ vez al _____ al teatro.

4. Inés ve _____ y también _____.

© Cengage Learning 2014

▶ The difference between the use of the present subjunctive and the present perfect subjunctive is whether the action expressed by the main verb is prior or subsequent to the action.

Ejemplos

El maestro **espera** que yo **lea** la novela para la próxima clase.

*The teacher **hopes** that I **will read** the novel by next class.*

Espero que Uds. **hayan leído** la novela porque hoy hay examen.

*I **hope** that you **have read** the novel because there is an exam today.*

In the first example, the act of reading will be subsequent in relation to the verb **espera**. In the second example, the act of reading is prior in relation to the verb **espero**.

▶ The pluperfect (past) subjunctive is a compound tense and is formed by using the imperfect subjunctive of **haber** and a past participle. It is used with past-tense verbs that require the subjunctive in the dependent clause.

Pluperfect subjunctive	
El profesor dudaba que…	The professor doubted that…
yo **hubiera escrito** el poema.	I **had written** the poem.
tú **hubieras escrito** el poema.	you **had written** the poem.
Ud. / él / ella **hubiera escrito** el poema.	you **had written** the poem. he / she **had written** the poem.
nosotros / nosotras **hubiéramos escrito** el poema.	we **had written** the poem.
vosotros / vosotras **hubierais escrito** el poema.	you **had written** the poem.
Uds. / ellos / ellas **hubieran escrito** el poema.	you / they **had written** the poem.

 **Literatura** Almanaque de Colombia, A-8

Gabriel García Márquez

El novelista colombiano Gabriel García Márquez ganó el premio Nobel de Literatura en 1982, y se le considera uno de los mejores escritores del siglo XX. Nació el 6 de marzo de 1928 en Aracataca, Colombia. En 1967 ganó prestigio internacional con su novela *Cien años de soledad*. En esa novela, que ha sido traducida a por lo menos 30 idiomas, muestra el realismo mágico en el que se integran situaciones fantásticas. Otra novela excelente de García Márquez es *El amor en los tiempos del cólera*, donde narra la historia de un hombre que perdió su amor de juventud cuando la mujer que amaba se casó con un hombre rico; pero él espera toda una vida para recuperarla. En el año 2007 salió una película basada en la novela.

Photos 12/Alamy

Ejercicio

Usa el presente perfecto del subjuntivo en la primera oración y el pluscuamperfecto del subjuntivo en la segunda.

Ejemplos

No es cierto que Juan (decir) <u>haya dicho</u> la verdad.

No era cierto que Juan (decir) <u>hubiera dicho</u> la verdad.

1. No creo que ellos (terminar) _____ la casa.

No creía que ellos (terminar) _____ la casa.

2. No es posible que ellos (leer) _____ toda la novela.

No era posible que ellos (leer) _____ toda la novela.

3. Dudo que Ramón (comprar) _____ los boletos para el cine.

Dudaba que Ramón (comprar) _____ los boletos para el cine.

4. Mi novia se alegra de que yo (querer) _____ ir al museo.

Mi novia se alegró de que yo (querer) _____ ir al museo.

5. Es imposible que tú (poder) _____ escribir ese poema.

Era imposible que tú (poder) _____ escribir ese poema.

6. Tengo miedo de que nosotros (perderse) _____.

Tenía miedo de que nosotros (perderse) _____.

7. Es una lástima que Uds. no (decidir) _____ comprar el condominio.

Era una lástima que Uds. no (decidir) _____ comprar el condominio.

8. Miguel siente que tú no (ir) _____.

Miguel sintió que tú no (ir) _____.

9. No me gusta que la novela (ser) _____ tan corta.

No me gustó que la novela (ser) _____ tan corta.

10. A Pedro le encanta que el villano (morir) _____ al final de la película.

A Pedro le encantó que el villano (morir) _____ al final de la película.

Sequence of tenses in sentences using the subjunctive

▶ When the main verb that requires the subjunctive is in the present indicative, the present perfect indicative, the future, or if it is a command, the present subjunctive is used in the dependent clause.

Ejemplos

El fotógrafo **recomienda** que yo **use** una cámara digital.

*The photographer **recommends** that I **use** a digital camera.*

El fotógrafo **ha recomendado** que yo **use** una cámara digital.

*The photographer **has recommended** that I **use** a digital camera.*

Yo sé que el fotógrafo **recomendará** que yo **use** una cámara digital.

*I know that the photographer **will recommend** that I use a digital camera.*

No permitan Uds. que los niños **usen** la cámara digital.

***Do not allow** the children to **use** the digital camera.*

▶ When the main verb that requires the subjunctive is in the preterite or the imperfect, the imperfect (past) subjunctive is used in the dependent clause.

Ejemplos

El fotógrafo me **dijo** que **usara** una cámara digital.

*The photographer **told** me to **use** a digital camera.*

El fotógrafo siempre me **decía** que **usara** una cámara digital.

*The photographer always **told** me to **use** a digital camera.*

▶ When the main verb that requires the subjunctive is in the present indicative and the verb in the dependent clause is a compound tense, the present perfect subjunctive tense is used.

Ejemplo

El fotógrafo **duda** que yo **haya usado** una cámara digital.

*The photographer **doubts** that I **have used** a digital camera.*

▶ When the main verb that requires the subjunctive is in the preterite or imperfect indicative and the verb in the dependent clause is a compound tense, the past perfect subjunctive tense is used.

Ejemplo

El fotógrafo **dudaba** que yo **hubiera usado** una cámara digital.

*The photographer **doubted** that I **had used** a digital camera.*

Sequence of tenses in *if*-clauses using the subjunctive

▶ As stated earlier, the imperfect subjunctive is used in *if*-clauses that are contrary to fact, hypothetical, or nonexistent. In this construction, the imperfect subjunctive follows the word *if*, and the conditional tense is used in the result clause.

Ejemplo

Si tuviera dinero, **compraría** una cámara digital.   *If **I had** money, **I would buy** a digital camera.*

▶ The pluperfect (past perfect) subjunctive is used in *if*-clauses that refer to contrary-to-fact situations in the past. In this construction, the pluperfect (past perfect) subjunctive follows the word *if*, and the conditional perfect tense is used in the result clause. At times in informal speech, the pluperfect subjunctive is used in both clauses.

Ejemplos

Si hubiera tenido dinero, **habría comprado** una cámara digital.   *If **I had had** money, **I would have bought** a digital camera.*

Si hubiera tenido dinero, **hubiera comprado** una cámara digital.   *If **I had had** money, **I would have bought** a digital camera.*

Ejercicio

Relaciona las columnas y escribe en el espacio la forma correcta del verbo **ir**.

1. Si tengo tiempo   _____   **a.** _____ contigo al cine, pero no pude porque salí muy tarde del trabajo.

2. Si tuviera tiempo mañana,   _____   **b.** Arturo y yo _____ al cine cuando estábamos en la universidad.

3. Antes, si teníamos tiempo, _____   **c.** _____ contigo al cine, pero me parece difícil.

4. Si (yo) hubiera tenido tiempo ayer, _____   **d.** _____ al cine de todas maneras.

 Música 🌐 Almanaque de Uruguay, A-40

Óscar a la mejor canción original

En los Premios Óscar ha existido una categoría dedicada a la mejor canción original desde 1934, y desde entonces se ha entregado ininterrumpidamente. El premio es para el autor y el compositor del tema, no para el intérprete. El músico, actor y otorrinolaringólogo uruguayo Jorge Drexler (1964) ganó el Óscar en 2004 por su canción "Al otro lado del río" de la película *Diarios de motocicleta*. Es la única canción en español que ha recibido este premio. En la ceremonia de los Premios Óscar fue interpretada por Antonio Banderas y Carlos Santana, pero en la película Drexler interpretó su propia canción. En los últimos años, el músico ha tenido nominaciones a los Premios *Grammy*, a los *Latin Grammy* y al Premio de la Música Española, entre otros reconocimientos.

AFP/Getty Images

 Study tip Go to the SAM for extra vocabulary and grammar exercises for this module.

En acción

Conversaciones y más

12-15 ¡Qué novela! Lee el diálogo y después escribe **C** si la oración es cierta o **F** si es falsa.

Isabel: Hola, Sofía. ¿Cómo estás?

Sofía: Muy bien, pero hoy tengo much sueño porque me quedé leyendo hasta las tres de la mañana.

Isabel: ¿Por qué? ¿Algo relacionado con el trabajo?

Sofía: No, para nada. Estaba leyendo una novela de García Márquez y no podía dejar de leerla. Estaba muy interesante. Leer una novela suya es fascinante.

Isabel: ¿Qué novela? *¿El amor en los tiempos del cólera?*

Sofía: Sí, me encantó… por eso me quedé leyendo hasta muy tarde. No hubiera podido dormir sin saber el final…

Isabel: Claro. Me ha pasado muchas veces. Hay ciertos escritores que te envuelven en su historia. Compartes los sentimientos de los personajes, y muchas veces te identificas con alguno de ellos.

Sofía: ¿Con algún personaje o con algún escritor?

Isabel: Con los dos; con uno o con varios. Yo, por ejemplo, me identifico con Ángeles Mastreta. Pienso que me hubiera encantado decir las cosas como ella y por eso disfruto tanto leyendo sus obras. Pero, por supuesto también disfruto la poesía de Neruda o de Benedetti y…

Sofía: Estamos igual. ¿Será por eso que estudiamos letras y no ingeniería? *(Riendo)*

Isabel: Seguramente. Todavía no he encontrado la poesía de los números. Te aseguro que si no hubiera estudiado letras, habría estudiado de todos modos algo de humanidades.

Sofía: Exacto. Por eso somos amigas. Tenemos los mismos intereses. Prefiero no dormir leyendo a García Márquez que resolviendo ecuaciones. ¿Te imaginas? ¡Qué horror!

1. En el diálogo mencionan el nombre del autor de la novela. _____

2. Sofía tenía que terminar la novela por cuestiones de trabajo. _____

3. Según Isabel y Sofía, leer es fascinante. _____

4. Ángeles Mastreta es uno de los personajes de la novela. _____

5. Estas dos amigas tienen formación académica similar. _____

6. Isabel es muy buena con los números. _____

C ¿Prefieres el libro o la película?

12-16 ¿Es buena idea unir literatura y cine? Con un/a compañero/a, ordena los diálogos.

Diálogo 1

—¿Cuáles te han gustado? Para mí, solo unas pocas llegan a ser buenas. _____

—¿Te gusta ver películas basadas en libros? _____

—Esa a mí también me gustó. Pero Laura Esquivel escribió también el guión de la película. Es muy importante que el director elija bien al elenco para respetar la idea del escritor. _____

—La verdad, no. Prefiero leer un libro donde todo queda a la imaginación del lector. _____

—Bueno, a mí también me gusta leer, pero he visto varias películas después de haber leído el libro y me han gustado de todos modos. _____

—¡No exageres! No dije que fuera necesario hablar con el escritor, solo tratar de respetar su idea. _____

—Por ejemplo me gustó mucho *Como agua para chocolate*. _____

—Claro, pero no siempre es posible. No sabemos lo que Cervantes habría dicho si hubiera visto las diferentes versiones que se han hecho en el cine del *Quijote*. _____

Diálogo 2

—Bueno, vamos a tu casa. Oye, ¿también puedes hacer palomitas? _____

—No me digas que a ti sí te encantan. _____

—¿Quieres ir al cine hoy en la noche? _____

—¿Nada bueno? ¿Cómo es posible? _____

—¡No me digas que no te gustan las películas con ríos de sangre! _____

—Por supuesto que no, pero no debes negar que hay películas de acción que son excelentes. _____

—¡Tengo una idea! Vamos a ver *El lado oscuro del corazón*. Es una película en la cual los personajes usan poesías cuando hablan. _____

—Ah, sí. Nunca la he visto, pero me la han recomendado muchísimo. ¿Tú la tienes? _____

—Claro, las palomitas son fundamentales para gozar de una buena película. _____

—No sé. Vi la cartelera y la verdad no había nada bueno. _____

—Sí, la compré. Puedo verla muchas veces y siempre encuentro algo nuevo. _____

—Bueno, quiero decir nada bueno para mí. Hay muchas películas muy violentas. _____

12-17 Director de cine Escucha la reinterpretación de una entrevista dada por el director de cine argentino Eliseo Subiela y contesta las preguntas.

2-41

Note: The interview with Eliseo Subiela did occur, but the voices on the audio are not the voices of Nancy Membrez or Eliseo Subiela.

1. ¿Qué es el cine para Eliseo Subiela?

_____

_____

2. ¿Para qué le sirve leer poesía?

_____

3. ¿En qué se inspira Subiela para contar sus historias?

_____

_____

4. ¿Cuál fue el reto *(challenge)* de *El lado oscuro del corazón*?

_____

5. ¿Cuál habría sido la profesión de Subiera si no hubiera sido director de cine?

_____

6. ¿Por qué algunos de sus personajes vuelan?

_____

7. ¿Qué les aconseja a los jóvenes que quieran hacer cine? ¿Por qué?

_____

_____

Nota cultural Almanaque de Argentina, A-2

The poet of Argentinian cinema Eliseo Subiela (Buenos Aires, 1944) is known worldwide as the poet of Argentinian cinema. An *auteur*, that is, a screenwriter-director with a personal vision so intense his movies are unmistakable, Subiela started out in the 1960s making short documentaries and then worked as an assistant director on feature films in the Argentine film industry. Later he wrote and directed commercials to support his family during the military dictatorship. Major recognition arrived with his feature film *Hombre mirando al sudeste (Man Facing Southeast)* in 1986. In 1995, while continuing his film career, he founded his film school. Subiela's recurring themes are "love in the presence of death" and "madness." As a painter of dreams and reality, his haunting images, dialogue, and choice of accompanying music have a unique, lyrical quality, as if every frame were crafted as a master painting. His surrealistic, highly sensual films have garnered 85 international prizes to date. His advice to aspiring filmmakers is **"Vomitá sin miedo"** (literally: *Vomit without fear*. Figuratively: *Go for it!*).

Text courtesy of Nancy Membrez

12-18 Entrevista con el "stunt" Wilebaldo Bucio Con un/a compañero/a, busca las respuestas en las ◯ y escribe en el cuadro el número de la pregunta correspondiente.

1. ¿Cómo se prepara Ud. para realizar las escenas?

2. Además de la condición física, ¿qué otros factores tienen un papel importante?

3. ¿Prefiere Ud. usar la palabra en inglés para referirse a su profesión?

4. ¿Qué representó para Ud. ser parte de *El amor en los tiempos del cólera*?

5. ¿Cuáles son las especialidades en este trabajo?

6. ¿Hay normas para evitar el maltrato a los animales que participan?

Sí, porque no hay una palabra equivalente en español que **abarque** *(covers)* todo el concepto. Decir que es un "doble" limita la extensión del trabajo, ya que en muchas ocasiones, el stunt desarrolla su propio papel.

Este es un trabajo que requiere un alto nivel de entrenamiento y de acondicionamiento físico constante, ya que con la técnica se reduce el **riesgo** *(risk)*. Hay muchas especialidades en este trabajo, y cuando nos llaman, nos enfocamos en practicar la especialidad requerida.

Por supuesto. Ellos son actores como nosotros y están acostumbrados a las luces, a la gente, incluso a los **balazos** *(gunshots)*. En realidad más que la norma legal, es responsabilidad de cada uno de los que estamos en este negocio cuidar a los animales que nos dan de comer.

Las peleas, caídas de altura, situaciones con fuego, persecuciones con coches o motos, rampas de aire, caballos… Además en cada una de ellas existen variaciones.

La técnica en general. Por ejemplo: cómo hacer que se vea bien una pelea, cómo hacer el movimiento correcto para que se vea real. Si tú le **pegaras** *(were to hit)* realmente a un actor, nuestro trabajo dejaría de tener arte. Otro aspecto importante es la infraestructura. Como la precisión es fundamental, es importantísimo contar con una infraestructura apropiada.

En ese caso particular fue muy satisfactorio realizar en pantalla situaciones de una obra que es clásica, además de participar en una historia que me gusta. Leí el libro para adentrarme en el tema, mi estancia en Cartagena fue estupenda y me siento satisfecho con el resultado como coordinador de *stunts* y doble de acción.

Nota cultural

Wilebaldo Bucio is part of a team of Mexican stuntmen under the direction of **Julián Bucio**. He has more than 25 years of experience as a stuntman and coordinator in several countries in Latin America, the United States, and Europe. He has appeared in more than 65 movies, among which are *Titanic*, *The Mask of Zorro*, *Resident Evil*, and *Como agua para chocolate*. In 2007, he was the stuntman coordinator for the movie *Love in the Time of Cholera*, based on the novel by Gabriel García Márquez. His specialities include horses, stage combat, theatrical swordplay, high falls, full-body burns, automobiles, motorcycles, air ram, ratchet, Russian swing, rappelling, and bungee jumping.

Courtesy of the authors.

12-19 La literatura y el cine Entrevista a un/a compañero/a, toma notas y después preséntale la información a la clase.

Preguntas	Respuestas (con explicación)
¿Alguna vez has leído un libro y después visto la película basada en él?	
O al contrario, ¿has visto primero la película y leído después el libro?	
¿Alguna película te disgustó tanto que hubieras preferido no haberla visto nunca?	
Hasta ahora, ¿cuál ha sido tu libro favorito?	
¿Quién es el / la autor/a? ¿Cuál es el tema?	
¿Te gustaría ser actor / actriz o de algún modo estar involucrado en el mundo del cine?	
¿Quién es tu actor / actriz favorito/a actual y el / la de siempre? ¿Por qué?	
¿Cuál es tu película favorita actual y la de siempre? ¿Por qué?	

Ya puedes decirlo

12-20 Sobre Premios Nobel, poesía y cine

1. Once autores de habla hispana han recibido el Premio Nobel de Literatura. ¿Conoces algo de su obra? Elige uno y haz una presentación oral sobre él / ella.

- José Echegaray y Eizaguirre en 1904 (español)
- Jacinto Benavente en 1922 (español)
- Gabriela Mistral en 1945 (chilena)
- Juan Ramón Jiménez en 1956 (español)
- Miguel Ángel Asturias en 1967 (guatemalteco)
- Pablo Neruda en 1971 (chileno)
- Vicente Aleixandre en 1977 (español)
- Gabriel García Márquez en 1982 (colombiano)
- Camilo José Cela en 1989 (español)
- Octavio Paz en 1990 (mexicano)
- Mario Vargas Llosa en 2010 (peruano)

2. Trae copias de tu poema favorito en español para tus compañeros, y explícales por qué te gusta.

3. Haz un diálogo con un/a compañero/a. Hablen sobre sus películas favoritas y pónganse de acuerdo para ir al cine.

© Slimewoo/Shutterstock

Study tip Go to the SAM for additional listening and pronunciation practice for this chapter.

Antes de leer

Strategy: Review

Use all the strategies for this last reading: cognates, skimming, scanning, making predictions by studying photos, drawings, and by thinking about what the title suggests.

Arquitectura de Santiago Calatrava

Santiago Calatrava Valls nació el 28 de julio de 1951 en Valencia, España. Es arquitecto, escultor e ingeniero estructural. La ingeniería estructural es una **rama** *(branch)* de la arquitectura y la ingeniería civil. Empezó su carrera diseñando puentes y estaciones de tren. Su Torre de Comunicaciones en Barcelona (1991) igual que su *Allen Lambert Galleria* en Toronto, Canadá, le dieron ímpetu a su carrera, y debido a esos importantes proyectos le siguieron otros muy destacados. El Pabellón Quadracci (2001) del museo de arte de Milwaukee fue su primer trabajo de arquitectura en Estados Unidos. También diseñó un rascacielos de 54 pisos en Malmö, Suecia, en 2005 que se llama El Torso Torcido. Entre su fascinante obra está su futurista estación de trenes llamada *World Trade Center Transportation Hub*, en el *World Trade Center* en la ciudad de Nueva York.

El estilo de Calatrava se ha proclamado como la unión de la ingeniería estructural y la arquitectura. Su obra es como una continuación de la tradición de la ingeniería modernista española que incluye a Félix Candela, Antonio Gaudí y Rafael Guastavino. Sin embargo, su estilo es también muy personal y **emana** *(derives)* de numerosos estudios del cuerpo humano y del mundo natural.

FCG/Shutterstock.com

Después de leer

Contesta las preguntas siguientes con oraciones completas.

1. ¿De dónde es Santiago Calatrava?

_____

2. ¿Cuál es su profesión?

_____

3. ¿Con qué tipo de arquitectura empezó su carrera?

_____

4. Menciona cinco ejemplos de su arquitectura.

_____

_____

5. ¿Cómo es el estilo de Santiago Calatrava?

_____

6. Santiago Calatrava continúa la tradición de la ingeniería modernista de un arquitecto español que has estudiado en este libro. ¿Quién es?

_____

¡Vamos a escribir!

Escoge uno de los proyectos de Calatrava y escribe un párrafo que lo describa.

_____

_____

_____

_____

_____

_____

_____

Hablar español es una puerta que se ha abierto para ti con infinitas posibilidades, tanto de contacto humano, como de expresiones culturales.

1. Escribe una lista de todos los aspectos de tu vida en los que puedes usar el español que has aprendido. Después, compárala con las de dos o tres compañeros. Comenten con toda la clase los resultados.

2. Escribe una lista de todas las posibilidades que el español tendrá en tu vida futura o para siempre.

A través de este texto, has adquirido una habilidad que enriquece tu vida y se queda contigo *PARA SIEMPRE*.

En el presente	Para siempre

¡Vamos a revisar!

Actividad 1 Escucha el diálogo siguiente y escribe **C** si las oraciones son ciertas o **F** si son falsas.

2-42

1. _____

2. _____

3. _____

4. _____

5. _____

Actividad 2 Escucha el diálogo siguiente y escribe **C** si las oraciones son ciertas o **F** si son falsas.

2-43

1. _____

2. _____

3. _____

4. _____

5. _____

Actividad 3 Marca la palabra que no corresponda.

1. **a.** trigo   **b.** aceite   **c.** grasa   **d.** manteca

2. **a.** jamón   **b.** pavo   **c.** pollo   **d.** cangrejo

3. **a.** uva   **b.** sandía   **c.** res   **d.** durazno

4. **a.** piña   **b.** espinacas   **c.** lechuga   **d.** zanahoria

5. **a.** jugo   **b.** cebolla   **c.** limonada   **d.** refresco

Actividad 4 Relaciona las columnas.

1. papas   _____   **a.** pollo

2. jamón con huevos   _____   **b.** pastel

3. ensalada   _____   **c.** puré

4. helado   _____   **d.** tomates

5. sopa   _____   **e.** desayuno

Actividad 5 Completa con la palabra apropiada.

1. Cuando me siento a comer, les digo a todos _____.

2. Me gusta el café con crema y _____.

3. Se sirve el vino en _____.

4. Voy a freír la carne en _____.

5. Después de terminar la cena, le pido al mesero _____.

Actividad 6 Marca la palabra que no corresponda.

1. **a.** abstracto   **b.** realismo   **c.** cubismo   **d.** diseño

2. **a.** acuarela   **b.** óleo   **c.** azulejo   **d.** paleta

3. **a.** cuadro   **b.** logotipo   **c.** marco   **d.** pintura

4. **a.** escultura   **b.** artista   **c.** pintor   **d.** muralista

5. **a.** diseñar   **b.** imprimir   **c.** marco   **d.** impresora

Actividad 7 Relaciona las columnas.

1. techo _____   **a.** casa

2. jardín _____   **b.** torre

3. convento _____   **c.** tejado

4. balcón _____   **d.** terreno

5. castillo _____   **e.** iglesia

Actividad 8 Completa con la palabra apropiada.

1. Grupo de personas que sale en una película: _____.

2. Una persona que toma el lugar de otra es _____.

3. En el cine, me gusta comer _____.

4. La persona principal en una película es _____.

5. En una fábula, debe haber _____.

Actividad 9 Cambia el infinitivo, primero al mandato informal afirmativo y luego al mandato informal negativo.

Ejemplo

hablar español / no hablar inglés

habla, no hables

1. comer más verduras / no comer tanta carne roja _____

2. cerrar la puerta / no cerrar las ventanas _____

3. poner la fruta en la mesa / no ponerla en el refrigerador _____

4. por favor, hacer pescado / no hacer pollo frito _____

5. usar aceite de oliva / no usar manteca _____

Actividad 10 Cambia el verbo entre paréntesis a la forma correcta del presente del subjuntivo cuando sea necesario.

1. Prefiero (hacer) _____ caldo de pollo, en vez de caldo de res.

2. Recomiendo que Juan (preparar) _____ puré de papas, en lugar de papas fritas.

3. Mi madre quiere que nosotros (poner) _____ la mesa ahora.

4. Quiero (comer) _____ pastel con helado.

5. Ojalá que Uds. (venir) _____ a la cena mañana.

6. No voy a pedir un aperitivo, a menos que tú (querer) _____ uno.

7. Niños, antes de (comer) _____, lávense las manos.

8. Le voy a dar una buena propina al mesero, con tal que nos (atender) _____ bien.

9. Tan pronto como yo (hacer) _____ la reservación, te llamo.

10. Señorita, no sirva la comida hasta que nosotros (terminar) _____ la ensalada.

Actividad 11 Cambia el verbo en paréntesis al condicional.

1. Teresa dijo que (ir) _____ al teatro conmigo.

2. Carlos, ¿te (gustar) _____ ir a la nueva exposición de arte abstracto?

3. Juan y Ana dijeron que (poder) _____ ir al cine con nosotros.

4. Nosotros no sabemos lo que (hacer) _____ sin un patrocinador tan generoso.

Actividad 12 Cambia el verbo entre paréntesis a la forma correcta del imperfecto del subjuntivo.

1. Yo quería que la casa (ser) _____ de ladrillo.

2. El arquitecto dijo que Carlos y yo (estar) _____ preparados a pagar más.

3. La agente no estaba segura de que nosotros (tener) _____ suficiente dinero para ese condominio.

4. Dudé que mis hijos (poder) _____ decorar la casa sin la ayuda de un experto.

5. Mi esposa insistió en que (haber) _____ una fuente en la terraza.

Actividad 13 Cambia el verbo entre paréntesis a la forma correcta del presente perfecto del subjuntivo.

1. Yo dudo que tú (haber leer) _____ el poema.

2. El profesor no cree que Antonio (haber entender) _____ la moraleja de la fábula.

3. No estoy seguro que los alumnos (haber traducir) _____ el cuento.

4. Miguel espera que yo (haber escribir) _____ el ensayo.

Actividad 14 Cambia el verbo entre paréntesis a la forma correcta del pluscuamperfecto del subjuntivo.

> **Ejemplo**
>
> Si yo (haber tener) suficiente dinero, habría comprado la casa.
>
> Si yo hubiera tenido suficiente dinero, habría comprado la casa.

1. Si tú (haber ver) _____ la catedral, te habría gustado.

2. Si nosotros (haber tener) _____ la opción, habríamos escogido granito.

3. Si Uds. (haber conocer) _____ al autor, habrían sabido que es interesantísimo.

4. Si yo (haber ser) _____ artista, habría pintado al estilo abstracto.

Actividad 15 Contesta con oraciones completas.

1. ¿Prefieres comer carne o pescado?

_____

2. ¿Qué comes en la cena generalmente?

_____

3. Cuando vas a un restaurante, ¿siempre pides postre después de la cena?

_____

4. ¿Qué estilo de arte te gusta más?

_____

5. ¿Qué material te gusta para los pisos de tu casa?

_____

6. ¿Alguna vez has conocido una estrella de cine?

_____

Almanaque del mundo hispano

Argentina ▶

INFORMACIÓN GENERAL

Nombre oficial: República Argentina

Nacionalidad: argentino(a)

Área: 2 780 400 km² (el país de habla hispana más grande del mundo, aproximadamente de 2 veces el tamaño de Alaska)

Población: 42 192 494 (2011)

Capital: Buenos Aires (f. 1580) (12 988 000 hab.)

Otras ciudades importantes: Córdoba (1 493 000 hab.), Rosario (1 231 000 hab.), Mendoza (917 000 hab.), Mar del Plata (614 000 hab.)

Moneda: peso (argentino)

Idiomas: español (oficial), guaraní, inglés, italiano, alemán, francés

(iLrn) Para aprender más sobre Argentina, mira el video cultural en la videoteca *(Video Library)*.

DEMOGRAFÍA

Alfabetismo: 97,2%

Religiones: católicos (92%), protestantes (2%), judíos (2%), otros (4%)

ARGENTINOS CÉLEBRES

Eva Perón
primera dama (1919–1952)

Jorge Luis Borges
escritor (1899–1986)

Julio Cortázar
escritor (1914–1984)

Adolfo Pérez Esquivel
Premio Nobel de la Paz (1931–)

Diego Maradona
futbolista (1960–)

Charly García
músico (1951–)

Miguelito/Shutterstock.com

Puerto Madero, en Buenos Aires

Mercado de San Telmo

Investiga en internet 🌐

Geografía: las cataratas del Iguazú, la Patagonia, las islas Malvinas, las pampas

Historia: la inmigración, los gauchos, la guerra sucia, la Guerra de las Islas Malvinas, Carlos Gardel, Mercedes Sosa, José de San Martín

Películas: *Valentín, La historia oficial, Quién toca a mi puerta, El secreto*

Música: el tango, la milonga, la zamba, la chacarera, Fito Páez, Soda Stereo, Charly García

Comidas y bebidas: el asado, los alfajores, las empanadas, el mate, los vinos cuyanos

Fiestas: 25 de mayo (Día de la Revolución), 9 de julio (Día de la Independencia)

Un puente de hielo del glaciar Perito Moreno

Curiosidades

- Argentina es un país de inmigrantes europeos. A partir de la última parte del siglo XIX hubo una fuerte inmigración, especialmente de Italia, España e Inglaterra. Estas culturas se mezclaron y ayudaron a crear la identidad argentina.

- Argentina se caracteriza por la calidad de su carne vacuna y por ser uno de los principales exportadores del mundo.

- El instrumento musical característico del tango, la música tradicional argentina, se llama *bandoneón*, y es de origen alemán.

Bolivia ▶

INFORMACIÓN GENERAL

Nombre oficial: Estado Plurinacional de Bolivia

Nacionalidad: boliviano(a)

Área: 1 098 581 km² (aproximadamente de 3 veces el tamaño de Montana, o la mitad de México)

Población: 10 290 003 (2011)

Capital: Sucre (poder judicial) (f. 1538) (281 000 hab.) y La Paz (sede del gobierno) (f. 1548) (1 642 000 hab.)

Otras ciudades importantes: Santa Cruz de la Sierra (1 584 000 hab.), Cochabamba (1 030 000 hab.), El Alto (900 000 hab.)

Moneda: boliviano

Idiomas: español (oficial), quechua, aymará

(i)rn Para aprender más sobre Bolivia, mira el video cultural en la videoteca (Video Library).

DEMOGRAFÍA

Alfabetismo: 86,7%

Religiones: católicos (95%), protestantes (5%)

BOLIVIANOS CÉLEBRES

María Luisa Pacheco
pintora (1919–1982)

Jaime Escalante
ingeniero y profesor de matemáticas (1930–2010)

Evo Morales
primer indígena elegido presidente de Bolivia (1959–)

Edmundo Paz Soldán
escritor (1967–)

La montaña Huayna Potosí desde La Paz

Celso Diniz/Shutterstock

Geografía: el lago Titikaka, Tihuanaco, el salar de Uyuni

Historia: los incas, los aymará, la hoja de coca, Carnaval de Oruro Festival de la Virgen de Urkupiña, Simón Bolivar

Música: la música andina, las peñas, la lambada, Los Kjarkas

Comidas y bebidas: las llauchas, la papa (más de dos mil variedades), la chicha

Fiestas: 6 de agosto (Día de la Independencia)

Un barco tradicional hecho con totora, una planta que crece en el lago Titikaka

El cerro Rico donde se encuentra la mina Pailaviri

Curiosidades

- Bolivia tiene dos capitales. Una de ellas, La Paz, es la más alta del mundo a 3640 metros sobre el nivel del mar.

- El lago Titikaka es el lago navegable más alto del mundo con una altura de más de 3800 metros (12 500 pies) sobre el nivel del mar.

- En Bolivia se consumen las hojas secas de la coca para soportar mejor los efectos de la altura extrema.

- Bolivia es uno de los dos países de Sudamérica que no tiene costa marítima.

Chile ▶

INFORMACIÓN GENERAL

Nombre oficial: República de Chile

Nacionalidad: chileno(a)

Área: 756 102 km² (un poco más grande que Texas)

Población: 17 067 369 (2011)

Capital: Santiago (f. 1541) (5 883 000 hab.)

Otras ciudades importantes: Valparaíso (865 000 hab.), Viña del Mar (803 000 hab.), Concepción (212 000 hab.)

Moneda: peso (chileno)

Idiomas: español (oficial), mapuche, mapudungun, alemán, inglés

DEMOGRAFÍA

Alfabetismo: 95,7%

Religiones: católicos (70%), evangélicos (15,1%), testigos de Jehová (1,1%), ninguna (8,3%) otros (5,5%)

CHILENOS CÉLEBRES

Pablo Neruda
poeta, Premio Nobel de Literatura
(1904–1973)

Gabriela Mistral
poetisa, Premio Nobel de Literatura
(1889–1957)

Isabel Allende
escritora (1942–)

Michelle Bachelet
primera mujer presidente de Chile (1951–)

Violeta Parra
poetisa, cantautora (1917–1967)

iLrn Para aprender más sobre Chile, mira el video cultural en la videoteca *(Video Library)*.

SF photo/Shutterstock

El cerro Toro en Valparaíso, Chile

Investiga en internet 🖳

Geografía: Antofagasta, el desierto de Atacama, la isla de Pascua, Tierra del Fuego, el estrecho de Magallanes, los pasos andinos

Historia: los indígenas mapuches, Salvador Allende, Augusto Pinochet, Bernardo O'Higgins

Películas: *Obstinate Memory, La nana*

Música: el Festival de Viña del Mar, Víctor Jara, Quilapayún, La Ley, Inti Illimani

Comidas y bebidas: las empanadas, los pescados y mariscos, el pastel de choclo, los vinos chilenos

Fiestas: 18 de septiembre (Día de la Independencia)

Los famosos moáis de la Isla de Pascua

Un carnaval en Valparaíso

Curiosidades

- En algunas partes de Chile, se puede atravesar el país en 90 km. Gracias a su longitud, en el sur de Chile hay glaciares y fiordos, mientras que en el norte está el desierto más seco del mundo: el desierto de Atacama. La cordillera de los Andes también contribuye a la gran variedad de zonas climáticas y geográficas de este país.

- Es un país muy rico en minerales, en particular en cobre, que se exporta a nivel mundial.

- En febrero del 2010, Chile sufrió uno de los terremotos *(earthquakes)* más fuertes registrados en el mundo, con una magnitud de 8.8. Chile también fue el escenario del terremoto más violento desde que se tiene registro: ocurrió en 1960, y tuvo una magnitud de 9.4.

Colombia ▶

INFORMACIÓN GENERAL

Nombre oficial: República de Colombia

Nacionalidad: colombiano(a)

Área: 1 138 910 km² (un poco menos de dos veces el tamaño de Tejas)

Población: 45 239 079 (2011)

Capital: Bogotá D.C. (f. 1538) (8 262 000 hab.)

Otras ciudades importantes: Medellín (3 497 000 hab.), Cali (2 352 000 hab.), Barranquilla (1 836 000 hab.)

Moneda: peso (colombiano)

Idiomas: español (oficial), chibcha, guajiro y aproximadamente 90 lenguas indígenas

ⓘrn Para aprender más sobre Colombia, mira el video cultural en la videoteca (*Video Library*).

DEMOGRAFÍA

Alfabetismo: 90,4%

Religiones: católicos (90%), otros (10%)

COLOMBIANOS CÉLEBRES

Gabriel García Márquez
escritor, Premio Nobel de Literatura (1928–)

Fernando Botero
pintor y escultor (1932–)

Shakira
cantante y benefactora (1977–)

Tatiana Calderón Noguera
automovilista (1993–)

© Ildi Papp/Shutterstock

Colombia es un país con una gran biodiversidad

La playa Santa Marta

Bogotá, capital de Colombia

Curiosidades

- El 95% de la producción mundial de esmeraldas se extrae del subsuelo colombiano. Sin embargo, la mayor riqueza del país es su diversidad, que incluye culturas del Caribe, del Pacífico, del Amazonas y de los Andes.

- Colombia, junto con Costa Rica y Brasil, es uno de los principales productores de café de Latinoamérica.

- Colombia tiene una gran diversidad de especies de flores. Es el primer productor de claveles y el segundo exportador mundial de flores después de Holanda.

Costa Rica ▶

INFORMACIÓN GENERAL

Nombre oficial: República de Costa Rica

Nacionalidad: costarricense

Área: 51 100 km² (un poco más pequeño que Virginia Occidental)

Población: 4 636 348 (2011)

Capital: San José (f. 1521) (1 416 000 hab.)

Otras ciudades importantes: Alajuela (254 000 hab.), Cartago (413 000 hab.)

Moneda: colón

Idiomas: español (oficial), inglés

DEMOGRAFÍA

Alfabetismo: 94,9%

Religiones: católicos (76,3%), evangélicos y otros protestantes (14,4%), testigos de Jehová (1,3%) otros (4,8%), ninguna (3,2%)

COSTARRICENCES CÉLEBRES

Oscar Arias
político, Premio Nobel de la Paz, presidente (1940–)

Carmen Naranjo
escritora (1928–2012)

Claudia Poll
atleta olímpica (1972–)

iLrn Para aprender más sobre Costa Rica, mira el video cultural en la videoteca *(Video Library)*.

Una garza en el Parque Nacional Tortuguero

Bruce Raynor/Shutterstck

El volcán Poás, uno de los volcanes activos más visitados del mundo

Olla de carne, plato tradicional costarricense

Curiosidades

- Costa Rica es uno de los pocos países del mundo que no tiene ejército *(army)*. En noviembre de 1949, 18 meses después de la Guerra Civil, abolieron el ejército en la nueva constitución.

- Se conoce como un país progresista, gracias a su apoyo a la democracia, al alto nivel de vida de los costarricenses y a la protección de su medio ambiente.

- Costa Rica posee una fauna y una flora sumamente ricas. Un ejemplo de ello es el Parque Nacional Tortuguero.

- Costa Rica produce y exporta cantidades importantes de café, por lo que este producto es muy importante para su economía. Además, el café costarricense es de calidad reconocida en todo el mundo.

Cuba ▶

INFORMACIÓN GENERAL

Nombre oficial: República de Cuba

Nacionalidad: cubano(a)

Área: 110 860 km² (aproximadamente el área de Tennessee)

Población: 11 075 244 (2011)

Capital: La Habana (f. 1511) (2 140 000 hab.)

Otras ciudades importantes: Santiago (494 000 hab.), Camagüey (324 000 hab.)

Moneda: peso (cubano)

Idiomas: español (oficial)

DEMOGRAFÍA

Alfabetismo: 99,8%

Religiones: católicos (85%), santería y otras religiones (15%)

CUBANOS CÉLEBRES

José Martí
político, periodista, poeta (1853–1895)

Alejo Carpentier
escritor (1904–1980)

Wifredo Lam
pintor (1902–1982)

Alicia Alonso
bailarina, fundadora del Ballet
Nacional de Cuba (1920–)

Silvio Rodríguez
poeta, cantautor (1946–)

iLrn Para aprender más sobre Cuba, mira el video cultural en la videoteca *(Video Library)*.

Niños nadando en el malecón de La Habana en Cuba

Giovanni Rinaldi/iStockphotos

Peeter Viisimaa/iStockphotos

Los autos viejos son una vista típica en toda la isla.

RoxyFer/Shutterstck

Músicos cubanos tradicionales que tocan en las calles de Trinidad

Curiosidades

- Cuba se distingue por tener uno de los mejores sistemas de educación del mundo, por su sistema de salud y por su apoyo a las artes y a los deportes.

- La población de la isla es una mezcla de los pobladores nativos (taínos), descendientes de esclavos africanos, y europeos, mezcla que produce una cultura única.

- A principios de la década de 1980, un movimiento musical conocido como la Nueva Trova Cubana presentó al mundo entero la música testimonial.

Ecuador ▶

INFORMACIÓN GENERAL

Nombre oficial: República del Ecuador

Nacionalidad: ecuatoriano(a)

Área: 283 561 km² (aproximadamente el área de Colorado)

Población: 15 223 680 (2011)

Capital: Quito (f. 1556) (1 801 000 hab.)

Otras ciudades importantes: Guayaquil (2 634 000 hab.), Cuenca (505 000 hab.)

Moneda: dólar (estadounidense)

Idiomas: español (oficial), quechua

DEMOGRAFÍA

Alfabetismo: 91%

Religiones: católicos (95%), otros (5%)

ECUATORIANOS CÉLEBRES

Jorge Carrera Andrade
escritor (1903–1978)

Oswaldo Guayasamín
pintor (1919–1999)

Rosalía Arteaga
abogada, política, ex vicepresidenta (1956–)

iLrn Para aprender más sobre Ecuador, mira el video cultural en la videoteca *(Video Library)*.

Las Peñas es un barrio muy conocido de la ciudad de Guayaquil

Marcos Aspiazu/Shutterstock

Investiga en internet 🖥️

Geografía: La selva amazónica, las islas Galápagos, el volcán Cotopaxi

Historia: José de Sucre, la Gran Colombia, los indígenas tagaeri

Música: música andina, la quena, la zampoña

Comida: la papa, el plátano frito, el ceviche

Fiestas: 10 de agosto (Día de la Independencia)

Unos niños aymará

Vista aérea del sector financiero de la ciudad de Quito

Curiosidades

- Este país cuenta con una gran diversidad de zonas geográficas como costas, altas montañas con nieve y selva. A Ecuador pertenecen las famosas islas Galápagos, que tienen una gran diversidad biológica. A principios del siglo XX, estas islas fueron utilizadas como prisión.

- Ecuador tom a su nombre de la línea ecuatorial, que divide el globo en dos hemisferios: norte y sur.

- La música andina es tradicional en Ecuador, con instrumentos indígenas como el charango, el rondador y el bombo.

- Ecuador es famoso por sus tejidos de lana de llama y alpaca, dos animales de la región andina.

El Salvador ▶

INFORMACIÓN GENERAL

Nombre oficial: República de El Salvador

Nacionalidad: salvadoreño(a)

Área: 21 041 km² (un poco más pequeño que Massachusetts)

Población: 6 090 646 (2011)

Capital: San Salvador (f. 1524) (1 534 000 hab.)

Otras ciudades importantes: San Miguel (218 000 hab.), Santa Ana (274 000 hab.)

Moneda: dólar (estadounidense)

Idiomas: español (oficial), náhuatl, otras lenguas amerindias

DEMOGRAFÍA

Alfabetismo: 81,1%

Religiones: católicos (57,1%), protestantes (21,2%), testigos de Jehová (1,9%), mormones (0,7%), otros (2,3%), ninguna (16,8%)

SALVADOREÑOS CÉLEBRES

Óscar Arnulfo Romero
arzobispo, defensor de los derechos humanos (1917–1980)

Claribel Alegría
escritora (nació en Nicaragua pero se considera salvadoreña) (1924–)

Alfredo Espino
poeta (1900–1928)

iLrn Para aprender más sobre El Salvador, mira el video cultural en la videoteca *(Video Library)*.

El puerto de San Salvador

Andre Nantel/Shutterstck

Investiga en internet 🌐

Geografía: el bosque lluvioso (Parque Nacional Montecristo), el puerto de Acajutla, el volcán Izalco, los planes de Renderos

Historia: Tazumal, Acuerdos de Paz de Chapultepec, José Matías Delgado, FMLN, Ana María

Películas: *Romero*, *Voces inocentes*

Música: Taltipac, la salsa y la cumbia (fusión)

Comidas y bebidas: las pupusas, los tamales, la semita, el atole

Fiestas: 6 de agosto (Día del Divino Salvador del Mundo); 15 de septiembre (Día de la Independencia)

Una de las numerosas cascadas en el área de Juayua

Forest Woodward/iStockphoto.com

El Lago de Coatepeque

Curiosidades

- El Salvador es el país más pequeño de Centroamérica, pero el más denso en población.

- Hay más de veinte volcanes y algunos están activos.

- El Salvador está en una zona sísmica, por lo que ocurren terremotos con frecuencia. En el pasado, varios sismos le causaron muchos daños al país.

- Entre 1980 y 1990, El Salvador vivió una guerra civil. Durante esos años, muchos salvadoreños emigraron a los Estados Unidos.

España ▶

INFORMACIÓN GENERAL

Nombre oficial: Reino de España

Nacionalidad: español(a)

Área: 505 370 km² (aproximadamente 2 veces el área de Oregón)

Población: 47 042 984 (2011)

Capital: Madrid (f. siglo IX) (3 300 000 hab.)

Otras ciudades importantes: Barcelona (5 762 000 hab.), Valencia (812 000 hab.), Sevilla (703 000 hab.), Toledo (82 000 hab.)

Moneda: euro

Idiomas: castellano (oficial), catalán, vasco, gallego

DEMOGRAFÍA

Alfabetismo: 97,9%

Religiones: católicos (94%), otros (6%)

ESPAÑOLES CÉLEBRES

Miguel de Cervantes Saavedra
escritor (1547–1616)

Federico García Lorca
poeta (1898–1936)

Camilo José Cela
escritor, Premio Nobel de
Literatura (1916–2002)

Pedro Almodóvar
director de cine (1949–)

Antonio Gaudí
arquitecto (1852–1926)

Rafael Nadal
tenista (1986–)

iLrn Para aprender más sobre España, mira el video cultural en la videoteca (Video Library).

Vinicius Tupinamba/Shutterstck

La Plaza Mayor es un lugar lleno de historia en el centro de Madrid.

Investiga en internet 🖥️

Geografía: las islas Canarias, las islas Baleares

Historia: la conquista de América, la Guerra Civil, el rey Fernando y la reina Isabel, la Guerra de la Independencia Española

Películas: *Ay, Carmela, Mala educación, Hable con ella, Mar adentro, Volver*

Música: las tunas, el flamenco, Paco de Lucía, Mecano, Rosario, Joaquín Sabina

Comidas y bebidas: la paella valenciana, las tapas, la tortilla española, la crema catalana, los vinos, la sangría, la horchata

Fiestas: Festival de la Tomatina, San Fermín, procesiones de Semana Santa

El puerto de Barcelona al atardecer

Domenico Pellegriti/iStockphoto.com

Matt Trommer/Shutterstck

El Alcázar en la ciudad de Toledo

Curiosidades

- España se distingue por una gran cantidad de pintores y escritores. En el siglo XX se destacaron los pintores Pablo Picasso, Salvador Dalí y Joan Miró. Entre los clásicos figuran Velázquez, El Greco y Goya.

- El Palacio Real de Madrid presenta una arquitectura hermosa. Contiene pinturas de los artistas mencionados anteriormente *(above)*. Originalmente fue un fuerte, construido por los musulmanes en el siglo IX. Más tarde, los reyes de Castilla construyeron allí el Alcázar. En 1738, el rey Felipe V ordenó la construcción del palacio. Desde entonces fue por muchos años la residencia del rey. Actualmente, Juan Carlos I lo usa en las ceremonias de estado, aunque ya no habita en él.

- Aunque el castellano se habla en todo el país, cada región de España mantiene vivo su propio idioma. De todos, el más interesante quizás sea el vasco, que es el único idioma que no deriva del latín y cuyo origen no se conoce.

- En la ciudad de Toledo se fundó la primera escuela de traductores, en el año 1126.

Guatemala ▶

INFORMACIÓN GENERAL

Nombre oficial: República de Guatemala

Nacionalidad: guatemalteco(a)

Área: 108 889 km² (un poco más grande que el área de Ohio)

Población: 14 099 032 (2011)

Capital: Guatemala (f. 1524) (1 075 000 hab.)

Otras ciudades importantes: Mixco (688 000 hab.), Villa Nueva (710 000 hab.)

Moneda: quetzal

Idiomas: español (oficial), lenguas mayas y otras lenguas amerindias

iLrn Para aprender más sobre Guatemala, mira el video cultural en la videoteca *(Video Library)*.

DEMOGRAFÍA

Alfabetismo: 69,1%

Religiones: católicos (60%), protestantes y otros (40%)

GUATEMALTECOS CÉLEBRES

Augusto Monterroso
escritor (1921–2003)

Miguel Ángel Asturias
escritor (1899–1974)
Premio Nobel de Literatura

Carlos Mérida
pintor (1891–1984)

Rigoberta Menchú
activista por los derechos humanos,
Premio Nobel de la Paz (1959–)

Ricardo Arjona
cantautor (1964–)

Mike Cohen/Shutterstock.com

Mujeres que tejen en la región del departamento de Sololá

Investiga en internet 🌐

Geografía: el lago Atitlán, Antigua

Historia: los mayas, Efraín Ríos Mont, la matanza de indígenas durante la dictadura, quiché, el Popul Vuh

Películas: *El norte*

Música: punta, Ricardo Arjona

Comida: los tamales, la sopa de pepino

Fiestas: 15 de septiembre (Día de la Independencia)

Un detalle arquitectónico en el centro de la Ciudad de Guatemala

Vista del lago Atitlán

Curiosidades

- Guatemala es conocida por la gran cantidad de sitios arqueológicos mayas. Unos de los más importantes es Tikal. También es conocida por sus tradiciones indígenas, especialmente los tejidos de vivos colores.

- Antigua es una famosa ciudad que sirvió como la tercera capital de Guatemala. Es reconocida mundialmente por su bien preservada arquitectura renacentista y barroca.

- Algunos de los aspectos esenciales de la cultura guatemalteca son las tradiciones indígenas, especialmente los tejidos de vivos colores.

Guinea Ecuatorial ▶

INFORMACIÓN GENERAL

Nombre oficial: República de Guinea Ecuatorial

Nacionalidad: ecuatoguineano(a)

Área: 28 051 km² (aproximadamente el área de Maryland)

Población: 650 702 (2010)

Capital: Malabo (f. 1827) (157 000 hab.)

Otras ciudades importantes: Bata (175 000 hab.), Ebebiyín (26 000 hab.)

Moneda: franco CFA

Idiomas: español y francés (oficiales), lenguas bantúes (fang, bubi)

DEMOGRAFÍA

Alfabetismo: 87%

Religiones: católicos y otros cristianos (95%), prácticas paganas (5%)

ECUATOGUINEANOS CÉLEBRES

Eric Moussambani
nadador olímpico (1978–)

Leoncio Evita
escritor del primer libro guineano y primera
novela africana en español (1929–1996)

Donato Ndongo-Bidyogo
escritor y periodista (1950–)

iLrn Para aprender más sobre Guinea Ecuatorial, mira el video cultural en la videoteca *(Video Library)*.

Niños jugando frente a una iglesia en Malambo

Christine Nesbitt/Associate Press

Cloudia Newland/Shutterstock.com

Un mandril

Investiga en internet 🌐

La geografía: la isla de Bioko, el río Muni

La historia: los Bantú, los Igbo, los Fang

Música: Las Hijas del Sol

Comidas y bebidas: la sopa banga, el pescado a la plancha, el puercoespín, el antílope, los vinos de palma, la malamba (aguardiente de caña de azúcar)

Fauna: pequeños antílopes, mandriles, pangolines

Fiestas: 12 de octubre (Día de la Independencia)

Pablo Galan Cela/age fotostock

Un río en un bosque de la isla de bioko

Curiosidades

- Se piensa que los primeros habitantes de esta región fueron pigmeos.

- Guinea Ecuatorial obtuvo su independencia de España en 1968, muchos años después de las otras colonias

- Parte de su territorio fue colonizado por Portugal e Inglaterra.

- Macías Nguema fue dictador de Guinea Ecuatorial hasta 1979.

- El país cuenta con una universidad, la universidad Nacional de Guinea Ecuatorial, situada en la capital.

Honduras ▶

INFORMACIÓN GENERAL

Nombre oficial: República de Honduras

Nacionalidad: hondureño(a)

Área: 112 090 km² (aproximadamente el área de Pennsylvania)

Población: 8 296 693 (2011)

Capital: Tegucigalpa (f. 1762) (1 000 000 hab.)

Otras ciudades importantes: San Pedro Sula (873 000 hab.), El Progreso (200 000 hab.)

Moneda: lempira

Idiomas: español (oficial), dialectos amerindios

iLrn Para aprender más sobre Honduras, mira el video cultural en la videoteca *(Video Library)*.

DEMOGRAFÍA

Alfabetismo: 80%

Religiones: católicos (97%), protestantes (3%)

HONDUREÑOS CÉLEBRES

Lempira
héroe indígena (1499–1537)

José Antonio Velásquez
pintor (1906–1983)

Ramón Amaya Amador
escritor (1916–1966)

David Suazo
futbolista (1979–)

Una cabeza maya entre las ruinas de Copán, declarado Patrimonio Universal por la UNESCO

Kubatyan/Shutterstck

Un pescadero en Utila

Investiga en internet 🖥

Geografía: islas de la Bahía, Copán

Historia: los mayas, los garífunas, los Miskito, Ramón Villedas Morales

Personalidades: Saúl Martínez, Carlos Mencía

Comidas y bebidas: el arroz con leche, los tamales, las pupusas, el atol de elote, la chicha, el ponche de leche

Fiestas: 15 de septiembre (Día de la Independencia)

Vista aérea de la isla Roatán en el Caribe hondureño

Curiosidades

- El nombre original del país fue Comayagua, el mismo nombre que su capital. A mediados del siglo XIX adoptó el nombre República de Honduras, y en 1880 la capital se trasladó a Tegucigalpa.

- Honduras basa su economía en la agricultura, especialmente en las plantaciones de plátano, cuya comercialización empezó en 1889 con la fundación de Standard Fruit Company.

- En 1998, el huracán Mitch golpeó severamente la economía nacional, destruyendo gran parte de la infraestructura del país y de los cultivos. Se calcula que el país retrocedió 25 años a causa del huracán.

México

INFORMACIÓN GENERAL

Nombre oficial: Estados Unidos Mexicanos

Nacionalidad: mexicano(a)

Área: 1 964 375 km² (aproximadamente 4 1/2 veces el área de California)

Población: 114 975 406 (2011)

Capital: México, D.F. (f. 1521) (19 319 000 hab.)

Otras ciudades importantes: Guadalajara (4 338 000 hab.), Monterrey (3 838 000 hab.), Puebla (2 278 000 hab.)

Moneda: peso (mexicano)

Idiomas: español (oficial), náhuatl, maya, zapoteco, mixteco, otomi, totonaca (se hablan aproximadamente 280 idiomas)

Para aprender más sobre México, mira el video cultural en la videoteca *(Video Library)*.

DEMOGRAFÍA

Alfabetismo: 86,1%

Religiones: católicos (76,5%), protestantes (5,2%), testigos de Jehová (1.1%), otros (17,2%)

MEXICANOS CÉLEBRES

Octavio Paz
escritor, Premio Nobel de Literatura (1914–1998)

Diego Rivera
pintor (1886–1957)

Frida Kahlo
pintora (1907–1954)

Emiliano Zapata
revolucionario (1879–1919)

Armando Manzanero
cantautor (1935–)

Rafa Márquez
futbolista (1979–)

Gael García Bernal
actor (1978–)

La Bolsa de valores en la Ciudad de México

Andres Balcazar/iStockphoto

La ciudad colonial de Taxco, una ciudad minera muy importante

Investiga en internet

Geografía: el cañón del Cobre, el volcán Popocatépetl, las lagunas de Montebello, Sierra Tarahumara, Acapulco

Historia: mayas, aztecas, toltecas, la conquista, la colonia, Pancho Villa, Porfirio Díaz, Hernán Cortés, Miguel Hidalgo, Los Zapatistas

Películas: *Amores perros, Frida, Y tu mamá también, Babel, El laberinto del fauno, La misma luna*

Música: mariachis, ranchera, tríos, Pedro Infante, Vicente Fernández, Luis Miguel, Maná, Jaguares

Comidas y bebidas: los chiles en nogada, el mole poblano, el pozole, los huevos rancheros, el tequila (alimentos originarios de México: chocolate, tomate, vainilla)

Fiestas: 16 de septiembre (Día de la Independencia), 1° y 2 de noviembre (Día de los Muertos)

El amanecer en el puerto de Zihuatanejo

Curiosidades

▪ La Ciudad de México (D.F.) es la segunda ciudad más poblada del mundo, después de Tokio. La ciudad fue fundada por los aztecas sobre un lago; algunas partes se están hundiendo por la desaparición del lago. Es una de las capitales más altas (a 2500 metros sobre el nivel del mar) y una urbe cosmopolita y llena de historia.

Nicaragua ▶

INFORMACIÓN GENERAL

Nombre oficial: República de Nicaragua

Nacionalidad: nicaragüense

Área: 130 370 km² (aproximadamente el área del estado de Nueva York)

Población: 5 727 707 (2011)

Capital: Managua (f. 1522) (934 000 hab.)

Otras ciudades importantes: León (175 000 hab.), Chinandega (151 000 hab.)

Moneda: córdoba

Idiomas: español (oficial), misquito, inglés y lenguas indígenas en la costa atlántica

DEMOGRAFÍA

Alfabetismo: 67,5%

Religiones: católicos (58,5%), evangélicos (21,6%), otros (4,2%) , ninguna (15,7%)

NICARAGÜENSES CÉLEBRES

Rubén Darío
poeta, padre del Modernismo (1867–1916)

Ernesto Cardenal
sacerdote, poeta (1925–)

Violeta Chamorro
periodista, ex presidenta (1929–)

iLrn Para aprender más sobre Nicaragua, mira el video cultural en la videoteca (Video Library).

El volcán Concepción

Mihney Photography/iStockphoto.com

La Catedral Santo Domingo en Managua

Investiga en internet 🖥

Geografía: el lago Nicaragua, la isla Ometepe

Historia: Misquitos, Anastasio Somoza, Augusto Sandino, Revolución Sandinista

Películas: *Ernesto Cardenal*

Música: polca, mazurca, Camilo Zapata, Carlos Mejía Godoy

Comidas y bebidas: los tamales, la sopa de pepino, el triste, el tibio, la chicha

Fiestas: 15 de septiembre (Día de la Independencia)

Una de las Islas del Maíz

Curiosidades

- Nicaragua se conoce como tierra de poetas y volcanes.

- Es el país más grande de Centroamérica, y también cuenta con el lago más grande de la región, el lago Nicaragua, con más de 370 islas. La isla más grande, Ometepe, tiene dos volcanes.

Panamá ▶

INFORMACIÓN GENERAL

Nombre oficial: República de Panamá

Nacionalidad: panameño(a)

Área: 75 420 km² (aproximadamente la mitad del área de Florida)

Población: 3 510 045 (2011)

Capital: Panamá (f. 1519) (1 346 000 hab.)

Otras ciudades importantes: San Miguelito (294 000 hab.), David (83 000 hab.)

Moneda: balboa

Idiomas: español (oficial), inglés

DEMOGRAFÍA

Alfabetismo: 91,9%

Religiones: católicos (85%), protestantes (15%)

PANAMEÑOS CÉLEBRES

Rubén Blades
cantautor, actor, abogado, político (1948–)

Omar Torrijos
militar, presidente (1929–1981)

Joaquín Beleño
escritor y periodista (1922–1988)

iLrn Para aprender más sobre Panamá, mira el video cultural en la videoteca (*Video Library*).

El canal de Panamá

Matt Ragen/Shutterstck

La Catedral Metropolitana en la ciudad de Panamá

Steven Miric/Shutterstock

Investiga en internet 🌐

Geografía: el canal de Panamá

Historia: los Cunas, la construcción del canal de Panamá, la dictadura de Manuel Noriega

Películas: *El plomero, Los puños de una nación*

Música: salsa, Rubén Blades

Comidas y bebidas: el chocao panameño, el sancocho de gallina, las carimaolas, la ropa vieja, los jugos de fruta, el chicheme

Fiestas: 3 de noviembre (Día de la Independencia)

tonisalado/Shutterstck

Bocas del Toro, Panamá

Curiosidades

- El canal de Panamá se construyó entre 1904 y 1914. Mide 84 kilómetros de longitud y funciona con un sistema de esclusas que elevan y bajan los barcos (los océanos Atlántico y Pacífico tienen diferentes elevaciones). Cada año cruzan unos 14 000 barcos o botes por el canal, el cual estuvo bajo control de los Estados Unidos hasta el 31 de diciembre de 1999. En promedio, cada embarcación paga 54 000 dólares por cruzar el canal. La tarifa más baja la pagó un aventurero estadounidense, quien pagó 36 centavos por cruzar nadando en 1928.

Paragraph ▶

INFORMACIÓN GENERAL

Nombre oficial: República del Paraguay

Nacionalidad: paraguayo(a)

Área: 406 752 km² (aproximadamente el área de California)

Población: 6 541 591 (2011)

Capital: Asunción (f. 1537) (1 977 000 hab.)

Otras ciudades importantes: Ciudad del Este (321 000 hab.), San Lorenzo (271 000 hab.)

Moneda: guaraní

Idiomas: español y guaraní (oficiales)

DEMOGRAFÍA

Alfabetismo: 94%

Religiones: católicos (89,6%), protestantes (6,2%), otros (3,1%), ninguna (1,1%)

PARAGUAYOS CÉLEBRES

Augusto Roa Bastos
escritor, Premio Cervantes de Literatura (1917–2005)

Olga Bliner
pintora, escultora (1921–2008)

José Luis Chilavert
futbolista (1965–)

Berta Rojas
guitarrista (1966–)

iLrn Para aprender más sobre Paraguay, mira el video cultural en la videoteca *(Video Library)*.

El Palacio de Gobierno en Asunción

Chalkin/Shutterstock.com

La presa de Itaipú entre Paraguay y Brasil

Investiga en internet 🖳

Geografía: las cataratas del Iguazú, los ríos Paraguay y Paraná, la presa Itaipú, el Chaco

Historia: guaraníes, misiones jesuitas, la Guerra de la Triple Alianza, Alfredo Stroessner

Películas: *Nosotros, Hamacas paraguayas*

Música: polca, baile de la botella, arpa paraguaya

Comidas y bebidas: el chipá paraguayo, el surubí, las empanadas, la sopa paraguaya, el mate, el tereré

Fiestas: 14 de mayo (Día de la Independencia), 24 de junio (Verbena de San Juan)

La Catedral de Asunción

Curiosidades

■ Por diversas razones históricas, Paraguay es un país bilingüe. Se calcula que el 90% de sus habitantes hablan español y guaraní, el idioma de sus pobladores antes de la llegada de los españoles. En particular, la llegada de los jesuitas tuvo importancia en la preservación del idioma guaraní y en el mestizaje. Actualmente se producen novelas y programas de radio y televisión en guaraní. Por otra parte, el guaraní ha influenciado notablemente el español de la región.

Perú

INFORMACIÓN GENERAL

Nombre oficial: República del Perú

Nacionalidad: peruano(a)

Área: 1 285 216 km² (un poco menos del área de Alaska)

Población: 29 549 517 (2011)

Capital: Lima (f. 1535) (8 769 000 hab.)

Otras ciudades importantes: Callao (877 000 hab.), Arequipa (778 000 hab.), Trujillo (906 000 hab.)

Moneda: nuevo sol

Idiomas: español y quechua (oficiales), aymará y otras lenguas indígenas

Para aprender más sobre Péru, mira el video cultural en la videoteca *(Video Library)*.

DEMOGRAFÍA

Alfabetismo: 92,9%

Religiones: católicos (81,3%), evangélicos (12,5%), otros (6,2%)

PERUANOS CÉLEBRES

Mario Vargas Llosa
escritor, político (1936–),
Premio Nobel de Literatura

César Vallejo
poeta (1892–1938)

Javier Pérez de Cuellar
secretario general de las Naciones Unidas
(1920–)

Tania Libertad
cantante (1952–)

Machu Picchu

Galyna Andrushko/Shutterstck

El choclo (maíz)

Investiga en internet 🖥

Geografía: los Andes, el Amazonas, Machu Picchu, el lago Titikaka, Nazca

Historia: los incas, los aymará, el Inti Raymi, los uros, José de San Martín

Películas: *Todos somos estrellas*

Música: música andina, valses peruanos, jaranas

Comidas y bebidas: la papa (más de 2000 variedades), la yuca, la quinoa, el ceviche, el pisco

Fiestas: 28 de julio (Día de la Independencia)

Vista de Lima desde Chorrillos

Curiosidades

- En Perú vivieron muchas civilizaciones diferentes que se desarrollaron entre el año 4000 a.C. y la llegada de los españoles en el siglo XVI. La más importante fue la civilización de los incas, que dominaba la región a la llegada de los españoles.

- Otra civilización importante fue la de los nazcas, quienes trazaron figuras de animales en la tierra, pero solo se pueden ver desde el aire. Hay más de 2000 km de líneas. Su origen es un misterio y no se sabe por qué o cómo las hicieron.

Puerto Rico ▶

INFORMACIÓN GENERAL

Nombre oficial: Estado Libre Asociado de Puerto Rico

Nacionalidad: puertorriqueño(a)

Área: 13.790 km² (un poco menos de tres veces el tamaño de Rhode Island)

Población: 3 998 905 (2011)

Capital: San Juan (f. 1521) (2 730 000 hab.)

Otras ciudades importantes: Ponce (166 000 hab.), Caguas (143 000 hab.)

Moneda: dólar (estadounidense)

Idiomas: español, inglés (oficiales)

(ilrn) Para aprender más sobre Puerto Rico, mira el video cultural en la videoteca *(Video Library)*.

DEMOGRAFÍA

Alfabetismo: 94,1%

Religiones: católicos (85%), protestantes y otros (15%)

PUERTORRIQUEÑOS CÉLEBRES

Francisco Oller y Cestero
pintor (1833–1917)

Esmeralda Santiago
escritora (1948–)

Rosario Ferré
escritora (1938–)

Rita Moreno
actriz, cantante (1931–)

Raúl Juliá
actor (1940–1994)

Ricky Martin
cantante, benefactor (1971–)

Una calle en el viejo San Juan

Lori Froeb/Shutterstck

La cascada de La Mina en el Bosque Nacional El Yunque

Investiga en internet 🌐

Geografía: el Yunque, Vieques, El Morro

Historia: los taínos, Juan Ponce de León, la Guerra hispanoamericana

Películas: *Lo que le pasó a Santiago, 12 horas, Talento de barrio*

Música: salsa, bomba y plena, Gilberto Santa Rosa, Olga Tañón, Daddy Yankee, Tito Puente

Personalidades: Roberto Clemente

Comidas y bebidas: el lechón asado, el arroz con gandules, el mofongo, los bacalaítos, la champola de guayaba, el coquito, la horchata de ajonjolí

Fiestas: 4 de julio (Día de la Independencia de EE.UU.), 25 de julio (Día de la Constitución de Puerto Rico)

Una playa en Fajardo

Curiosidades

- A los puertorriqueños también se los conoce como "boricuas", ya que antes de la llegada de los europeos la isla se llamaba Borinquen.

- A diferencia de otros países, los puertorriqueños también son ciudadanos estadounidenses, con la excepción de que no pueden votar en elecciones presidenciales de los Estados Unidos, a menos que sean residentes de un estado.

- El gobierno de Puerto Rico está encabezado por un gobernador.

República Dominicana ▶

INFORMACIÓN GENERAL

Nombre oficial: República Dominicana

Nacionalidad: dominicano(a)

Área: 48 670 km² (aproximadamente 2 veces el área de New Hampshire)

Población: 10 088 598 (2011)

Capital: Santo Domingo (f. 1492) (2 138 000 hab.)

Otras ciudades importantes: Santiago de los Caballeros (1 972 000 hab.), La Romana (228 000 hab.)

Moneda: peso (dominicano)

Idiomas: español (oficial)

DEMOGRAFÍA

Alfabetismo: 87%

Religiones: católicos (95%), otros (5%)

DOMINICANOS CÉLEBRES

Juan Pablo Duarte
héroe de la independencia (1808–1876)

Julia Álvarez
escritora (1950–)

Juan Marichal
beisbolista (1937–)

Juan Luis Guerra
músico (1957–)

Wilfrido Vargas
músico (1949–)

iLrn Para aprender más sobre la República Dominicana, mira el video cultural en la videoteca *(Video Library)*.

El Convento de la Orden de los Predicadores en Santo Domingo

Gary Blakeley/Shutterstck

Investiga en internet 🖳

Geografía: Puerto Plata, Pico Duarte, Sierra de Samana

Historia: los taínos, los arawak, la dictadura de Trujillo, las hermanas Mirabal

Películas: *Nueba Yol, Cuatro hombres y un ataúd*

Música: merengue, bachata, Juan Luis Guerra, Wilfrido Vargas

Comidas y bebidas: el mangú, el sancocho, el asopao, el refresco rojo, la mamajuana

Fiestas: 27 de febrero (Día de la In dependencia)

Puerto Plata

Unos músicos en Santo Domingo

Curiosidades

- La isla que comparten la República Dominicana y Haití, La Española, estuvo bajo control español hasta 1697, cuando la parte oeste pasó a ser territorio francés.

- La República Dominicana tiene algunas de las construcciones más antiguas dejadas por los españoles.

- Se piensa que los restos de Cristóbal Colón están enterrados en Santo Domingo, pero Colón también tiene una tumba en Sevilla, España.

- En Santo Domingo se construyeron la primera catedral, el primer hospital, la primera aduana y la primera universidad del Nuevo Mundo.

- Santo Domingo fue declarada Patrimonio de la Humanidad (*World Heritge*) por la UNESCO.

Uruguay ▶

INFORMACIÓN GENERAL

Nombre oficial: República Oriental del Uruguay

Nacionalidad: uruguayo(a)

Área: 176 215 km² (casi igual al tamaño del estado de Washington)

Población: 3 316 328 (2011)

Capital: Montevideo (f. 1726) (1 633 000 hab.)

Otras ciudades importantes: Salto (100 000 hab.), Paysandú (77 000 hab.)

Moneda: peso (uruguayo)

Idiomas: español (oficial), portuñol, brazilero (una mezcla de portugués y español en la frontera brasileña)

Para aprender más sobre Uruguay, mira el video cultural en la videoteca *(Video Library)*.

DEMOGRAFÍA

Alfabetismo: 98%

Religiones: católicos (47,1%), protestantes (11,1%), otros (41,8%)

URUGUAYOS CÉLEBRES

Horacio Quiroga
escritor (1878–1937)

Mario Benedetti
escritor (1920–2009)

Alfredo Zitarrosa
compositor (1936–1989)

Julio Sosa
cantor de tango (1926–1964)

Diego Forlán
futbolista (1979–)

Delmira Agustini
poetisa (1886–1914)

Eduardo Rivero/Shutterstck

La conmemoración del cumpleaños de José Artigas en la Plaza Independencia en Montevideo

Investiga en internet 🌐

Geografía: Punta del Este, Colonia

Historia: el Carnaval de Montevideo, los tablados, José Artigas

Películas: *Whisky, 25 Watts, Una forma de bailar*

Música: tango, milonga, candombe, Jorge Drexler, Rubén Rada

Comidas y bebidas: el asado, el dulce de leche, la faina, el chivito, el mate

Fiestas: 25 de agosto (Día de la Independencia)

La ciudad Colonia del Sacramento

El Río de la Plata

Curiosidades

- La industria ganadera es una de las más importantes del país. La bebida más popular es el mate. Es muy común ver a los uruguayos caminando con el termo bajo el brazo, listo para tomar mate en cualquier lugar.

- Los descendientes de esclavos africanos que vivieron en esa zona dieron origen a la música típica de Uruguay: el candombe.

- Uruguay fue el anfitrión y el primer campeón de la Copa Mundial de Fútbol en 1930.

Venezuela ▶

INFORMACIÓN GENERAL

Nombre oficial: República Bolivariana de Venezuela

Nacionalidad: venezolano(a)

Área: 912 050 km² (2800 km de costas) (aproximadamente 2 veces el área de California)

Población: 28 047 938 (2011)

Capital: Caracas (f. 1567) (3 051 000 hab.)

Otras ciudades importantes: Maracaibo (2 153 000 hab.), Valencia (1 738 000 hab.), Maracay (1 040 000 hab.)

Moneda: bolívar

Idiomas: español (oficial), lenguas indígenas (araucano, caribe, guajiro)

iLrn Para aprender más sobre Venezuela, mira el video cultural en la videoteca *(Video Library)*.

DEMOGRAFÍA

Alfabetismo: 93%

Religiones: católicos (96%), protestantes (2%), otros (2%)

VENEZOLANOS CÉLEBRES

Simón Bolívar
libertador (1783–1830)

Rómulo Gallegos
escritor (1884–1969)

Andrés Eloy Blanco
escritor (1897–1955)

Gustavo Dudamel
músico (1981–)

Miguel Cabrera
beisbolista, ganador de Triple Corona (1983–)

RM/Shutterstock

Salto Ángel, la catarata más alta del mundo

Pescadores en la isla Margarita

La plaza Francia, Caracas

Curiosidades

▪ La isla Margarita es un lugar turístico muy popular. Cuando los españoles llegaron hace más de 500 años, los indígenas de la isla, los guaiqueríes, pensaron que eran dioses y les dieron regalos y ceremonia de bienvenida. Gracias a esto, los guaiqueríes fueron los únicos indígenas del Caribe que tuvieron el estatus de "vasallos libres".

▪ En la época moderna, Venezuela se destaca por sus concursos de belleza, por su producción internacional de telenovelas y por su producción de petróleo.

Los Latinos en los Estados Unidos ▶

INFORMACIÓN GENERAL

Nombre oficial: Estados Unidos de América

Nacionalidad: estadounidense

Área: 9 826 675 km² (aproximadamente el área de China o 3 1/2 veces el área de Argentina)

Población: 313 847 465 (2011) (aproximadamente el 16% son latinos)

Capital: Washington, D.C. (f. 1791) (4 421 000 hab.)

Otras ciudades importantes: Nueva York (19 300 000 hab.), Los Ángeles (12 675 000 hab.), Chicago (9 134 000 hab.), Miami (5 699 000 hab.)

Moneda: dólar (estadounidense)

Idiomas: inglés, español y otros

DEMOGRAFÍA

Alfabetismo: 99%

Religiones: protestantes (51,3%), católicos (23,9%), mormones (1,7%), judíos (1,7%), budistas (0,7%), musulmanes (0,6%), otros (14%), ninguna (4%)

iLrn Para aprender más sobre los latinos en los Estados Unidos, mira el video cultural en la videoteca *(Video Library)*.

LATINOS CÉLEBRES DE ESTADOS UNIDOS

Ellen Ochoa
astronauta (1958–)

César Chávez
activista por los derechos de los trabajadores (1927–1993)

Jessica Alba
actriz (1981–)

Sandra Cisneros
escritora (1954–)

Edward James Olmos
actor (1947–)

Jennifer López
actriz, cantante (1969–)

Marc Anthony
cantante (1968–)

Christina Aguilera
cantante (1980–)

Sonia Maria Sotomayor
jueza (1954–)

La Pequeña Habana en Miami, Florida

Daniel Korzeniewski/Shutterstock.com

Investiga en internet 🖥️

Geografía: regiones que pertenecieron a México, lugares con arquitectura de estilo español, Plaza Olvera, Calle 8, La Pequeña Habana

Historia: el Álamo, la Guerra México-Americana, la Guerra Hispanoamericana, Antonio López de Santa Anna, misiones españolas

Películas: *A Day without Mexicans, My Family, Stand and Deliver, La Bamba*

Música: salsa, Tex-Mex, merengue, hip-hop en español

Comidas y bebidas: los tacos, las enchiladas, los burritos, los plátanos fritos, los frijoles, el arroz con gandules, la cerveza con limón

Fiestas: el 5 de mayo (Día de la Batalla de Puebla) se celebra cada vez en más partes del país, Día de los Muertos (2 de noviembre)

Una estatua de Benito Juárez en Chicago, Illinois

Nickolay Stanev/Shutterstck

El famoso Riverwalk en San Antonio, Texas

Curiosidades

- Los latinos son la minoría con mayor población de Estados Unidos (más de 46 millones). Este grupo incluye a personas que provienen de los veintiún países de habla hispana y a los hijos y nietos de estas que nacieron en los Estados Unidos. Muchos hablan español perfectamente y muchos otros hablan una mezcla de español e inglés. El grupo más grande de latinos es el de mexicanoamericanos, ya que territorios como Texas, Nuevo México, Utah, Nevada, California, Colorado y Oregón eran parte de México.

- Actualmente, casi toda la cultura latinoamericana está presente en los Estados Unidos. Las tradiciones dominicanas son notables en la zona de Nueva Inglaterra. Los países sudamericanos, cuya presencia no era tan notable hace algunos años, cuentan con comunidades destacadas, como es el caso de La Pequeña Buenos Aires, una fuerte comunidad argentina en South Beach, Miami.

A

a   to; **¿~ qué hora?** At what time?; **~ tiempo** on time; **~ veces** sometimes; **~ la derecha/izquierda** to the right/left of
abeja   bee
abogado/a   lawyer
abrazar   to hug; **abrazarse** to hug each other
abre   open
abrelatas   *(m. sing.)* can opener
abrigo   coat (winter)
abril   April
abstracto/a   abstract
abuela   grandmother
abuelo   grandfather
aburrido/a   boring; bored
aburrir   to be boring; to bore
acampar   to camp
accidente   *(m.)* accident
aceite   *(m.)* oil; **~ de oliva** olive oil; **~ de maíz** corn oil
aceptar   to accept
acomodador/a   usher
acostarse (o > ue)   to go to bed
activo/a   active
actuar   to act
acuarela   watercolor
adiós   goodbye
adivinar   to guess
adolescencia   adolescence
adorarse   to adore each other
adversario/a   opponent
aeropuerto   airport
afeitadora   razor
afeitarse   to shave
aficiones   *(f. pl.)* hobbies
agencia   agency; **~ de viajes** travel agency
agente   *(m./f.)* **de viajes** travel agent
agosto   August
agruras   heartburn
agua   water; **~ caliente** hot water
aguacate   *(m.)* avocado
águila   *(m.)* eagle
ahijado/a   godchild
ahorrar   to save
ahumar   to smoke (meat)
aire   *(m.)* **acondicionado** air conditioning
ajedrez   *(m.)* chess
ajo   garlic
al lado de   next to
albaricoque   *(m.)* apricot

alberca   *(Mex.)* swimming pool
alemán / alemana   German
Alemania   Germany
alergia   allergy
alfombra   carpet
álgebra   *(m.)* algebra
algo   something
algodón   *(m.)* cotton
alguien   someone
algún / alguno/a   some, any
almorzar (o > ue)   to eat (have) lunch
almuerzo   lunch, noon meal
alojamiento   lodging
alto/a   tall; **alto costo de la vida** high cost of living
alumno/a   student
ama   *(only f.)* **de casa** homemaker
amanecer   to dawn
amarillo/a   yellow
amarse   to love one another
amistad   *(f.)* friendship
amor   *(m.)* love
amplio/a   spacious, roomy
analgésico   analgesic
análisis   *(m.)* **clínico** clinical analysis
anaranjado/a   orange
anatomía   anatomy
ancianidad   *(f.)* old age
angustiado/a   distressed
anillo   ring
animal   *(m.)* animal
anoche   last night
anochecer   to get dark (nightfall)
anotación   *(f.)* score
anotar   to score
antes (de)   before
antibiótico   antibiotic
antipático/a   unpleasant
anuncio   advertisement; announcement
año   year; **~ Nuevo** New Year; **~ pasado** last year
aparato electrodoméstico   appliance
apartamento   apartment
apasionado/a   passionate
aperitivo   appetizer
apestoso/a   foul smelling
aprender   to learn
aprobar (o > ue)   to pass
apuntes   *(m. pl.)* class notes
aquel / aquella   that

aquellos/as   those
árabe   *(m./f.)* Arabic
araña   spider
árbol   *(m.)* tree
archivar   to file
archivo   file
arco   arch; **~ iris** rainbow
áreas verdes   green areas
arena   sand; **tormenta de ~** sand storm
arete   *(m.)* earring
Argentina   Argentina
argentino/a   Argentinian
arquitecto/a   architect
arquitectura   architecture
arreglar   to fix; to arrange
arroba   @
arroyo   stream, brook
arroz   *(m.)* rice
arte   *(m.)* art; **~ abstracto** abstract art; **~ moderno** modern art; **~ popular** folk art; **~ textil** textile art
artes   *(f. pl.)* arts; **~ gráficas** graphic arts
artesanía   crafts
artesano/a   craftsman
artículo   article, item
artista   *(m./f.)* artist
asar   to grill
ascensor   *(m.)* elevator
asiento   seat
asistir a   to attend
asma   *(m.)* asthma
aspiradora   vacuum cleaner
aspirina   aspirin
asustado/a   scared
atacar   to attack
atardecer   to get dark (dusk)
atender   to assist
ático   attic
atletismo   track and field
atún   *(m.)* tuna
aula   classroom
aullar   to howl
autobús   *(m.)* bus
automóvil   *(m.)* automobile
autorretrato   self-portrait
ave   *(f.)* bird
avena   oatmeal
avenida   avenue
avión   airplane
avispa   wasp
ayer   yesterday
azúcar   *(m.)* sugar
azul   blue
azulejo   tile

B

bailar   to dance
bailarín / bailarina   dancer
baile   *(m.)* dance
bajar   to go down; **de peso** to lose weight
bajo/a   short (stature)
balcón   *(m.)* balcony
ballena   whale
ballet   *(m.)* ballet
balón   *(m.)* ball
banco   bank
bañarse   to take a bath
baño   bathroom
barato/a   inexpensive
barbilla   chin
barco   boat
barrio   neighborhood
barroco/a   Baroque
base   *(f.)* **militar** military base
basílica   basilica
básquetbol   *(m.)* basketball
basura   trash, garbage
bata   robe; smock
bate   bat
bateador/a   batter
batir   to beat, to whisk
bautista   *(m./f.)* Baptist
beber   to drink
bebida   drink
beca   scholarship
beige   *(m./f.)* beige
béisbol   *(m.)* baseball
besarse   to kiss each other
biblioteca   library
bicicleta   bicycle
bien   well
bienes raíces   *(m. pl.)* real estate
bilingüe   *(m./f.)* bilingual
biología   biology
blanco/a   white
bloquear   to block
blusa   blouse
boca   mouth
boda   wedding
boleto   ticket
bolígrafo   ballpoint pen
Bolivia   Bolivia
boliviano/a   Bolivian
bolsa   purse
borracho/a   drunk
bosque   *(m.)* forest
bosquejo   sketch
bota   boot

Spanish-English Glossary

botones *(m.)* bellboy
boxeo boxing
brazo arm
brisa breeze
budista *(m./f.)* Buddhist
¡Buen provecho! Bon appétit!
bueno/a good; **Buena suerte.** Good luck.; **Buenas noches.** Good night. / Good evening.; **Buenas tardes.** Good afternoon.; **Buenos días.** Good morning.
bufanda scarf (winter)
búho owl
buscador *(m.)* search engine
buscar to look for

C

caballete *(m.)* easel
caballo horse
cabeza head
cable *(m.)* cable
cada each, every; ~ **año** every year; ~ **tercer día** every other day
café *(m.)* coffee; **café** *(m./f.)* brown
cafetería cafeteria
cajero/a cashier
calabaza pumpkin
calamares *(m. pl.)* squid
calcetines *(m. pl.)* socks
calculadora calculator
cálculo calculus
caldo de pollo (camarón, pescado, res) chicken (shrimp, fish, beef) broth/ soup
calefacción *(f.)* heating system
calendario calendar
calentamiento global global warming
calificación *(f.)* grade
calificar to grade
callado/a quiet
calle *(f.)* street
calmado/a calm
calvo/a bald
cama bed; ~ **gemela** twin bed; ~ **matrimonial** double bed
camarera hotel maid

camarógrafo/a cameraman/ camerawoman
camarón *(m.)* shrimp
cambiar to change
caminar to walk
camino road
camioneta van; SUV; pickup truck
camisa shirt
camiseta T-shirt
campeonato championship
campesino/a farmer, peasant
campo field; country; ~ **de golf** golf course
Canadá Canada
canadiense *(m./f.)* Canadian
canasta basket
cancha court
cangrejo crab
canoso/a gray haired
cansado/a tired
cansarse to get tired
cantante *(m./f.)* singer
cantar to sing
cañón *(m.)* canyon
cara face
carbón *(m.)* coal; charcoal
carne *(f.)* meat; ~ **asada** grilled meat; ~ **de cerdo** pork meat; ~**(s) frías** *(f. pl.)* cold cuts
caro/a expensive
carpeta folder
carpintero/a carpenter
carrera run; race
carretera highway
carrito toy car
carro car
cartelera movie section
cartera billfold
casa house; home; ~ **de cambio** currency exchange
casado/a married
casarse to get married
casco helmet
casi nunca almost never; ~ **siempre** almost always
castaño/a brown (hair)
castillo castle
catarata waterfall
catedral *(f.)* cathedral
católico/a Catholic
catorce fourteen
cazar to hunt
cebolla onion
cebra zebra
celebración *(f.)* celebration

celos jealousy
celoso/a jealous
celular *(m.)* cell phone
cena dinner
cenar to eat (have) dinner
centro downtown; ~ **comercial** mall; ~ **estudiantil** student center; ~ **nocturno** night club
cepillarse: ~ **el pelo** to brush one's hair; ~ **los dientes** to brush one's teeth
cepillo brush; ~ **de dientes** toothbrush
cerámica ceramics
cerca de near
cerdo pork
cereal *(m.)* grain
cerveza beer
chaleco vest
champaña champagne
champiñón *(m.)* mushroom
champú *(m.)* shampoo
chao goodbye
chaqueta jacket
cheques de viajero *(m. pl.)* travelers' checks
chica *(n.)* girl; small; **extra** ~ *(adj.)* extra small
chile *(m.)* hot pepper
Chile Chile
chileno/a Chilean
China China
chino/a Chinese
chocar to be annoying
chofer *(m./f.)* driver
chuletas chops
ciclismo cycling
ciclón *(m.)* cyclone
cielo sky
cien one hundred
científico/a scientist
cierra close
cinco five
cincuenta fifty
cine *(m.)* movie theatre; ~ **mudo** silent movie
cinematografía filmmaking
cintura waist
cinturón *(m.)* belt
cita appointment; date; ~ **de trabajo** appointment; ~ **textual** quotation
ciudad *(f.)* city
claro light (color)
clase *(f.)* class; ~ **obligatoria** required subject;

~ **optativa** elective; ~ **en línea** online class
clavel *(m.)* carnation
clima weather
clínica clinic
club *(m.):* ~ **de lectura** book club; ~ **nocturno** night club
cocer (o > ue) to cook; ~ **al vapor** to steam
coche *(m.)* car
cochera garage
cocina kitchen
cocinar to cook
cocinero/a cook
coco coconut
cocodrilo crocodile
código *(m.)* **de área** area code
codo elbow
coleccionar to collect
colina hill
collar *(m.)* necklace
Colombia Colombia
colombiano/a Colombian
colonia neighborhood, subdivision
color *(m.)* color
columna column
comadre *(f.)* godmother of one's child
comedor *(m.)* dining room
comenzar (e > ie) to begin
comer to eat
comerciante *(m./f.)* merchant
comida food; lunch, noontime meal
¿Cómo? How?; What?; **¿~ está(s)?** How are you?; **¿~ le (te, les) va?** How's it going?; **¿~ se (te) llama(s)?** What's your name?
cómodo/a comfortable
compadre *(m.)* godfather of one's child
compañía company
compartir to share
competencia competition
comprar to buy
comprender to understand
comprometerse to get engaged
comprometido/a engaged
computación *(f.)* computer science
computadora computer; ~ **portátil** laptop

comunista *(m./f.)* communist

Con permiso. Excuse me.

concierto concert

concreto concrete

concurso contest

condominio condominium

conducir to drive

conejo rabbit

conferencia conference

congestionado/a congested

conocer to know; to meet; **conocerse** to know each other; to meet

consejero/a counselor

conservador/a conservative

conservar to conserve

constructora construction firm

consultorio doctor's office

contabilidad *(f.)* accounting

contador/a accountant

contaminación *(f.)* pollution

contar (o > ue) chistes to tell jokes

contendiente *(m./f.)* opponent

contento/a happy, content

contestar to answer

contraseña password

contrato contract

convento convent

coordinador/a coordinator

copa cup; goblet

copiar to copy

corazón *(m.)* heart

corbata tie

cordillera mountain range

corredor/a runner

correo electrónico e-mail; **~ no deseado** spam / junk mail

correr to run

corrida de toros bullfight

cortaúñas *(m.)* nailclipper

corto/a short (length)

coser to sew

Costa Rica Costa Rica

costarricense *(m./f.)* Costa Rican

costo de vida cost of living

costura sewing

creer to believe

crema cream; **~ de afeitar** shaving cream

cristiano/a Christian

crucero cruise

crucigrama *(m.)* crossword puzzle

cuaderno notebook

cuadro painting

¿Cuál? What? Which?

¿Cuándo? When?

¿Cuánto cuesta? How much is it?; **¿~ cuestan?** How much are they?

¿Cuántos/as? How many?

cuarenta forty

cuarto room; fourth; **~ de hora** quarter of an hour; **~ de charla** chat room; **~ doble** double room

cuarzo quartz

cuatro four

Cuba Cuba

cubano/a Cuban

cubismo cubism

cuchara spoon

cuchillo knife

cuello neck

cuenta bill, check; account

cuento short story

cuerpo body

Cuídate. *(inform.)*, **Cuídese.** *(form.)* Take care.

culebra snake

cumpleaños birthday

cuñada sister-in-law

cuñado brother-in-law

curar to cure

D

dar to give; **~ gusto** to give pleasure; **~ miedo** to make scared; **~ risa** to make laugh; **~ tristeza** to make sad; **~ un paseo** to take a walk

de from; of; **~ color liso** solid color; **~ cuadros** plaid; **~ la mañana** a.m.; **~ la noche** p.m.; **~ la tarde** p.m.; **~ lunes a viernes** from Monday to Friday; **~ manga corta** short sleeved; **~ manga larga** long sleeved; **~ nada** You're welcome; **¿~ quién?** Whose?; **~ rayas** striped; **~ vez en cuando** once in a while

debajo de under

decano/a dean

décimo/a tenth

decir (e > ie) adivinanzas to tell riddles

decoración *(f.)* decoration

dedo finger

defender to defend

delante de in front of

delfín *(m.)* dolphin

delgado/a slim

delineador *(m.)* eyeliner

demócrata *(m./f.)* democrat

demora delay

demorado/a delayed

dentista *(m./f.)* dentist

dentro de inside of

departamento department; apartment

deporte *(m.)* sport

deprimido/a depressed

derecha (a la... de) to the right of

desastre *(m.)* **natural** natural disaster

desayunar to eat (have) breakfast

desayuno breakfast

descargar to download

descuento discount

desesperado/a desperate

desierto desert

desilusión *(f.)* disappointment

desodorante *(m.)* deodorant

desordenado/a messy

despedirse to say goodbye

despejado: está ~ it's clear

despertarse (e > ie) to wake up

después (de) after

detrás de behind

día *(m.)* day; **~ de Acción de Gracias** Thanksgiving; **~ de la Independencia** Independence Day; **~ de las Madres (los Padres)** Mother's (Father's) Day; **~ de los Muertos** Day of the Dead; **~ de la Raza** Columbus Day; **~ de los Reyes Magos** Feast of the Three Kings; **~ de San Patricio** St. Patrick's Day; **~ de San Valentín** Valentine's Day

diamante *(m.)* diamond

dibujar to draw

diccionario dictionary

diciembre December

diente *(m.)* tooth

diez ten

dinero money

dirección *(f.)* address; **~ electrónica** e-mail address

director/a director; chairperson; **~ de tesis** thesis director

dirigir to direct

discoteca club

diseñador/a designer; **~ gráfico/a** graphic designer

diseñar to design

diseño design

disgustado/a displeased

disgustar to dislike

divertido/a funny

divertir (e > ie) to amuse; to entertain

divorciado/a divorced

divorciarse to get divorced

doblaje *(m.)* dubbing

doble *(m./f.)* stuntperson

doce twelve

doctor/a doctor

doctorado doctorate

dólar *(m.)* dollar

doler (o > ue) to hurt, ache

dolor *(m.)* pain; **~ de cabeza** headache; **~ de estómago** stomachache; **~ de garganta** sore throat; **~ de oídos** earache

domingo Sunday

dominicano/a Dominican

¿Dónde? Where?; **¿~ trabaja(s)?** Where do you work?

dormir (o > ue) to sleep; **dormirse** to go to sleep

dormitorio bedroom

dos two

duodécimo twelfth

durante during

durazno peach

E

eclipse *(m.)* eclipse

economía economics

Ecuador Ecuador

ecuatoriano/a Ecuadorian

Spanish-English Glossary

edificio building
educación *(f.)* **a distancia** distance education
efectivo cash
egoísta *(m./f.)* selfish
El Salvador El Salvador
electricista *(m./f.)* electrician
elegante *(m./f.)* elegant
elenco cast
embarazada pregnant
embotellamiento traffic jam
emocionado/a excited
empanizar to coat with breadcrumbs
empatado/a tied
empatar to tie
empezar (e > ie) to begin, to start
empleado/a employee
en in; on; at; ~ **punto** on the dot, sharp; ~ **vez de** instead of
enamorado/a (de) in love (with)
enamorarse to fall in love
encabezado heading
encaje *(m.)* lace
encantado/a pleased to meet you
encantar to love (an action or a thing)
encima de on top of
encino oak tree, evergreen
encontrarse (o > ue) to meet, to run into
enérgico/a energetic
enero January
enfermarse to get sick
enfermedad *(f.)* illness
enfermero/a nurse
enfermo/a ill
enfrente de in front of (facing)
enfriar to cool
enlace *(m.)* link
enojado/a angry
enojarse to get angry
ensalada salad
ensayo essay
enseñar to teach; to show
entender (e > ie) to understand
entonces then
entrada inning
entre between; among
entrenador/a coach

entresemana during the week
entrevista interview
enviar to send
envidia envy
episcopal *(m./f.)* Episcopal
equinoccio equinox
equipaje *(m.)* luggage
equipo team; equipment
erosión *(f.)* erosion
error *(m.)* error, mistake
erupción *(f.)* eruption
escalar to climb
escena scene
esconderse to hide oneself
escribir to write; **escribe** write
escritor/a writer
escritorio desk
escuchar to listen to; **escucha** listen
escuela school
esculpir to sculpt
escultura sculpture
ese / esa that
esgrima fencing
esmalte *(m.)* **de uñas** nail polish
esmeralda emerald
esos / esas those
espacio limitado limited space
espacioso/a spacious, roomy
espalda back
España Spain
español *(m.)* Spanish *(lang.)*
español/a Spanish
especie *(f.)* species
espectador/a spectator
espejo mirror
espinacas spinach
esposo/a husband/wife
espuma foam
esquí *(m.)* skiing; ski
está: ~ **bien.** That's okay.; ~ **despejado** it's clear; ~ **(parcialmente) nublado** it's (partly) cloudy; ~ **relampagueando** it's lightning; ~ **tronando** it's thundering
esta noche tonight
estación *(f.)* season; station; ~ **de trenes** train station
estacionamiento parking
estadio stadium

estadística statistics
Estados Unidos United States
estadounidense *(m./f.)* American
estampado print
este / esta this
este *(m.)* east
estilista *(m./f.)* hairstylist
estómago stomach
estornudar to sneeze
estos / estas these
estoy bien, gracias, ¿y usted? I'm fine, thanks, and you?
estrella star
estricto/a strict
estudiante *(m./f.)* student
estudiar to study; **estudia** study
estufa stove; ~ **de gas** gas stove; ~ **eléctrica** electric stove
etapa stage
euro euro
examen *(m.)* exam
excursión *(f.)* tour; trip
exhibición *(f.)* exhibition
expresionismo expressionism
extensión *(f.)* extension
extra chico/a extra small; ~ **grande** extra large
extrañarse to miss one another
extrovertido/a extrovert

F

fábrica factory
fachada façade
Facultad *(f.):* ~ **de Ciencias** School of Sciences; ~ **de Derecho** School of Law; ~ **de Filosofía y Letras** School of Humanities; ~ **de Ingeniería** School of Engineering; ~ **de Medicina** School of Medicine
falda skirt
familia family; ~ **política** in-laws
farmacéutico/a pharmacist
fascinar to fascinate
fauna fauna
febrero February

fecha date
feliz *(m./f.)* happy; ~ **viaje.** Have a good trip.
ferry *(m.)* ferry
fiebre *(f.)* fever
fiesta party; ~ **de las Luces** Hanukkah
figura de acción action figure
filatelia stamp collecting
filete *(m.)* steak
fin *(m.)* **de semana** weekend
finalmente finally
física physics
flan *(m.)* custard
flor *(f.)* flower; ~ **silvestre** wild flower
flora flora
floreado/a flowered
floret *(m.)* foil (for fencing)
folleto brochure
fotografía photography
fotógrafo/a photographer
francés / francesa French
Francia France
frecuentemente frequently
freír to fry
frente *(f.)* forehead
fresa strawberry
frijoles *(m. pl.)* beans
frito/a fried; **pollo frito** fried chicken
fruta fruit
fuego fire
fuente *(f.)* fountain
fuerte *(m./f.)* strong
fútbol *(m.)* soccer; ~ **americano** football

G

galleta cookie
gallina chicken, hen
gallo rooster
ganar to win
garganta throat
gato/a cat
gelatina gelatin
gema gem
gemelo/a twin
general *(m.)* general
generalmente generally
geografía geography
geometría geometry
gerente *(m./f.)* manager

gimnasio gym
gol *(m.)* goal *(soccer)*
golf *(m.)* golf
gordito/a chubby, plump
gordo/a fat
gorra cap
gotas para los ojos eye drops
gótico/a Gothic
Gracias. Thank you.
graduación *(f.)* graduation
grande *(m./f.)* large, big
granito granite
granizo hail
granja farm
granjero/a farmer
grasa fat; ~ **saturada** saturated fat
gripe *(f.)* flu
gris *(m./f.)* gray
gruñir to growl
guante *(m.)* glove
guapo/a handsome, attractive
guardar to save
Guatemala Guatemala
guatemalteco/a Guatemalan
guía: ~ de turistas (~ turístico) tourist guide
Guinea Ecuatorial Ecuatorial Guinea
guión *(m.)* script
guisado stew
guisantes *(m. pl.)* peas
gustar to like
gusto: El ~ es mío. The pleasure is mine.; **Mucho ~.** Pleased to meet you.

H

habilidad *(f.)* skill
habitación *(f.)* room; ~ **doble** double room
hablar to talk, speak; **habla** *(n.)* speech
hace: ~ buen tiempo the weather is good; ~ **calor** it's hot; ~ **fresco** it's cool; ~ **frío** it's cold; ~ **mal tiempo** the weather is bad; ~ **sol** it's sunny; ~ **viento** it's windy; **¿Qué tiempo ~?** What's the weather like?
hacer to make; to do; ~ **ejercicio** to exercise; ~ **magia** to do magic; ~ **un viaje** to take a trip; ~ **una fiesta** to have a party
hamburguesa hamburger
hasta until; ~ **el lunes.** See you Monday.; ~ **la vista.** Goodbye.; ~ **luego.** See you later.; ~ **mañana.** See you tomorrow.; ~ **pronto.** See you soon.
helado ice cream
helando: está ~ it's freezing
helar (e > ie) to freeze
helicóptero helicopter
hemoglobina hemoglobin
hermanastro/a stepbrother/ stepsister
hermandades *(f. pl.)* sororities; fraternities
hermano/a brother/sister; **medio/a ~** half brother/ sister
hervir (e > ie) to boil
hiela it freezes
hielo ice
hijo/a son/daughter
hilo dental dental floss
hipopótamo hippopotamus
historia history; ~ **natural** natural history
hoja leaf
Hola Hi
hombre *(m.)* man; ~ **de negocios** businessman
hombro shoulder
Honduras Honduras
hondureño/a Honduran
honesto/a honest
hora hour; time; **¿A qué ~?** At what time?; **cuarto de ~** quarter of an hour; **media ~** half an hour; **¿Qué ~ es?** What time is it?
hormiga ant
hornear to bake
horno oven; ~ **de microondas** microwave oven
horrible horrible
hospital *(m.)* hospital
hoy today
huésped *(m./f.)* guest
huevo egg; **huevos con jamón** ham and eggs; **huevos con tocino** bacon and eggs; **huevos revueltos** scrambled eggs
humedad *(f.)* humidity
huracán *(m.)* hurricane

I

ícono icon
ida y vuelta round-trip
idioma language
iglesia church
Igualmente. It's nice to meet you too.
imagen *(f.)* image
impaciente *(m./f.)* impatient
impermeable *(m.)* raincoat
impresora printer
imprimir to print
impuesto tax
incómodo/a uncomfortable
increíble *(m./f.)* incredible
independiente *(m./f.)* independent
infancia childhood
infección *(f.)* infection
informática computer science
ingeniería engineering
ingeniero/a engineer
Inglaterra England
inglés / inglesa English
inseguridad *(f.)* unsafe or dangerous conditions
insistir en to insist on
interesar to interest
inundación *(f.)* flood
investigación *(f.)* research
investigar to research
invierno winter
invitación *(f.)* invitation
invitado/a guest
invitar to invite
ir to go; ~ **a la ópera** to go to the opera; ~ **al cine** to go to the movies; ~ **bien** to go well *(clothes, colors)*; ~ **de viaje** to go on a trip; **irse** to leave, to go away
Irlanda Ireland
irlandés / irlandesa Irish
irresponsable *(m./f.)* irresponsible
isla island
Italia Italy
italiano/a Italian
izquierda (a la ~ de) to the left of

J

jabón *(m.)* soap
jamás never
jamón *(m.)* ham
Japón Japan
japonés / japonesa Japanese
jarabe *(m.)* syrup
jardín *(m.)* garden; yard
jefe/a *(m./f.)* boss
jirafa giraffe
joven *(m./f.)* young
joyas jewelry
jubilado/a retired (from job)
judías verdes *(f. pl.)* green beans
judío/a Jewish
juego game; ~ **de mesa** board game; ~ **de té** tea set
jueves Thursday
jugador/a player
jugar (u > ue) to play (sport); ~ **cartas** to play cards
jugo juice
juguete *(m.)* toy
julio July
junio June
junto a next to
juventud *(f.)* youth

L

labio lip
laboratorio lab; ~ **de lenguas** language lab
lacio straight (hair)
ladrar to bark
ladrillo brick
lago lake
laguna lagoon
lámpara lamp
lana wool
langosta lobster
lanzador/a pitcher
lápiz *(m.)* pencil; ~ **de cera** crayon; ~ **labial** lipstick; **lápices de colores** *(m. pl.)* colored pencils
largo/a long; **larga distancia** long distance
lastimarse to hurt oneself
lavadora (clothes) washer
lavaplatos dishwasher
lavar to wash; **lavarse** to wash oneself

Spanish-English Glossary

leche *(f.)* milk
lechuga lettuce
lector *(m.)* reader
leer to read; **lee** read
lejos de far from
lengua language; tongue
lentes *(m. pl.)* eye glasses; ~ **de sol** sunglasses
león *(m.)* lion
levantar to raise, to lift; ~ **pesas** to lift weights; **Levanta la mano.** Raise your hand.; **levantarse** to get up; to stand up
liberal *(m./f.)* liberal
libertario/a libertarian
libre free; ~ **de impuestos** duty-free
librería bookstore
librero bookshelf
libro book
licenciado/a attorney
licenciatura bachelor's degree
licuadora blender
limón *(m.)* lemon
limonada lemonade
limpiar to clean
limpio/a clean
limusina limousine
línea aérea airline
lino linen
lirio lily
lista de contactos contact list
literatura literature
llama llama
llegada arrival
llevar to wear; to take; ~ **puesto** to have on (clothes)
llover (o > ue) to rain; **llueve** it rains
lloviendo: está ~ it's raining
lluvia rain
Lo siento. I'm sorry.
lobo wolf
loción *(f.)* lotion; cologne
logotipo logo
loro parrot
lucha wrestling
luchar to fight
luego then
lugar *(m.)* place
luna moon; ~ **de miel** honeymoon

lunes Monday; **de ~ a viernes** from Monday to Friday
luterano/a Lutheran

M

madera wood
madrastra stepmother
madre mother; **Día de las Madres** Mother's Day
madrina godmother
madurez *(f.)* maturity
maestría master's degree
maestro/a teacher
mago/a magician
malestares *(m. pl.)* discomfort
maíz *(m.)* corn; **aceite** *(m.)* **de ~** corn oil
maleta suitcase
maletero bellhop
mancuernillas cufflinks
manejar to drive
manga sleeve
mano *(f.)* hand
manteca lard
mantel *(m.)* tablecloth
mantequilla butter
manzana apple
mañana tomorrow; **pasado ~** day after tomorrow; **por (en) la ~** in the morning
mapa *(m.)* map
maquillaje *(m.)* makeup
maquillarse to put on makeup
maratón *(m.)* marathon
marcador *(m.)* marker
marco frame
marea tide
mareado/a dizzy
maremoto seaquake
mareos dizzy spells
margarita daisy
mariposa butterfly
mariscos seafood
mármol *(m.)* marble
martes Tuesday
marzo March
más more; ~ **o menos** so-so
matemáticas math
materia obligatoria required subject
materno/a maternal
matrimonio marriage
maullar to meow

mayo May
mayor older
mecánico/a mechanic
media hora half an hour
mediana medium
medianoche *(f.)* midnight
medio: ~ de transporte means of transportation; ~ **hermano/a** half brother / sister
mediodía *(m.)* noon
mejor better
melón *(m.)* cantaloupe
menonita *(m./f.)* Mennonite
menor younger
menos less; **más o ~** so-so
mensaje *(m.)* message
mensajero/a messenger
mensualidad *(f.)* monthly wage; installment
mentiroso/a fibber, liar
menú *(m.)* menu
mercado market
mercadotecnia marketing
merendar to have a light afternoon snack
merienda afternoon snack
mes *(m.)* month; ~ **pasado** last month
mesa table; ~ **de noche** night table
mesero/a waiter / waitress
mesita end table
meta finish line
metal *(m.)* metal
metodista *(m./f.)* Methodist
metro subway
mexicano/a Mexican
México Mexico
mezclilla denim
miércoles Wednesday
migraña migraine
mil one thousand
militar *(m./f.)* military personnel
mina mine
minuto minute
mira look
mochila backpack
modernismo modernism
moderno/a modern
molestar to bother
moneda currency, coin; ~ **extranjera** foreign currency
monolingüe *(m./f.)* monolingual

montaña mountain
montar a caballo to ride horseback
monumento monument
morado/a purple
moraleja moral
morder (o > ue) to bite
moreno/a brown skinned
morir (o > ue) to die
mormón / mormona Mormon
mosaico mosaic
mosca fly
motocicleta motorcycle
mucho/a much; **muchos/ as** many; **Muchas gracias.** Thank you very much.; **muchas veces** many times
mueble *(m.)* piece of furniture
muela molar
muerte *(f.)* death
muestra example; sample
mugir to moo
mujer *(f.)* woman; ~ **de negocios** businesswoman
muñeca doll; **muñeco de peluche** stuffed animal
mural *(m.)* mural
muralista *(m./f.)* muralist
museo museum
música music; **músico/a** musician
musulmán / musulmana Muslim
muy very; ~ **bien** very well

N

nacer to be born
nacimiento birth
nacionalidad *(f.)* nationality
nada nothing, not anything; ~ **nuevo.** Nothing new.
nadie nobody, no one
naranja orange
nariz *(f.)* nose
natación *(f.)* swimming
natilla custard
naturaleza nature
náuseas nausea
Navidad *(f.)* Christmas
neblina mist
necesitar to need
negro/a black

neoclásico/a neoclassical
nervioso/a nervous
nevar (e > ie) to snow; **nieva** it snows
nevando: está ~ it snowing
ni… ni neither… nor
Nicaragua Nicaragua
nicaragüense *(m./f.)* Nicaraguan
niebla fog
nieto/a grandson / granddaughter
nieve *(f.)* snow
nilón *(m.)* nylon
ningún, ninguno/a none, no, not any
noche evening, night; **esta ~** tonight; **por (en) la ~** at night
Nochebuena Christmas Eve
nogal *(m.)* walnut (tree); pecan (tree)
nombre *(m.)* name
noreste *(m.)* northeast
noroeste *(m.)* northwest
norte *(m.)* north
nos vemos (el sábado) see you (Saturday)
nota grade
novela novel
noveno/a ninth
noventa ninety
noviembre November
novio/a boyfriend / girlfriend; groom / bride
nube *(f.)* cloud
nublado: está (parcialmente) ~ it's (partly) cloudy
nuera daughter-in-law
nueve nine
nuevo/a new
número number; **~ de teléfono** phone number
numismática coin collecting; **numismático/a** coin collector
nunca never

O

o or; **~… ~…** either… or
obligatorio/a required
obra: ~ (de arte) work (of art); **~ maestra** masterpiece
obrero/a laborer
ochenta eighty

ocho eight
octavo/a eighth
octubre October
ocupado/a busy
odiar to hate; **odiarse** to hate each other
oeste *(m.)* west
oferta sale; special
oficina office; **~ de ayuda financiera** financial aid office; **oficinas administrativas** administration
oído ear (inner)
oír to hear
ojo eye
ola wave
óleo oil painting
olla pot, kettle
once eleven
ondulado/a wavy
ópalo opal
optativo/a elective
optimista *(m./f.)* optimistic
oreja ear (outer)
organizado/a organized
orgulloso/a proud
oro gold
orquídea orchid
oscuro dark (color)
oso bear
ostiones *(f. pl.)* oysters
otoño fall

P

padrastro stepfather
padre father
padres *(m. pl.)* parents
padrino godfather
país country
pájaro bird
palacio palace
paleta palette
palo stick; **~ de golf** golf club
palomitas popcorn
pan *(m.)* bread; **~ blanco** white bread; **~ de trigo (integral)** (whole) wheat bread
Panamá Panama
panameño/a Panamanian
pantalla screen
pantalones *(m. pl.)* pants; **~ cortos** shorts
pantuflas slippers

pañuelo handkerchief
papa potato; **~ horneada** baked potato; **~ fritas** French fries; **puré de ~** mashed potatoes
papel *(m.)* paper; role; **~ de baño** toilet paper
paquete *(m.)* package
paraguas *(m.)* umbrella
Paraguay Paraguay
paraguayo/a Paraguayan
parecerse (c > zc) to look like, resemble
pared *(f.)* wall
parentesco relationship
pariente *(m./f.)* relative
parque *(m.)* park
participar en grupos sociales en línea to participate in online social groups
partido game; match; **~ de fútbol americano** football game
pasado mañana day after tomorrow
pasaporte *(m.)* passport
pasar to spend time; **pasarla/lo bien** to have a good time
pasatiempos pastimes
Pascua Easter
pasillo aisle
pasta pasta; **~ de dientes** toothpaste
pastel *(m.)* cake
pastilla tablet, pill
pasto grass
paterno paternal
patinaje *(m.)* skating
patines *(m. pl.)* skates
patio courtyard; yard
patrocinador/a sponsor
pavo turkey
pecho chest; breast
pedir (e > i) la mano de… to ask for… hand
pegar to hit; to paste
peinarse to comb one's hair
peine *(m.)* comb
pelea fight
pelear to fight; **pelearse** to fight with each other
película movie
pelo hair
pelota ball
pendientes *(m. pl.)* earrings
pensar (e > ie) to think

pentecostal *(m./f.)* Pentecostal
peor worse
pepino cucumber
pequeño/a small, little
pera pear
perder (e > ie) to lose
Perdón. Excuse me.
perejil *(m.)* parsley
perezoso/a lazy
perfume *(m.)* perfume
periodista *(m./f.)* journalist
perla pearl
perro/a dog
persistente *(m./f.)* persistent
personaje *(m.)* character
Perú Peru
peruano/a Peruvian
pescado fish
pescar to fish
pesimista *(m./f.)* pessimistic
peso peso
pez *(m.)* fish
picar to sting
pie *(m.)* foot
piedra stone; **~ preciosa** precious stone; **~ semipreciosa** semi-precious stone
piel *(f.)* leather
pierna leg
pieza piece
pijama *(m.)* pajamas
pimienta pepper
pincel *(m.)* paintbrush
pino pine tree
pintar to paint; **pintarse las uñas** to paint one's nails
pintor/a painter
pintura painting; **~ de aceite** oil paint; **~ de agua** water paint
pinzas tongs
piña pineapple
piscina swimming pool
piso floor; story (of a building)
pizarra chalkboard
placer pleasure: **Es un ~.** The pleasure is mine.; **Un ~ conocerlo/la.** It's a pleasure to meet you.
planchar to iron
plano map
planta plant
plástico plastic

Spanish-English Glossary

plata silver
plátano banana
plato plate; ~ **hondo** bowl;
~ **principal** main dish
playa beach
playera T-shirt (with designs)
plaza town square
plomero (m./f.) plumber
pluma pen
poder (o > ue) to be able, can
poema (m.) poem
poesía poetry
policía (m./f.) police officer
poliéster (m.) polyester
pollito chick
pollo chicken; ~ **frito** fried chicken
poner to put; place; **ponerse la ropa** to put on clothing
por for, during, in, through, along, on behalf of, by; ~ **favor** please; ~ **la mañana (noche, tarde)** in the morning (night, afternoon); ~ **último** lastly
portero/a goalie, goalkeeper
Portugal Portugal
portugués / portuguesa Portuguese
postre (m.) dessert
practicar to practice
precio price
precioso/a pretty, lovely
preferir (e > ie) to prefer
premio prize
preocupado/a worried
preocuparse: No se (te) preocupe(s). Don't worry.
preparar to prepare
preparatoria high school
presbiteriano/a Presbyterian
presento: Le (Te, Les) ~ a… I would like for you to meet…
prestar to lend
primavera spring
primero/a first
primo/a cousin
productor/a producer
profesión profession
profesor/a professor; ~ **visitante** visiting professor

programa (m.) program
programador/a programmer
promedio average
propina tip (gratuity)
protagonista (m./f.) main character
proteger to protect
próximo/a next; **el próximo sábado** next Saturday
proyector (m.) projector
prueba test; quiz
psicología psychology
psicólogo/a psychologist
pubertad (f.) puberty
publicidad (f.) advertising
puente (m.) bridge
puerta door
Puerto Rico Puerto Rico
puertorriqueño/a Puerto Rican
pulsar to click
pulsera bracelet
punto dot, period; point; ~ **cardinal** cardinal point
puntual (m./f.) punctual
pupitre (m.) student desk

Q

que: ¡Que le (te) vaya bien! I hope everything goes well for you!
¿Qué? what?, which?; ¿~ **hay de nuevo?** What's new?; ¿~ **hora es?** What time is it?; ¿~ **tal?** How are things?
querer to want; **quererse** to love one another
química chemistry
quince fifteen
quinto/a fifth
quitarse la ropa to take off clothing

R

rana frog
rascacielos (m. sing.) skyscraper
rasuradora (Mex.) razor
ratón (m.) mouse
rayón (m.) rayon
realismo realism
recámara bedroom

recepción (f.) front desk
recepcionista (m./f.) receptionist
rechazar to reject
recibir to receive
recomendar (e > ie) to recommend
reconciliarse to reconcile, to make up
recordar (o > ue) to remember
rector/a university president; chancellor
rectoría president's or chancellor's office
red (f.) net
reenviar to resend
refresco soda
refrigerador (m.) refrigerator
regalo gift
regla ruler
regular so-so
reja window grill
relámpago lightning
reloj (m.) watch; clock
remolacha beet
repite repeat
reprobar (o > ue) to fail
República Dominicana Dominican Republic
republicano/a republican
res (f.) beef
reservación (f.) reservation
resfriado cold
residencia estudiantil dormitory
resolver (o > ue) to solve
respaldo backup
respirar to breathe
responder to answer
responsable (m./f.) responsible
restaurante (m.) restaurant
retirado/a retired (from job or military)
retoñar to sprout
retrato portrait
rima rhyme
rímel (m.) mascara
río river
rival (m./f.) rival
rizado/a curly
roble (m.) oak tree
rodeo rodeo

rodilla knee
rojo/a red
romántico/a romantic
rompecabezas (m. sing.) jigsaw puzzle
ropa clothing; ~ **interior** underwear
rosa pink; rose
rubí (m.) ruby
rubio/a blond
rugir to roar
ruido noise
ruidoso/a noisy
ruso/a Russian

S

sábado Saturday; **el próximo ~** next Saturday
saber to know
sacar to get (a grade)
saco coat
sal (f.) salt
sala living room; ~ **de espera** waiting room; ~ **de urgencias** emergency room
salario mínimo minimum wage
salida start (of a race)
salir to leave; to go out
salmón (m.) salmon
saltar to jump
salud (f.) health
saludarse to greet each other
saludo greeting
salvadoreño/a Salvadoran
sandalias sandals
sandía watermelon
sartén (m./f.) skillet
satisfecho/a satisfied
sazonar to season
secadora dryer; ~ **de pelo** blow-dryer
secarse to dry oneself
secretario/a secretary
seda silk
segundo/a second
seis six
selva jungle
semana week; ~ **pasada** last week
semestre (m.) semester
sensible (m./f.) sensitive

sentarse (e > ie) to sit down
sentimental (m./f.) sentimental
señal (f.) signal
señor (abbrev. **Sr.**) Sir, Mister
señora (abbrev. **Sra.**) Mrs.
señorita (abbrev. **Srta.**) Miss
separado/a separated
separarse to separate
septiembre September
séptimo/a seventh
sequía drought
ser to be
serio/a serious
servidor/a server
servilleta napkin
sesenta sixty
setenta seventy
sexto/a sixth
siempre always
siete seven
silla chair
sillón (m.) armchair
simpático/a nice; pleasant
sin without; ~ **escalas** non stop; ~ **mangas** sleeveless
sistema (m.) system
sitio site; ~ **arqueológico** archaeological site; ~ **de interés** place of interest
sobrecargo (m./f.) flight attendant
sobrenombre (m.) nickname
sobrino/a nephew / niece
sociable (m./f.) sociable
socialista (m./f.) socialist
sociología sociology
sol (m.) sun
solicitud (f.) application
solsticio solstice
soltero/a single
sombra de ojos eye shadow
sombrero hat
sopa soup
sorpresa surprise
sótano basement
subir to go up; ~ **de peso** to gain weight
subtítulos subtitles
sucio/a dirty
sudadera sweatshirt

suegro/a father-in-law / mother-in-law
sueldo salary
suéter (m.) sweater
sur (m.) south
sureste (m.) southeast
suroeste (m.) southwest
surrealismo surrealism

T

tabique (m.) partition wall
tablón (m.) **de anuncios** bulletin board
talco talcum powder
talla size
tallar to carve
taller (m.) shop; garage; workshop; studio
también also, too
tampoco neither, not either
tan… como as… as
tapete (m.) small rug
tarde (f.) afternoon; late; **por (en) la ~** in the afternoon
tarea homework
tarjeta de crédito credit card
taza cup
té (m.) tea
teatro theatre
techo roof; ceiling
teclado keyboard
técnico/a technician
tejado roof
tejer to knit
teléfono phone
televisión (f.) television
tema (m.) theme, topic
temblor (m.) earthquake
temporada season
temprano early
tenedor (m.) fork
tener to have
tenis (m.) tennis; ~ (m. pl.) tennis shoes, sneakers
tercero/a third; **en tercera dimensión** three-dimensional (3-D)
terciopelo velvet
terminal (f.) **de autobuses** bus station
terminar to end; to finish
terremoto earthquake
terreno land
tesis (f.) thesis

testigo de Jehová (m./f.) Jehovah's Witness
tiburón (m.) shark
tiempo time; weather; ~ **completo** full-time; ~ **parcial** part-time
tienda store; shop; ~ **de campaña** tent
tigre (m.) tiger
tijeras scissors
tilapia tilapia
timbre (m.) stamp
tímido/a timid, shy
tío/a uncle / aunt
tirar to throw
tiza chalk
toalla towel
tobillo ankle
tocar to play (an instrument); to touch
tocino bacon
todo/a all, everything; **todo el día** all day; **todos los años (días, sábados, veranos)** every year (day, Saturday, summer)
tomar to take; to drink
tomate (m.) tomato
tonto/a dumb, stupid
tormenta storm; ~ **de arena** sand storm
tornado tornado
toro bull
toronja grapefruit
torre (f.) tower
tos (f.) cough
tostadora toaster
trabajador/a hardworking
trabajar to work
trabajo job, work
traducir to translate
traductor/a translator
traer to bring
traición (f.) betrayal
traje (m.) suit; ~ **de baño** bathing suit; ~ **sastre** business suit
trama plot
tranquilo/a peaceful
transferir (e > ie) to transfer
tránsito traffic
trece thirteen
treinta thirty
tren (m.) train
tres three
trigo wheat

trilingüe (m./f.) trilingual
triste (m./f.) sad
tronar (o > ue) to thunder
trucha trout
trueno thunder
turista (m./f.) tourist

U

un, uno/a one; **un millón** one million
undécimo/a eleventh
unitarista (m./f.) Unitarian
universidad (f.) university
Uruguay Uruguay
uruguayo/a Uruguayan
usar to wear; to use
usuario/a user
utensilios (m. pl.) cookware
útiles (m. pl.) **escolares** school supplies
uva grape

V

vacaciones (f. pl.) vacation; ~ **de primavera** spring break
vajilla tableware
valle (m.) valley
vaqueros jeans
vaso drinking glass
vecindario neighborhood
vegetariano/a vegetarian
veinte twenty
vejez (f.) old age
vela candle
velero sailboat
vencer to defeat, to beat
vendedor/a salesperson; ~ **ambulante** street peddler
venezolano/a Venezuelan
Venezuela Venezuela
ventana window
ventanilla ticket window; airplane window
ver to see
verano summer
verde (m./f.) green
verdura vegetable
vestido dress; ~ **de novia** bridal gown
vestirse (e > i) to get dressed
veterinario/a veterinarian
viaje (m.) trip; **ir de ~** to go on a trip

víbora de cascabel rattlesnake

vida life

videograbadora video recorder

videojuego videogame

viejo/a old

viernes Friday

villano/a villain

vino wine; ~ **blanco** white wine; ~ **tinto** red wine

virus *(m.)* virus

visa visa

viudo/a widower / widow

vivienda dwelling

vivir to live

vivo bright (color)

volar (o > ue) to fly

volcán *(m.)* volcano

vólibol *(m.)*, **vóleibol** *(m.)* volleyball

volver (o > ue) to return

vomitar to vomit

Y

yerno son-in-law

Z

zafiro sapphire

zanahoria carrot

zapato shoe; ~ **de tacón** high heel shoe

zoológico zoo

zorro fox

A

@ arroba
abstract abstracto
accept (to) aceptar
accident accidente *(m.)*
account cuenta
accountant contador/a
accounting contabilidad *(f.)*
act (to) actuar
action figure figura de acción
active activo/a
address dirección *(f.)*
administration oficinas administrativas
adolescence adolescencia
adore each other (to) adorarse
advertisement anuncio
advertising publicidad *(f.)*
after después
afternoon tarde *(f.)*; ~ **snack** merienda; **Good ~.** Buenas tardes.; **in the ~** por (en) la tarde
agency agencia
air conditioning aire acondicionado *(m.)*
airline línea aérea
airplane avión; ~ **window** ventanilla
airport aeropuerto
aisle pasillo
algebra álgebra *(m.)*
allergy alergia
almost casi
also también
always siempre
a. m. de la mañana
American americano/a; estadounidense *(m./f.)*
among entre
amuse (to) divertir
analgesic analgésico
anatomy anatomía
angry enojado; **get ~ (to)** enojarse
ankle tobillo
announcement anuncio
annoying (to be) chocar
answer (to) contestar, responder
ant hormiga
antibiotic antibiótico
any algún / alguno/a, cualquier/a

apartment apartamento, departamento
appetizer aperitivo
apple manzana
appliance aparato electrodoméstico
application solicitud *(f.)*
appointment cita
apricot albaricoque *(m.)*
April abril
Arabic árabe *(m./f.)*
arch arco
archaeological site sitio arqueológico
architect arquitecto/a
architecture arquitectura
area code código de área
Argentina Argentina
Argentinian argentino/a
arm brazo
armchair sillón *(m.)*
arrange (to) arreglar
arrival llegada
art arte *(m.)*; **folk ~** arte popular; **modern ~** arte moderno; **textile ~** arte textil
article artículo
artist artista *(m./f.)*
as… as tan… como
ask (to) for… hand pedir la mano de…
aspirin aspirina
assist (to) atender
asthma asma *(f.)*
at en
attack (to) atacar
attend (to) asistir a
attic ático
attorney licenciado/a
August agosto
aunt tía
automobile automóvil *(m.)*
avenue avenida
average promedio
avocado aguacate *(m.)*

B

bachelor's degree licenciatura
back espalda
backpack mochila
backup respaldo
bacon tocino; ~ **and eggs** huevos con tocino
bake (to) hornear

balcony balcón *(m.)*
bald calvo/a
ball balón *(m.)*, pelota
ballpoint pen bolígrafo
banana plátano
bank banco
Baptist bautista *(m./f.)*
bark (to) ladrar
Baroque barroco/a
baseball béisbol *(m.)*
basement sótano
basilica basílica
basket canasta
basketball básquetbol *(m.)*
bat bate *(m.)*
bath (to take) bañarse
bathing suit traje de baño *(m.)*
bathroom baño
batter bateador/a
beach playa
beans frijoles *(m. pl.)*; **green ~** judías *(f. pl.)* verdes
bear oso
beat (to) vencer; batir
bed cama; ~ **(to go to)** acostarse (o > ue)
bedroom recámara, dormitorio
bee abeja
beef res *(f.)*
beer cerveza
beet remolacha
before antes
begin (to) comenzar (e > ie), empezar (e > ie)
behind detrás de
beige beige
believe (to) creer
bellhop botones *(m.)*, maletero
belt cinturón *(m.)*
betrayal traición *(f.)*
better mejor
between entre
bicycle bicicleta
bilingual bilingüe *(m./f.)*
billfold cartera
biology biología
bird ave *(f.)*, pájaro
birth nacimiento
birthday cumpleaños
bite (to) morder
black negro/a
blender licuadora
block (to) bloquear
blond rubio/a

blouse blusa
blow-dryer secadora de pelo
blue azul
board game juego de mesa
boat barco
body cuerpo
boil (to) hervir
Bolivia Bolivia
Bolivian boliviano/a
Bon appétit! ¡Buen provecho!
book libro; ~ **club** club *(m.)* de lectura
bookshelf librero
bookstore librería
boot bota
bore (to) aburrir
boring aburrido/a
born (to be) nacer
boss jefe *(m./f.)*
bother (to) molestar
bowl plato hondo
boxing boxeo
boyfriend novio
bracelet pulsera
bread pan *(m.)*; **white ~** pan blanco; **wheat ~** pan de trigo
breakfast desayuno; ~ **(to eat)** desayunar
breathe (to) respirar
breeze brisa
brick ladrillo
bridal gown vestido de novia
bride novia
bridge puente *(m.)*
bright (color) vivo
bring (to) traer
brochure folleto
broth caldo
brother hermano
brother-in-law cuñado
brown café, castaño/a; ~ **skinned** moreno/a
brush cepillo; ~ **one's hair (to)** cepillarse el pelo; ~ **one's teeth (to)** cepillarse los dientes
Buddhist budista
building edificio
bull toro
bulletin board tablón de anuncios *(m.)*
bullfight corrida de toros
bus autobús *(m.)*; ~ **station** terminal de autobuses *(f.)*

English-Spanish Glossary

businessman hombre de negocios
businesswoman mujer de negocios
busy ocupado/a
butter mantequilla
butterfly mariposa
buy (to) comprar

C

cable cable (m.)
cafeteria cafetería
cake pastel (m.)
calculator calculadora
calculus cálculo
calendar calendario
calm calmado/a
cameraman / camerawoman camarógrafo/a
camp (to) acampar
can opener abrelatas (m. sing)
Canada Canadá
Canadian canadiense (m./f.)
candle vela
cantaloupe melón (m.)
canyon cañón (m.)
cap gorra
car carro, coche (m.); **toy ~** carrito
cardinal points puntos cardinales
carnation clavel (m.)
carpenter carpintero/a
carpet alfombra
carrot zanahoria
carve (to) tallar
cash efectivo
cashier cajero/a
cast elenco
castle castillo
cat gato
cathedral catedral (f.)
Catholic católico/a
ceiling techo
celebration celebración (f.)
cell phone celular (m.)
ceramics cerámica
chair silla
chairperson director(a)
chalk tiza
chalkboard pizarra
champagne champaña
championship campeonato
chancellor's office rectoría
change (to) cambiar

character personaje (m.)
charcoal carbón (m.)
chat room cuarto de charla
check cuenta; cheque (m.)
chemistry química
chess ajedrez (m.)
chest pecho
chick pollito
chicken gallina, pollo; **~ soup** caldo de pollo; **fried ~** pollo frito
childhood infancia
Chile Chile
Chilean chileno/a
chin barbilla
China China
Chinese chino/a
chops chuletas
Christian cristiano/a
Christmas Navidad (f.); **~ Eve** Nochebuena
chubby gordito/a
church iglesia
city ciudad (f.)
class notes apuntes (m. pl.)
classroom aula
clean limpio/a; **~ (to)** limpiar
clear (it's) está despejado
click (to) pulsar
climb (to) escalar
clinic clínica
clinical analysis análisis clínico (m.)
clock reloj (m.)
clothes washer lavadora
clothing ropa
cloud nube (f.)
cloudy: It's ~. Está nublado.
club discoteca; **book ~ club** (m.) de lectura
coach entrenador/a
coal carbón (m.)
coat abrigo (winter); saco; **~… with breadcrumbs (to)** empanizar
coconut coco
coffee café (m.)
coin moneda; **~ collecting** numismática; **coin collector** numismático/a
cold resfriado; **It's ~.** Hace frío.
cold cuts carnes frías (f. pl.)
collect (to) coleccionar
cologne loción (f.)
Colombia Colombia

Colombian colombiano/a
color color
Columbus Day Día de la Raza
column columna
comb peine (m.); **~ one's hair (to)** peinarse
comfortable cómodo/a
communist comunista (m./f.)
company compañía
competition competencia
computer computadora; **~ science** computación; informática (f.)
concert concierto
concrete concreto
condominium condominio
conference conferencia
congested congestionado/a
conservative conservador/a
conserve (to) conservar
construction firm constructora
contact list lista de contactos
content contento/a
contest concurso
contract contrato
convent convento
cook cocinero/a; **~ (to)** cocinar, cocer (o > ue)
cookie galleta
cookware utensilio
cool: It's ~. Hace fresco.; **~ (to)** enfriar
coordinator coordinador/a
copy (to) copiar
corn maíz (m.); **~ oil** aceite (m.) de maíz
cost of living costo de vida
Costa Rica Costa Rica
Costa Rican costarricense (m./f.)
cotton algodón (m.)
cough tos (f.)
counselor consejero/a
country campo; país
court cancha
courtyard patio
cousin primo/a
crab cangrejo
crafts artesanía
craftsman artesano
crayon lápiz (m.) de cera, crayola
cream crema

credit card tarjeta de crédito
crocodile cocodrilo
crossword puzzle crucigrama (m.)
cruise crucero
Cuba Cuba
Cuban cubano/a
cubism cubismo
cucumber pepino
cufflinks mancuernillas
cup copa, taza
cure (to) curar
curly rizado/a
currency moneda; **~ exchange** casa de cambio
custard flan (m.), natilla
cycling ciclismo
cyclone ciclón (m.)

D

daisy margarita
dance baile (m.)
dance (to) bailar
dancer bailarín / bailarina
dark oscuro/a; **get ~ (to)** anochecer; atardecer
date cita; fecha
daughter hija
daughter-in-law nuera
dawn (to) amanecer
day día (m.); **~ after tomorrow** pasado mañana; **~ of the Dead** Día de los Muertos; **every ~** todos los días
dean decano/a
death muerte (f.)
December diciembre
decoration decoración (f.)
defeat (to) vencer
defende (to) defender
delay demora
delayed demorado/a
democrat demócrata (m./f.)
denim mezclilla
dental floss hilo dental
dentist dentista (m./f.)
deodorant desodorante (m.)
department departamento
depressed deprimido/a
desert desierto
design diseño; **~ (to)** diseñar
designer diseñador(a)

desk   escritorio, pupitre (m.)
desperate   desesperado/a
dessert   postre (m.)
diamond   diamante (m.)
dictionary   diccionario
die (to)   morir (o > ue)
dining room   comedor (m.)
dinner   cena; ~ (to eat) cenar
direct (to)   dirigir
director   director/a
dirty   sucio/a
disappointment
   desilusión (f.)
disaster: natural ~   desastre
   (m.) natural
discomfort   malestares
   (m. pl.)
discount   descuento
dish   plato; main ~ plato
   principal
dishwasher   lavaplatos
dislike (to)   disgustar
displeased   disgustado/a
distance education
   educación a distancia (f.)
distressed   angustiado/a
divorced   divorciado/a; get
   ~ (to) divorciarse
dizziness   mareos
dizzy   mareado/a
do (to)   hacer
doctor   doctor/a; doctor's
   office consultorio
doctorate   doctorado
dog   perro/a
doll   muñeca
dollar   dólar (m.)
dolphin   delfín (m.)
Dominican   dominicano/a
Dominican
   Republic   República
   Dominicana
door   puerta
dormitory   residencia
   estudiantil
dot   punto
double   doble; ~ bed cama
   matrimonial; ~ room
   cuarto / habitación doble (f.)
down (to go)   bajar
download (to)   descargar
downtown   centro
draw (to)   dibujar
dress   vestido; get dressed
   (to) vestirse (e > i)
drink   bebida; ~ (to) beber
drive (to)   conducir, manejar

driver   chofer (m./f.)
drought   sequía
drunk   borracho/a
dry oneself (to)   secarse
dryer   secadora
dubbing   doblaje (m.)
dumb   tonto/a
during   durante
duty free   libre de impuestos
dwelling   vivienda

E

each   cada
eagle   águila (m.)
ear (inner)   oído; (outer)
   oreja
earache   dolor de oídos (m.)
early   temprano
earring   arete (m.),
   pendiente (m.)
earthquake   temblor (m.),
   terremoto
easel   caballete (m.)
east   este (m.)
Easter   Pascua
eat (to)   comer
eclipse   eclipse (m.)
economics   economía
Ecuador   Ecuador
Ecuadorian   ecuatoriano/a
egg   huevo; scrambled eggs
   huevos revueltos
eight   ocho
eighth   octavo/a
eighty   ochenta
either... or...   o... o...
El Salvador   El Salvador
elbow   codo
elective   clase (f.) optativa
electric stove   estufa
   eléctrica
electrician   electricista (m./f.)
elegant   elegante
elevator   ascensor (m.)
eleven   once
eleventh   undécimo/a
e-mail   correo electrónico;
   ~ address dirección
   electrónica (f.)
emerald   esmeralda
emergency room   sala de
   urgencias
employee   empleado/a
end (to)   terminar; ~ table
   mesita
energetic   enérgico/a

engaged   comprometido/a;
   get ~ (to) comprometerse
engineer   ingeniero/a
engineering   ingeniería
England   Inglaterra
English   inglés / inglesa;
   ~ language inglés (m.)
entertain (to)   divertir
envy   envidia
Episcopal   episcopal (m./f.)
equinox   equinoccio
equipment   equipo
erosion   erosión (f.)
error   error (m.)
eruption   erupción (f.)
essay   ensayo
euro   euro
every day (year, Saturday,
   summer)   todos los días
   (años, sábados, veranos)
every other day   cada tercer
   día; un día sí, un día no,
   día por medio
exam   examen (m.)
example   muestra
excited   emocionado/a (m./f.)
Excuse me.   Con permiso.;
   Perdón.
exercise (to)   hacer ejercicio
exhibition   exhibición (f.)
expensive   caro/a
expressionism
   expresionismo
extension   extensión (f.)
extra: ~ large   extra grande;
   ~ small extra chico/a
extrovert   extrovertido/a
eye   ojo; ~ drops gotas para
   los ojos; ~ glasses lentes
   (m. pl.)
eyeliner   delineador (m.)
eyeshadow   sombra de ojos

F

façade   fachada
face   cara
factory   fábrica; ~ worker
   obrero/a
fail (to)   reprobar (o > ue)
fall   otoño
family   familia
far from   lejos de
farewell   despedida
farm   granja
farmer   campesino/a,
   granjero/a

fascinate (to)   fascinar
fat   gordo/a; grasa; saturated
   ~ grasa saturada
father   padre; Father's Day
   Día de los Padres
father-in-law   suegro
fauna   fauna
Feast of the Three
   Kings   Día de los Reyes
   Magos
February   febrero
fencing   esgrima
ferry   ferry (m.)
fever   fiebre (f.)
fibber   mentiroso/a
field   campo
fifteen   quince
fifth   quinto/a
fifty   cincuenta
fight   pelea; ~ (to) luchar,
   pelear; ~ with each other
   (to) pelearse
file   archivo; ~ (to) archivar
filmmaking   cinematografía
finally   finalmente
financial aid office   oficina
   de ayuda financiera
finger   dedo
finish (to)   terminar; ~ line
   meta
fire   fuego
first   primero/a
fish   pescado; ~ (to) pescar;
   ~ soup sopa de pescado
five   cinco
fix (to)   arreglar
flat   plano/a
flight attendant   sobrecargo
   (m./f.)
flood   inundación (f.)
floor   piso
flora   flora
flower   flor (f.); wild ~ flor
   silvestre
flu   gripe (f.)
fly (to)   volar; ~ mosca
foam   espuma
fog   niebla
foil (for fencing)   florete
   (m.)
folder   carpeta
folk art   arte popular (m.)
food   comida
foot   pie (m.)
football   fútbol americano
   (m.); ~ game partido de
   fútbol americano

English-Spanish Glossary

forehead frente (f.)
foreign currency moneda extranjera
forest bosque (m.)
fork tenedor (m.)
forty cuarenta
foul smelling apestoso/a
fountain fuente (f.)
four cuatro
fourteen catorce
fourth cuarto/a
fox zorro
frame marco
France Francia
fraternity fraternidad (f.)
freeze (to) helar (e > ie); **it freezes** hiela; **It's freezing.** Está helando.
French francés / francesa; ~ **fries** papas fritas; ~ **language** francés (m.)
frequently frecuentemente
Friday viernes
fried frito/a
friendship amistad (f.)
frog rana
front desk recepción (f.)
fruit fruta
fry (to) freír
full-time tiempo completo
funny divertido/a

G

gain weight (to) subir de peso
game juego, partido; **board** ~ juego de mesa
garage cochera; taller (m.)
garbage basura
garden jardín (m.)
garlic ajo
gas stove estufa de gas
gelatin gelatina
gem gema
general general (m.)
generally generalmente
geography geografía
geometry geometría
German alemán / alemana; ~ **language** alemán (m.)
Germany Alemania
get (to) conseguir; ~ **a grade (to)** sacar; ~ **up (to)** levantarse
gift regalo
giraffe jirafa

girl chica
girlfriend novia
give (to) dar
glass vaso
global warming calentamiento global
glove guante (m.)
go (to) ir; ~ **out (to)** salir; ~ **to the movies (to)** ir al cine; ~ **up (to)** subir; ~ **to the opera** ir a la ópera
goal (soccer) gol (m.); ~ **keeper** portero/a
goalie portero/a
goblet copa
godchild ahijado/a
godfather padrino
godmother madrina
gold oro
golf golf (m.); ~ **club** palo de golf; ~ **course** campo de golf
good bueno/a
good bueno/a; ~ **afternoon.** Buenas tardes.; ~ **evening.** Buenas noches.; ~ **luck.** Buena suerte.; ~ **morning.** Buenos días.; ~ **night.** Buenas noches.
goodbye adiós, chao, hasta la vista; **say** ~ **(to)** despedirse
Gothic gótico/a
grade calificación (f.), nota; ~ **(to)** calificar
graduation graduación (f.)
grain cereal (m.)
granddaughter nieta
grandfather abuelo
grandmother abuela
grandson nieto
granite granito
grape uva
grapefruit toronja
graphic arts artes gráficas
graphic designer diseñador/a gráfico/a
grass pasto
gray gris (m./f.); ~ **haired** canoso/a
green verde (m./f.); ~ **areas** áreas verdes; ~ **beans** judías verdes (m. pl.)
greet each other (to) saludarse
greeting saludo

grill (to) asar
groom novio
growl (to) gruñir
Guatemala Guatemala
Guatemalan guatemalteco/a
guess (to) adivinar
guest huésped (m./f.), invitado/a
gym gimnasio

H

hail granizo
hair pelo
hairstylist estilista (m./f.)
half medio/a; mitad (f.); ~ **an hour** media hora; ~ **brother** medio hermano; ~ **sister** media hermana
ham jamón (m.); ~ **and eggs** huevos con jamón
hamburger hamburguesa
hand mano (f.)
handkerchief pañuelo
handsome guapo/a
Hanukkah Fiesta de las Luces
happy contento/a, feliz (m./f.)
hardworking trabajador/a
hat sombrero
hate (to) odiar
have (to) tener; ~ **a good time** pasarlo/a bien; ~ **a good trip.** Buen viaje.; ~ **to (+ inf.)** tener que (+ inf.)
have on (to) llevar puesto
head cabeza
headache dolor (m.) de cabeza
heading encabezado
health salud (f.)
hear (to) oír
heart corazón (m.)
heartburn agruras
heating system calefacción (f.)
helicopter helicóptero
helmet casco
hemoglobin hemoglobina
hide oneself (to) esconderse
hen gallina
Hi. Hola.
high: ~ **cost of living** alto costo de la vida; ~ **heels** zapatos de tacón; ~ **school** escuela secundaria, preparatoria
highway carretera

hill colina
hippopotamus hipopótamo
history historia
hit (to) pegar
hobbies aficiones (f. pl.)
home casa
homemaker ama de casa
homework tarea
Honduran hondureño/a
Honduras Honduras
honest honesto/a
honeymoon luna de miel
horrible horrible (m./f.)
horse caballo
hospital hospital (m.)
hot caliente; **It's** ~. Hace calor.; ~ **pepper** chile (m.)
hotel maid camarera
house casa
how? cómo?; ~ **are things going?** ¿Qué tal? ~ **are you?** ¿Cómo está (Ud.)? (form. sing.); ¿Cómo están (Uds.)? (pl.); ¿Cómo estás (tú)? (fam. sing.); ~ **many?** ¿Cuántos/as?; ~ **much?** ¿Cuánto/a?; ~ **much does it cost?** ¿Cuánto cuesta?
howl (to) aullar
hug (to) abrazar; ~ **each other** abrazarse
humidity humedad (f.)
hunt (to) cazar
hurricane huracán (m.)
hurt (to) doler (o > ue); ~ **oneself (to)** lastimarse
husband esposo

I

ice hielo; ~ **cream** helado
icon ícono
ill enfermo/a
illness enfermedad (f.)
image imagen (f.)
impatient impaciente (m./f.)
in en; ~ **front of (facing)** enfrente de, delante de
in-laws familia política
incredible increíble (m./f.)
Independence Day Día de la Independencia
independent independiente (m./f.)
inexpensive barato/a
infection infección (f.)
inning entrada

inside of   dentro de
insist on (to)   insistir en
instead of   en vez de
interest (to)   interesar
interview   entrevista
invitation   invitación *(f.)*
invite (to)   invitar
Irish   irlandés / irlandesa
Irland   Irlanda
iron (to)   planchar
irresponsible   irresponsable
   (m./f.)
island   isla
Italian   italiano/a
Italy   Italia

J

jacket   chaqueta
January   enero
Japan   Japón
Japanese   japonés / japonesa;
   ~ **language** japonés *(m.)*
jealous   celoso/a
jealousy   celos
jeans   vaqueros
Jehovah's Witness   Testigo
   de Jehová *(m./f.)*
jewelry   joyas
Jewish   judío/a
job   trabajo
jokes (to tell)   contar chistes
journalist   periodista *(m./f.)*
juice   jugo
July   julio
jump (to)   saltar
June   junio
jungle   selva
junk mail   correo no deseado

K

kettle   olla
keyboard   teclado
kiss (to)   besar
kitchen   cocina
knee   rodilla
knife   cuchillo
knit (to)   tejer
know (to)   conocer, saber

L

lab   laboratorio
lace   encaje *(m.)*
lagoon   laguna
lake   lago

lamp   lámpara
land   terreno
language   lengua, idioma;
   ~ **lab** laboratorio de lenguas
laptop   computadora portátil
lard   manteca
large   grande *(m./f.)*
last   pasado/a; último/a;
   ~ **month** mes pasado;
   ~ **night** anoche; ~ **week**
   semana pasada
lastly   por último
late   tarde
laugh (to)   reírse
lawyer   abogado/a
lazy   perezoso/a
leaf   hoja
learn (to)   aprender
leather   piel *(f.)*
leave (to)   salir
left   izquierda; **to the** ~ **of** a
   la izquierda de
leg   pierna
lemon   limón *(m.)*
lemonade   limonada
lend (to)   prestar
less   menos
lettuce   lechuga
liar   mentiroso/a
liberal   liberal *(m./f.)*
libertarian   libertario/a
library   biblioteca
life   vida
lift (to)   levantar; ~ **weights**
   levantar pesas
light (color)   claro/a
lightning   relámpago;
   it's lightning está
   relampagueando
like (to)   gustar
lily   lirio
limited space   espacio
   limitado
limousine   limusina
linen   lino
link   enlace *(m.)*
lion   león *(m.)*
lip   labio
lipstick   lápiz labial *(m.)*
listen (to)   escuchar
literature   literatura
little (amount)   poco/a;
   ~ **(size)** pequeño/a
live (to)   vivir
living room   sala
llama   llama
lobster   langosta

lodging   alojamiento
logo   logotipo
long   largo/a; ~ **distance**
   larga distancia
long-sleeved   de manga larga
look   mira; ~ **for (to)** buscar
lose (to)   perder (e > ie);
   ~ **weight (to)** bajar de peso
lotion   loción *(f.)*
love (to fall in)   enamorarse
love   amor; ~ **(to)** amar,
   querer; (action or thing)
   encantar; ~ **one another**
   (to) amarse; **in** ~ **with**
   enamorado/a de
luggage   equipaje *(m.)*
lunch   almuerzo; ~ **(to eat)**
   almorzar (ue)
Lutheran   luterano/a

M

magic (to do)   hacer magia
magician   mago *(m./f.)*
maid (hotel)   camarera
main: ~ **character**
   protagonista *(m./f.)*; ~ **dish**
   plato principal
make (to)   hacer; ~ **up (to)**
   reconciliarse
makeup   maquillaje *(m.)*;
   ~ **(to put on)** maquillarse
mall   centro comercial
manager   gerente *(m./f.)*
many   muchos/as; ~ **times**
   muchas veces
map   mapa *(m.)*, plano
marathon   maratón *(m.)*
marble   mármol *(m.)*
March   marzo
marker   marcador *(m.)*
market   mercado
marketing   mercadotecnia
marriage   matrimonio
married   casado/a; ~ **(to get)**
   casarse
mascara   rímel *(m.)*
mashed potatoes   puré *(m.)*
   de papas
master's degree   maestría
March   marzo
maternal   materno
math   matemáticas
maturity   madurez *(f.)*
May   mayo
mean of transportation
   medio de transporte

meat   carne *(f.)*
mechanic   mecánico/a
medium   mediano/a
meet (to)   conocerse;
   encontrarse
Mennonite   menonita *(m./f.)*
menu   menú *(m.)*
meow (to)   maullar
merchant   comerciante
   (m./f.)
message   mensaje *(m.)*
messenger   mensajero/a
messy   desordenado/a
Methodist   metodista *(m./f.)*
Mexican   mexicano/a
Mexico   México
microwave oven   horno de
   microondas
midnight   medianoche *(f.)*
migraine   migraña
military personnel   militar
   (m./f.); ~ **base** base
   militar *(f.)*
milk   leche *(f.)*
mine   mina
minimum wage   salario
   mínimo
minute   minuto
mirror   espejo
Miss   señorita
miss one another (to)
   extrañarse
mist   neblina
mistake   error *(m.)*
modern   moderno/a
modernism   modernismo
molar   muela
Monday   lunes; ~ **to Friday**
   de lunes a viernes,
   entresemana
money   dinero
monolingual   monolingüe
   (m./f.)
month   mes *(m.)*
monthly wage   mensualidad
   (f.)
monument   monumento
moo (to)   mugir
moon   luna
moral   moraleja
more   más
Mormon   mormón /
   mormona
morning   mañana; **Good** ~.
   Buenos días.; **in the** ~ por
   (en) la mañana
mosaic   mosaico

English-Spanish Glossary

mother madre; **Mother's Day** Día de las Madres
mother-in-law suegra
motorcycle motocicleta
mountain montaña; ~ **range** cordillera
mouse ratón (*m.*)
mouth boca
movie película; ~ **section** cartelera; ~ **theatre** cine (*m.*); **silent** ~ cine (*m.*) mudo
movies cine (*m.*); **go to the** ~ **(to)** ir al cine
Mr. señor
Mrs. señora
much mucho/a
mural mural (*m.*)
muralist muralista (*m./f.*)
museum museo
mushroom champiñón (*m.*)
music música
musician músico/a
Muslim musulmán / musulmana

N

nail polish esmalte (*m.*) de uñas
nailclipper cortaúñas (*m.*)
name nombre (*m.*); **My** ~ **is** Me llamo
napkin servilleta
nationality nacionalidad (*f.*)
natural: ~ **disaster** desastre natural; ~ **history** historia natural
nature naturaleza
nausea náuseas
near cerca de
neck cuello
necklace collar (*m.*)
need (to) necesitar
neighborhood barrio, colonia, vecindario
neither tampoco; ~... **nor...** ni... ni...
neoclassical neoclásico/a
nephew sobrino
nervous nervioso/a
net red (*f.*)
never nunca, jamás
new nuevo/a; ~ **Year** Año Nuevo
next próximo/a; ~ **to** al lado de, junto a

Nicaragua Nicaragua
Nicaraguan nicaragüense (*m./f.*)
nice simpático/a
nickname sobrenombre (*m.*), apodo
niece sobrina
night noche, evening; **at** ~ por (en) la noche; **Good** ~. Buenas noches.; **last** ~ anoche; ~ **club** centro nocturno; ~ **table** mesa de noche
nine nueve
ninety noventa
ninth noveno/a
nobody nadie
noise ruido
noisy ruidoso/a
non stop sin escalas
noon mediodía (*m.*)
north norte (*m.*)
northeast noreste (*m.*)
northwest noroeste (*m.*)
nose nariz (*f.*)
not no; ~ **any** ningún, ninguno/a
notebook cuaderno
nothing nada
novel novela
November noviembre
number número
nurse enfermero/a
nylon nilón (*m.*)

O

oak tree roble, encino
oatmeal avena
October octubre
office oficina
oil aceite (*m.*); **corn** ~ aceite de maíz; **olive** ~ aceite de oliva; ~ **paint** pintura de aceite; ~ **painting** óleo
Okay. Está bien.
old viejo/a; ~ **age** ancianidad (*f.*), vejez (*f.*)
older mayor
olive oil aceite (*m.*) de oliva
on en, sobre, encima de
one uno; ~ **hundred** cien; ~ **thousand** mil; ~ **million** un millón
once in a while de vez en cuando
onion cebolla

online class clase (*m.*) en línea
opal ópalo
opponent adversario/a, contendiente (*m./f.*)
optimistic optimista (*m./f.*)
or o, u
orange anaranjado/a; naranja
orchid orquídea
organized organizado/a
oven horno
owl búho
oysters ostiones (*f. pl.*)

P

p.m. de la noche, de la tarde
package paquete (*m.*)
paint (to) pintar; ~ **one's nails (to)** pintarse las uñas
paintbrush pincel (*m.*)
painting cuadro, pintura
painter pintor/a
pajamas pijama (*m.*)
palace palacio
palette paleta
Panama Panamá
Panamanian panameño/a
pants pantalones (*m. pl.*)
paper papel (*m.*)
Paraguay Paraguay
Paraguayan paraguayo/a
parents padres (*m. pl.*)
park parque (*m.*)
parking estacionamiento
parrot loro
parsley perejil (*m.*)
participate in online social groups participar en grupos sociales en línea
part-time tiempo parcial
partition wall tabique (*m.*)
party fiesta; ~ **(to have)** hacer una fiesta
pass (to) aprobar (o > ue)
passionate apasionado/a
passport pasaporte (*m.*)
password contraseña
paste (to) pegar
pastimes pasatiempos
paternal paterno/a
peaceful tranquilo/a
peach durazno
pear pera
pearl perla
peas guisantes (*m. pl.*)
peasant campesino/a

pen pluma
pencil lápiz (*m.*)
Pentescostal pentecostal (*m./f.*)
pepper pimienta
perfume perfume (*m.*)
persistent persistente (*m./f.*)
Peru Perú
Peruvian peruano/a
pessimistic pesimista (*m./f.*)
peso peso
pharmacist farmacéutico/a
phone teléfono; ~ **number** número de teléfono
photographer fotógrafo/a
photography fotografía
physics física
piece pieza; ~ **of furniture** mueble
pill pastilla
pine tree pino
pineapple piña
pink rosa, rosado/a
pitcher lanzador/a
place lugar (*m.*), sitio; ~ **of interest** sitio de interés; ~ **(to)** poner
plaid de cuadros
plant planta
plastic plástico
plate plato
play (to) tocar (an instrument); ~ **cards (to)** jugar cartas; ~ **sport (to)** jugar (u > ue)
player jugador/a
pleasant simpático/a
please por favor
pleased to meet you encantado/a, mucho gusto
plot trama
plumber plomero (*m./f.*)
plump gordito/a
poem poema
poetry poesía
point punto
police officer policía (*m./f.*)
pollution contaminación (*f.*)
polyester poliéster (*m.*)
popcorn palomitas
pork cerdo
portrait retrato
Portugal Portugal
Portuguese portugués / portuguesa; ~ **language** portugués (*m.*)

pot olla
potato papa, patata
practice (to) practicar
precious stone piedra preciosa
prefer (to) preferir
pregnant embarazada
prepare (to) preparar
Presbyterian presbiteriano/a
president (university) rector/a
pretty precioso (coloq.)
price precio
print estampado; ~ **(to)** imprimir
printer impresora
prize premio
producer productor/a
profession profesión
professor profesor/a
program programa (m.)
programmer programador/a
protect (to) proteger
proud orgulloso/a
psychologist psicólogo/a
psychology psicología
puberty pubertad (f.)
Puerto Rican puertorriqueño/a
Puerto Rico Puerto Rico
pumpkin calabaza
punctual puntual (m./f.)
purple morado/a
purse bolsa
put (to) poner; ~ **on clothing (to)** ponerse la ropa
puzzle rompecabezas

Q

quarter of an hour cuarto de hora
quartz cuarzo
quiet callado/a
quiz prueba
quotation cita textual

R

rabbit conejo
race carrera
rain lluvia; ~ **(to)** llover (o > ue); **it rains** llueve; **It's raining.** Está lloviendo.
rainbow arco iris
raincoat impermeable (m.)
raise (to) levantar

rattlesnake víbora de cascabel
rayon rayón (m.)
razor afeitadora, rasuradora
read (to) leer
reader lector/a
real estate bienes raíces (m.)
realism realismo
receive (to) recibir
receptionist recepcionista (m./f.)
recommend (to) recomendar (e > ie)
reconcile (to) reconciliarse
red rojo/a; ~ **wine** vino tinto
refrigerator refrigerador (m.)
reject (to) rechazar
relationship parentesco
relative pariente (m./f.)
remember (to) recordar (o > ue)
repeat (to) repetir
republican republicano/a
required subject clase (f.) obligatoria, materia obligatoria
research investigación (f.); ~ **(to)** investigar
resemble (to) parecerse (c > zc)
resend (to) reenviar
reservation reservación (f.)
responsible responsable (m./f.)
restaurant restaurante (m.)
retired retirado/a, jubilado/a
return (to) volver (o > ue)
rhyme rima
rice arroz (m.)
right derecha; **to the ~ of** a la derecha de
ring anillo
rival rival (m./f.)
river río
road camino
roar (to) rugir
robe bata
rodeo rodeo
role papel (m.)
romantic romántico/a
roof techo, tejado
room cuarto, habitación (f.) **chat ~** cuarto de charla; **emergency ~** sala de urgencias
roomy amplio/a, espacioso/a
rooster gallo

rose rosa
round trip ida y vuelta
ruby rubí (m.)
rug (small) tapete (m.)
ruler regla
run carrera; ~ **(to)** corer; ~ **run into (to)** encontrarse
runner corredor/a
Russian ruso/a; ~ **language** ruso

S

sad triste (m./f.)
sailboat velero
Saint Patrick's Day Día de San Patricio
salad ensalada
salary sueldo, salario
sale oferta
salesperson vendedor/a
salmon salmón (m.)
salt sal (f.)
Salvadorian salvadoreño/a
sample muestra
sand arena; ~ **storm** tormenta de arena
sandal sandalia
sapphire zafiro
satisfied satisfecho/a
Saturday sábado; **next ~** el próximo sábado
save (to) ahorrar; guardar
say goodbye (to) despedirse
scared asustado/a
scarf (winter) bufanda
scene escena
scholarship beca
school escuela; facultad (f.); ~ **of engineering** facultad de ingeniería; ~ **of humanities** facultad de filosofía y letras; ~ **of law** facultad de derecho; ~ **of medicine** facultad de medicina; ~ **of sciences** facultad de ciencias; **high ~** preparatoria; ~ **supplies** útiles (m. pl.) escolares
scientist científico/a
scissors tijeras
score anotación (f.)
score (to) anotar
screen pantalla
script guión (m.)
sculpt (to) esculpir

sculpture escultura
seafood mariscos
seaquake maremoto
search engine buscador (m.)
season estación (f.); temporada; ~ **(to)** sazonar
seat asiento
second segundo/a
secretary secretario/a
see (to) ver; ~ **you later.** Hasta luego. (Nos vemos.); ~ **you Monday.** Hasta el lunes. (Nos vemos el lunes); ~ **you soon.** Hasta pronto. (Nos vemos pronto.); ~ **you tomorrow.** Hasta mañana. (Nos vemos mañana.)
selfish egoísta (m./f.)
self-portrait autorretrato
semester semestre (m.)
semi-precious stone piedra semipreciosa
send (to) enviar
sensitive sensible (m./f.)
sentimental sentimental (m./f.)
separate (to) separarse
separated separado/a
September septiembre
serious serio/a
server servidor
seven siete
seventh séptimo/a
seventy setenta
sew (to) coser
sewing costura
shampoo champú (m.)
share (to) compartir
shark tiburón (m.)
shave (to) afeitarse
shaving cream crema de afeitar
shirt camisa
shoe zapato
shop taller (m.); tienda; ~ **(to)** ir de compras
short (in length) corto/a; **(in height)** bajo/a; ~ **story** cuento
shorts pantalones (m. pl.) cortos
short-sleeved de manga corta
shoulder hombro
show (to) enseñar
shrimp camarón (m.)
shy tímido/a

English-Spanish Glossary

sick (to get) enfermarse
signal señal (f.)
silent movie cine (m.) mudo
silk seda
silver plata
sing (to) cantar
singer cantante (m./f.)
single soltero/a
Sir señor
sister hermana
sister-in-law cuñada
sit down (to) sentarse (e > ie)
site sitio
six seis
sixth sexto/a
sixty sesenta
size talla
skates patines (m. pl.)
skating patinaje (m.)
sketch bosquejo
skiing esquí (m.)
skill habilidad (f.)
skillet sartén (m.)
skirt falda
sky cielo
skyscraper rascacielos (m.)
sleep (to) dormir (o > ue); ~ **(to go to)** dormirse
sleeveless sin mangas
slim delgado/a
slippers pantuflas
small pequeño/a, chico/a; **extra** ~ extra chico/a
smock bata
smoked ahumado/a
snake culebra, víbora
sneakers tennis (m. pl.)
sneeze (to) estornudar
snow nieve (f.); ~ **(to)** nevar (e > ie); **it snows** nieva; **It's snowing.** Está nevando.
so-so más o menos, regular
soap jabón (m.)
soccer fútbol (m.)
sociable sociable (m./f.)
socialist socialista (m./f.)
sociology sociología
socks calcetines (m. pl.)
soda refresco
solid color de color liso
solstice solsticio
solve (to) resolver
some algún; algunos/as; unos/as

someone alguien
something algo
sometimes a veces
son hijo
son-in-law yerno
sore throat dolor (m.) de garganta
sorority hermandad (f.)
Sorry. Lo siento.
soup sopa; **chicken (shrimp, fish, beef)** ~ sopa de pollo (camarón, pescado, res)
south sur (m.)
southeast sureste (m.)
southwest suroeste (m.)
spacious amplio/a, espacioso/a
Spain España
spam correo no deseado
Spanish español/a; ~ **language** español (m.)
speak (to) hablar
species especie (f.)
spectator espectador/a
speech habla (el) (f.)
spend (to) (money) gastar; ~ **(time)** pasar
spider araña
spinach espinacas
sponsor patrocinador/a
spoon cuchara
sport deporte (m.)
spring primavera; ~ **break** vacaciones de primavera (f. pl.)
sprout (to) retoñar
squid calamares (m. pl.)
stadium estadio
stage etapa; escenario
stamp timbre (m.); ~ **collecting** filatelia
stand up (to) levantarse
star estrella
start (race) salida; ~ **(to)** empezar (e > ie), comenzar (e > ie)
statistics estadística
steak filete (m.)
steam (to) cocer (o > ue) al vapor
stepbrother hermanastro
stepfather padrastro
stepmother madrastra
stepsister hermanastra
stew guisado
sting (to) picar
stomach estómago

stomachache dolor de estómago (m.)
stone: precious ~ piedra preciosa; **semi-precious** ~ piedra semipreciosa
store tienda
storm tormenta; **sand** ~ tormenta de arena
story piso
stove estufa
straight (hair) lacio
strawberry fresa
stream arroyo
street calle (f.); ~ **peddler** vendedor/a ambulante
strict estricto/a
striped de rayas
strong fuerte (m./f.)
student alumno/a, estudiante (m./f.); ~ **center** centro estudiantil
study (to) estudiar
stuffed animal muñeco de peluche
stunt person doble (m.)
subtitles subtítulos
subway metro
sugar azúcar (m.)
suit traje (m.)
suitcase maleta
summer verano
sun sol (m.)
Sunday domingo
sunglasses lentes de sol (m. pl.)
sunny: It's ~ Hace sol.
surprise sorpresa
surrealism surrealismo
SUV camioneta
sweater suéter (m.)
sweatshirt sudadera
swimming natación (f.); ~ **pool** alberca, piscina
syrup jarabe (m.)

T

table mesa
tablecloth mantel (m.)
take (to) tomar, llevar; ~ **a trip** hacer un viaje; ~ **walk** dar un paseo; ~ **off clothing** quitarse la ropa
talcum powder talco
talk (to) hablar
tall alto/a
tax impuesto

tea té (m.)
teach (to) enseñar
teacher maestro/a
team equipo
technician técnico/a
television televisión (f.)
tell riddles (to) decir adivinanzas
ten diez
tennis tenis (m.); ~ **shoes** tenis (m. pl.)
tent tienda de campaña
tenth décimo/a
test prueba
Thank you. Gracias; ~ **very much.** Muchas gracias.
Thanksgiving Día (m.) de Acción de Gracias
that ese (m.), esa; aquel (m.), aquella
theatre teatro
theme tema (m.)
then entonces, luego
these estas, estos
thesis tesis (f.); ~ **director** director/a de tesis
think (to) pensar (e > ie)
third tercero/a
thirteen trece
thirty treinta
this este (m.), esta
those esos (m. pl.), esas; aquellos, aquellas
three tres; ~ **dimensional (3-D)** (en) tercera dimensión
throat garganta
throw (to) tirar
thunder trueno; ~ **(to)** tronar
thundering (it's) está tronando
Thursday jueves
ticket boleto; ~ **window** ventanilla
tide marea
tie corbata; ~ **(to)** empatar
tied empatado/a
tiger tigre (m.)
tilapia tilapia
tile azulejo
timid tímido/a
tip (gratuity) propina
tired cansado/a; **get** ~ **(to)** cansarse
to a

toaster tostadora
today hoy
toilet paper papel *(m.)* de baño
tomato tomate *(m.)*
tomorrow mañana
tongs pinzas
tongue lengua
tonight esta noche
too también
tooth diente *(m.)*; ~ **brush** cepillo de dientes; ~ **paste** pasta de dientes
topic tema *(m.)*
tornado tornado
tour excursión *(f.)*
tourist turista *(m./f.)*; ~ **guide** guía de turistas
towel toalla
tower torre *(f.)*
town square plaza
toy juguete *(m.)*
track and field atletismo
traffic tránsito, tráfico; ~ **jam** embotellamiento
train tren *(m.)*; ~ **station** estación de trenes *(f.)*
translate (to) traducir
transfer (to) transferir (e > ie)
translator traductor/a
trash basura
travel (to) viajar; ~ **agency** agencia de viajes; ~ **agent** agente de viajes *(m./f.)*
travelers' checks cheques de viajero *(m. pl.)*
tree árbol *(m.)*
trilingual trilingüe *(m./f.)*
trip excursión *(f.)*, viaje *(m.)*; **go on a ~ (to)** ir de viaje
trout trucha
t-shirt playera, camiseta
Tuesday martes
tuna atún *(m.)*
turkey pavo
twelfth duodécimo/a
twelve doce
twenty veinte

twin gemelo/a; ~ **bed** cama gemela
two dos

U

umbrella paraguas *(m.)*
uncertainty inseguridad *(f.)*
uncle tío
uncomfortable incómodo/a
under debajo de
understand (to) entender (e > ie), comprender
underwear ropa interior
Unitarian unitarista *(m./f.)*
United States Estados Unidos
university universidad *(f.)*ˆ; ~ **president's office** rectoría
unpleasant antipático/a
until hasta
Uruguay Uruguay
Uruguayan uruguayo/a
use (to) usar
user usuario/a
usher acomodador/a

V

vacuum cleaner aspiradora
Valentine's Day Día de San Valentín
valley valle *(m.)*
van camioneta
vegetable verdura
vegetarian vegetariano/a
Venezuela Venezuela
Venezuelan venezolano/a
velvet terciopelo
very muy
vest chaleco
veterinarian veterinario/a
video: ~ **game** videojuego; ~ **recorder** videograbadora
villain villano/a
virus virus *(m.)*
visa visa
visiting professor profesor/a visitante

volcano volcán *(m.)*
volleyball vólibol *(m.)*, vóleibol *(m.)*
vomit (to) vomitar

W

waist cintura
waiter mesero
waiting room sala de espera
waitress mesera
wake up (to) despertarse (e > ie)
walk (to) caminar
wall pared *(f.)*; **partition ~** tabique *(m.)*
walnut (tree) nogal
want (to) querer, desear
wash (to) lavar; ~ **oneself (to)** lavarse
washer lavadora
wasp avispa
watch reloj *(m.)*
water agua; ~ **paint** pintura de agua
watercolor acuarela
waterfall catarata
watermelon sandía
wave ola
wavy ondulado/a
wear (to) llevar, usar
weather tiempo, clima
wedding boda
Wednesday miércoles
week semana; **last ~** semana pasada
weekend fin de semana *(m.)*
welcome bienvenido/a; **You're ~.** De nada.
well bien; **very ~** muy bien
west oeste *(m.)*
whale ballena
what? ¿qué?, ¿cuál(es)?; ~ **time is it?** ¿Qué hora es?; **What's new?** ¿Qué hay de nuevo?; **What's the weather like?** ¿Qué tiempo hace?; **What's your name?** ¿Cómo se (te) llama(s)?

wheat trigo
When? ¿Cuándo?
Where? ¿Dónde?; ~ **do you work?** ¿Dónde trabaja(s)?
Which? ¿Cuál(es)?
whisk (to) batir
white blanco/a
Whose? ¿De quién?
widow viuda
widower viudo
wife esposa
wild flower flor *(f.)* silvestre
win (to) ganar
window ventana; **airplane/ ticket ~** ventanilla; ~ **grill** reja
windy (it's) hace viento
wine vino; **red ~** vino tinto; **white ~** vino blanco
winter invierno
without sin
wolf lobo
woman mujer *(f.)*; **businesswoman** mujer de negocios
wood madera
wool lana
work (to) trabajar; ~ trabajo
worried preocupado/a
worry: Don't ~. No se (te) preocupe(s).
worse peor
wrestling lucha
write (to) escribir
writer escritor/a

Y

yard jardín
year año
yellow amarillo/a
yesterday ayer
young joven *(m./f.)*
younger menor *(m./f.)*
youth juventud *(f.)*

Z

zebra cebra
zoo zoológico

Index

Index

Index

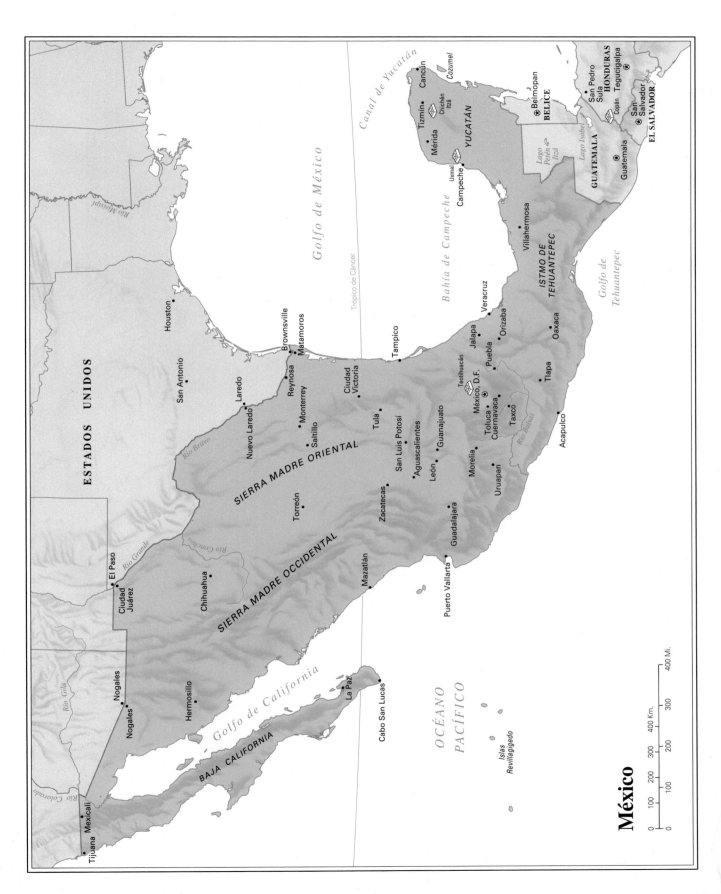

México

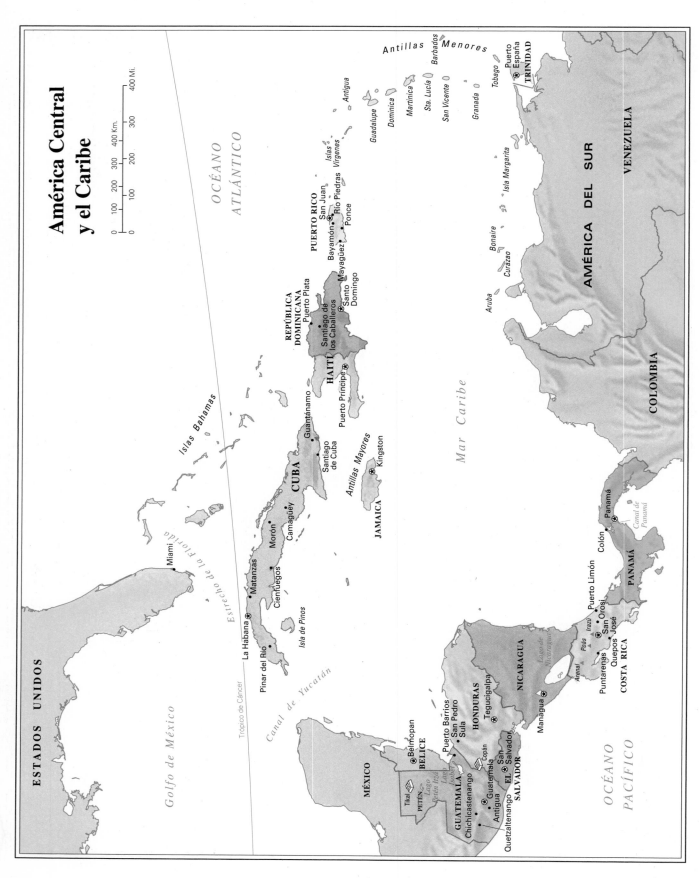

América Central
y el Caribe

ESTADOS UNIDOS

Golfo de México

OCÉANO ATLÁNTICO

0 100 200 300 400 Km.
0 100 200 300 400 Mi.

Miami

Trópico de Cáncer

Estrecho de la Florida

Islas Bahamas

La Habana
Pinar del Río
Isla de Pinos
Matanzas
Cienfuegos
Morón
Camagüey
CUBA
Santiago de Cuba
Guantánamo

Canal de Yucatán

Antillas Mayores
Kingston
JAMAICA

REPÚBLICA DOMINICANA
Puerto Plata
Santiago de los Caballeros
Santo Domingo
HAITÍ
Puerto Príncipe

PUERTO RICO
San Juan
Bayamón Río Piedras
Mayagüez Ponce
Islas Vírgenes

Antillas Menores
Antigua
Guadalupe
Dominica
Martinica
Sta. Lucía
San Vicente
Barbados
Granada
Tobago
Puerto España
TRINIDAD

Mar Caribe

Isla Margarita
Bonaire
Curazao
Aruba

VENEZUELA

AMÉRICA DEL SUR

COLOMBIA

MÉXICO

Belmopán
BELICE
Tikal
PETÉN
Lago Petén Itzá
Lago Isabel
Puerto Barrios
San Pedro Sula
Copán
HONDURAS
Tegucigalpa
Guatemala
GUATEMALA
San Salvador
EL SALVADOR
Antigua
Chichicastenango
Quetzaltenango

NICARAGUA
Managua
Lago de Nicaragua

Panamá
Colón
PANAMÁ
Canal de Panamá

Puerto Limón
San Orosí
San José
COSTA RICA
Puntarenas
Quepos
Arenal Poás Irazú

OCÉANO PACÍFICO

M-2

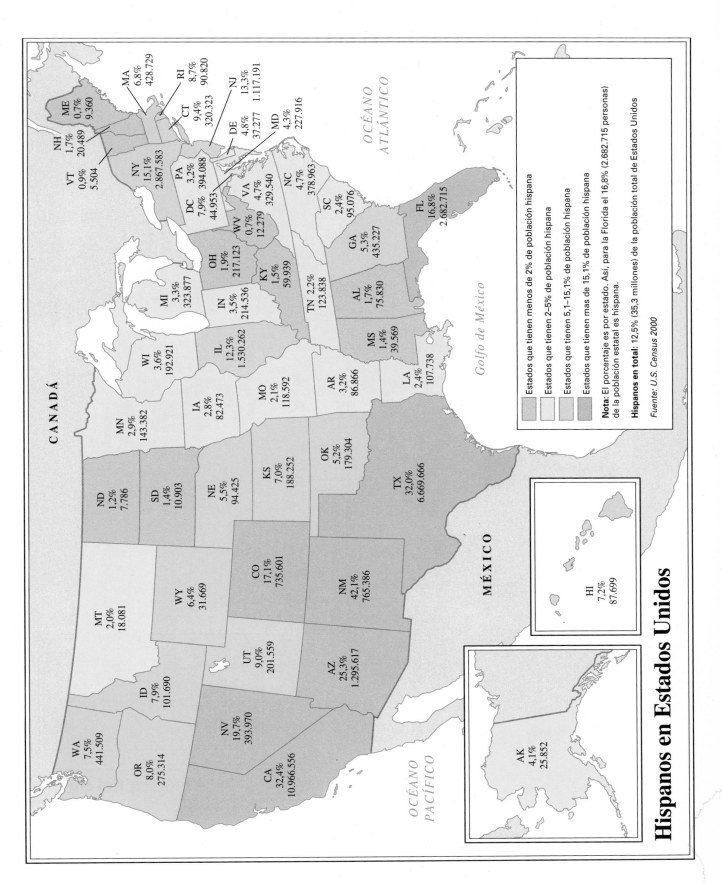

Hispanos en Estados Unidos

CANADÁ

MÉXICO

OCÉANO ATLÁNTICO

OCÉANO PACÍFICO

Golfo de México

ME
0,7%
9.360

NH
1,7%
20.489

MA
6,8%
428.729

RI
8,7%
90.820

CT
9,4%
320.323

NJ
13,3%
1.117.191

DE
4,8%
37.277

MD
4,3%
227.916

VT
0,9%
5.504

NY
15,1%
2.867.583

PA
3,2%
394.088

DC
7,9%
44.953

VA
4,7%
329.540

NC
4,7%
378.963

SC
2,4%
95.076

FL
16,8%
2.682.715

WV
0,7%
12.279

OH
1,9%
217.123

KY
1,5%
59.939

GA
5,3%
435.227

AL
1,7%
75.830

MI
3,3%
323.877

IN
3,5%
214.536

TN
2,2%
123.838

MS
1,4%
39.569

WI
3,6%
192.921

IL
12,3%
1.530.262

MO
2,1%
118.592

AR
3,2%
86.866

LA
2,4%
107.738

MN
2,9%
143.382

IA
2,8%
82.473

OK
5,2%
179.304

TX
32,0%
6.669.666

ND
1,2%
7.786

SD
1,4%
10.903

NE
5,5%
94.425

KS
7,0%
188.252

MT
2,0%
18.081

WY
6,4%
31.669

CO
17,1%
735.601

NM
42,1%
765.386

ID
7,9%
101.690

UT
9,0%
201.559

AZ
25,3%
1.295.617

WA
7,5%
441.509

OR
8,0%
275.314

NV
19,7%
393.970

CA
32,4%
10.966.556

HI
7,2%
87.699

AK
4,1%
25.852

Estados que tienen menos de 2% de población hispana

Estados que tienen 2–5% de población hispana

Estados que tienen 5,1–15,1% de población hispana

Estados que tienen más de 15,1% de población hispana

Nota: El porcentaje es por estado. Así, para la Florida el 16,8% (2.682.715 personas) de la población estatal es hispana.

Hispanos en total: 12,5% (35,3 millones) de la población total de Estados Unidos

Fuente: U.S. Census 2000

América del Sur

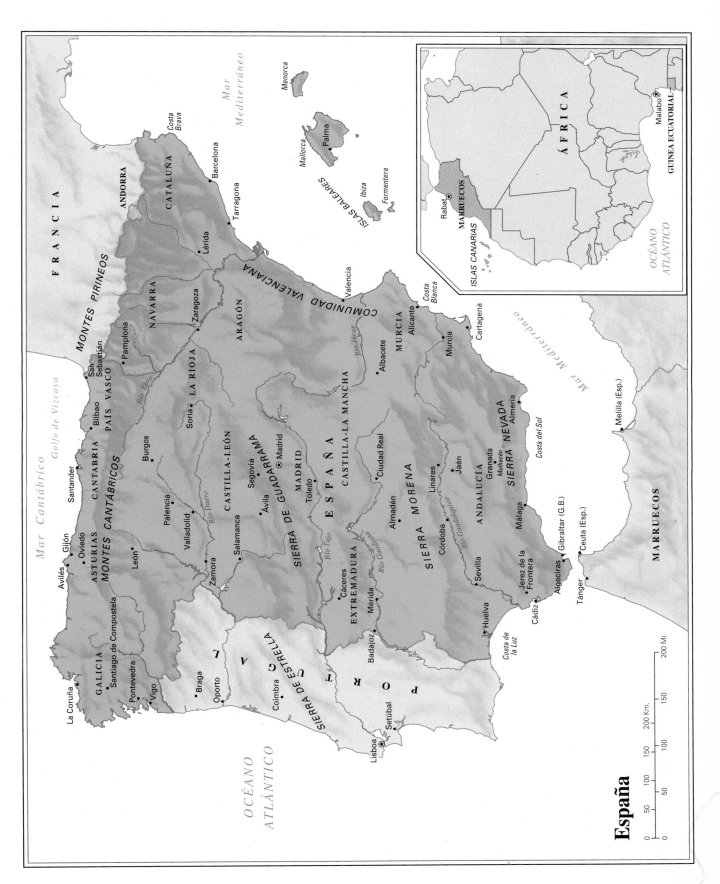

España

FRANCIA

Mar Mediterráneo

Menorca

Costa Brava

ANDORRA

Palma

Mallorca

CATALUÑA

Barcelona

MONTES PIRINEOS

Ibiza

ISLAS BALEARES

Formentera

Tarragona

Lérida

NAVARRA

COMUNIDAD VALENCIANA

Valencia

Costa Blanca

Pamplona

Zaragoza

ARAGÓN

Río Júcar

MURCIA

Alicante

San Sebastián

Río Ebro

LA RIOJA

Murcia

Cartagena

PAÍS VASCO

Bilbao

Soria

Albacete

Mar Mediterráneo

Golfo de Vizcaya

Santander

CANTABRIA

Burgos

CASTILLA-LEÓN

Segovia

MADRID

Madrid

ESPAÑA

CASTILLA-LA MANCHA

Ciudad Real

Almería

SIERRA NEVADA

Mulhacén

Melilla (Esp.)

Mar Cantábrico

MONTES CANTÁBRICOS

Ávila

SIERRA DE GUADARRAMA

Toledo

Jaén

Granada

ANDALUCÍA

Costa del Sol

Oviedo

ASTURIAS

Palencia

Valladolid

Salamanca

Río Duero

Linares

SIERRA MORENA

Córdoba

Málaga

Gijón

León

Zamora

Río Tajo

Almadén

Río Guadalquivir

Gibraltar (G.B.)

Avilés

Río Guadiana

Sevilla

Jerez de la Frontera

Algeciras

Ceuta (Esp.)

Santiago de Compostela

GALICIA

Cáceres

EXTREMADURA

Mérida

Huelva

Cádiz

Tánger

La Coruña

Pontevedra

Vigo

Braga

Oporto

Coimbra

SIERRA DE ESTRELLA

P O R T U G A L

Badajoz

Costa de la Luz

MARRUECOS

OCÉANO ATLÁNTICO

Lisboa

Setúbal

200 Km.   200 Mi.

150   150

100

50   50

0   0

ÁFRICA

Malabo

GUINEA ECUATORIAL

Rabat

MARRUECOS

ISLAS CANARIAS

OCÉANO ATLÁNTICO

M-5